COVID-19 Y PARLAMENTARISMO

Los parlamentos en cuarentena

Marcial Pons

EDITORA intersaberes

Apoyo:

UNAM

Instituto de Investigaciones Jurídicas
unam

IIDP

Instituto Derecho Parlamentario

UNINTER
CENTRO UNIVERSITÁRIO INTERNACIONAL

COVID-19 Y PARLAMENTARISMO

Los parlamentos en cuarentena

Daniel Barceló Rojas
Sergio Díaz Ricci
Javier García Roca
Maria Elizabeth Guimaráes Teixeira Rocha

Coordinadores

EDITORA intersaberes

Rua Clara Vendramin, 58 . Mossunguê . Cep 81200-170 . Curitiba . PR . Brasil
Fone: (41) 2106-4170 . www.intersaberes.com.br . editora@editoraintersaberes.com.br

Conselho editorial Dr. Ivo José Both (presidente), Drª Elena Godoy, Dr. Neri dos Santos, Dr. Ulf Gregor Baranow •
Editora-chefe Lindsay Azambuja • Gerente editorial Ariadne Nunes Wenger • Analista editorial Ariel Martins •
Revisão de texto Guilherme Conde Moura Pereira, Monique Francis Fagundes Gonçalves •
Capa Luana Machado Amaro (*design*), T.Dallas/Shutterstock (imagem) • Projeto gráfico Mayra Yoshizawa

Dados Internacionais de Catalogação na Publicação (CIP)
(Câmara Brasileira do Livro, SP, Brasil)

Covid 19 y Parlamentarismo: los Parlamentos en cuarentena/
coordenadores Daniel Barceló Rojas... [et al.]. Curitiba: InterSaberes;
Madrid: Marcial Pons, 2020.

Vários autores.
Outros coordenadores: Sergio Díaz Ricci, Javier García Roca, Maria
Elizabeth Guimarães Teixeira Rocha
Bibliografia.
ISBN 978-65-5517-708-4

1. Coronavírus (COVID-19) – Epidemiologia 2. Direito constitucional
3. Direito parlamentar – Chile 4. Direitos fundamentais 5. Parlamento –
Espanha 6. Saúde pública – Chile 7. Saúde pública – México 8. Saúde
pública – Peru I. Barceló Rojas, Daniel. II. Díaz Ricci, Sergio.
III. García Roca, Javier. IV. Rocha, Maria Elizabeth Guimarães Teixeira
Rocha.

20-39602   CDU-342.53

Índices para catálogo sistemático:
1. Coronavírus: COVID-19: Parlamento: Direito constitucional   342.53

Cibele Maria Dias – Bibliotecária – CRB-8/9427

ISBN do suporte eletrônico 978-65-5517-716-9

Edição original do Instituto de
Investigaciones Jurídicas de la
Universidad Nacional Autónoma
de México.

1ª edição, 2020.
Foi feito o depósito legal.
Informamos que é de inteira responsabilidade dos autores a emissão de conceitos.
Nenhuma parte desta publicação poderá ser reproduzida por qualquer meio ou forma sem a prévia autorização da Editora InterSaberes.
A violação dos direitos autorais é crime estabelecido na Lei n. 9.610/1998 e punido pelo art. 184 do Código Penal.

Marcial Pons

Av. Brigadeiro Faria Lima, 1462 . conj. 64/5 . Torre Sul Jardim Paulistano
CEP 01452-002 . São Paulo-SP . Fone: (11) 3192-3733 . www.marcialpons.com.br

ISBN: 978-84-9123-873-7

© MARCIAL PONS EDITORA DO BRASIL LTDA

Impresso no Brasil

Todos os direitos reservados.
Proibida a reprodução total ou parcial, por qualquer meio ou processo – Lei n. 9.610/1998.

INSTITUTO IBEROAMERICANO
DE DERECHO PARLAMENTARIO

AUTORIDADES
Presidente honorario
Alfonso FERNÁNDEZ-MIRANDA (España)

Presidente
Sergio DÍAZ RICCI (Argentina)

Vicepresidente
Javier GARCÍA ROCA (España)

Secretario Ejecutivo
Dr. Pablo Ramón LUCATELLI (Argentina)
SECRETARIA PERMANENTE: H. Camara de Diputados de la
provincia de Santiago del Estero
Av. Roca 99, 1º piso – Santiago del Estero – REPUBLICA
ARGENTINA

SECCIONES
ARGENTINA. Jorge H. GENTILE
Asociación Argentina de Derecho Parlamentario (Presidente)

BRASIL. María Elizabeth GUIMARÃES TEIXEIRA ROCHA
Ministra del Superior Tribunal de Justicia Militar de Brasil

EL SALVADOR. Alejandro SOLANO
Ex Letrado de la Asamblea Legislativa de El Salvador

ESPAÑA. Javier GARCÍA ROCA
Instituto de Derecho Parlamentario de la Universidad
Complutense de Madrid (Director)

MÉXICO. Daniel BARCELÓ ROJAS
Instituto de Investigaciones Jurídicas de la Universidad
Autónoma de México

PERÚ. José Félix PALOMINO MANCHEGO
Universidad de San Marcos (Perú)

PORTUGAL. Mario Joao FERREIRA MONTE
Universidad de Minho (Portugal)

ADHERENTES
Guillermo BARRERA BUTELER
Decano de la Facultad de Derecho Universidad Nacional
de Córdoba (Argentina)

Eduardo J. R. LLUDGAR
Red Latinoamericana de Estudios e Investigaciones en Derechos
Humanos y Humanitario (Argentina). Presidente

Patricia ROSSET
Asociación de Asesores Técnicos Legislativos Procuradores
de la Asamblea del Estado de Sao Paulo (Brasil). Presidente

E. Daniel RODRIGUEZ MASDEU
Instituto de Derecho Parlamentario del Colegio Público
de Abogados de la Capital Federal (Argentina). Director

Maria Gracia NENCI
Instituto de Derecho Parlamentario del Colegio Público
de Abogados de la Capital Federal (Argentina). Subdirectora

Victorino SOLÁ
Facultad de Derecho Universidad Nacional de Córdoba
(Argentina). Secretario Legal y Técnico.

José PEREZ CORTI
Universidad. Nacional de Córdoba (Argentina)

Héctor PEREZ BOURBON
Asociación Argentina Derecho Parlamentario (Argentina

Diego Hernán ARMESTO
Asociación Argentina Derecho Parlamentario (Argentina)

Esteban NADER
Instituto de Derecho Parlamentario Universidad Nacional
de Tucumán (Argentina). Subdirector

Fernando LLITERAS
Centro de Estudios Legislativos Univ. San Pablo-T (Argentina).
Subdirector

INSTITUTO DE INVESTIGACIONES JURÍDICAS

Director
Pedro SALAZAR UGARTE

Secretaria académica
Issa LUNA PLA

Secretario técnico
Raúl MÁRQUEZ ROMERO

Jefa del Departamento de Publicaciones
Wendy Vanesa ROCHA CACHO

CONTENIDO

Prólogo XIII
    Alfonso FERNÁNDEZ-MIRANDA CAMPOAMOR
    Universidad Complutense de Madrid

Introducción
    Problemas constitucionales de los estados de emergencia XVIII
    Diego VALADÉS
    Universidad Nacional Autónoma de México

Capítulo primero

JURISPRUDENCIA INTERAMERICANA SOBRE ESTADOS DE EMERGENCIA

Restricción y suspensión de derechos en los tiempos del coronavirus (reflexiones a partir de la jurisprudencia interamericana) 31
    Eduardo FERRER MAC-GREGOR
    Universidad Nacional Autónoma de México

Capítulo segundo

CONTROL PARLAMENTARIO DEL GOBIERNO EN ESTADO DE EMERGENCIA SANITARIA

El control parlamentario y otros contrapesos del gobierno en el estado de alarma: la experiencia del coronavirus 45
    Javier GARCÍA ROCA
    Universidad Complutense de Madrid

Control parlamentario del gobierno en estados de emergencia sanitaria 65
    Jorge Horacio GENTILE
    Presidente de la Asociación Argentina de Derecho Parlamentario

Controle parlamentar em epoca de pandemia 75
   Patricía ROSSET
      Presidente da Associação dos Assessores Técnicos Legislativos, Brasil

CAPÍTULO TERCERO

FEDERALISMO: EMERGENCIA SANITARIA Y COMPETENCIAS

Todavía en la penumbra del coronavirus: anotaciones sobre el funcionamiento del federalismo norteamericano 93
   Jorge MADRAZO
      Universidad Nacional Autónoma de México

A crise federativa no Brasil durante a pandemia da COVID-19 104
   Maria Elizabeth GUIMARÃES TEIXEIRA ROCHA
      Ministra de Superior Tribunal Militar del Brasil

Federalismo: emergencia sanitaria y competencias en México 120
   José Ma. SERNA DE LA GARZA
      Universidad Nacional Autónoma de México

CAPÍTULO CUARTO

GRADOS DE EMERGENCIA SANITARIA: DECLARACIÓN Y AUTORIZACIÓN PARLAMENTARIA

La garantía política de la Constitución mexicana en estados de emergencia.. 129
   Daniel BARCELÓ ROJAS
      Universidad Nacional Autónoma de México

Contexto normativo y político de Chile ante la emergencia sanitaria por COVID-19. Nuevas leyes y sus efectos en los derechos fundamentales 143
   Ana María GARCÍA BARZELATTO
      Universidad de Chile

Actividad y funcionamiento de los Parlamentos españoles en la crisis
sanitaria por COVID-19 156
    Piedad García-Escudero Márquez
    Universidad Complutense de Madrid

Os mecanismos brasileiros de enfrentamento às situações
de crise 174
    Grace Mendonça
    Advogada Geral da União (2016-2018)

Constitución, estado de emergencia y COVID-19 en Perú.
Un diagnóstico situacional preliminar 182
    José F. Palomino Manchego
    Universidad Nacional Mayor de San Marcos del Perú

Capítulo quinto

RESTRICCIONES A LOS DERECHOS FUNDAMENTALES Y SANCIONES

As repercussões da pandemia covid-19 na precarização social e do
trabalho no Brasil 195
    Kátia Magalhães Arruda
    Ministra do Tribunal Superior do Trabalho do Brasil

Emergencia sanitaria y Constitución Argentina 208
    Guillermo Barrera Buteler
    Universidad Nacional de Córdoba

Los derechos sociales y económicos frente a las medidas de
confinamiento contra la propagación del COVID-19: su aplicación
a los derechos laborales y a la seguridad social 225
    Eddie R. Cajaleón Castilla
    Pontificia Universidad Católica del Perú

Los derechos fundamentales en el estado de alarma. La crisis
sanitaria de la COVID 19 en España 248
    Encarnación Carmona Cuenca
        Universidad de Alcalá de Henares

Restricciones a los derechos fundamentales en México en tiempos
de emergencias sanitarias... 266
    María Elisa García López
        Universidad Autónoma de Chiapas

Acontecimientos COVID-19: visión parlamentaria
en El Salvador 281
    Alejandro Arturo Solano Ghiorsi
        Ex letrado de la Asamblea Legislativa de El Salvador

Capítulo sexto

ORDENACIÓN DE LAS FUENTES DEL DERECHO EN ESTADOS DE EMERGENCIA SANITARIA

Ordenación de las fuentes del derecho en estados de emergencia
sanitaria. El caso español 294
    Raúl Canosa Usera
        Universidad Complutense de Madrid

El sistema de fuentes del derecho en Argentina por la emergencia
sanitaria... 310
    Sergio Díaz Ricci
        Universidad Nacional de Tucumán

El sistema de fuentes del derecho en los casos de emergencia
sanitaria en México 326
    Carla Huerta Ochoa
        Universidad Nacional Autónoma de México

Capítulo séptimo

¿ELECCIONES EN ESTADOS DE EMERGENCIA SANITARIA?

La votación en los tiempos del virus..340
    Héctor Pérez Bourbon
        Universidad Austral de Argentina

Emergencia sanitaria y suspensión de elecciones 356
    Ángel J. Sánchez Navarro
        Universidad Autónoma de Madrid

PRÓLOGO

El presidente y el vicepresidente del Instituto Iberoamericano de Derecho Parlamentario, doctores Díaz Ricci y García Roca, me encargan un breve prólogo a este libro que es el primer fruto importante de la joven institución. El honor que me confieren se debe probablemente a mi protocolaria condición, hija sin duda de la gran generosidad de mis colegas y no de mis magros méritos, de presidente honorario del Instituto. Me piden que hable de la gestación de la nueva institución Iberoamericana, a lo que añadiré yo, por cuenta propia, una breve reflexión sobre los problemas que se abordan en el libro, derivados de la pandemia provocada por el Covid-19 que han afectado a muchos aspectos del Derecho Constitucional en general y del Derecho Parlamentario en particular.

En el año 2019, meses antes de mi jubilación que se produjo el 31 de agosto, era todavía Director del Instituto de Derecho Parlamentario de la Universidad Complutense (UCM) nacido a partir de un convenio con el Congreso de los Diputados. A primeros de año surgió la idea de potenciar los estudios de Derecho Parlamentario mediante la creación de un Instituto Iberoamericano de Derecho Parlamentario. Mi interés personal tenía un precedente: desde 2017 ocupaba la dirección de una Cátedra Extraordinaria de Derecho Militar nacida de otro convenio, en este caso entre la Universidad Complutense y el Ministerio de Defensa. Desde esa Cátedra organicé un Congreso Iberoamericano de Derecho Militar con participación de ponentes de Argentina, Brasil, Chile, Colombia, México, Perú, Portugal y España que se celebró en Madrid en el otoño de ese año 2017. La riquísima experiencia nos hizo ver una vez más los muchos problemas que compartíamos y los muchos vínculos históricos y culturales que nos unían. De ahí surgió la idea de fundar un Instituto dedicado al estudio y la investigación en el ámbito de Derecho Militar. La idea se concretó en un segundo Congreso celebrado en México en octubre de 2018 en donde se procedió la constitución del Instituto Iberoamericano de Derecho Militar Comparado con sede permanente en la Ciudad de México. Aún hubo un tercer congreso en 2019 en Brasil, en las ciudades de Brasilia y Manaos. La tragedia del Covid-19 impide que se celebre el cuarto previsto conjuntamente en Portugal y España.

Aquella experiencia, que había dado interesantes frutos, me incitaba a alcanzar el mismo objetivo en el ámbito del Derecho Parlamentario. Intercambié ideas con quien fuera mi predecesor —y luego mi sucesor— en el Instituto de Derecho Parlamentario de la UCM, Javier

García Roca, y con algunos colegas argentinos que pronto manifestaron un gran interés en desarrollar la idea y prepararon unas jornadas para el mes de mayo a celebrar en las ciudades de Córdoba, San Miguel de Tucumán y Santiago del Estero en fechas lindantes con la celebración en Buenos Aires de un Congreso de la Asociación Iberoamericana de Derecho Constitucional que reuniría en la capital argentina un amplio elenco de constitucionalistas americanos y europeos. En el curso de este viaje, la idea de creación del Instituto se fue consolidando con el apoyo y el impulso de, entre otras personalidades académicas, el presidente de la Asociación Argentina de Derecho Parlamentario y Catedrático de la Universidad de Córdoba, doctor Horacio Gentile, y el catedrático de la Universidad de Tucumán —doctor egresado de la UCM— Sergio Díaz Ricci.

Al doctor Díaz Ricci y a mí nos pareció importante, para garantizar el éxito de nuestra pretensión, recabar el apoyo de algunas personalidades de prestigiosa trayectoria y universal respeto. En Buenos Aires, nos reunimos con el doctor Domingo García Belaunde que colaboró incondicionalmente y, tras su regreso a México, obtuvimos el apoyo y el estímulo del doctor Diego Valadés.

Ya en Santiago del Estero, recibimos un trascendental y generoso impulso, con sólido apoyo político, del entonces vicegobernador de la provincia José Emilio Neder —hoy Senador de la República— que, con enorme entusiasmo y diligencia, apoyó la idea y obtuvo la fecunda colaboración del Gobernador de la Provincia doctor Gerardo Zamora. Ambos ofrecieron la ciudad de Santiago del Estero como sede permanente del Instituto a sugerencia del doctor Pablo Lucatelli que se implicó en el proyecto con entusiasmo y dedicación. Allí se acordó que yo redactara un breve y modesto manifiesto fundacional en el que se ponía de relieve la centralidad de los parlamentos, y por tanto del Derecho Parlamentario, en toda verdadera democracia constitucional (no hay otra) que ha de descansar en la garantía de los derechos fundamentales y el aseguramiento del control del poder mediante la separación de poderes. Y allí, en fin, se acordó convocar unas jornadas en Santiago del Estero, los días 21 y 22 de noviembre, en el curso de los cuales se procedió a la fundación del Instituto Iberoamericano de Derecho Parlamentario, se aprobaron los Estatuto provisionales y se eligieron al presidente y vicepresidente. Hasta aquí, una pequeña historia de la gestación y alumbramiento del Instituto.

En un mundo asolado por la pandemia han emergido un sinnúmero de problemas. En primer término, por supuesto, sanitarios, pero encadenados a estos hondos problemas sociales y económicos y también políticos y jurídicos, institucionales y constitucionales. La situación de anormalidad en la gestión de la crisis ha provocado una notable concentración del poder, con intensidad y mecanismos diversos, en el Ejecutivo, y ello ha afectado al orden constitucional. No me corresponde abordar, en este modesto y necesariamente breve prólogo, unos análisis que se hacen con rigor y hondura en las diversas aportaciones contenidas en la obra. Me limitaré a un breve esbozo, a una reflexión sin más alcance que enumerar, sin el menor ánimo exhaustivo, algunos de estos problemas, y con atención prioritaria al caso de España, aunque solo sea porque mi información, a día de hoy, es insuficiente respecto de los demás países. Son tres las cuestiones que voy a apuntar: 1) El abuso de las ordenanzas de necesidad. 2) La degradación de los controles políticos, institucionales y sociales. 3) La restricción de derechos fundamentales en el estado de alarma.

Nadie discute, según creo, que desde la máxima *salud pública suprema lex esto*, las Constituciones deben suministrar a los Gobiernos potestades normativas para casos de "extraordinaria y urgente necesidad", que exigen tomar medidas que no pueden aguardar a un procedimiento legislativo inevitablemente lento. Es sabido que en España el uso abusivo del Decreto-Ley para supuesto de más que dudosa necesidad o urgencia ha sido una constante de todos los Gobiernos. Pero resulta alarmante su masiva utilización durante los 80 días (hasta cuando escribo estas páginas) que dura el Estado de alarma. Se han regulado por esta vía cuestiones cuya extraordinaria urgencia o necesidad era nula, e incluso se han abordado materias absolutamente ajenas a la finalidad sustancial de la norma. Se trata, según creo, de una desconsideración al parlamento que conduce a su degradación, no solo en la función legislativa sino también en la función de control.

Parece obvio que, en materia de control, la información es esencial, de suerte que cuando se dificulta el acceso el manto de opacidad lo hace difícil o imposible. Pues bien, aunque la situación ha ido mejorando un poco, el Portal de Transparencia del Gobierno se ha oscurecido durante el estado de alarma, hurtándole a la sociedad información de clara relevancia.

En segundo lugar, las cámaras parlamentarias no estaban preparadas ni normativa ni funcionalmente, para una crisis que exige distanciamiento social. También en este terreno la situación ha ido mejorando, pero en las primeras fases del estado de alarma el debilitamiento de la función parlamentaria de control fue preocupante.

Por último, también se ha dificultado la labor de control de los medios de comunicación, labor absolutamente imprescindible en una sociedad democrática que se asienta sobre la libre formación de la opinión pública. Son insólitas, en países democráticos, e inadmisibles, ruedas de prensa en las que un Secretario de Estado filtra las preguntas e incluso se permite alterarlas. Esta intolerable actitud se ha corregido pero solamente de forma parcial: ya no hay filtros pero se han diluido las preguntas de los medios de información de referencia con la incorporación de un sinnúmero de medios poco menos que desconocidos.

Por último, está el problema de la restricción de derechos fundamentales. Para enfrentarse a la pandemia el Gobierno ha hecho legítimo uso de los estados de excepción que la Constitución regula y concretamente del estado de alarma previsto precisamente para catástrofes naturales. Ahora bien, el estado de alarma no contempla la suspensión de ningún derecho fundamental, incluidos los de libertad de residencia, de circulación y de reunión. Esto solo puede significar que las restricciones en el ejercicio de estos derechos por colisión con otros o con bienes constitucionalmente protegidos, en este caso la salud y la vida, deben quedar justificados por los parámetros ordinarios de ponderación: los principios de idoneidad, adecuación y proporcionalidad. ¿Se han respetado? La alta litigiosidad a que han dado lugar las diversas prohibiciones gubernativas, homogéneas y sistemáticas, de todo tipo de manifestaciones y la estimación judicial de varios de los recursos interpuestos contra la prohibición (pese a lo sorprendente e insólita inadmisión de un recurso de amparo por el Tribunal Constitucional, mediante un prolijo auto) parece indicar que ha podido existir un cierto abuso de poder.

Otros derechos concernientes a la vida privada, como la intimidad y la protección de datos pueden ser amenazados o vulnerados por diversas medidas que, una vez más sin el menor ánimo exhaustivo, me permito esbozar: 1. La realización de pruebas de Covid-19 por parte de empresas a sus empleados (test serológicos, test rápidos o PCR) 2. Control de temperatura en centros de trabajo y comercios u otros espacios de atención al público. 3. Aplicaciones móviles para el control y seguimiento de contagios (aunque se declaren oficialmente voluntarios y anónimos) 4. Pasaporte sanitario de inmunidad. 5. Uso de drones para el control del confinamiento y del aforo en lugares públicos (playas, parques, etc). 6. Problemas (también existe un lado positivo) derivados del teletrabajo. 7. Aplicaciones móviles de autodiagnóstico de Covid-19. 8. Reconocimiento facial como medio de identificación y autentificación en exámenes *on line* referidos al Covid-19, etcétera.

Nunca conviene olvidar que la senda de la restricción de derechos es tan fácilmente transitable como difícilmente reversible.

Solo me resta felicitar a los promotores y autores de esta importante y oportuna contribución al conocimiento, a los generosos coeditores: Pedro Salazar Ugarte, Director del Instituto de Investigaciones Jurídicas de la UNAM, y María Elizabeth Guimaraes Teixeira Rocha, Ministra del Supremo Tribunal Militar de Brasil. Y, por último, manifestar mi profunda satisfacción porque un recién nacido como es el Instituto Iberoamericano de Derecho Parlamentario inicie su andadura con pasos tan sólidos y recios.

Alfonso FERNÁNDEZ-MIRANDA CAMPOAMOR[*]
Presidente honorario del Instituto Iberoamericano de Derecho Parlamentario. Catedrático Emérito de Derecho Constitucional de la UCM

---

[*] Director de la Cátedra Extraordinaria de Derecho Militar (Ministerio de Defensa – Universidad Complutense de Madrid). Presidente del Instituto Iberoamericano de Derecho Militar Comparado. Fue Catedrático de Derecho Constitucional de las Universidades de Valladolid y Complutense de Madrid.

Introducción
PROBLEMAS CONSTITUCIONALES DE LOS ESTADOS DE EMERGENCIA

El estado es derecho y el derecho es sentido común convertido en deber ser

En los sistemas constitucionales el Estado adopta reglas que racionalizan su comportamiento y ofrecen la más amplia certidumbre posible a los gobernados. Esta es una de sus diferencias con relación a otras formas de Estado. No obstante, desde la formación del Estado moderno se entendió que había acontecimientos extraordinarios que escapaban a las regularidades de la vida cotidiana, susceptibles de colocar al Estado en situaciones extremas que le dificultaban sujetarse a sus propias reglas ordinarias y que justificaban adoptar medidas *ad hoc*.

Con el Renacimiento comenzó a utilizarse la expresión *razón de Estado* que Giovanni Botero formalizó (1589), para dar a la antigua *dictadura* romana una dimensión acorde con el Estado moderno. Hay indicios de que la racionalización del origen y el ejercicio del poder en Grecia contempló, desde el periodo arcaico, la posibilidad de una magistratura extraordinaria. La institución griega por lo general pasa inadvertida. Quien llamó la atención para este hecho en el siglo XIX fue A. H. J. Greenidge, al señalar que la institución *aisymnesia* correspondía a un mediador con poderes especiales para resolver una situación crítica que pusiera a la *polis* en riesgo.[1] La hipótesis del profesor oxoniense se basa en el texto donde Aristóteles distingue tres tipos de tiranía: la practicada por los pueblos bárbaros ungiendo a un autócrata, la impuesta por una persona en contra de la voluntad de los gobernados, y la establecida con carácter temporal "por los antiguos griegos", denominada "*aisymnetas*".[2] Esta referencia de Aristóteles coincide con la suposición de que en la etapa primitiva de los pueblos griegos el gobernante era una especie de árbitro.[3] En el lenguaje homérico se alude a

---

[1] Greenidge, A. H. J., *Greek constitutional history*, Londres, MacMillan, 1929, p. 27. La primera edición es de 1899.

[2] Aristóteles, *Política*, IV, vii, 1295a.

[3] Thür, Gerhard, "Oaths and dispute settlement in Ancient Greek Law", en Foxhall, L., y Lewis, D. E., *Greek Law in its political setting*, Oxford, Clarendon

una figura arcaica, el *aisymnétes*, árbitro de los juegos.[4] De ahí derivó la figura del mediador político.[5] Es probable que el remoto y umbroso precursor del dictador romano obedeció al proceso de racionalización del poder enraizado en Grecia, que mucho después nutrió al constitucionalismo moderno.

En los albores del absolutismo era imperioso contar con los medios que permitieran al monarca hacer frente a las amenazas para la integridad del Estado. La teoría de Botero, compartida por sus coetáneos,[6] estaba referida a la Italia de su época, donde coexistía una pluralidad de Estados cuyo denominador común era la presencia de un príncipe, muchas veces contendiendo con la autoridad papal y casi siempre afrontando conspiraciones internas. La estabilidad del poder exigía utilizar recursos perentorios, de especial dureza, para mantener la integridad del poder.

Superar las adversidades que podían desembocar en la fractura de las instituciones estatales requería una interrupción temporal de las regularidades. La argumentación favorable a la defensa del Estado tenía como soporte la legitimidad del príncipe y, en contrapartida, la ilegitimidad de sus oponentes. La idea de república todavía no estaba asociada a principios democráticos.

Entre las muchas notas distintivas del Estado constitucional se encuentra la previsibilidad de sus actos. Sucede, sin embargo, que no es posible, ni siquiera deseable, que la norma prevea todas las cosas susceptibles de ocurrir, por lo cual además de las reglas específicas existen principios generales para aplicarse en los casos imprevistos. Principios y reglas proveen el instrumental adecuado para las situaciones excepcionales, que a su vez admiten niveles variables de gravedad. El nomenclador adoptado por los diversos sistemas jurídicos es muy extenso, y es común que incluso las contingencias a que se alude con el mismo vocablo tengan significados y tratamientos diferentes en cada uno de esos sistemas. Esto sucede con los casos conocidos como de emergencia.

Pres, 1996, p. 59.

4   Homero, *Odisea* VIII-258.

5   Plácido Suárez, Domingo, "Las formas del poder personal: la monarquía, la realeza y la tiranía",*Gerión*, Madrid, Universidad Complutense, 2007, vol. 25, No. 1, p. 137

6   Véase Meinecke, Friedrich, *La idea de la razón de Estado en la Edad Moderna*, Madrid, Centro de Estudios Constitucionales, 1983.

Si atendemos a lo que nos dicen los lexicones de seis lenguas (alemán, español, francés, inglés, italiano y portugués), constataremos que *emergencia* significa un acontecimiento o suceso imprevisto o inesperado; una situación súbita de riesgo o de peligro, o una alteración grave de la normalidad. Es en cualquiera de estos sentidos que se inscribe la declaración de un estado de emergencia. Se trata de una situación excepcional, grave, inevitable y pasajera cuyos efectos exigen respuestas extraordinarias e inmediatas.

La experiencia del Estado constitucional enriquece la del Estado moderno. Hoy la perspectiva de Botero es insuficiente desde varios ángulos pues las razones de la excepcionalidad en la conducta del Estado ya no conciernen a la estabilidad del príncipe sino a la gobernabilidad democrática de las instituciones, además de que los estados excepcionales con frecuencia atienden al interés de los gobernados más que al de los gobernantes. Es por eso que el Estado constitucional ha desarrollado dos familias de instrumentos ante casos intempestivos: los que atienden a la protección del interés colectivo y los que conciernen a la del propio Estado.

No es posible generalizar acerca de la prevalencia del derecho administrativo o del constitucional en cada uno de los casos específicos que se pueden presentar, si bien el orden de las medidas dominantes puede bascular en cuanto al predominio de medidas administrativas o políticas, en este último caso cuando se ven involucradas relaciones de poder o la salvaguarda de los derechos e intereses del gobernado.

Esos instrumentos suelen ser enmarcados como estados de emergencia. Esta situación siempre está rodeada de múltiples prevenciones a efecto de evitar excesos que se expresen mediante cualquiera de dos anomalías: ilegalidad o arbitrariedad. Lo ilegal es determinable con relativa facilidad, aunque en ocasiones se dan circunstancias donde la infracción de la norma resulta un asunto opinable. Una vez aceptada la legalidad de la decisión estatal, surge un segundo problema: que la conducta se adecue a los estándares razonables que el gobernado exige del gobernante. Esta es una cuestión más compleja pues valorar el comportamiento de los órganos del Estado en función de la arbitrariedad o la razonabilidad de su proceder conlleva elementos subjetivos.

Por ejemplo, con motivo de las limitaciones a la circulación de las personas para prevenir la propagación del COVID-19, en algunos lugares las autoridades de policía han sido facultadas para detener a quienes desobedezcan. Incluso asumiendo que esta medida fuera legal, la reclusión de las personas, así sea por unas horas, las expone a contraer la enfermedad de la que se les quiere proteger. A todas luces se trata de un acto irrazonable y por ende arbitrario. Otro caso de irracionabilidad consiste en sancionar a quienes circulan en sus vehículos particulares, obligándolos a hacerlo en transportes públicos, con lo que el riesgo de contagio aumenta. Incluso contando con la facultad legal para imponer este tipo de restricción, su carencia de racionabilidad la convierte en una medida arbitraria.

Ante decisiones de ese tipo, la interdicción de la arbitrariedad es un elemento del constitucionalismo actual cuya necesidad se hace evidente, en particular durante los estados de emergencia, de los que no es suficiente observar las solas formalidades exigidas para su declaración y vigencia. Sobre tal interdicción fue muy insistente Eduardo García de Enterría, gracias a cuya influencia la Constitución española de 1978 fue la primera en prohibir la arbitrariedad (art. 9.3).[7] Después este principio fue incorporado por las constituciones de Argentina (art. 43) y Chile (art. 20). En República Dominicana la Constitución legitima la acción de hábeas corpus en los casos de privación de la libertad cuando se lleva a cabo de cualquiera de dos maneras: ilegal, o "arbitraria o irrazonable" (art. 71). La norma suprema de Venezuela (art. 281.2) limita la prohibición de la arbitrariedad a la prestación de servicios públicos, por lo que se deja sin considerar toda la gama de posibles actos arbitrarios. La de Guatemala (art. 161) sólo la proscribe en cuanto a hipotéticas maniobras para reelegir al presidente de la república. La de Ecuador utiliza el concepto de arbitrariedad como sinónimo de ilegalidad, como en el caso de los desplazamientos (art. 40) y detenciones arbitrarias (arts. 77.14 y 89), o el congelamiento de fondos por parte de las instituciones financieras (art. 308). Estos ejemplos denotan que todavía no se advierte el enorme potencial de esa institución española para imprimir una mayor dimensión a la tutela de los derechos fundamentales.

Las condiciones imperantes durante los estados de emergencia hacen muy recomendable contar con un instrumento que obligue a la conducta razonable de los servidores públicos.[8] Por lo demás, en España el desarrollo del principio de no arbitrariedad ha sido posible gracias a la jurisprudencia.[9] La interpretación jurisprudencial califica

---

[7] *Cfr.* Alzaga, Óscar, *La Constitución española de 1978*, Madrid, Foro, 1978, p. 140.

[8] Aragón Reyes, Manuel, *Derecho constitucional*, Madrid, McGraw-Hill, 1995, p. 10.

[9] Fernández, Tomás-Ramón, *De la arbitrariedad del legislador. Una crítica de la jurisprudencia constitucional*, Madrid, Editorial Civitas, 1998, pp. 47 y ss., 61 y 90.

como arbitrarios los actos jurídicos carentes de *explicación racional* o de *coherencia institucional*, con indepedencia de que sean constitucionales o legales.

Como cualquier otro, ese principio es susceptible de distorsiones pues al aplicarlo el juez puede excederse en su apreciación de los presuntos actos arbitrarios de la autoridad. Aún así es preferible que el celo de los juzgadores rebase algunos límites si con ello se protege de mejor manera a los gobernados, en especial en momentos de tensión colectiva. En este caso la textura abierta de la norma facilita la función garantista del juzgador en situaciones que hacen temer excesos de poder.

Además de los riesgos de arbitrariedad, los estados de emergencia pueden dar lugar a la duda, a la suspicacia, a la desinformación y a la utilización política de los datos, lo mismo a favor que en contra de las autoridades. Estas posibilidades son tanto mayores cuanto más concentrado y menos controlado esté el poder político. La desconfianza suele acompañar a los regímenes caracterizados por su falta de controles políticos eficaces. En general los estados de emergencia demandan una importante presencia de ese tipo de controles, los que a su vez sólo son viables ahí donde está presente un sistema representativo robusto. Los Estados constitucionales democráticos tienden a disponer de órganos del poder bien equilibrados por su diseño y operación, y los controles intraorgánicos e interorgánicos forman parte de las garantías políticas del gobernado.

Los estados de emergencia hacen indispensable contar con instrumentos adecuados para asegurar el ejercicio del derecho a la verdad. Durante su vigencia todos los órganos del Estado están en alerta y ponen en acción el elenco de controles disponibles. Pero ni siquiera eso es suficiente. Se precisa también un registro puntual del uso que los gobiernos hagan de las facultades excepcionales de que son investidos para que los gobernados mismos puedan cerciorarse de que el conjunto de los titulares de los órganos del poder no haya sucumbido ante las presiones o los intereses dominantes en un momento determinado. Esto tiene especial relevancia ahí donde el gobierno cuenta con mayoría parlamentaria.

Asimismo es necesario atribuir a las minorías parlamentarias la facultad de integrar comisiones de investigación con relación al gobierno. Esta es una provisión que tiende a hacerse usual en los Estados constitucionales y que resulta esencial en los casos de emergencia.

Los problemas del autoritarismo con soporte político mayoritario fueron anticipados por Tocqueville. La tiranía de la mayoría no escapó a sus observaciones y análisis acerca de Estados Unidos. Aunque su percepción de América Latina fue distante y de escasa profundidad, pudo advertir que se trataba de sociedades oscilantes que iban hacia la anarquía cuando se cansaban de obedecer, y aceptaban la dictadura cuando no querían más destrucción.[10] Más allá de lo hiperbólico que resultan generalizaciones de semejante calibre, los vaivenes apuntados por el Tocqueville se veían facilitados por la democracia mayoritaria, típica del siglo XIX, por malos diseños institucionales y por la cultura política de sociedades hechas a la sumisión religiosa y monárquica durante la colonia, y religiosa y castrense a partir de las independencias, novicias en el ejercicio de su soberanía, carentes de educación y ajenas a la deliberación pública durante un largo periodo colonial. En ese contexto sólo era realizable lo que sucedió. Todo lo demás fueron planes heroicos de los dirigentes republicanos liberales que apenas comenzaron a tener viabilidad institucional en el siglo XX.

En América Latina, los estados de emergencia significaron por décadas la desmesura legalizada. En la actualidad se encuentran sujetos a numerosos requisitos que permiten su utilización en condiciones de relativa seguridad jurídica. Empero, hacen falta los elementos complementarios aquí mencionados: interdicción de la arbitrariedad, derecho a la verdad, derechos de las minorías parlamentarias y una nueva forma de cultura pública.

La verdad ha sido víctima del cinismo político. Durante la campaña presidencial de 2016, en Estados Unidos, se acuñó la expresión "verdad alternativa" para escapar de hechos ostensibles y para rechazar sin argumentos cifras aportadas por fuentes académicas, financieras o mediáticas. Lo cito a manera de ejemplo elocuente, no por ser un caso aislado. El falseamiento de la verdad es uno más de los males endémicos de la sociedad política, e irlo desterrando es una de las funciones y de los objetivos del Estado constitucional.

Häberle ha escrito páginas brillantes acerca de la relación entre la verdad y el Estado constitucional. En contraste con lo que sucede en este Estado, señala que en el totalitario hay "verdades ordenadas".[11] Por eso el Estado constitucional se debe caracterizar por la verdad sin adjetivos. La erudición jurídica, filosófica y literaria del jurista alemán multiplica los ejemplos acerca del uso de la verdad y de su necesidad jurídica. Häberle atribuye a Vaclav Havel haber sido el primero

---

[10] Tocqueville, Alexis de, *La democracia en América*, Madrid, Aguilar, 1989, t. I, pp. 157 y 222; t. II, p. 182.

[11] Häberle, Peter, *Verdad y Estado constitucional*, México, Instituto de Investigaciones Jurídicas de la UNAM, 2006, p. 104.

en exigir un *derecho a la verdad*.[12] Yo tampoco he encontrado un pronunciamiento anterior, por lo que me acojo a esa propuesta originaria para hacerla presente en el contexto de una crisis sanitaria con ramificaciones institucionales muy sensibles.

La obligación de actuar conforme a la verdad subyace en todos los ordenamientos jurídicos nacionales y también en el internacional. Su función y su relevancia son normativas. Al margen de una enunciación formal, la verdad corresponde a la esencia de la democracia. Los procesos electorales, por ejemplo, se dan en medio de dos realidades en apariencia antitéticas que consisten en la libertad de los participantes para expresarse con libertad, incluso cuando incurren en exageraciones o inexactitudes, muchas veces deliberadas; en contrapartida se exige que el pronunciamiento de los electores y el veredicto de los órganos electorales se ciña a la precisión de los votos. La libertad electoral admite la hipérbole, pero la certidumbre electoral exige la verdad, y sin esta certeza todo el edificio democrático se derrumbaría.

No obstante, es posible constatar que mentir, falseando, ocultando o exagerando hechos, se ha vuelto habitual incluso por parte de jefes de Estado y de gobierno. A la mentira política pública se añadió una circunstancia de relevancia generalizada: la del COVID-19. Es probable que los Estados carecieran de datos exactos acerca de la pandemia y que por ende sus funcionarios no dijeran mentiras, pero así como en materia de derecho su ignorancia no excusa su cumplimiento, en lo que atañe al interés social los titulares de los órganos del poder no quedan relevados de su responsabilidad política por desconocer la realidad de los hechos.

El derecho a la verdad significa que el poder no debe ocultarla y, además, debe procurarla. El ocultamiento de la verdad, en cualesquiera de sus modalidades, o la incapacidad para encontrarla, contradicen los objetivos de la función pública. En un caso está presente el dolo y en otro la culpa. Tampoco se justifica mentir para no alterar el estado de ánimo social. Pensar que la mentira es intercambiable con la tranquilidad social, es un pretexto que altera las bases de los sistemas democráticos pues al permitir que el funcionario decida las prioridades de la sociedad, dispone a su arbitrio nada menos que de la verdad.

En la Constitución mexicana la verdad ya está presente. Obliga a que los servidores públicos presenten sus declaraciones patrimoniales "bajo protesta de decir verdad" (art. 108), e impone la misma obligación a los altos cargos que comparezcan ante cualquiera de las cámaras o

---

[12] *Idem*, pp. 2 y 45 y ss.

comisiones del Congreso (arts. 69 y 93). Esta obligación no los vincula, empero, cuando hacen declaraciones públicas a través de los medios, y también les es exigible, máxime que las comparecencias son muy infrecuentes en un sistema presidencial tan arcaico como el mexicano.

No se debe confundir el derecho de acceso a la información pública, que ya forma parte muchos sistemas jurídicos, con el derecho a la verdad. El primero se agota con el conocimiento de lo que aparece en los repositorios estatales, en tanto que la segunda atañe a la autenticidad de la palabra de quienes tienen a su cargo tareas de alta jerarquía política y administrativa. En el caso de la judicatura, la verdad es el medio mismo del que se sirven los jueces para hacer justicia.

La mentira es muy disfuncional para gobernados y gobernantes. En aforismo atribuido a Abraham Lincoln es una síntesis muy afortunada de la extensión de la mentira: "se puede engañar a todos por un tiempo, a algunos todo el tiempo, pero no a todos, todo el tiempo". Es probable que haya mentiras históricas sin aclarar, pero en todos los casos la mentira se vuelve inocultable pues conduce a contradicciones con la realidad. Desde esta perspectiva la mentira también es un error. Esto ha quedado de manifiesto con motivo de la pandemia, sobre todo cuando se ha presentado la dificultad de conciliar las cifras de enfermos e incluso de fallecidos, y de explicar las carencias de instalaciones, equipamiento y medicamentos en los nosocomios, desvirtuando aseveraciones propagandísticas previas.

Para gobernados y gobernantes hay otro problema adicional cuando la mentira se convierte en tendencia: el paradigma negativo de que los altos cargos mientan genera un efecto emulador que hace que la mentira se reproduzca en cascada pues el inferior se siente impedido para contradecir al superior y se ve orillado a seguirlo en la mentira. Este fenómeno satura el espacio informativo y estimula versiones discrepantes y rumores.

Aquí encontramos otra debilidad institucional: el temor reverencial, la disciplina vertical y la obsecuencia que contribuyen a la reiteración escalonada de la mentira tiene una parte de su origen en la naturaleza patrimonialista del ejercicio del poder. En tanto que la estructura administrativa esté sujeta a la apropiación temporal por parte de quienes acceden al poder, y sea distribuida en función de relaciones personales o de intereses privados o políticos, el inferior jerárquico no tiene atribuciones legales para corregir los errores o las falsedades en que incurra su superior. Este fenómeno es recurrente en sistemas administrativos caducos, como el de México y otros países hispanoamericanos, carentes de un servicio civil riguroso, basado en el mérito.

La mentira encubre una relación asimétrica entre los gobernados y sus gobernantes, que saben la verdad y dicen mentiras, o que ignoran la verdad pero optan por inventar una a su medida. Por eso producen la mayor erosión posible en un sistema: la que afecta a la palabra. La mentira invalida la palabra. La palabra le sirve al Estado para informar, orientar y convencer; sin palabra confiable el Estado tiene emplear en mayor medida la coerción como recurso jurídico y político. Un Estado que engaña preludia la coerción como única vía subsistente de dominación.

Una norma es un deber ser, no un enunciado falso o verdadero, pero como unidad sistémica el derecho es un conjunto de palabras con poder, y este poder está relacionado con la certidumbre generalizada de que los preceptos son vinculantes para todos. Es la observancia habitual lo que persuade a los más, antes de que los pocos infractores tengan que ser sometidos a la coacción. Cuando desde el Estado mismo se altera el sentido de la palabra por faltar a la verdad, la adhesión espontánea a la norma tiende a decrecer. Sobre esto hay abundante evidencia empírica. La duda en cuanto al acatamiento de la norma es uno de los factores de la anomia, y en algún momento esta desemboca en la anarquía o en la represión.

El ensamble de derecho a la verdad y de cultura política es propio de los Estados constitucionales avanzados. El estudio de cultura política que ya se hizo clásico corresponde a Almond y a Verba.[13] De manera separada se desarrolló el de cultura jurídica, entre el que sobresale el de Tarello,[14] con subespecialidades de cultura constitucional, como se planteó en México,[15] y de cultura de la legalidad. Esta última se restringe, por su enunciado mismo, a la ley. La complejidad de la vida política y social muestra que incluso los conceptos de cultura política y cultura jurídica comienzan a resultar insuficientes. A menos que se amplíe el concepto de cultura política, las condiciones del Estado

---

[13] Almond, Gabriel A. y Verba, Sidney, *The Civic Culture: Political Attitudes and Democracy in five Nations*, Princeton, Princeton University Press, 1963, y *The civic culture revisited*, Boston, Little, Brown and Co., 1980.

[14] Tarello, Giovanni, *Cultura giuridica e política del diritto*, Bolonia, il Mulino, 1988. Trad. al español: *Cultura jurídica y política del derecho*, México, FCE, 1995.

[15] Véase Concha Cantú, Hugo A.; Fix-Fierro, Héctor; Flores, Julia, y Valadés, Diego, *Cultura de la Constitución en México. Una encuesta nacional de actitudes, percepciones y valores*, México, Instituto de Investigaciones Jurídicas de la UNAM, 2004.

constitucional sugieren adoptar un enunciado de mayor amplitud: cultura político-jurídica.

El concepto de cultura política de Almond y Verba es manejado como sinónimo de cultura cívica. Para ilustrar su alcance trazan la evolución de la cultura política a partir de Platón y Aristóteles, enriquecida a través de las generaciones por Maquiavelo, Montesquieu, Rousseau y Tocqueville, hasta culminar con las grandes construcciones teóricas de Marx, Mosca, Pareto, Michels y, por supuesto, Durkheim y Weber. Situados en la cultura anglosajona extienden la genealogía de su pensamiento a Mill, Bagehot, Dicey, Wallas, Lippmann, Finer, Friedrich, Schumpeter y, desde luego, a Parsons. A la vertiente sicológica, ya presente en algunos de sus predecesores, como Mosca y Pareto, añaden la sicoantropología. Con ese bagaje formularon un concepto que ha marcado una época.

Basados en esa robusta síntesis, Almond y Verba indagaron acerca de una cultura política compuesta por tres elementos: el cognitivo, integrado por valores, creencias, información y análisis; el afectivo, consistente en sentimientos de adhesión, aversión o indiferencia, y el evaluativo, que expresa juicios morales.[16] Con este instrumental se dieron a la tarea de explorar la estabilidad de las democracias. Empero, entre los elementos culturales medidos no fueron contemplados los de relevancia jurídica. Por ejemplo, en los años 60 del siglo pasado, al momento de llevarse a cabo el estudio de Almond y Verba, tres de los cinco países, Alemania, Estados Unidos y Gran Bretaña, tenían una sólida estructura normativa; Italia vivía en la irregularidad política pero con un ordenamiento jurídico muy funcional, y México vivía una especie de regularidad hegemónica.

La cultura jurídica tiene aportes significativos para calibrar el desempeño y la estabilidad de los sistemas. En lo que a estabilidad atañe, la anomia ya había sido tomada en cuenta por Tucídides, y Durkheim desarrolló su examen con amplitud. Sorprende que este factor no haya influido en Almond ni en Verba. La sociología jurídica ofrece herramientas que, aplicadas de manera conjunta con las de cultura política permiten una mejor observación empírica.

Tarello identifica una doble dimensión de la cultura jurídica: la interna y la externa.[17] La primera es la que corresponde a los especialistas en derecho, como los académicos, juzgadores y personal técnico de la judicatura, administradores públicos, letrados parlamentarios,

---

[16] Almond y Verba, *op. cit.*, pp. 28 y ss.

[17] Tarello, *op. cit.*, pp. 181 y ss.

miembros del foro y del notariado. La cultura jurídica externa es "la del público", que puede o no tener conocimientos jurídicos, pero en todo caso opina sobre el derecho. Una combinación haría posible integrar los elementos de las culturas política y jurídica para obtener un paisaje más nítido de la realidad en un Estado constitucional.

En suma, entre las múltiples implicaciones constitucionales del estado de emergencia con el que se manejó la crisis sanitaria producida por el COVID-19, es posible conjugar tres factores: arbitrariedad, mentira y falta de cultura política. Por consiguiente, es previsible que entre las consecuencias institucionales de la pandemia se planteen la razonabilidad en la actuación de los órganos del Estado, la veracidad de la información y las acciones que contribuyan a elevar los niveles de cultura general y, en especial, de cultura político-jurídica. Para que los dos primeros objetivos hipotéticos se incorporen al ordenamiento será necesario desarrollar instrumentos jurídicos que contribuyan a la interdicción de la arbitrariedad, y el derecho a la verdad.

El derecho constitucional comparado ya ofrece algunos referentes acerca de la arbitrariedad, pero es necesario un instrumental nuevo en lo respecta a la verdad. En mi opinión se plantea un problema que debe ser atendido con garantías de carácter político. La sanción para quienes infrinjan el derecho a la verdad de los gobernados debería estar en el ámbito de los controles políticos. Las fuerzas parlamentarias minoritarias deben verse reforzadas para investigar los casos en los que se suponga que hubo alteraciones de la verdad.

Con la misma lógica que se han construido las acciones de inconstitucionalidad, podrían formularse los instrumentos de defensa de la verdad, pero en este caso dejando todo el procedimiento en la sede de la representación política. Los sistemas parlamentarios llevan un camino más avanzado que los presidenciales, pero es necesario asociar ambas experiencias para analizar el problema específico de la garantía política del derecho a la verdad y elaborar un diseño que permita el ejercicio razonable de esa garantía. Debe evitarse que las minorías se conviertan en una fuente de desprestigio de la política o en una versión laica de la inquisición.

Un diseño acertado en cuanto a la proscripción de la arbitrariedad y el ejercicio del derecho a la verdad tendría impacto en la cultura políticojurídica que contribuya a la estabilidad con equidad y progreso de las democracias constitucionales.

En el Estado moderno fue esencial la legitimidad de origen del poder. El acento dominante se puso en la dinastía, con lo que enfiló hacia el absolutismo. Con el Estado constitucional la legitimidad de origen se desplazó hacia los sistemas electorales y se produjo un cambio adicional, que abarca un amplio periodo, conforme al cual la legitimidad en el ejercicio del poder se convirtió en el segundo eje de las coordenadas del poder. Es a partir de esta nueva geometría estatal que se fueron configurando los instrumentos de control de legalidad, constitucionalidad y, lo más reciente, de convencionalidad.

El comportamiento de los órganos del poder es muy dinámico y va generando problemas adicionales. La crisis sanitaria mostró, a escala planetaria, que el derrotero ahora apunta hacia el control de la arbitrariedad y de la mentira oficial. Estos problemas no son recientes, pero sí se ha agudizado su recurrencia y también han sido más identificables por los destinatarios del poder. Desde esta perspectiva se trata de asuntos constitucionales emergentes a los que debe responderse con la mayor oportunidad posible.

Una parte de la solución consiste en interdecir la arbitrariedad, siguiendo el cauce abierto por la Constitución española, y además construir el derecho a la verdad con los instrumentos de garantía política que resulten más convenientes.

Toda crisis deja una cicatriz en la memoria de los pueblos; deja asimismo lecciones que, cuando son bien aprendidas, contribuyen al progreso de las instituciones. El estado de emergencia producido por el COVID-19 no será una excepción dentro de la excepción.

Diego VALADÉS[*]

---

[*] Presidente del Instituto Iberoamericano de Derecho Constitucional. Ex director e investigador del IIJ-UNAM. Investigador emérito de la UNAM y del Sistema Nacional de Investigadores.

Capítulo primero

JURISPRUDENCIA INTERAMERICANA SOBRE ESTADOS DE EMERGENCIA

RESTRICCIÓN Y SUSPENSIÓN DE DERECHOS EN LOS TIEMPOS DEL CORONAVIRUS (REFLEXIONES A PARTIR DE LA JURISPRUDENCIA INTERAMERICANA)

Eduardo Ferrer Mac-gregor[*]

Sumario: I. *Introducción*. II. *La restricción a los derechos humanos en un contexto de normalidad*. III. *La "suspensión de garantías" en un estado de excepción desde el artículo 27 de la Convención Americana*. IV. *La suspensión de garantías ante la pandemia actual*. V. *Conclusiones*.

I. Introducción

El presente trabajo tiene como objeto analizar el escenario que de manera excepcional, bajo la Convención Americana sobre Derechos Humanos (CADH), se podría permitir a un Estado limitar o suspender el disfrute de los derechos o libertades consagrados en el Pacto de San José.

Así, se presentan algunas consideraciones generales sobre la restricción o suspensión de derechos y libertades, así como los estándares desarrollados por la jurisprudencia de la Corte Interamericana de Derechos Humanos (Corte IDH) sobre los denominados "estados de excepción" o "de emergencia",[1] esencialmente con fundamento en el artículo 27 de la CADH ("Suspensión de garantías").

---

[*] Juez y ex presidente de la Corte Interamericana de Derechos Humanos. Investigador en el Instituto de Investigaciones Jurídicas de la UNAM y profesor de la Facultad de Derecho de la misma Universidad. Investigador visitante en la Universidad Complutense de Madrid.

[1] Para efectos prácticos, utilizaré como sinónimos los términos "estado de excepción" y "estado de emergencia" en este trabajo. No ignoro que las legislaciones de diversos países contemplan diferencias entre cada uno. *Cfr.* Ferrer Mac-Gregor, Eduardo y Herrera García, Alfonso, "La suspensión de derechos humanos y garantías. Una perspectiva de derecho comparado y desde la Convención Americana sobre Derechos Humanos", en Esquivel, Gerardo *et al.* (coords.), *Cien ensayos para el centenario. Constitución Política de los Estados Unidos Mexicanos, tomo 2: Estudios jurídicos,* México, IIJ-UNAM-Senado de la República, 2017, pp. 105-129, en pp. 106-108.

Finalmente, reflexionaré en torno a los estados de excepción, sobre todo a partir del actual contexto internacional derivado de la pandemia por la COVID-19.

II. La restricción a los derechos humanos en un contexto de normalidad

El artículo 30 del Pacto de San José establece como cláusula general, que sólo pueden llevarse a cabo aquellas restricciones expresamente permitidas en ese tratado, siempre que se apliquen "conforme a leyes que se dictaren por razones de interés general y con el propósito para el cual han sido establecidas".

Así, para actuar de conformidad con la CADH, los Estados deben conocer cuáles son las restricciones que este instrumento expresamente reconoce. Una lectura de las disposiciones pertinentes demuestra que ciertos artículos, además de consagrar derechos y libertades, también enumeran razones por las que pueden ser restringidos o limitados.[2]

Adicionalmente, el Pacto de San José también prevé en el artículo 32.2 que los derechos de cada persona están limitados por *a)* los derechos de los demás, *b)* la seguridad de todos y *c)* las justas exigencias del bien común, en una sociedad democrática. De este modo, el referido artículo contiene un enunciado general que opera en aquellos casos en que la CADH, al proclamar un derecho o libertad, no dispone nada en concreto sobre sus posibles restricciones legítimas.[3]

La Corte IDH haciendo uso del *test de proporcionalidad*, ha evaluado diversos tipos de restricciones que se han llevado a cabo en el ámbito interno de los Estados frente a las personas que se encuentran sometidas a su jurisdicción. Lo anterior para determinar si dichas restricciones o limitaciones se encuentran de conformidad con los parámetros establecidos en el Pacto de San José, por ejemplo, la duración de la prisión preventiva o la expropiación de la propiedad privada.

---

[2] Por ejemplo: libertad personal (art. 7.2), libertad de consciencia y de religión (art. 12.3), libertad de expresión (art. 13.2 incisos a y b), derecho de reunión (art. 15), libertad de asociación (art. 16.2), derecho a la propiedad (art. 21.1 y 21.2), derecho de circulación y residencia (art. 22.3) o derechos políticos (art. 23.2).

[3] Cfr. *La colegiación obligatoria de periodistas (Arts. 13 y 29 Convención Americana sobre Derechos Humanos)*. Opinión Consultiva OC-5/85 de 13 de noviembre de 1985. Serie A No. 5, párr. 65.

En términos generales,[4] el Tribunal Interamericano ha considerado que una restricción es legítima cuando: *i)* esté prevista en una ley;[5] *ii)* responda a un fin legítimo, *iii)* sea idónea para alcanzar tal fin; *iv)* sea necesaria, es decir, que dentro de las alternativas existentes para alcanzar el fin legítimo, se utilice aquella que implique el menor grado de injerencia en el derecho en cuestión, y *v)* sea proporcional —proporcionalidad en sentido estricto—, esto es, que la medida logre una importante protección del derecho o interés protegido, sin hacer nugatorio aquel otro derecho objeto de la restricción.[6]

III. La "suspensión de garantías" en un estado de excepción desde el artículo 27 de la Convención Americana

1. *Nociones generales*

La comunidad internacional ha reconocido situaciones excepcionales que superan la capacidad de respuesta estatal, en donde los métodos comunes de restricción legítima a los derechos no resultan suficientes para hacer frente a la coyuntura. Se trata de situaciones que ponen en peligro la existencia misma del Estado, cuya gravedad hace necesario aplicar determinadas medidas restrictivas a los derechos y

---

[4] Aunque la Corte IDH a lo largo de su jurisprudencia ha variado la integración del "test" para evaluar la limitación o restricción de un derecho, en términos generales se siguen los parámetros enunciados en el texto.

[5] La Corte IDH ha expresado que "las leyes a que se refiere el artículo 30 [de la Convención Americana] son actos normativos enderezados al bien común, emanados del Poder Legislativo democráticamente elegido y promulgados por el Poder Ejecutivo. Esta acepción corresponde plenamente al contexto general de la Convención dentro de la filosofía del Sistema Interamericano. Sólo la ley formal, entendida como lo ha hecho la Corte, tiene aptitud para restringir el goce o ejercicio de los derechos reconocidos por la Convención". Cfr. *La expresión "Leyes" en el artículo 30 de la Convención Americana sobre Derechos Humanos*. Opinión Consultiva OC-6/86 de 9 de mayo de 1986. Serie A No. 6, párr. 35.

[6] El caso ejemplificativo de esta integración de *test* lo podemos encontrar en el caso *Kimel vs. Argentina. Fondo, Reparaciones y Costas*. Sentencia de 2 de mayo de 2008. Serie C No. 177, párrs. 58-95.

libertades que, en condiciones normales, estarían prohibidas o sometidas a requisitos más rigurosos.[7]

Por su parte, la Corte IDH ha destacado que el artículo 27 del Pacto de San José no regula un estado general de las cosas,[8] sino que es un precepto concebido sólo para situaciones excepcionales,[9] de "guerra", "peligro público" u "otra emergencia" que amenacen a la independencia o seguridad de un Estado, ante las que sólo mediante la suspensión de garantías sería posible hacer frente a tal situación y preservar los valores superiores de la sociedad democrática.[10]

Asimismo, la expresión "suspensión de garantías" debe entenderse como la posibilidad de interrumpir, momentáneamente, el goce y ejercicio efectivo de algunos derechos y libertades consagrados en la CADH, lo que se traduce en la suspensión de obligaciones que el Estado parte asumió al haber suscrito el Pacto de San José.[11] En ausencia de una coyuntura excepcional (guerra, peligro público u otra emergencia) las medidas del artículo 27 se encontrarían prohibidas o se hallarían sometidas a un escrutinio jurisdiccional más riguroso.[12]

Sin embargo, lo antes dicho no significa que el gobierno esté investido de poderes absolutos.[13] La suspensión de garantías no debe exce-

---

[7] *Cfr. Caso J. vs. Perú. Excepción Preliminar, Fondo, Reparaciones y Costas.* Sentencia de 27 de noviembre de 2013. Serie C No. 275, párr. 137.

[8] En ese sentido, la suspensión de garantías no constituye un medio para enfrentar la criminalidad común. *Cfr. Caso Zambrano Vélez y otros vs. Ecuador. Fondo, Reparaciones y Costas.* Sentencia de 4 de julio de 2007. Serie C No. 166, párr. 52.

[9] *Cfr. El hábeas corpus bajo suspensión de garantías (Arts. 27.2, 25.1 y 7.6 Convención Americana sobre Derechos Humanos).* Opinión Consultiva OC-8/87 de 30 de enero de 1987. Serie A No. 8, párr. 19.

[10] *Cfr. ibidem*, párr. 20.

[11] Así, al analizar el artículo 27, el Tribunal Interamericano ha señalado que la potestad concedida a los Estados no tiene como objeto una "suspensión de garantías" en sentido absoluto, ni la suspensión de los derechos, ya que siendo éstos consustanciales con la persona lo único que podría suspenderse o impedirse sería su pleno y efectivo ejercicio. *Cfr. El hábeas corpus bajo suspensión de garantías (Arts. 27.2, 25.1 y 7.6 Convención Americana sobre Derechos Humanos).* Opinión Consultiva OC-8/87, *op. cit*, párr. 18.

[12] *Cfr. Caso Castillo Páez vs. Perú. Fondo.* Sentencia de 3 de noviembre de 1997. Serie C No. 34, párr. 56.

[13] *Cfr. El hábeas corpus bajo suspensión de garantías (Arts. 27.2, 25.1 y 7.6 Convención Americana sobre Derechos Humanos).* Opinión Consultiva

der más allá de lo estrictamente necesario para atender la emergencia, por lo que resulta ilegal toda actuación de los poderes públicos que desborde aquellos límites.[14]

2. El marco normativo de los estados de excepción

La ley o decreto que reconozca un estado de excepción debe definir detalladamente las características de éste y la forma en que se suspenderán los derechos y libertades convencionales. Este marco normativo regirá la actuación de las autoridades durante el tiempo que dure la emergencia. Así, "resulta ilegal toda actuación de los poderes públicos que desborde aquellos límites que deben estar precisamente señalados en las disposiciones que decretan el estado de excepción".[15] De este modo, la ley o decreto debe fijar límites temporales, espaciales y materiales, con los que se impida una extrema vaguedad en las disposiciones que suspendan garantías.[16]

La CADH no establece un modelo único de ley o decreto para la suspensión de garantías, pues por las distintas situaciones que contempla el artículo 27.1, las medidas que se adopten en cualquiera de estas emergencias deben ser ajustadas a "las exigencias de la situación", resultando claro que lo permisible en unas de ellas podría no serlo en otras; en todo caso, la juridicidad de las medidas que se adopten dependerá del carácter, intensidad, profundidad y particular contexto de la emergencia, así como de la proporcionalidad y razonabilidad que aquellas guarden.[17]

OC-8/87, op. cit., párr. 24.

[14] Ibidem, párr. 38.

[15] Cfr. Caso *Pollo Rivera y otros vs. Perú. Fondo, Reparaciones y Costas*. Sentencia de 21 de octubre de 2016. Serie C No. 319, párr. 100; Caso *Espinoza Gonzáles vs. Perú. Excepciones Preliminares, Fondo, Reparaciones y Costas*. Sentencia de 20 de noviembre de 2014. Serie C No. 289, párr. 120; Caso *J. vs. Perú. Excepción Preliminar, Fondo, Reparaciones y Costas, op. cit.*, párr. 139; *El hábeas corpus bajo suspensión de garantías (Arts. 27.2, 25.1 y 7.6 Convención Americana sobre Derechos Humanos)*. Opinión Consultiva OC-8/87, *op. cit.*, párr. 38.

[16] Cfr. Caso *Zambrano Vélez y otros vs. Ecuador*. Fondo, Reparaciones y Costas, *op. cit.*, párr. 48.

[17] Cfr. Caso *Espinoza Gonzáles vs. Perú. Excepciones Preliminares, Fondo, Reparaciones y Costas, op. cit.*, párr. 117; Caso *J. vs. Perú. Excepción Preliminar, Fondo, Reparaciones y Costas, op. cit.*, párr. 139; *El hábeas corpus bajo*

No obstante, es obligación del Estado determinar las razones y motivos que llevaron a las autoridades internas a declarar el estado de emergencia.[18]

3. *Derechos que no admiten suspensión y las garantías judiciales indispensables para su protección*

El art. 27.2 de la CADH contiene "un núcleo inderogable" de derechos.[19] A lo anterior hay que agregar que el régimen de reservas al Pacto de San José (art. 75) no admite aquellas que se traduzcan en la suspensión de los derechos del artículo 27.2, por lo que toda reserva de este tipo debe ser considerada como incompatible con el objeto y fin del propio tratado y, en consecuencia, no autorizada por éste.[20]

Respecto de las garantías judiciales indispensables para la protección de estos derechos, en su Opinión Consultiva No. 8, la Corte IDH ha señalado que estas garantías no se encuentran vinculadas a ninguna disposición individualizada de la CADH, por lo que representan todos aquellos procedimientos judiciales que ordinariamente son idóneos para garantizar la plenitud del ejercicio de los derechos y libertades a que se refiere dicho artículo y cuya supresión o limitación pondría en peligro esa plenitud.[21]

---

suspensión de garantías (Arts. 27.2, 25.1 y 7.6 Convención Americana sobre Derechos Humanos). Opinión Consultiva OC-8/87, *op. cit.*, párrafo 22.

[18] Cfr. Caso *Zambrano Vélez y otros vs. Ecuador. Fondo, Reparaciones y Costas, op. cit.,* párr. 47.

[19] Al respecto, el artículo 27. 2 dispone: "La disposición precedente no autoriza la suspensión de los derechos determinados en los siguientes artículos: 3 (Derecho al Reconocimiento de la Personalidad Jurídica); 4 (Derecho a la Vida); 5 (Derecho a la Integridad Personal); 6 (Prohibición de la Esclavitud y Servidumbre); 9 (Principio de Legalidad y de Retroactividad); 12 (Libertad de Conciencia y de Religión); 17 (Protección a la Familia); 18 (Derecho al Nombre); 19 (Derechos del Niño); 20 (Derecho a la Nacionalidad), y 23 (Derechos Políticos), ni de las garantías judiciales indispensables para la protección de tales derechos".

[20] Cfr. *Restricciones a la pena de muerte (Arts. 4.2 y 4.4 Convención Americana sobre Derechos Humanos).* Opinión Consultiva OC-3/83 de 8 de septiembre de 1983. Serie A No. 3, párr. 61.

[21] Cfr. *El hábeas corpus bajo suspensión de garantías (Arts. 27.2, 25.1 y 7.6 Convención Americana sobre Derechos Humanos).* Opinión Consultiva OC-8/87, *op. cit.,* párrs. 27 y 28.

De esta forma, en aquella opinión consultiva la Corte IDH refirió que la institución del juicio, recurso o acción amparo (artículo 25.1) y el hábeas corpus (artículo 7.6), son instrumentos procesales que se erigen como indispensables para la protección de los derechos no susceptibles de suspensión. En consecuencia, aquellos ordenamientos constitucionales y legales que autoricen la suspensión de tales instrumentos tutelares de derechos y libertades deben considerarse incompatibles con las obligaciones impuestas por el Pacto de San José.[22]

Posteriormente, en la Opinión Consultiva No. 9, el Tribunal Interamericano añadió que "el entero régimen de protección judicial del artículo 25 es aplicable a los derechos no suspendibles en los estados de emergencia, de tal forma que debían considerarse como garantías judiciales indispensables, el hábeas corpus, el amparo "o cualquier otro recurso efectivo ante los jueces o tribunales competentes".[23] También se señaló que estos recursos indispensables deben ser considerados dentro del marco y conforme al debido proceso convencional del artículo 8 de la CADH ("Garantías judiciales").[24]

Adicionalmente, a partir del criterio de interpretación del artículo 29. c) del Pacto de San José, la Corte IDH consideró también como garantía judicial indispensable, todo aquel procedimiento judicial, inherente a la forma democrática representativa de gobierno, previsto en el derecho interno de los Estados Partes como idóneos para garantizar la plenitud del ejercicio de los derechos a que se refiere el artículo 27.2 de la CADH y cuya supresión o limitación comporte la indefensión de tales derechos.[25]

4. *Obligación de informar a los demás Estados parte de la Convención Americana sobre la suspensión de garantías realizada (garantía colectiva)*

El artículo 27.3 de la CADH impone la obligación de "informar inmediatamente" el haber hecho uso del "derecho de suspensión" a los demás Estados Parte del Pacto de San José. La Corte IDH ha

---

[22] *Ibidem*, párrs. 42 y 43.

[23] *Cfr. Garantías judiciales en estados de emergencia (Arts. 27.2, 25 y 8 Convención Americana sobre Derechos Humanos).* Opinión Consultiva OC-9/87 de 6 de octubre de 1987. Serie A No. 9, párrs. 23-26 y punto resolutivo 1.

[24] *Ibidem*, párrs. 28 y 38, y punto resolutivo 3.

[25] *Ibidem,* párrs. 37 a 39, y punto resolutivo 2.

considerado que esta obligación "constituye un mecanismo enmarcado en la noción de *garantía colectiva* subyacente a este tratado".[26] Considera que el objeto y fin es la protección del ser humano y constituye una salvaguardia para prevenir el abuso de las facultades excepcionales de suspensión de derechos y libertades, permitiendo a los demás Estados Parte apreciar que los alcances de esa suspensión sean acordes con las disposiciones de la CADH.[27]

En ese sentido, el Tribunal Interamericano ha puntualizado que el cumplimiento del artículo 27.3 es uno de los requisitos del procedimiento de suspensión de derechos y libertades en estados de emergencia, y no una *mera formalidad* o cortesía. Así, en el *Caso Baena Ricardo y otros*, ante la alegación del Estado de Panamá referente a la existencia de un supuesto estado de emergencia, la Corte IDH verificó que el Estado no notificó a la Secretaría General de la OEA que hubiese suspendido algunos de los derechos y libertades establecidas en la CADH, incluso el entonces presidente de aquel país había declarado que durante su gobierno "jamás se suspendieron los derechos civiles, derechos constitucionales de los panameños".[28] Es por ello que la Corte IDH procedió a analizar los hechos de aquel caso sin atender a la normativa de los estados de excepción del artículo 27.[29]

5. *El control de los derechos y libertades durante el estado de excepción*

La Corte IDH ha reconocido claras limitaciones a la actuación del poder estatal en contextos de emergencia, lo que demuestra que aun en las situaciones más excepcionales, es necesario que subsistan medios idóneos para el control de las disposiciones que se dicten, a fin de que ellas se adecúen razonablemente a las necesidades de la situación y no

---

[26] Cfr. Caso *Zambrano Vélez y otros vs. Ecuador. Fondo, Reparaciones y Costas, op. cit.,* párr. 70.

[27] Cfr. idem.

[28] Cfr. Caso *Baena Ricardo y otros vs. Panamá. Fondo, Reparaciones y Costas.* Sentencia de 2 de febrero de 2001. Serie C No. 72, párrs. 92 a 94.

[29] La Corte IDH también ha encontrado el incumplimiento del artículo 27.3 en otros tres casos más: Cfr. Caso *J. vs. Perú. Excepción Preliminar, Fondo, Reparaciones y Costas, op. cit.,* párr. 124; Caso *Zambrano Vélez y otros vs. Ecuador. Fondo, Reparaciones y Costas, op. cit.,* párr. 69 a 71; Caso *del Caracazo vs. Venezuela. Fondo.* Sentencia de 11 de noviembre de 1999. Serie C No. 58, párr. 42.

excedan de los límites estrictos impuestos por la CADH o derivados de ella.[30] Así, el Tribunal Interamericano se ha referido a dos tipos de controles en estados de excepción.

El primero de ellos hace alusión al *control de la declaración de emergencia* en sí misma,[31] que impone el deber de verificar que la suspensión declarada se encuentre conforme a la CADH, "en la medida y por el tiempo estrictamente limitados a las exigencias de la situación".[32] Asimismo, la suspensión de garantías no puede desvincularse del "ejercicio efectivo de la democracia participativa", por lo que aquella carece de toda legitimidad cuando se utiliza para atentar contra el sistema democrático, que dispone límites infranqueables en cuanto a la vigencia constante de ciertos derechos esenciales de la persona.[33] Ante todo, el control de la compatibilidad con la CADH de las medidas adoptadas "dependerá, entonces, del carácter, intensidad, profundidad y particular contexto de la emergencia, así como de la proporcionalidad y razonabilidad que guarden las medidas adoptadas respecto de ella".[34]

De este control no escapan las consideraciones que se han señalado en este artículo, como el deber de delimitar claramente los derechos y libertades suspendidas, así como de fijar los límites espaciales, temporales y materiales de la emergencia para evitar su vaguedad; el respeto al "núcleo inderogable" de derechos humanos y sus garantías judiciales indispensables y la obligación de notificar sobre la suspensión a los demás Estados Parte del tratado. Todas ellas garantizan la

---

[30] Cfr. *Garantías judiciales en estados de emergencia (Arts. 27.2, 25 y 8 Convención Americana sobre Derechos Humanos)*. Opinión Consultiva OC-9/87, *op. cit.*, párr. 21; y *Caso Castillo Petruzzi y otros vs. Perú. Fondo, Reparaciones y Costas*. Sentencia de 30 de mayo de 1999. Serie C No. 52, párr. 109.

[31] Si bien dentro de los ordenamientos constitucionales latinoamericanos es variable la posibilidad y, en su caso, las características de un eventual control de constitucionalidad y convencionalidad de estas medidas, no hay que olvidar que la Corte IDH al final termina realizando un control de convencionalidad. En todo caso, sería deseable que el control se realice en sede interna, en atención al carácter subsidiario del Sistema Interamericano y sus órganos.

[32] Cfr. Caso *Zambrano Vélez y otros vs. Ecuador. Fondo, Reparaciones y Costas, op. cit.*, párr. 47.

[33] Cfr. *El hábeas corpus bajo suspensión de garantías (Arts. 27.2, 25.1 y 7.6 Convención Americana sobre Derechos Humanos)*. Opinión Consultiva OC-8/87, *op. cit.*, párr. 20.

[34] *Ibidem*, párr. 22.

legitimidad de la suspensión y de las medidas implementadas por el Estado durante la emergencia.

Por otro lado, la suspensión del goce y ejercicio de determinados derechos no implica que los mismos son completamente inaplicables, ya que aún durante un estado de emergencia es necesario analizar la proporcionalidad de las acciones adoptadas por las autoridades estatales.[35] En ese sentido, es necesario conocer cuáles son las garantías de protección que continúan vigentes durante el régimen de excepción. Este cuerpo normativo será la base sobre la que se analice la proporcionalidad de los actos de las autoridades. Así se ha hecho, por ejemplo, para salvaguardar el derecho a la libertad personal (detención con orden judicial o que comparezca el acusado ante un juez competente).[36]

IV. LA SUSPENSIÓN DE GARANTÍAS ANTE LA PANDEMIA ACTUAL

Al momento en que se escribe el presente trabajo, la comunidad internacional se encuentra enfrentando uno de los mayores retos contemporáneos en materia de salud, derivado de la pandemia global causada por la COVID-19. A la fecha, los Estados de Argentina, Colombia, Chile, Bolivia, Ecuador, El Salvador, Guatemala, Honduras, Panamá, Paraguay, Perú, República Dominicana y Surinam, de conformidad con el art. 27.3 de la CADH, han notificado a la Organización de Estados Americanos la suspensión de garantías (así como ampliación de la temporalidad) dentro de sus jurisdicciones.

El 9 de abril de 2020 la Corte IDH emitió la Declaración 1/2020 llamada *"Covid y Derechos Humanos: Los problemas y desafíos deben ser abordados con perspectiva de derechos humanos y respetando las obligaciones internacionales"*. En dicha declaración, el Tribunal Interamericano reconoció que las medidas a implementar por los Estados pueden tener repercusiones en el goce y ejercicio de los derechos humanos. Sin embargo, tales medidas deben ser limitadas temporalmente, legales, ajustadas a los objetivos definidos conforme a criterios científicos, razonables, estrictamente necesarias y proporcionales,

---

[35] Cfr. Caso *J. vs. Perú. Excepción Preliminar, Fondo, Reparaciones y Costas*, op. cit., párr. 141.

[36] Cfr. Caso *Galindo Cárdenas y otros vs. Perú. Excepciones Preliminares, Fondo, Reparaciones y Costas*, op. cit., párrs. 191-194; y Caso *Pollo Rivera y otros vs. Perú. Fondo, Reparaciones y Costas*, op. cit., párr. 97-108.

y acordes con los demás requisitos desarrollados en el derecho interamericano de los derechos humanos.[37]

Por su parte, la Comisión Interamericana de Derechos Humanos, el 10 de abril emitió la Resolución No. 1/2020 denominada *Pandemia y Derechos Humanos en las Américas*.[38] En esta resolución indicó, entre otras cuestiones, que "la declaración de estado de emergencia excepcional para hacer frente a la dispersión de la pandemia del coronavirus, no debe utilizarse para suprimir un catálogo indeterminado de derechos o *ad infinitum*, ni para justificar actuaciones contrarias al derecho internacional por parte de agentes estatales, por ejemplo, el uso arbitrario de la fuerza o la supresión del derecho de acceso a la justicia para personas que sean víctimas de violaciones a derechos humanos en el contexto actual".

Tanto la Comisión Interamericana como la Corte IDH, en sus respectivos pronunciamientos, coinciden que las medidas adoptas deben tener siempre especial consideración de los *grupos en situación de vulnerabilidad,* que históricamente se encuentran en una situación de desventaja social. Para ello, es necesario que se adopten *acciones positivas,* inclusive en los contextos de declaración de suspensión de garantías y estados de emergencia (en este contexto, emergencia sanitaria). Para ello también se debe tener en cuenta enfoques diferenciados —como la perspectiva de género, interseccional, lingüística e intercultural— para tener una mayor comprensión sobre la forma en la que la limitación de derechos podría ser resentida en estos grupos.[39]

En este sentido, "dada la naturaleza de la pandemia, los derechos económicos, sociales, culturales y ambientales (DESCS), deben ser garantizados sin discriminación, especialmente para las personas y grupos en situación de mayor vulnerabilidad, como son las personas mayores, las niñas y los niños, las personas con discapacidad, las personas migrantes, los refugiados, los apátridas, las personas privadas de libertad, las personas LGBTI, las mujeres embarazadas o en periodo de post parto, las comunidades indígenas, personas afrodescendientes, las personas que viven del trabajo informal, la población de barrios

---

[37] Declaración de la Corte IDH 1/20. *Covid y Derechos Humanos: Los problemas y desafíos deben ser abordados con perspectiva de derechos humanos y respetando las obligaciones internacionales*, 9 de abril de 2020.

[38] Resolución de la Comisión Interamericana de Derechos Humanos. *Pandemia y Derechos Humanos en las Américas.* 10 de abril de 2020.

[39] Resolución de la Comisión Interamericana de Derechos Humanos. *Pandemia y Derechos Humanos en las Américas.* 10 de abril de 2020, Considerando 27.

o zonas de habitación precaria, las personas en situación de calle, las personas en situación de pobreza y el personal de los servicios de salud que atienden esta emergencia".[40]

Cabe destacar la resolución del 26 de mayo de 2020 de la presidenta de la Corte IDH, en la que, en el marco de una solicitud de medidas provisionales, adoptó medidas urgentes, respecto del caso *Vélez Loor vs. Panamá*, sobre las condiciones en las que se encuentran algunas *personas migrantes* en dos centros de alojamiento en Panamá dentro de un contexto de limitación, entro otros, del derecho a la circulación, siendo que algunas *personas migrantes y funcionarios habrían dado positivo a COVID-19, por lo que dadas las alegadas condiciones (de sobrepoblación) impedirían garantizar* medidas rigurosas de distanciamiento y de higiene para prevenir y mitigar la propagación del COVID-19.[41]

Así, la proclamación de un estado de excepción debe ser realizada de conformidad con el marco constitucional y demás disposiciones que rijan tal actuación, y deben identificarse claramente los derechos cuyo pleno goce será limitado, así como el ámbito temporal y geográfico que justifica tal excepción. Cualquier restricción o suspensión adoptada debe tener sustento en la mejor evidencia científica y considerar, de manera previa a su adopción y durante su implementación, los particulares efectos que puede tener sobre los grupos más vulnerables con el fin de asegurar que su impacto no sea especialmente desproporcionado, mediante la adopción de las medidas positivas que resulten necesarias.[42]

V. Conclusiones

La Corte IDH ha entendido la extrema gravedad que implica el abuso de los estados de excepción, bajo cuya máscara se han escondido los más diversos autoritarismos y dictaduras a lo largo de la historia en

---

40 Declaración de la Corte IDH 1/20. *Covid y Derechos Humanos*, *op. cit.*

41 Los dos centros son: La Peñita y Lajas Blancas, en este último se estarían trasladando a las personas que han dado positivo a COVID-19 y "sus contactos". *Cfr.* Resolución de la Presidenta de la Corte IDH de 26 de mayo de 2020.

42 Comunicado de Prensa: *La CIDH llama a los Estados de la OEA a asegurar que las medidas de excepción adoptadas para hacer frente a la pandemia COVID-19 sean compatibles con sus obligaciones internacionales.* 17 de abril de 2020.

nuestra región. Por ello ha buscado definir con la mayor precisión posible los parámetros que el artículo 27 del Pacto de San José requiere para la restricción o suspensión de derechos y libertades.

En ese sentido, la jurisprudencia interamericana ha enfatizado el carácter excepcional de las situaciones que permiten tomar medidas de emergencia, cuyas afectaciones van más allá de las permitidas en tiempos de normalidad. Asimismo, destaca el profundo desarrollo del requisito de mantener las garantías judiciales indispensables para la protección de los *derechos insuspendibles*.

El trabajo que la Corte IDH ha venido desarrollando nos permite comprobar una tendencia interpretativa rígida en cuanto al uso de la suspensión de garantías como argumento para justificar violaciones a derechos humanos durante estados de emergencia. Así, para el Tribunal Interamericano no es suficiente que los Estados emitan leyes de emergencia, en uso de la potestad conferida por el artículo 27, sino que ha analizado la forma y el fondo de las mismas a la luz de la CADH, teniendo en consideración todas las disposiciones que no fueron limitadas o suspendidas, para aplicar *criterios de proporcionalidad* aun en estados de excepción.

Como vemos, la Corte IDH ha considera necesario que los Estados actúen con la mayor cautela posible en el uso de la potestad que les confiere el artículo 27 del Pacto de San José, debido al mayor grado de afectación al goce y ejercicio de los derechos humanos y libertades.

La suspensión de derechos y libertades se debe entender como la última vía disponible en los regímenes democráticos, para asegurar su continuidad y (paradójicamente) proteger los derechos de las personas, al garantizar el pleno cumplimiento de sus obligaciones cuando la coyuntura haya sido superada. Una vez decretada la suspensión, las autoridades tienen una obligación reforzada de actuar lo más expedita y eficazmente para solucionar la emergencia y volver a la normalidad.

En la época actual, la comunidad internacional se enfrenta a diversos escenarios que ponen a prueba la capacidad de respuesta de los Estados. Por ello, toda restricción o suspensión de derechos necesita surgir a partir de un profundo análisis de las medidas, debiendo ser acorde al *derecho internacional de los derechos humanos* y, en particular, a los parámetros que han sido interpretados a partir del artículo 27 del Pacto de San José. Si bien la protección del derecho a la vida y a la salud son fines legítimos para la restricción o suspensión de otros derechos y libertades, tales limitaciones tienen que ser acorde con el derecho interamericano de protección de derechos humanos.

Capítulo segundo

CONTROL PARLAMENTARIO DEL GOBIERNO EN ESTADO DE EMERGENCIA SANITARIA

EL CONTROL PARLAMENTARIO Y OTROS CONTRAPESOS DEL GOBIERNO EN EL ESTADO DE ALARMA: LA EXPERIENCIA DEL CORONAVIRUS

Javier García Roca[*]

Sumario: I. *La constitucionalización de los estados excepcionales. La concentración del poder y sus contrapesos. ¿Prever lo impredecible? Restringir derechos. Principios constitucionales.* II. *La declaración por el gobierno del estado de alarma y las medidas adoptadas. La autorización de las prórrogas. Medidas de desescalada. ¿Un derecho excepcional transitorio?* III. *La sincrónica y telemática función parlamentaria de control-fiscalización.* IV. *Los controles sucesivos de constitucionalidad de la declaración y la revisión judicial de sus aplicaciones: el principio de responsabilidad.* V. *La división de poderes territorial: coordinación, acción conjunta y descentralización de la desescalada.* VI. *Conclusiones.*

I. La constitucionalización de los estados excepcionales. La concentración del poder y sus contrapesos. ¿Prever lo impredecible? Restringir derechos. Principios constitucionales

1. *Una síntesis con tesis*

El coronavirus ha producido casi tres decenas de miles de muertes en España y en muy poco tiempo, pero las estadísticas no pueden ser exactas y acaso halla muchos más. La grave emergencia sanitaria

---

[*] Catedrático de Derecho Constitucional, Universidad Complutense de Madrid. Presidente Emérito de la Asociación de Constitucionalistas de España. Director del Instituto de Derecho Parlamentario (Congreso de los Diputados--UCM). Presidente de la Asociación de Letrados del Tribunal Constitucional. Vicepresidente de la *International Association of Constitutional Law.*

ha llevado a la *declaración por el Gobierno del estado de alarma*, prorrogado por el Congreso de los Diputados seis veces, y al confinamiento de millones de personas durante algo más de tres meses (de 14 de marzo a 21 de junio), restringiendo directamente su libertad de circulación, la libertad de empresa y la propiedad privada, e indirectamente otros derechos fundamentales como son los derechos de manifestación y el sufragio.

Con la declaración de alarma, surge un *"Derecho excepcional"*, distinto al régimen normal, pero con un alcance provisional que no puede tener vocación de permanencia ni sus mismas características ni exigencias en un Estado de Derecho: esto quiere decir "excepcional". Inevitablemente, la reserva de ley y el *principio de legalidad* se debilitan y resienten. El *procedimiento administrativo* ordinario, en ocasiones, no puede ser seguido por la urgencia. Esta perspectiva, una excepcional provisionalidad antes de volver a la normalidad, no puede perderse de vista al analizar las garantías; frena la tendencia a un rigor excesivo, desentendido de la realidad en los tiempos de una pandemia.

También emerge un *"Estado excepcional"*, que igualmente no está exento de límites y contrapesos. El Estado constitucional no desaparece. La situación es distinta a una *"dictadura comisoria"* (todos los poderes del Estado concentrados en una sola mano, como pretendía Carl Schmitt, "soberano es quien decide sobre el estado de excepción")[1] o a un *"estado de necesidad"* (el gobierno actúa libre e ilimitadamente y el parlamento dicta luego una *bill of indemnity*), ambos desprovistos de controles; el "Estado excepcional" es el modelo propio de un Estado constitucional que constitucionaliza sus excepciones con garantías.[2] Se produce una *concentración de poderes* en el Gobierno y ésta es la razón de ser de cualquier estado de emergencia. Pero la organización constitucional, la división horizontal y vertical de poderes, no se suspende ni se desplaza o modula más que en la medida estrictamente necesaria para subvenir la emergencia. Hay contrapesos. Concentrar el poder en el ejecutivo, provisionalmente, no puede confundirse con una autocracia, si el Parlamento y los tribunales lo fiscalizan. En nuestra experiencia con el coronavirus, estos límites se han mantenido razonablemente en España, pese a que ha habido que improvisar las respuestas.

---

[1] Schmitt Carl, "Teología política" en *Estudios Políticos*, Doncel, Madrid, 1975, traducción de F. J. Conde en 1934, p. 35.

[2] Cruz, Pedro, *Estados excepcionales y suspensión de garantías*, Tecnos, Madrid, 1984, pp. 23 y ss.

La declaración gubernamental y los decretos y órdenes ministeriales que luego se dicten bajo la alarma deben comunicarse inmediatamente —se ha hecho semanalmente— al Congreso, quien puede recabar información y pedir la contestación de interpelaciones y preguntas. La alarma se concede por un breve tiempo, quince días, y su prórroga permite al Congreso de los Diputados una intensa fiscalización del Gobierno, la modificación de las medidas propuestas, y mantener informada a la opinión pública a través de los medios de comunicación. Con la prórroga, la declaración pasa a ser del Parlamento y refuerza su legitimidad democrática. No desaparece la *función parlamentaria de control* sino que se intensifica. La pandemia dilató la respuesta del Congreso. Hubo que celebrar sesiones no presenciales, por el temor al contagio, y extender el voto telemático, sin modificar el Reglamento para lo que no había tiempo, mediante un acuerdo de la Mesa. Pese a estos obstáculos, se han presentado numerosas iniciativas de control en el Congreso y ha habido igualmente control en el Senado. Las Cortes Generales en la emergencia han acelerado su *digitalización* y trabajo no presencial y parte de este desarrollo tecnológico puede quedarse.

Tampoco desaparece el *Estado autonómico* ni se suspenden las competencias de las CCAA. El Gobierno ha reforzado mucho sus *facultades de coordinación*, que le da el estado de alarma, para dirigir una acción conjunta. Pero ha debido colaborar constantemente con los Gobiernos de las CCAA, ha funcionado regularmente la Conferencia de Presidentes, y hallar fórmulas de respeto a la subsidiariedad. Se ha hablado de una "federalización del estado de alarma"[3] sobre todo al organizarse la desescalada del confinamiento, conforme a unos criterios e indicadores comunes en todo el Estado, aprovechando la proximidad de las administraciones autonómicas a la diversidad de las situaciones sanitarias en cada territorio.

El *estado de alarma* no permite "*suspender*" derechos fundamentales, esto es, derogarlos y privarlos de validez como ocurre con el *estado de excepción* (arts. 55.1 y 116 CE), o con el art. 15 del Convenio

---

3   Velasco, Francisco, "Estado de alarma y distribución territorial del poder" en *El Cronista del Estado Social y Democrático de Derecho*, nº 86-87, 2020, y "Federalización del estado de alarma", *https://administradoresciviles.org/actualidad/ noticias-sobre-administracion-publica/1623federalizacion-del-estado-de-a larma-por-francisco-velasco-caballero.*

Europeo de Derechos Humanos.[4] Pero supone inevitablemente un estado de intensa "restricción" de los derechos —como ha dicho Pedro Cruz 1984—,[5] muy distinto a la situación de *normalidad*, que amortigua su eficacia, siempre y cuando se respete su contenido esencial. Muchos no han comprendido este tercer estado de cosas. Criticar las limitaciones de derechos bajo la alarma, es injustificado, pues supone no haber entendido la lógica de un Estado excepcional, y, de aceptarse la tesis, impediría al Estado excepcional actuar. ¿Cómo frenar el virus sin el confinamiento? ¿Pueden manifestarse cientos de personas sin distancia social mientras la mayoría permanece en reclusión para evitar contagios, es eso solidario? La experiencia del coronavirus ha permitido caer en la cuenta de la intensidad de estas restricciones.

Las *medidas* que se han adoptado en España y en prácticamente todos los Estados europeos se parecen mucho, pese a la diversidad de los marcos jurídicos y constitucionales.[6] Vienen impuestas por la naturaleza de la emergencia sanitaria y un juicio de necesidad.

No obstante, las medidas que restrinjan derechos fundamentales —algunas han sido muy discutidas— deben respetar el principio de proporcionalidad y sobrepasar un juicio de necesidad. Si bien la intensidad de la revisión judicial de las reclamaciones —estimo— reclama una "deferencia" ante las disposiciones y actos recurridos, sobre todo ante la decisión política de su declaración, pero también ante la discrecionalidad de unas medidas que deben tomarse con acusada urgencia: una *proporcionalidad restringida* o escrutinio no estricto. Cabe un control de constitucionalidad de la declaración de alarma ante el Tribunal Constitucional. También, un control judicial de las aplicaciones, para garantizar el principio de responsabilidad de los poderes públicos y una indemnización o compensación en casos de daños. Sin embargo, el *deber de colaboración* de todas las personas en casos de catástrofes o calamidades públicas (art. 30.4 CE) creo tiene la naturaleza de un deber constitucional, y, además de habilitar al legislador, permite restringir razonablemente algunos derechos y justificar ciertos sacrificios que no sean excesivos. Esta intensa sujeción de quien está

---

[4] Roca, María, "La suspensión del CEDH desde el derecho español" en *Revista Española de Derecho Europeo*, n° 72, 2019.

[5] Cruz, Pedro, *Estados excepcionales...*, *op. cit.*, p. 76.

[6] Fourmont, Alexis y Ridard, Basile, "Le contrôle parlementaire dans la crisis sanitaire" en *Question d'Europe*, n° 558, 2020. https://www.robert-schuman.eu/fr/questions-d-europe/0558-lecontrole-parlementaire-dans-la-crise-sanitaires.

en una situación de deber constitucional debe ser usada en las ponderaciones judiciales.

Por otro lado, la crisis ha impulsado una *legislación excepcional*, en paralelo a la alarma pero fuera de ella, en materias económicas y laborales. Así hay alrededor de unas 900.000 personas sometidas a expedientes temporales de regulación de empleo (ERTE) que han sido regulados con especificidades; o se ha impulsado la regulación de un nuevo *ingreso mínimo vital* para un millón de familias.

Por último, la seria amenaza a los derechos a la vida y la salud de cientos de miles de personas contagiadas reclama la *unidad de una nación*, como comunidad política, y el acuerdo solidario de todos los poderes públicos y ciudadanos, en particular, del Gobierno y de la oposición, ante la necesidad de una *acción unitaria del Estado*. Pero lamentablemente no ha sido así. El Gobierno de coalición ha logrado algunos aliados, variables y decrecientes, en la aprobación de las sucesivas prórrogas de la alarma. Pero la actitud de los grupos de oposición, de la inestable mayoría de la investidura, y de muchos medios de comunicación ha sido muy dura. Se ha generado una situación de angustia e intenso conflicto social difícil de explicar desde bases racionales. La cultura "consociacional", el apreciado consenso de la transición, no vuelve a España ni en los tiempos del cólera. Pero empieza a hacer tanta falta como entonces.

2. *Tipos de estados excepcionales: era alarma y no excepción*

El art. 116 CE distingue tres tipos de estados de emergencia: alarma, excepción y sitio. La diferencia no es cuantitativa —una confusión muy extendida— sino cualitativa. Tienen causas y supuestos de hecho habilitantes distintos. La alarma está pensada para catástrofes naturales, crisis sanitarias o paralización de servicios públicos; se le privó de cualquier relación con el orden público como tenía en el siglo XIX. Está despolitizada.[7] El estado de excepción, en cambio, reclama graves alteraciones del orden público y resistencias de los ciudadanos y por eso se permite suspender algunos derechos civiles y políticos. El estado de sitio exige una gravísima crisis que reclama defender la misma supervivencia del Estado y por eso se concede competencia a

---

[7] Cruz, Pedro, *Estados excepcionales...*, *op. cit.*, 1984, p. 69. En el mismo sentido y durante el coronavirus Quadra Salcedo de la, Tomás, "Límite y restricción, no suspensión" en *El País*, 8 de abril de 2020; y "La aversión europea al estado de excepción" en *El País*, 20 de abril de 2020.

la jurisdicción militar. En cambio, la alarma se declara por el Gobierno y se comunica al Congreso. El estado de excepción exige la previa autorización del Congreso. Y el estado de sitio lo declara el Congreso. Pero en los tres estados hay una intervención y control de la cámara baja. La alarma no permite suspender derechos, pero permite restringirlos seriamente con el límite de la proporcionalidad. Con el coronavirus no existía conflicto político alguno, pero la emergencia es de una magnitud que no encaja plenamente en los estados previstos ni en las categorías constitucionales disponibles[8]. Ha habido que improvisar.

3. *La previsión de lo impredecible*

En efecto, las normas que regulan la emergencia no pueden preverlo todo. Tienden a ser cláusulas generales. No se puede tipificar lo impredecible. Esa es la contradicción. La Constitución en su art. 116 no identifica los supuestos de hecho habilitantes y es un precepto incompleto. Sí lo hace la *Ley Orgánica 4/1981, de 1 de junio, de los estados de alarma, excepción y sitio* (LOEAES), que especifica los mandatos constitucionales. Pero tampoco regula con detalle el régimen jurídico ni prevé muchas de las medidas que se han adoptado. Podríamos codificar ahora esta nueva emergencia, pero no podemos imaginar cuál será la siguiente.

4. *Diversidad de modelos de estados de emergencia, pero similitud de las medidas*

Hay países donde no hay diversos tipos y sólo se contempla un estado de emergencia, si bien son una minoría. Hay otros que no tienen mecanismos constitucionales de emergencia (Bélgica) o poseen cláusulas muy abiertas. Un informe del Parlamento Europeo[9] explica

---

[8] Cruz, Pedro, "La Constitución bajo el estado de alarma" en *El País*, 17 de abril de 2020.

[9] Díaz Crego, María y Manko, Rafael, Briefing "Parliaments in emergency mode. How Member States' parliaments are continuing with business during the pandemic" en *European Parliament Research Service. https://www.europarl.europa.eu/thinktank/en/document. html?reference=EPRS_BRI(2020)649396.*

Puede leerse Frances Z. Brown y otros: "How will the coronavirus reshape democracy and governance globally" en *https://carnegieendowment.org/2020/04/06/how-will-coronavirusreshape-democracy-and-governance-globally-pub-81470.*

que todos los países europeos han dictado medidas con contenidos muy similares, pero bajo marcos constitucionales y legales muy diversos. Algunos han usado medidas legislativas urgentes y excepcionales (decretos-leyes en Italia). O el Parlamento ha delegado poderes al Gobierno (Bélgica). O simples decreto del Presidente en Francia, imponiendo el confinamiento, dadas las circunstancias excepcionales (sin usar el art. 16). O no se ha declarado la emergencia por razones históricas ante el temor al autoritarismo (Alemania y Francia). O se han dado plenos poderes al Presidente en Hungría lo que es inquietante. Este modelo español no es malo sino moderno. No es autoritario sino limitado. Permite dictar un decreto al Gobierno con suma urgencia y se somete al inmediato control del Congreso. La Comisión de Venecia del Consejo de Europa (2020) ha compilado sus opiniones e informes sobre los estados de emergencia.[10] Recomienda que las constituciones prevean, definan y limiten estos estados e identifiquen qué derechos pueden suspenderse. También que exista una declaración oficial y que las medidas sean proporcionadas, respetando el *Rule of Law*. Se constata la diversidad, pero se sientan unos mínimos *estándares europeos* que España cumple.

5. *¿Suspender derechos o restringirlos?*

El art. 55.1 CE permite suspender algunos derechos que enumera cuando se declare el estado de excepción o el de sitio. La suspensión equivale a la derogación o supresión del derecho, a su pérdida de validez; permite incluso traspasar su contenido esencial. La alarma, en cambio, no permite suspender derechos, pero sí restringirlos muy intensamente, como hemos aprendido en tiempos de coronavirus tanto que era difícil de imaginarlo leyendo la Constitución. Comparto la tesis de Pedro Cruz: la alarma permite un tercer estado entre la plena vigencia de los derechos, la normalidad, y su suspensión, una grave excepcionalidad.[11] Pero, necesariamente, se introducen *restricciones especialmente intensas* para afrontar la emergencia.

---

10 *Venice Commission:* Opinion nº 845/2016, "*Parameters on the relationship between the parliamentary majority and the opposition in a democracy: a checklist*", adopted in the Plenary Session, 21-22 june 2019; también "*Compilation of opinions and reports on states of emergency*", 16 de abril de 2020.

11 Cruz, Pedro, *Estados excepcionales...*, *op. cit.*, pp. 66-80.

6. *Principios constitucionales que informan el derecho de excepción*

Los enumeran los arts. 1 a 3 y 8 LOEAES, pero se deducen directamente de la Constitución y tienen el rango de principios constitucionales. Son serios límites a la acción del Gobierno pues permiten un control jurisdiccional. Por su misma naturaleza, deben jugar en cualquier Estado de Derecho y de ahí su importancia comparada. "Excepcionalidad": debe declararse cuando la normalidad no pueda mantenerse con los poderes ordinarios del Estado. Proporcionalidad: las medidas deben ser las estrictamente indispensables para volver a la normalidad y aplicarse de forma proporcionada. Provisionalidad: decaen con la pérdida de vigencia de la declaración. División de poderes: no se interrumpe el funcionamiento de los poderes del Estado. Publicación y publicidad: la declaración de pública en el diario oficial y en los medios de comunicación. Control jurisdiccional: los actos y disposiciones adoptados son impugnables en vía jurisdiccional. Control parlamentario: el Gobierno viene obligado a suministrar información al parlamento sobre la declaración y los decretos que se dicten y someterse a su fiscalización. Responsabilidad de los poderes públicos: quienes sufran daños y perjuicios como consecuencia de estos actos tienen derecho a ser indemnizados.

II. La declaración por el gobierno del estado de alarma y las medidas adoptadas. La autorización de las prórrogas. Medidas de desescalada. ¿Un derecho excepcional transitorio?

1. *Declaración gubernamental e hipotéticas alternativas*

Por el Real Decreto 463/2020, de 14 de marzo, se declaró el estado de alarma por el Gobierno, para la gestión de la situación de crisis sanitaria. El preámbulo justifica el supuesto de hecho habilitante que era manifiesto. La OMS elevó el 11 de marzo la situación de emergencia a pandemia internacional, y la declaración de alarma vino sólo tres días después ante la avalancha de enfermos. No hay dudas sobre su concurrencia, si bien se ha polemizado acerca de si la respuesta fue tardía. Se ha debatido en las prórrogas sucesivas, sobre todo, por la oposición del PP y Vox, entre otros, junto a la aplicación conjunta de una serie de leyes sanitarias y de seguridad como alternativa. Creo que habría sido un error según advirtieron los expertos independientes en sanidad, porque tamaña emergencia reclamaba la concentración temporal del poder y un Derecho y un Estado excepcional, y la alarma permite una regulación unitaria, inmediata y más intensa. Manda además un claro mensaje de colaboración y sujeción a los ciudadanos.

2. *Duración limitada y medidas temporales*

La declaración tiene un período limitado: quince días. Mientras la duración ha sido más larga en otros países, esta brevedad permite un serio control del poder gubernamental en las prórrogas. Entre las medidas adoptadas están las siguientes. Una intensa limitación de la libertad de circulación de las personas. El sometimiento de todas las fuerzas y cuerpos de seguridad del Estado al Ministro del Interior. Se impone a la ciudadanía el deber de colaborar y no obstaculizar la labor de los agentes de autoridad. Se suspende la actividad de los centros docentes en todos los niveles de enseñanza y se pide que se mantenga la actividad a través de modalidades en línea. Se permiten requisas temporales de bienes y la imposición de prestaciones personales. Se dictan medidas de contención de la actividad comercial, hostelería, restauración, centros culturales, y de reuniones en lugares de culto para evitar el contagio. Se refuerza el Sistema Nacional de Salud. Se garantiza el abastecimiento alimentario. Severas restricciones en prácticamente todos los transportes, etc.

3. *Prórroga por mayoría simple*

Transcurrido el plazo, el Gobierno puede solicitar la autorización y debe justificarla, la Comisión pide información, delibera y vota el Pleno. La prórroga se adopta por mayoría simple (arts. 162 y ss., Reglamento del Congreso de los diputados, RCD). No se reclaman mayorías cualificadas o la absoluta, porque no puede correrse el riesgo de un bloqueo o *impasse*. La experiencia ha corroborado ahora las serias dificultades para aunar mayorías en un Congreso muy fragmentado y polarizado. La prórroga permite modificar las medidas propuestas o añadir otras nuevas. La Constitución y la LOEAES no prevén un plazo de prórroga, lo que ha producido una polémica ante la intención del Gobierno de pedir la última por un mes, finalmente, la pretensión no prosperó. Puede razonarse que carece de sentido jurídico alguno que la prórroga sea más larga que el plazo inicial y es la interpretación más natural. Pero tiendo a pensar que las prohibiciones deben ser expresas y no inferidas de juicios lógicos. No hay plazo legal y si la prórroga pasa a ser una disposición del Parlamento, la mayoría tiene discrecionalidad y el resultado plena legitimidad democrática. Pero es una de las polémicas. Más aún porque el Gobierno no justificó las razones de su cambio de criterio para ampliar el plazo.

4. *Seis prórrogas*

Ha habido seis prórrogas sucesivas de quince días. Se espera que la alarma culmine el 21 de junio. Suponen más de tres largos meses de confinamiento desde el 14 de marzo. Los apoyos al Gobierno en las prórrogas han ido bajando y variando los aliados. Parece que, a mediados o finales de junio, se sustituirá por la aplicación de medidas conforme a la legislación ordinaria. Las prórrogas se concedieron, respectivamente, por los Reales Decretos: 476/2020, de 27 de marzo; 487/2020, de 10 de abril; 492/2020, de 24 de abril; 514/2020, de 8 de mayo; 537/20120, de 22 de mayo; y 555/2020, de 5 de junio. Con la primera prórroga, se aprobó una propuesta para que el Gobierno diese cuenta semanalmente de su actuación[12] con la finalidad de facilitar el control parlamentario. La segunda confirmó que el Gobierno había remitido semanalmente al Congreso la información requerida, y dio cuenta de los informes aportados por la Red Nacional de Vigilancia Epidemiológica que empezaban a mostrar el aplanamiento de las curvas de fallecidos y enfermos. La tercera incorpora la Comunicación "Hoja de ruta común europea para el levantamiento de las medidas de contención de la Covid 19" de la Presidenta de la Comisión Europa y del Presidente del Consejo (el art. 168.5 Tratado de Funcionamiento de la Unión Europea da competencia para adoptar iniciativas sobre salud, pero se ha dejado la respuesta a los Estados), que prevé criterios para valorar las medidas de desescalada y coinciden con los de la OMS: epidemiológicos sobre la disminución de contagiados, la recuperación de la capacidad asistencial de los centros sanitarios; la detección sistemática de nuevos casos, y la realización masiva de pruebas médicas y rastreos. La cuarta menciona la preparación de un plan de desescalada e incorpora una farragosa explicación del principio de proporcionalidad con la finalidad de blindar la declaración inicial. La quinta sintetiza lo acaecido, muestra las CCAA, advierte del riesgo de un retroceso, y ordena un proceso de desescalada mediante acuerdos y coordinación con los CCAA, que incluso permite regímenes

---

[12] Alonso, Víctor, "El control del Congreso de los Diputados al Gobierno y la actividad parlamentaria durante el estado de alarma" en *http://gabilex.castillalamancha.es*, nº 21, 2020.

específicos para enclaves o municipios. La sexta vuelve a recapitular lo acaecido y articula un procedimiento para la desescalada y un sistema de acuerdo con las CCAA.

5. *Plan de desescalada*

Al tiempo, un Acuerdo del Consejo de Ministros, de 28 de abril, aprobó un Plan para la desescalada de las medidas. Se pretende sea de forma gradual, asimétrica, coordinada con las CCAA y adaptable a los cambios epidemiológicos que sobrevengan. Este flexible Plan fue remitido al Congreso. Se basa en el informe del Centro de Coordinación de Alertas y Emergencias Sanitarias y la opinión de expertos, y busca "abordar la reactivación económica con la máxima seguridad". Los parámetros son: la salud pública; la movilidad en el interior del país y fuera de sus fronteras; el impacto en los más vulnerables; el impacto económico, por sectores, en especial aquellos con más capacidad de arrastre o más afectados. Se fijan cuatro fases progresivas de desescalada del confinamiento que proponen las CCAA y autoriza el Gobierno. De nuevo, se advierte la presencia de controles y contrapesos a las decisiones del Gobierno.

6. *Un derecho excepcional transitorio, pero ordinario*

Parece sensato haber mantenido la alarma el tiempo necesario para evitar contagios, enfermos y fallecidos, e ir suavizando progresivamente las medidas de confinamiento y cierre provisional de empresas, para luego crear una situación a medio camino entre la normalidad y la alarma, también para asegurarnos de que no se perpetúan en la normalidad las restricciones provisionales que degradan las garantías.[13] Veremos si es así finalmente, pues este régimen jurídico transitorio aún no se ha explicitado. Hay un grupo de leyes ordinarias que podrían usarse con tal finalidad: la Ley de Seguridad Nacional, la Ley de Seguridad Ciudadana, la Ley Orgánica de Medidas especiales en materia de sanidad pública, la Ley de Protección Civil. Habrá que elegir el marco legal y algunas medidas más escasas.

---

13   Cruz, Pedro, "La Constitución bajo…", *op. cit.*; y Cotino, Lorenzo, "Los derechos fundamentales en tiempos del coronavirus. Régimen general y garantías y especial atención a las restricciones de la excepcionalidad ordinaria" en *El Cronista del Estado Social y Democrático de Derecho*, nº 86-87, monográfico coronavirus, 2020.

III. LA SINCRÓNICA Y TELEMÁTICA FUNCIÓN PARLAMENTARIA DE CONTROL-FISCALIZACIÓN

1. *La intensificación del control parlamentario*

La declaración del estado de alarma no hace desaparecer las funciones del parlamento. Cualquier estado de excepción tiene como ingrediente sustancial un control del Congreso, que debe además venir intensificado conforme a la naturaleza excepcional del propio estado y de las medidas; y así se recoge en la regulación constitucional, en la Ley Orgánica del Estado de Alarma, y en el Reglamento del Congreso de los Diputados (art. 116, apartados 2, 5 y 6, CE, art. 8.2 LOEAES, art. 162.1 RCD). Estimo que ha habido suficiente control parlamentario del Gobierno de manera sincrónica, en correspondencia temporal o inmediatamente posterior. Pero ha habido que improvisar mecanismos telemáticos. El riesgo de contagio ha sido un obstáculo como en todos los parlamentos y fue preciso asegurarse de la distancia entre ellos. En la sesión plenaria de 25 de marzo, la mayoría de los votos fueron ya emitidos a través de un procedimiento telemático.

2. *La previsión reglamentaria: voto telemático por enfermedad*

El art. 82.2 del Reglamento del Congreso de los Diputados, desde la reforma de 2011, permite el voto telemático, "suficientemente justificado" y "con comprobación personal", mediante autorización de la Mesa de acuerdo con el sistema que la misma establezca, pero sólo en los casos de "embarazo, maternidad, paternidad o enfermedad". Más tarde se dictó una Resolución de la Mesa, de 21 de mayo de 2012, que articulaba este procedimiento, previendo que se hiciera constar el momento inicial y final de la emisión del voto telemático, y que se realizara a través de la intranet del Congreso, accediendo cada Diputado mediante su contraseña y usando su firma digital. La Presidencia debe comprobar telefónicamente la emisión del voto antes del inicio de la votación presencial.

3. *La urgente extensión del voto telemático*

Al llegar la crisis sanitaria, hubo unos días de parálisis y aplazamiento de las sesiones, e incluso el rechazo de una petición de Ciudadanos, cuya líder está embarazada, en la que se pedía se facilitaran las intervenciones telemáticas. Se fundó en lo dispuesto en el art. 70.2 RCD que establece que "los discursos se pronunciarán personalmente y de viva voz". Finalmente, se recapacitó y por un Acuerdo —secreto— de la Mesa, de 19 de marzo de 2020, se decidió extender la autorización para usar el procedimiento de votación descrito a todos los Diputados que lo solicitasen, precisando que la solicitud se haría a través de cada Grupo parlamentario; dada la situación creada por el coronavirus, el serio riesgo de contagio de los Diputados — algunos estaban ya contaminados— y la imposibilidad de reformar con la debida urgencia el Reglamento del Congreso. Una medida muy adecuada y ágil. Pero sorprende el carácter secreto, o no publicado, del Acuerdo, que se hace difícil de comprender en un Estado de Derecho donde la publicidad es normalmente un principio del sistema parlamentario. Una interpretación evolutiva y sociológica, de acuerdo con la realidad social del momento y un Derecho excepcional, permite quizás anclar este Acuerdo en el término "enfermedad", que recoge el Reglamento, interpretado ahora de manera bidireccional de forma algo forzada o manipuladora. Pero no estaría mal modificarlo en cuanto se pueda.

4. *Sistema híbrido de funcionamiento*

Se ha usado un sistema híbrido de participación, deliberación y votación, presencial para unos cuarenta o cincuenta Diputados por sesión sobre un total de trescientos cincuenta, incluidos los portavoces de los Grupos parlamentarios, convenientemente distanciados en sus asientos, y de *voto telemático* para el resto. Algo semejante ha ocurrido en muchos parlamentos europeos durante esta emergencia según muestra un informe del Parlamento europeo.[14] No habría tenido sentido alguno, ante el riesgo de contagio, haber usado un sistema de voto delegado, que el art. 79. 3 CE prohíbe para evitar abusos y abstenciones, o de sustitución de los parlamentarios que en España no se utiliza.[15] Pero no falta quien sostiene que, al igual que se ha introducido un voto telemático ante la pandemia, deberían permitirse las intervenciones telemáticas.[16] Diversas razones podrían llevar a considerar esta opción. Al cabo, deliberación y votación no pueden separarse en

---

14   Díaz Crego, María y Manko, Rafael, *op. cit.*

15   García Escudero, Piedad, Voto parlamentario no presencial y sustitución temporal de los parlamentarios" en *Corts. Anuario de Derecho Parlamentario*, nº 24, 2010

16   Alonso, Victor, *op. cit.*, con apoyo en la petición del Grupo parlamentario de Ciudadanos.

el parlamentarismo, y la primera debe preceder a la segunda; podrían compaginarse intervenciones presenciales y telemáticas en situaciones de contagio en situaciones muy excepcionales.

5. *Comparecencias, interpelaciones y preguntas como instrumentos de control*

Ha habido comparecencias de los Ministros para informar, y numerosas interpelaciones urgentes, y preguntas al Gobierno con respuesta oral en Pleno y Comisión, o con respuesta escrita; también preguntas orales a la Corporación de Radio Televisión Española. La web del Congreso da cumplida información de ellas en las pestañas "iniciativas"-"función de control". No puedo dar noticia detallada. Pero se ha interrogado sobre muy variados temas: el proceso de desescalada del confinamiento, las medidas para proteger los derechos sociales o a las personas mayores y vulnerables o a los trabajadores autónomos y el pequeño comercio, sobre la monitorización de las informaciones falsas en las redes sociales, la respuesta a la crisis económica, los criterios de compra de material sanitario, la necesidad de la aplicación de test masivos a la población, el abuso de la alarma, si piensan nacionalizarse empresas privadas, si va a volverse a la normalidad en el ejercicio de las competencias, el aplazamiento de ciertos impuestos, las condiciones de las residencias de ancianos, la reanudación de las clases presenciales, la protección de los sanitarios, nuevas medidas fiscales, medidas para reactivar el empleo, déficit de la Seguridad Social, límites al transporte ferroviario, recuperación de billetes de viajes cancelados y un largo etcétera. Supongo son temas recurrentes en todos los Estados durante esta crisis. Es difícil saber la eficacia real de esta avalancha de control capilar, como ocurre siempre con el ejercicio de esta función parlamentaria, probablemente sea un control más extenso que intenso.[17] Barrunto que el tono innecesariamente agresivo o crispado de muchas preguntas no ayudaría a que la fiscalización redundara en rectificaciones y mejoras de la acción de gobierno. El viejo "si quieres que te escuchen, no chilles" debería recuperarse como una máxima del parlamentarismo.

---

17 García Roca, Javier, "Control parlamentario y convergencia entre presidencialismo y parlamentarismo" *en Cuestiones constitucionales: revista mexicana de derecho constitucional*, nº 37, 2017.

6. Comisión de reconstrucción

Se ha creado una Comisión parlamentaria no permanente de reconstrucción social y económica y han comenzado las comparecencias. En su primera sesión, la Portavoz del Grupo Popular, Ana Pastor, la respetada antigua Presidenta de la Cámara, mostró una actitud conciliadora, ofreciendo la mano tendida al Gobierno. Una buena práctica, imprescindible para afrontar la grave crisis económica, financiera y presupuestaria. Previsiblemente, la elevada deuda pública española, que ronda todo un PIB, pase a ser más de un 125%. Es muchísimo, pese al programa de rescate mediante ayudas y subvenciones o el MEDE que se está ahora discutiendo y se espera apruebe la Unión Europea. Sin una decidida intervención del Banco Central Europeo no puede haber salida ni para España ni para la supervivencia de la Unión. Varios autores han señalado asimismo la necesidad de mantener un adecuado equilibrio entre sector público e iniciativa privada, porque la publificación de todas las necesidades y prestaciones será imposible con ese montante de deuda.

7. Las comunicaciones del gobierno en TVE

Ha habido diarias comparecencias en TVE del Presidente y los miembros del Gobierno, acompañados de expertos en epidemias y, al principio, de altos mandos militares. Muchas de ellas demasiado largas en su duración y formato y algo retóricas. Se han acompañado de preguntas por representantes de medios de comunicación, garantizando un pluralismo externo. Es difícil saber con certeza si esto responde al diseño de una estrategia de comunicación desde la presidencia. Pero conviene recordar que la comunicación directa con los ciudadanos del Presidente a través de los medios (la práctica de los *catch all parties*) no puede sustituir al sometimiento del Gobierno al control parlamentario de las minorías. No es una alternativa sino un complemento en una democracia representativa y más aún en un sistema parlamentario. Tampoco cabe duda de que la crisis ha reforzado muchos los poderes del Presidente y debilitado la colegialidad gubernamental.

IV. LOS CONTROLES SUCESIVOS DE CONSTITUCIONALIDAD DE LA DECLARACIÓN Y LA REVISIÓN JUDICIAL DE SUS APLICACIONES: EL PRINCIPIO DE RESPONSABILIDAD

1. *El control de constitucionalidad de la declaración sólo por el TC*

La declaración del estado de alarma por el Gobierno, dando inmediata cuenta al Congreso, es una curiosa norma que tiene "rango" y "fuerza de ley", pese a no tener "forma de ley" al no seguir el procedimiento legislativo. Así lo sostuvo la STC 83/2016 que revisó la declaración del estado de alarma en 2010 para frenar la huelga salvaje de los controladores que amenazaba con colapsar el espacio aéreo europeo. Se fundó en que es una disposición general que permite desplazar temporalmente un conjunto de leyes e incluso Estatutos. El Tribunal Supremo ha aplicado este mismo criterio —no sin dudas— rechazando pudiera revisarla. Se aleja de este modo el riesgo de una indefensión provocada por una disposición inmune que sería inaceptable en un Estado de Derecho. El mismo rango legal tiene la declaración de la intervención coercitiva del Estado en los órganos de las CCA (art. 155 CE), otra situación de emergencia constitucional, según resolvió la STC 89/2019 tras su aplicación en Cataluña.

2. *Un recurso de inconstitucionalidad*

En consecuencia, el TC puede revisar después de un recurso o una cuestión de inconstitucionalidad la declaración de la alarma y las prórrogas. Un partido minoritario de extrema derecha, VOX, ha presentado un recurso frente a la declaración de alarma. También un pequeño grupo de profesores presentaron una solicitud, acompañada de un informe razonado pero muy crítico, al Defensor del Pueblo, pidiendo que interpusiera un recurso, algo que no parece sea muy probable. La demanda obligará a que el TC revise antes o después la constitucionalidad de esta norma con rango de ley. Esperemos no se tarde.

3. *¿Un juicio de proporcionalidad restringida o de razonabilidad?*

Conviene recordar que, en la STC 89/2019, el TC decidió no realizar un juicio de "proporcionalidad" de las medidas adoptadas conforme al art. 155 CE sino otro —más contenido— de *razonabilidad* a la vista de la deferencia que deben merecer las decisiones políticas del Gobierno y el Senado cuando actúan como órganos de dirección de todo el Estado y en situaciones de emergencia. En definitiva, el intérprete supremo de la Constitución no cree deba seguir un subprincipio de necesidad o selección de la medida más benigna. Me parece que el control de constitucionalidad de la decisión política de la declaración en cuanto supuesto de hecho habilitante debe ser limitado, sólo debería producirse en situaciones de claro abuso al igual que ocurre con la legislación de urgencia. La emergencia era además manifiesta por la pandemia. Pero no puede negarse un control de constitucionalidad de las medidas adoptadas, aunque sea bajo la óptica reducida de un control de razonabilidad, si no se modifica la jurisprudencia como en algún trabajo he pedido[18] abogando a favor del uso de una proporcionalidad restringida como aplica el TEDH en casos de terrorismo y suspensión.[19]

4. *Decretos y órdenes ministeriales*

Más preocupante es que la declaración habilita al Gobierno para dictar decretos y órdenes ministeriales durante el estado de alarma y referidos al contenido del mismo. Ha habido una amplísima regulación sobre infinidad de temas, a menudo farragosa e imprecisa, con baja calidad normativa, pues fue hecha a la carrera y no se han podido seguir las garantías habituales del procedimiento administrativo. La alarma ha mantenido un régimen jurídico unitario y excepcional, pero ha generado una gran inseguridad jurídica. ¿Cuál es la naturaleza y rango de estas normas gubernamentales? Parece que puede debilitarse la reserva de ley durante la alarma, pero no creo pueda concederse también rango de ley a estas normas en virtud de una simpe habilitación en la declaración, a veces es un reenvío casi en blanco. Muchas de ellas han sido o serán impugnadas ante la jurisdicción contencioso-administrativa, y el Tribunal Supremo —y puede que la Audiencia Nacional— deberá revisar su regularidad y la proporcionalidad o razonabilidad de las medidas, es decir, su carácter "indispensable" conforme prevén los arts. 3 y 1.2 LOEAES. Las decisiones —me temo— puedan ser muy controvertidas. *Principio de responsabilidad*. Por último, pero no en importancia, la Constitución (art. 9.3) garantiza el principio de

---

[18] García Roca, Javier, "El *tempo moderato* de la intervención coercitiva del Estado (artículo 155 CE) en Cataluña: comentario a las SSTC 89 y 90/2019, en particular, proporcionalidad y test de necesidad o razonabilidad de las medidas" en *Teoría y Realidad Constitucional*, nº 44, 2019.

[19] Roca, María, *op. cit.*

responsabilidad de los poderes públicos y de interdicción de la arbitrariedad. También el art. 3.2 LOEAES que reconoce que tendrán derecho a ser indemnizados quienes sufran daños o perjuicios de forma directa como consecuencia de la aplicación de las disposiciones y actos adoptados. Muchos grandes despachos de abogados parecen estar preparando sustanciosas reclamaciones, consecuencia de las interferencias en los derechos, que deberán ponderar los órganos judiciales.

5. *Derecho sancionador*

Se ha producido un debate sobre el abuso en el Derecho sancionador.[20] La policía ha dictado alrededor de un millón de sanciones ante el incumplimiento reiterado del confinamiento por algunos ciudadanos, algunas con elevadas multas. El decreto de alarma (art. 20) no tipifica las infracciones y sanciones y se limita a reenviar a la LOEAES (art. 10), que a su vez dice muy poco y tampoco satisface plena y claramente las exigencias del principio de legalidad, pero sí contempla el incumplimiento o la resistencia a las órdenes de la autoridad. En la práctica, las sanciones se han impuesto conforme al art. 36.6 de la Ley de Seguridad Ciudadana 4/2015, de 30 de marzo, que establece un largo elenco de imprecisas infracciones y tipifica como infracción grave la "desobediencia o resistencia a la autoridad en el ejercicio de sus funciones" y la negativa a identificarse. Insistiré en que la alarma permite debilitar las exigencias del principio de legalidad y también del Derecho sancionador, pero no hace que desaparezcan. Debe encontrarse un equilibrio. Me parece que no es razonable pedir a un Gobierno que dicta una noche un decreto de alarma, para afrontar con urgencia una catástrofe, y al tiempo se preocupe de regular con detalle las infracciones, pues debe concentrarse en improvisar prontas respuestas a la emergencia. Pero acaso la LOEAES debería tener previsiones más estrictas y convendría reformarla. También la técnica legislativa de la polémica Ley de Seguridad Ciudadana, la llamada "ley mordaza", es manifiestamente mejorable. Realmente, es a esta ley ordinaria a la que deberían referirse los reproches. Por último, si quien circula libre e insolidariamente por la calle y desobedece a la policía con reiteración incurre en incumplimiento o desacato es un tema de estricta legalidad que los tribunales resolverán. Me parece una ingenuidad, como

---

20 Cano, Tomás, "Estado de alarma, sanciones administrativas y desobediencia a la autoridad", *https://seguridadpublicasite.wordpress.com/2020/05/08/estado-de-alarma-sanciones-adminis trativas-y-desobediencia-a-la-autoridad/*.

ha escrito el *Sindic de Greuges* en Cataluña (el defensor del pueblo autonómico), confiar en que pueda bastar con la capacidad suasoria de la policía, unas buenas palabras, para mantener un tan serio y prolongado confinamiento de muchos millones de personas. Las multas se están usando en Europa.

V. LA DIVISIÓN DE PODERES TERRITORIAL: COORDINACIÓN, ACCIÓN CONJUNTA Y DESCENTRALIZACIÓN DE LA DESESCALADA

1. *Autoridades competentes y facultades de coordinación*

La declaración de alarma erige en autoridad competente al Gobierno. Bajo la dirección del Presidente, ha sido autoridades competentes delegadas, en sus respectivas áreas los Ministros de Defensa, Interior, Transportes, y Sanidad quien tiene competencia residual. Cada Administración conserva sus competencias en la gestión ordinaria de los servicios, pero "bajo las órdenes de la autoridad competente". La experiencia ha corroborado que las facultades de coordinación del Gobierno, para asegurarse de la acción conjunta de todo el Estado, han estado muy reforzadas. Mucho más allá de las que dispone la Constitución en situaciones normales. Han existido discusiones sobre el respeto a las competencias de las CCAA, porque el estado de alarma no suspende la constitución ni el funcionamiento del Estado autonómico. No es una intervención federal y se mantiene la división de poderes vertical.

2. *Federalización de la desescalada*

Las CCAA tienen competencias de desarrollo y ejecución en materia de sanidad, es una competencia compartida con el Estado. Se han ocupado de la compra de productos sanitarios, de la gestión de los hospitales y de la desescalada del confinamiento.[21] La Conferencia de Presidentes CCAA se ha reunido con frecuencia por videoconferencia para negociar las medidas y fortalecer la colaboración vertical. Pero se ha producido un proceso de centralización mediante las potestades de coordinación del Gobierno. Ha habido así conflictos políticos entre el Gobierno del PP en Madrid y el del PSOE en España, y con

---

[21] Velasco, Francisco, "Federalización...", *op. cit.*

el Gobierno independentista en Cataluña. Pero, en general, ha prevalecido la colaboración y coordinación.

VI. Conclusiones

El Gobierno declaró el estado de alarma ante el coronavirus el 14 de marzo por un plazo de quince días y adoptó severas medidas que han restringido intensamente las libertades de circulación, de empresa y el derecho de propiedad, e indirectamente han afectado a otros derechos fundamentales. La declaración ha sido prorrogada en seis ocasiones mediante la autorización del Congreso de los Diputados y un adecuado debate parlamentario. Se ha producido una acusada concentración del poder en el Presidente y en el Gobierno. Pero no se ha interrumpido el funcionamiento de la división vertical y horizontal de poderes más que en la medida impuesta por un Estado y un Derecho excepcionales. El Gobierno ha informado semanalmente al Congreso y ha habido control un parlamentario sincrónico, para lo que ha habido que introducir un sistema de votación telemático a la par que presencial. Se espera un control de constitucionalidad de la declaración de alarma y de las medidas adoptadas por el TC, así como una revisión judicial de la regularidad de los decretos, órdenes y actos administrativos dictados en su desarrollo, incluidas las sanciones. Tampoco ha dejado de funcionar las competencias constitucionales de las CCAA ni las relaciones de colaboración vertical, pero las excepcionales facultades de coordinación del Gobierno han supuesto una provisional centralización. El proceso de desescalada de las medidas está siendo muy descentralizado. En suma, el estado excepcional no ha sido en España una dictadura comisoria, pues ha estado sometido al control del Parlamento y a otros contrapesos constitucionales. Pero no ocultaré que el largo confinamiento de todos, la dureza de la oposición, en particular, de algún partido antisistema, y algunos errores gubernamentales han producido una situación de angustia y conflicto, que ojalá refresque el mismo mar de todos los veranos…

CONTROL PARLAMENTARIO DEL GOBIERNO EN ESTADOS DE EMERGENCIA SANITARIA

Jorge Horacio GENTILE[*]

SUMARIO: I. *Introducción*. II. *El Poder Legislativo en "cuarentena"*. III. *Los Parlamentos de otros países*. IV. *Globalización* versus *nacionalismo*. V. *Una nueva era*. VI. *Conclusiones*.

I. INTRODUCCIÓN

El presidente de la Nación Argentina, en acuerdo de ministros, dictó el 19 de marzo de 2020 el Decreto de Necesidad y Urgencia (DNU) número 297 que estableció el aislamiento social preventivo y obligatorio de toda la población. El mismo fue anunciado en conferencia de prensa, en compañía de gobernadores oficialistas y opositores, y asesorado por un selecto grupo de médicos infectólogos, declaró una cuarentena de toda la población, fundada en los primeros contagios que se había producido en el país de la pandemia de coronavirus Covid-19, que se había comenzado a expandirse en el mundo a partir de los primeros casos ocurridos en Wuhan, República Popular de China, a principios de este año.

Esta declaración, mejor conocida como el "¡quédate en casa!", proponía pautas para impulsar una nueva política de salud. De esta manera se pretendía unir y coordinar el fragmentado sistema público de salud (DNU 297/20), tanto el de gestión estatal (Nación, provincias y municipios), como el de la seguridad social (obras sociales nacionales, provinciales o sindicales) y el de gestión privada (mutuales, prepagas y pagas), atendiendo las grandes diferencias y falencias que había en las prestaciones en el extenso territorio argentino. Los análisis de los testeos de los casos de coronavirus quedaron concentrados sólo en el

---

[*] Presidente de la Asociación Argentina de Derecho Parlamentario. Doctor en Derecho. Profesor emérito de las Universidades Nacional y Católica de Córdoba, Argentina. Miembro correspondiente por Córdoba de las Academias Nacionales de Ciencias Morales y Política y de Derecho de Buenos Aires. Ex diputado de la Nación. Ex convencional constituyente provincial y municipal de Córdoba.

Instituto Malbrán de Buenos Aires, días después se comenzaron a descentralizar en nuevos centros ubicados en el interior del país. Los militares reaparecieron —desplegado su personal en todo el país— para hacer "contención social".

El primer mandatario abandonó, de esta manera, su tendencia inicial de gobernar solo con y para el 48 % de los que lo votaron, y a partir de ese momento se mostró convencido de hacerlo con y para "todos y todas" sus compatriotas, lo que más se ajusta al objetivo del preámbulo de la Constitución que es el *"promover el bienestar general"*, y que —según las primeras encuestas— le comenzaron a dar una mejor estima de la opinión pública que en la de sus primeros cien días de su mandato.

II. El Poder Legislativo en "cuarentena"

El gobierno de la República tiene tres poderes, de los cuales el más representativo e importante es el Legislativo, y ninguna emergencia justifica que los poderes se concentren en el Presidente, ni lo suple la reunión con los gobernadores, ni un muy respetable consejo de médicos que lo asesora sobre Covid-19.

Nuestros representantes, los diputados y los senadores, son los que mejor pueden hacer escuchar nuestras voces y tomar las grandes y graves decisiones que las circunstancias imponen, y los que deben controlar el accionar del Presidente y sus ministros. Por ello, las cámaras deben sesionar en su recinto, y cuando lo exija la *"gravedad institucional"* donde mejor puedan hacerlo, en forma presencial o virtual, y sus presidentes deben convocarlas sin necesidad de consultarle a la Corte Suprema, ni al Poder Ejecutivo, tomando todas las precauciones que eviten contagios entre los que la integran o trabajan en las cámaras. Los periodistas también deben estar siempre presentes para que la información llegue a sus representados, con la premura que requieren los temas que se debaten, y las normas que se votan y sancionan.

El primero de marzo el Congreso reunido en Asamblea había escuchado el discurso del presidente Fernández, en el que dejó inauguradas las sesiones del año 2020. El Senado se reunió una sola vez antes de la cuarentena, el 13 de marzo, en una sesión especial. Diputados no lo hizo antes del DNU número 297/20. Con la cuarentena decretada se paralizó el país y también las dos cámaras del Congreso que no tuvieron ninguna sesión ordinaria de las establecidas en las preparatorias realizadas en el mes de febrero. Con la paralización general de actividades de la población y la obligación de *"quedarse en casa"* se dejaron de reunir las cámaras, y el presidente comenzó a dictar DNU (decretos-leyes) sustituyendo al Congreso en la tarea de legislar. Igual situación ocurrió en las legislaturas provinciales y en los concejos deliberantes municipales.

Con motivo de los distintos cuestionamientos que se hicieron por la virtual clausura del Poder Legislativo, el más importante del gobierno, la vicepresidente de la Nación, Cristina Fernández de Kirchner, invocando su condición de presidenta del Senado y la representación de dicho cuerpo, presentó ante la Corte Suprema de Justicia de la Nación el 14 de abril una demanda que calificó como: "acción declarativa de certeza", dirigida "contra los poderes del Estado Federal a los fines que en el marco excepcionalísimo del actual estado de emergencia desencadenado por la Pandemia originada por la enfermedad causada por el COVID-19 despeje el estado de incertidumbre respecto a la validez legal de sesionar mediante medios virtuales o remotos, en aplicación del artículo 30 del Reglamento de la H. Cámara de Senadores de la Nación en cuanto este establece que «Los senadores constituyen Cámara en la sala de sus sesiones y para los objetos de su mandato, salvo en casos de gravedad institucional»".

En dicha demanda no se explicitó con claridad quién es el demandado, ya que parecería señalar como tal a los tres poderes del Estado. Pero ninguno de ellos tiene personería jurídica. El Código Civil y Comercial, en su artículo 146 inciso a, sólo se la reconoce al Estado nacional, y no a ninguno de poderes que lo componen —Legislativo, Ejecutivo y Judicial—; y mucho menos a las cámaras de Diputados y del Senado que son sólo una parte del primero de ellos.

La demanda tampoco aclaró quién es el actor, ya que el Senado, que dice su presidenta representar, es sólo una de las cámaras del Poder Legislativo. Esta penumbra, respecto quienes son los contrincantes en este pleito, seguramente, es lo que le hizo omitir denunciar los domicilios de los tres poderes del Estado demandados, lo que es procesalmente imprescindible en el texto de una demanda judicial. Que la vicepresidenta de la nación y presidenta del Senado hubiera demandado al Estado nacional no parece tampoco razonable ni para nada coherente

Pero la presidente del Senado no estaba facultada en forma expresa por la Cámara que preside, ni por su reglamento, para entablar esta acción judicial. Para que ello se hubiera dado el Senado debió haberse reunido con quórum y votar, para conferirle la representación que invoca. Ni la Constitución ni el Código Civil y Comercial permiten que ello sea posible.

En el escrito de Fernández de Kirchner no se precisa cuál es la controversia, ni se describe en que le afectaba a ella, como Presidente del Senado, o al Cuerpo que dice representar. Esta supuesta incertidumbre acerca de que si las leyes que sancione el Congreso durante la emergencia, utilizando las nuevas tecnologías, van a ser o no constitucionales, es la misma que ocurre cada vez que se lo hace cuando se configura la "gravedad institucional", que menciona el artículo 30 del Reglamento antes citado, que en este caso nadie discute.

La Corte no es un órgano de consulta de los otros poderes u órganos del Estado, por lo que la acción declarativa de certeza no parecía el camino indicado para hacerla. Esta acción sólo cabe para despejar incertidumbres entre personas y posturas concretamente diferentes. El haber elegido al más alto tribunal de la República, para iniciar este pleito, no está explicado tampoco en la demanda, ni en ella se indica por qué se saltearon las instancias inferiores del Poder Judicial.

La imposibilidad, señalada en la demanda, de que el Poder Ejecutivo en la emergencia no pueda dictar leyes penales o tributarias, qué solo puede sancionar el Congreso, ha hecho decir a algunos que lo que quería la señora Fernández de Kirchner es que el Senado apruebe el proyecto, tantas veces anunciado desde el gobierno, que grave tributariamente a las grandes fortunas. Pero para que ello sea posible, la ley debería haber estado ya sancionada por la Cámara de Diputados, como indica la Constitución; algo que aún no había ocurrido. Otros han querido ver en este accionar que el Congreso siga sin sesionar hasta que la Corte se expida, pensando que los trámites judiciales generalmente consumen mucho tiempo.

La Corte, después de recibir la demanda, le corrió vista por el término de 48 horas al Procurador General de la Nación para que se expida. El dictamen, firmado por Eduardo Ezequiel Casal se presentó del 21 de abril, y se fundó en el artículo 117 de la CN —que sólo habilita la competencia ordinaria de la Corte para los casos de "embajadores, ministros y cónsules extranjeros", y por la doctrina sentada por ese Alto Tribunal en el caso *"Sojo"* (Fallos 32:120); y reiterado en muchos otros. En base a ello, concluye expresando: "...opino que la cuestión planteada, aun en el marco de un proceso judicial, resultaría ajena a la competencia originaria de esta Corte". La Corte el día 24 de abril emitió su fallo, que por unanimidad de sus cinco ministros, rechazó la demanda, declarando que el tribunal "no estaba habilitado para intervenir en este tipo de reclamos". Cuatro de sus jueces en los considerandos de la sentencia "se inclinaron porque no correspondía la intervención del tribunal por la causal de ausencia de caso o controversia", mientras que el presidente del máximo tribunal, Carlos Rosenkrantz, entendió que debía desestimarse "in limine" la demanda. Coincidieron los jueces en sus votos que el Senado tiene suficientes facultades para responder a la pregunta de si se puede sesionar virtualmente sin necesidad de acudir a la Corte. Afirmó, también, que "el Congreso, como los otros poderes del Estado, tienen autonomía para regular su modo de funcionamiento de acuerdo al artículo 66 de la Constitución Nacional". Horacio Rosatti en su voto admitió que la actora investía la representación del Senado, y que los argumentos contrarios a la admisión de la demanda no obstan a la existencia de "gravedad institucional".

Después de la sentencia la Cámara de Diputados y el Senado; en sus respectivos recintos, con la presencia de sus presidentes, un número muy reducido de legisladores y los demás en forma remota; sesionaron los días 13 y 21 de mayo y el 3 de junio, en sesiones ordinarias especiales. En esa oportunidad se aprobaron 20 DNU y una ley que aprueba un Programa de protección de la salud ante la pandemia.

El jefe de Gabinete de ministros nunca fue al Congreso ni siquiera para hacer el informe mensual que está obligado a cumplimentar, alternando en cada una de las cámaras, para informar sobre la marcha del gobierno y como exige la Constitución (Art. 101). Uno de los medios de control más importante que tienen las cámaras. Ello fue sustituido por las conferencias de prensa que el presidente Fernández hizo por televisión para anunciar y prorrogar la cuarentena, acompañado con el gobernador de la provincia de Buenos Aires, Alex Kiciloff, perteneciente a su partido, y con Horacio Rodríguez Larreta, jefe del gobierno de la ciudad autónoma de Buenos Aires, de la oposición.

Los reglamentos del Congreso no se reformaron, aunque ambas cámaras han aprobado sendas resolución que les permite sesionar en forma mixta y virtual, con algunos legisladores en el recinto y la gran mayoría a distancia. Con una nueva forma de demostrar su presencia y emitir su voto. Con anterioridad a que lo hicieran las cámaras nacionales algunas legislaturas de provincias; como las de Mendoza (24 de marzo), Santa Fe, La Rioja, y Córdoba; comenzaron a sesionar y sancionar leyes en forma telemática. La utilización de proyectos, expedientes y firmas electrónicas empezaron a ser utilizadas en algunas legislaturas.

III. Los parlamentos de otros países

En *Colombia*, como en todos los países latinoamericanos, la emergencia sanitaria por el coronavirus trastocó las actividades parlamentarias. El plenario de la Cámara empezó a sesionar en forma semipresencial, dejando en el Salón Elíptico solamente a 35 personas, incluyendo delegados por cada banca, y en el mes que duró la total virtualidad se aprobaron 14 proyectos de ley.

En *Brasil* las sesiones plenarias del Congreso fueron virtuales mediante un sistema de deliberación remota, aunque solo para debatir temas excepcionales, previamente consensuados por los legisladores.

La Asamblea Nacional de Ecuador tuvo su primera sesión virtual el 24 de marzo, reunión que duró 7 horas y en la que aprobó el proyecto de resolución de Compromiso Político y Social frente a la Emergencia Sanitaria Covid-19, con 120 votos a favor.

En *Chile*, el 25 de marzo se promulgó la Ley 21.219, que autoriza al Congreso a trabajar por medios electrónicos por el término de un año, toda vez que se declare un estado de excepción que les impida sesionar total o parcialmente. Luego sesionó en forma mixta —en plenarios y en comisión— y tiene habilitado el voto electrónico.

Desde marzo las cámaras de diputados y senadores de *Bolivia* habilitaron la realización de reuniones no presenciales, aunque vienen desarrollando sesiones mixtas, con participación virtual y presencial.

En *Paraguay* se suspendieron toda labor parlamentaria hasta el día 13, por un caso de coronavirus en el Congreso. Desde entonces se habilitó la modalidad virtual en ambas cámaras y los legisladores se reunieron en comisión y plenarias de forma semipresencial.

El 8 de mayo el pleno del Congreso de *Perú* sesionó por primera vez en forma virtual. La reunión se desarrolló con los parlamentarios conectados a la plataforma *Microsoft Teams* y los voceros de las bancadas emitieron el voto nominal de sus integrantes.

Canadá optó por un sistema mixto de sesiones presenciales y remotas.

El Congreso de *México* funciona virtualmente en comisiones y sin votar. Se reunió de manera presencial para tratar una propuesta de ley vinculada a la emergencia.

En *Estados Unidos* el Congreso, después de algunas semanas de inactividad, volvió a sesionar de forma presencial y trató un paquete de ayudas propuesto por el Ejecutivo.

El 21 de abril los legisladores británicos aprobaron lo del "parlamento virtual": con 50 diputados en el recinto respetando la distancia social, otros 120 se unieron vía Zoom y los demás siguieron la sesión de preguntas al gobierno desde el portal oficial.

Entre tanto, el *Bundestag* de *Alemania* se ha mantenido en funcionamiento, aunque con representaciones reducidas, que facilitan que se mantenga una distancia de seguridad sanitaria entre los parlamentarios.

La votación es manual, aunque en urnas situadas en zonas seguras en lo que al cuidado de la salud se refiere.

El Parlamento Federal de *Bélgica* sesiona en condiciones restrictivas bajo un formato telemático, mientras en España las Cortes Generales adaptaron su funcionamiento, de modo tal que los plenarios se celebran con la sola presencia de los oradores designados por los bloques legislativos y con la participación de un número mínimo de autoridades del cuerpo. Los demás representantes pueden seguir la sesión y votar mediante medios telemáticos.

Con un número reducido de representantes por bancada funciona el Parlamento en *Francia*, al igual que el de Italia, donde desde el 30 de abril los legisladores están habilitados a ocupar las gradas del público, para cumplir con el distanciamiento social. Lo mismo pasa en los Estados Generales de los Países Bajos, en cuyos encuentros presenciales solo participa un miembro de cada grupo parlamentario, mientras que la actividad legislativa se desarrolla principalmente con videoconferencia y voto virtual.

Finalmente, el Parlamento de *Rumania* se encuentra físicamente cerrado, aunque sigue funcionando bajo un régimen especial y desarrolla sus sesiones de manera virtual; por otro lado, la Asamblea Federal de Rusia funciona en forma presencial.

IV. Globalización *versus* nacionalismo

La pandemia además parece haber frenado en el mundo la reacción nacionalista que en este siglo se había comenzado a imponer en la política de muchos países y regiones, invocando el proteccionismo, la invasión migratoria, la inseguridad y otros "intereses localistas" dañados por la globalización.

Prueba de ello fueron el surgimiento de liderazgos políticos como los de Donald Trump (EEUU) —con su "América primero"—, de Vladímir Putin (Rusia), Jair Bolsonaro (Brasil), Víktor Orbán (Hungría), Narendra Modi (India), Shinzō Abe (Japón), Mateo Salvini (Italia), etcétera; y las reacciones secesionistas como la de Cataluña o el Brexit del Reino Unido.

Esto nos prueba que las murallas y fronteras con que fraccionamos el mundo no sirven para frenar ni detener la epidemia. Los movimientos antivacunas quedaron sin argumentos. Y sí, por ejemplo, se descubriera una en Israel, ella debería servir también para Irán y viceversa; o si lo fuera en EEUU se debería usarse también en China y viceversa, a pesar de sus diferencia políticas. El remedio en el planeta y en el interior de los países, es unirnos para evitar el contagio y que los enfermos se curen.

Igualmente, esta trágica experiencia nos demuestra que la globalización exige la unión de nuestros países, como lo hizo la Unión Europea, y como intentamos iniciarla nosotros con el hoy estancado Mercosur. No sólo para alguna vez concretar aquel ideal histórico de *"las provincias unidas del sur"*, que expresa la Declaración de la Independencia —votada en Tucumán en 1816— y las estrofas del Himno Nacional argentino, lo que hoy significaría conformar, algo así, como una confederación de los Estados Unidos de Sudamérica, con un parlamento como el europeo, que ayude a nuestros país a afrontar los duros requerimiento que el mundo de hoy nos impone.

Pero la globalización nos exigirá mucho más, como es trabajar para concretar —alguna vez— un gobierno mundial, democrático y republicano, que tenga un poder legislativo, ejecutivo y judicial. Que supere las debilidades de la ONU, de los G-20, la UNESCO y demás organismos internacionales. Que no sólo sirva para enfrentar eficazmente las pandemias, sino también para evitar y castigar a quienes produzcan conflictos bélicos y atentados; terminar con la guerra del petróleo —que tiene por protagonistas principales a Estados Unidos, Arabia Saudita y Rusia—; que combata el narcotráfico, las mafias, las organizaciones terroristas y el tráfico de armas; que regule el mejor desarrollo y aprovechamiento de la tecnología —especialmente la nuclear—, las finanzas y el comercio internacional y las migraciones; y que reduzca las desigualdades, y termine con las discriminaciones y la pobreza; que garantice mejor la libertad religiosa y los derechos naturales de las personas: a la vida, a la libertad y al trabajo.

V. Una nueva era

Generalmente se considera que las etapas o eras históricas de la humanidad son: la Prehistoria, las Edades: Antigua, Media, Moderna y Contemporánea. Esta división es una convencionalidad que no es uniforme, ni responde a un criterio científico.

La Prehistoria sería desde el origen de la humanidad hasta que se inventó la escritura (4 mil años a.C.). La Edad Antigua: desde la aparición de la escritura hasta la caída del Imperio Romano (siglo V d.C.); la Media: desde el siglo V hasta el descubrimiento de América en 1492, o hasta 1453, año en que Constantinopla cayó en poder de los turcos;

la Moderna: desde el siglo XV hasta la Revolución Norteamericana (1776) o la Francesa (1789); y la Contemporánea: desde la misma hasta la actualidad.

En esta última se puso fin o se acorraló a los sistemas totalitarios, autoritarios o populistas que todavía existen. Se expandió la forma democrática, republicana y constitucional de gobierno, que garantiza los derechos humanos, que promueve la igualdad —especialmente de las mujeres y de los pobres— y los derechos a la libertad religiosa, a la información y a gozar de un ambiente y clima sano.

Se creó la Organización de las Naciones Unidas (ONU) y la Unión Europea. Se disolvió la Unión Soviética. Hubo cuatro revoluciones industriales; dos guerras mundiales —y el estallido de dos bombas atómicas—; la guerra civil española y la guerra fría. Creció y se avejentó la población, y se multiplicaron las migraciones. La globalización se tornó imposible de frenar, a pesar de las renacientes reacciones nacionalistas.

Pero en el siglo XXI se están produciendo cambios radicales y vertiginosos que justificarían una nueva edad sin saber cuál debería ser su nombre, lo que podría poner punto final a la Edad Contemporánea.

Lo más notable de esta transformación, que vivimos ahora, se muestra en la importancia que ha cobrado la ecología, el cambio climático y la defensa del ambiente; como con los avances tecnológicos emergentes en varios campos, como: los smartphone, la robótica, la inteligencia artificial, las nubes, la automatización, la nanotecnología, la computación cuántica, la biotecnología, el Internet de las cosas (I o T), las impresoras 3D, las criptomonedas, los algoritmos, las big data, los drones y los vehículos eléctricos y autónomos.

La multiplicación y la concentración de la riqueza se exhiben en el crecimiento de las nuevas megaempresas como Amazon, Apple, Microsoft, Google, Facebook, Uber y las petroleras sauditas, Mercado Libre —en Latinoamérica— y en los cambios en los empleos que ellas generaron.

Los devastadores incendios ocurridos en Australia, en el Amazona y en California produjeron daños irreparables. En los atentados y conflictos bélicos se han visto hechos violentos que conmovieron al mundo, como el ataque a las Torres gemelas (2001), los conflictos bélicos en Siria, en Yemen o en Sudán del Sur y el asesinado del general Qasem Soleimani en Irán perpetrado desde un dron.

Los millones de personas que se desplazan en el mundo como migrantes, que son refugiados o que solicitan asilo, de los cuales es importante en Latinoamérica los casos de Cuba y ahora el de Venezuela, a los que hay que agregar los latinoamericanos que pretende ingresar o que ingresaron —legal o ilegalmente— a los Estados Unidos.

Las multitudinarias protestas callejeras que se han visto, por distintos motivos, en los últimos tiempos, en Hong Kong, Irán, India, Francia ("chalecos amarillos"), Chile, Bolivia, Ecuador, Colombia, Estados Unidos, etcétera condicionan las decisiones políticas y exhiben el debilitamiento y la corrupción en los parlamentos, en los partidos.

La cibernética, la genómica y la red han generado nuevas formas sociales y económicas que ya no se centran en la producción de objetos (revolución industrial) o alimentos (revolución neolítica), sino en bienes de conocimiento o intangibles.

VI. Conclusiones

El sistema republicano de gobierno exige que los poderes legislativos ejerzan sus atribuciones y controlen a los ejecutivos que se hace fuertes en las situaciones de emergencia, como cuando una peste nos obliga a aislarnos y nos limita la circulación.

Esta nueva era que comenzamos a vivir —coincidente con la pandemia— engendra comunidades distintas, que algunos las definen como sociedades del conocimiento o postindustriales. En ellas parecen anhelar el ideal de Francisco de Victoria (siglo XVI) que proponía una "autoridad de todo el orbe"; o sea, un nuevo orden internacional, que organice una sociedad política y un gobierno mundial, democrático y republicano, con un parlamento en la que todos los países estén representados, como lo soñaron alguna vez Immanuel Kant, Arnold Toybee y Jacques Maritain, que garantice los derechos de todos y todas los que poblamos esta bendita tierra.

CONTROLE PARLAMENTAR EM EPOCA DE PANDEMIA

Patrícia ROSSET [*]

Com a Pandemia situações surgiram colocando à prova as instituições brasileiras e seu funcionamento. O papel e a resposabilidade que cabe ao Poder Legislativo em tempos vividos nunca foi tão relevante, a democracia representativa está, hoje, sob o holofote da sociedade. As medidas de urgências necessárias para tomadas de decisões sobre politicas publicas de toda ordem e mecanismo econômicos requerem do Poder Legislativo atuação transparente, rápida e eficiente para fazer frente à situação desesperadora de calamidade pública ora enfrentado em nosso país. Nesse cenário, a tarefa do legislador, ao elaborar leis e outros atos normativos, é de extrema responsabilidade, já que o resultado dessa atividade irá gerar ato legislativo de caráter vinculante, que produz consequências no cotidiano social, gerando obrigações e direitos. É dessa forma que o Poder Legislativo se apresenta como um dos pilares da democracia.

A impossibilidade de locomoção dos membros do Congresso Nacional e de toda estrutura do Estado para realização dos trabalhos, obrigou, de forma urgente, a busca de respostas à situação posta, uma nova maneira de atuação do parlamento, ou seja, as sessões remotas. Foi necessária a adoção de regras que possibilitassem a tomada de decisões de forma a concretizar os trabalhos dos representantes das Casas Legislativas. Assim, não só o Congresso Nacional formulou atos normativos visando disciplinar o sistema eletrônico à distância, bem como várias Assembleias Legislativas e Câmaras Municipais, além de todo a administração pública e a sociedade em geral. Para tanto o Congresso Nacional adotou o sistema de sessões remotas elogiado no âmbito nacional e internacional, demonstrando uma capacidade tecnológica e eficiente, apesar dos questionamentos e das dificuldades que surgiram. Como toda inovação, tais procedimentos são colocados à prova quanto à sua

---

[*] Doutora em Direito Constitucional, Mestre em Filosofia do Direito e Mestre em Direito do Estado Advogada. Professora. Presidente da Associação dos Assessores Técnicos Legislativos–Procuradores da ALESP – AATLP. Conselheira Consultiva do IBREI, Membro de vários Institutos dentre eles: Instituto Iberoamericano de Direito Parlamentar, Fundadora ABCD, Seção IIDC no Brasil, IADF, IASP, IJI, Comissão da Mulher Advogada, AOB/SP–Seção Pinheiros.

legitimidade e consequências, uma vez que são mecanismos de excepcionalidade e que, no momento, dá ao Parlamento condições de manter seu funcionamento. Desastre maior seria causado pela pandemia com a estagnação total dos trabalhos nesse período onde sua existência é fundamental para a efetiva concretização dos princípios relativos ao Estado Democrático de Direito, da República, do sistema federativo e, acima de tudo, ao direito fundamental à vida de todos em nosso país.

De pronto, foi elaborada legislação sobre medidas para enfrentamento da emergência. A Lei nº 13.979, de 6 de fevereiro de 2020, dispõe sobre as medidas para o enfrentamento da emergência de saúde pública de importância internacional decorrente do Coronavírus responsável pelo surto de 2019, estabelecendo mecanismos de isolamento e quarentena, e outras medidas a saúde pública em geral. Posteriormente, por meio da Mensagem nº 93 de 18 de março de 2020, o Excelentíssimo Presidente da República, em atenção ao art. 65 da Lei complementar nº 101, de 4 de maio de 2000 (Lei de Responsabilidade Fiscal), solicita ao Congresso Nacional o reconhecimento de estado de calamidade pública com efeitos até 31 de dezembro de 2020, em decorrência da pandemia da COVID-19 declarada pela Organização Mundial da Saúde, com consequentes dispensas do atingimento dos resultados fiscais previstos no art. 2º da Lei nº 13.898, de 11 novembro de 2019, e da limitação de empenho de que trata o art. 9º da Lei de Responsabilidade Fiscal.

Dessa forma, as Casas Legislativas estão desenvolvendo trabalhos sobre os atos normativos de emergência, que envolvem assuntos de toda ordem, cujo devido controle parlamentar se dá em duas frentes principais: na apreciação das variadas propostas em trâmite e na fiscalização do erário público e seus gastos na forma constitucionalmente. Ele tem sido realizado na forma de Sistema de Deliberação Remota, regulamentada no Senado pelo Ato da comissão Diretora nº 7, de 2020 e na Câmara dos Deputados pela Resolução nº 14 de 2020, regulamentada pelos Ato da Mesa nº 123, de 20/3/2020, posteriormente alterado pelo Ato da Mesa nº 126, de 13/04/2020, e pelo Ato da Presidência da Câmara dos Deputados de nº 13/03/2020, que diz respeito as ausências de parlamentares na forma em que especifica.[1]

---

[1] *https://www2.camara.leg.br/legin/fed/rescad/2020/resolucaodacamaradosdeputados-14-17-marco-2020-789854-publicacaooriginal-160143-pl.html; https://www2.camara.leg.br/legin/int/atomes/2013/atodamesa-126-19-dezembro-2013-777757-norma-cd-mesa.html; https://www2.camara.leg.br/legin/int/atopre_*

Em tempos de pandemia, a maior parte das matérias no âmbito das Casas Legislativas tramitará em rito de urgência, em especial as medidas provisórias[2] sobre as quais recairão nossa reflexão, pois terão um papel central e irão dispor sobre politicas relativas ao erário, sua consecção, responsabilização de agentes, formulações de politicas públicas, dentre outras materias. Pensar em rito de urgência no procedimento legislativo pressupõe a subtração de requisitos e abreviação de prazos, isto é, do tempo estipulado pelas normas que regem o procedimento legislativo para a participação dos membros que compõem as Casas Legislativas e da própria sociedade, em especial quanto à manifestação desses na análise e averiguação da matéria, deliberação e debates, além de, em alguns casos, produzir efeitos como inversão do processo legislativo e com imposições imediatas de dever no ordenamento jurídico, como é o caso das Medidas Provisórias que possuem força de lei na data da sua publicação.

Fazendo uso da competência constitucional, o Presidente da Republica, em caso de relevância e urgência, poderá adotar medidas provisórias, com força de lei, devendo submete-las de imediato ao Congresso Nacional, vedada expressamente matérias que a propria Constituição determina (art. 62 e parágrafos). A urgência constitucional prevista no § 6º do artigo 62 da Constituição Federal estabelece que, se a medida provisória não for apreciada em até quarenta e cinco dias, contados da sua publicação, entrará em regime de urgência, subsequentemente, em cada uma das Casas do Congresso Nacional, ficando sobrestadas todas as demais deliberações legislativas da Casa em que estiver transitando, até que se ultime a votação. São requisitos constitucionais para a sua tramitação os seguintes: a votação deverá ser iniciada na Câmara dos Deputados, cabendo à comissão mista de deputados e senadores, examinar as medidas provisórias e sobre elas emitir parecer, antes de serem apreciadas, em sessão separada pelo Plenário de cada Casa do

---

sn/2020/atodapresidencia-58167-13-marco-2020-789842-publicacaooriginal-160123-cd-presi.html.

[2] As Medidas Provisórias sempre foram e sempre serão alvo de questionamentos em nosso ordenamento, desde a sua criação, no que diz respeito ao seu uso demasiado, interferência na agenda do Poder Legislativo, dos requisitos de constitucionalidade atinentes a esta espécie legislativa, seja quanto a forma, prazo, matéria, emendas, vetos, dentro de outras tantas questões que já foram motivo de estudos e jurisprudência firmada no Supremo Tribunal Feral, motivo pelo qual não iremos discorrer sobre elas, pois tal reflexão orignaria um texto próprio.

Congresso Nacional.[3] A partir do 46º dia, na Câmara dos Deputados, seguindo a ordem cornológica, o sobrestamento da pauta da Ordem do Dia, e assim por toda a sua tramitação no Congresso Nacional, ou seja, as mais antigas sobrestam as mais recentes, estendendo-se essa prática adotada por ambas as Casas, vedada a inversão de pauta por requerimento de preferência de votação.

O Ato Conjunto da Câmara dos Deputados e do Senado Federal nº 1, de 2020 dispõe sobre o o regime de tramitação no Congresso Nacional durante a pandemia de covid-19, de medidas provisórias editadas, ainda pendentes de parecer da Comissão Mista a que se refere o art. 62, § 9º, da Constituição Federal, aplicando no que não colidir com o disposto as disposições da Resolução nº 1, de 2002-CN,[4] Regimento Comum do Congresso Nacional. Estabelece que no primeiro dia útil seguinte à publicação, no Diário Oficial da União, a Presidência da Mesa do Congresso Nacional fará publicar e distribuir os respectivos avulsos eletrônicos, e que, serão instruídas perante o Plenário da Câmara dos Deputados e do Senado Federal, ficando excepcionalmente autorizada a emissão de parecer em substituição à Comissão Mista por parlamentar de cada uma das Casas designado na forma regimental (art. 2º e parágrafo único). À Medida Provisória poderão ser oferecidas emendas perante o órgão competente da Secretaria Legislativa do Congresso Nacional, protocolizadas por meio eletrônico simplificado, até o segundo dia útil seguinte à publicação da medida provisória no Diário Oficial da União, sendo a matéria imediatamente encaminhada em meio eletrônico à Câmara dos Deputados após decorrido esse prazo (art. 3º).

Quando em deliberação nos Plenários da Câmara dos Deputados e do Senado Federal, operando por sessão remota, as emendas e requerimentos de destaque deverão ser apresentados à Mesa, na forma e prazo definidos para funcionamento do Sistema de Deliberação Remota em cada Casa. Quanto as emendas já apresentadas durante os prazos ordinários de tramitação das medidas provisórias vigentes na data de edição deste Ato não precisarão ser reapresentadas, pois permanecem válidos todos os atos de instrução do processo legislativo já praticados em relação às medidas provisórias vigentes na data de publicação deste Ato, inclusive designação de relatores e eventuais pareceres já deliberados

---

3   Artigo 62, § 8º e 9º da CF.

4   *https://www.congressonacional.leg.br/documents/59501/95383161/ Resolu%C3%A7%C3%A3o+1-02+MPV+ocr.pdf/435fc7f4-43e9-4766-ba 07-dce1fc680525.*

em comissão mista. (art. 3º §§ 1º, 2º e 3º). A medida provisória será examinada pela Câmara dos Deputados, que deverá concluir os seus trabalhos até o 9º (nono) dia de vigência da Medida Provisória, a contar da sua publicação no Diário Oficial da União, assim, aprovada na Câmara dos Deputados, a matéria será encaminhada ao Senado Federal, que, para apreciá-la, terá até o 14º (décimo quarto) dia de vigência da medida provisória, contado da sua publicação no Diário Oficial da União. Essa tramitação em cada Casa atenderá às regras estabelecidas para esse período, especificamente no que se refere ao funcionamento dos Sistemas de Deliberação Remota de cada Casa. Se houver modificações no Senado Federal, a Câmara dos Deputados deverá apreciá-las no prazo de 2 (dois) dias úteis. (art. 4º, 5º §§ 1º e 2º).

Ao disposto neste Ato não se aplica o art. 142 do Regimento Comum do Congresso Nacional que prevê: os projetos elaborados por Comissão Mista serão encaminhados, alternadamente, ao Senado e à Câmara dos Deputados. 142 (art. 6º). Além disso, o Ato se aplica às medidas provisórias já editadas e em curso de tramitação, observado o disposto no § 3º do art. 3º, e as medidas provisórias pendentes de parecer da Comissão Mista serão encaminhadas com as respectivas emendas para a Câmara dos Deputados, para que o parecer seja proferido em Plenário (art. 7º e parágrafo único). Havendo necessidade de prorrogação formal de medida provisória a que se refere este Ato, nos termos do § 1º do art. 10 da Resolução nº 1, de 2002CN, caberá à Presidência do Congresso Nacional avaliar sua pertinência (art. 8º). Vale mencionar que ato interno de cada Casa poderá dispor sobre procedimentos adicionais necessários à implementação do disposto neste Ato. (art. 9º).

Duas foram as Ações de Arguição de Descumprimento de Preceito Fundamental apresentadas perante o Supremo Tribunal Federal sobre o devido processo legislativo durante a pandemia e a instituição de sistema de deliberação remota.

A primeira trata-se de Arguição de Descumprimento de Preceito Fundamental – ADPF nº 663 – DF,[5] proposta pelo Presidente da República em face de atos editados pelas Mesas Diretoras do Senado Federal e da Câmara dos Deputados – Ato da Comissão Diretora 7/2020 e Projeto de Resolução 11/2020 – que, tratando de medidas relacionadas ao funcionamento parlamentar durante a crise de saúde pública decorrente da pandemia de COVID-19 (Coronavírus), dispensaram o comparecimento de parlamentares em situações de vulnerabilidade,

---

[5] http://www.stf.jus.br/portal/cms/verNoticiaDetalhe.asp?idConteudo=441439.

bem como restringiu o acesso às dependências físicas do Parlamento. Aponta como preceitos fundamentais violados o devido processo legislativo, o poder de agenda do Congresso Nacional, a soberania popular e a segurança jurídica – arts. 1º, I, 5º, XXXVI e LIV, e 62, §§ 3º e 6º, todos da Constituição Federal. Para tanto, o Requerente, destaca que "a realidade atual caracterizaria situação de excepcionalidade no funcionamento do Congresso Nacional, a comprometer o regular andamento do processo legislativo, em especial o trâmite de Medidas Provisórias", por tais razões defende que "o prazo de sessenta dias, prorrogável por igual período, para apreciação das medidas provisórias pelo Congresso Nacional deve ser suspenso durante recesso parlamentar, bem assim, em período de excepcionalidade que, na prática, implique como que um recesso parlamentar, até a retomada das condições para obtenção normal do quórum de deliberação previsto no artigo 47 da Lei Maior (maioria absoluta)" (grifo nosso).

A segunda Arguição de Descumprimento de Preceito Fundamento – ADPF nº 661 – DF,[6] foi proposta pelo Diretório Nacional do Partido Progressistas, PP, em face de atos das Mesas Diretoras do Senado Federal (Ato da Comissão Diretora 7/2020) e da Câmara dos Deputados (Resolução 14/2020) pelos quais as deliberações de comissões legislativas são suspensas na hipótese de acionamento do Sistema de Deliberação Remota, SDR (art. 2º, caput, da Res. 14/2020) e que a "solução tecnológica como meio de viabilizar a discussão e votação de matérias, a ser usado exclusivamente em situações de guerra, convulsão social, calamidade pública, pandemia, emergência epidemiológica, colapso do sistema de transportes ou situações de força maior que impeçam ou inviabilizem a reunião presencial dos Senadores (art. 1º, parágrafo único).viola os preceitos fundamentais do Devido Processo Legislativo e da separação dos Poderes, requerendo, em sede de medida cautelar, a "paralisação contagem regressiva à perda da eficácia das Medidas Provisórias que não versem sobre a pandemia de COVID-19, a contar do dia 17 de março de 2020, quando foram publicadas as normas já citadas das Casas do Congresso Nacional".

Manifestaram conjuntamente as Casas do Congresso Nacional, mas destacamos a da Câmara dos Deputados sustentando que: "A democracia não pode parar. Não se podem sobrestar as deliberações dos órgãos típicos de representação pluralista da soberania popular para se dar azo à expansão do Poder Executivo... Como se vê, portanto, não há qualquer

---

[6] *http://www.stf.jus.br/portal/cms/verNoticiaDetalhe.asp?idConteudo=441902.*

prejuízo às funções legislativas e democráticas inerentes a esta Casa, inclusive em relação às medidas provisórias, objeto de questionamento nesta ADPF". Nesse sentido, relata a edição dos atos já referidos na petição inicial: Ato da Comissão Diretora do Senado Federal 7/2020; Instrução Normativa 13/2020, da Secretaria Geral da Mesa; e a Resolução 14/2020, da Câmara dos Deputados, por força dos quais foi instituído o Sistema de Deliberação Remota, com forma de *"resguardar o pleno funcionamento do Processo Legislativo"*, tendo sido as primeiras sessões remotas realizadas em 20 e 25 de março do ano corrente, quando aprovado o PLD 88/2020, que reconhece a calamidade pública em razão da pandemia do coronavírus. O que se postula nas ADPFs, na verdade, é um artifício para prorrogar a vigência de medidas provisórias que o Congresso Nacional tende a rejeitar por meio da *ratio eternizada no brocardo iuravi mihi liquere, atque ita iudicatu ilo solutus sum*. O silêncio é uma forma legítima de o Poder Legislativo rejeitar *in totum* uma medida provisória, *ex vi* do disposto no § 3º do art. 62 da Constituição da República, estratégia de economia processual que se tornou mais premente diante da enxurrada de medidas provisórias em tramitação e do atual quadro de restrições extraordinárias. A suspensão do prazo de tramitação de medidas provisórias seria um fantástico incentivo ao abuso na edição desses atos excepcionais, à moda do que ocorria no período anterior à promulgação da Emenda Constitucional 32 e colocava em xeque a democracia brasileira. Entendem que a suspensão do prazo de tramitação das medidas provisórias é flagrantemente inconstitucional e "significaria na prática a revogação do princípio da separação de poderes", subtraindo do Poder Legislativo a possibilidade de controle das mesmas.[7]

O Ministro Alexandre de Moraes ao analisar as ações propostas, frisou a importância dos mecanismos existentes de controle recíprocos dos Poderes do Estado e do complexo mecanismo constitucional de freios e contrapesos que e destaca "...assim como os demais mecanismos de participação do Presidente da República no processo legislativo, a delegação legislativa caracteriza-se pela excepcionalidade, sob pena de ferimento ao princípio da Separação de Poderes, que, constitucionalmente, concedeu ao Poder Legislativo a última palavra na produção legiferante... Exatamente pela ausência de responsabilização política na edição de medidas provisórias, a Constituição Federal

---

[7] Requereram o ingresso na relação processual, na qualidade de *amici curiae*, a Federação das Indústrias do Estado de Minas Gerais, FIEMG (peça 32) e o Partido dos Trabalhadores, PT (peça 50).

estabeleceu rigoroso procedimento para sua validade e eficácia, prevendo requisitos formais e materiais para sua edição e aprovação" Ressalta que: "O controle legislativo realizado em relação a edição de medidas provisórias pelo Presidente da República é tão importante para o equilíbrio entre os poderes da República que, a Constituição Federal estabeleceu uma única hipótese excepcional de suspensão do prazo decadencial de 120 (cento e vinte) dias, que ocorre durante o recesso do Congresso Nacional (CF, § 4º, art. 62). Observe-se que, mesmo nas mais graves hipóteses constitucionais de defesa do Estado e das Instituições Democráticas – Estado de Defesa (CF, art. 136) e Estado de Sítio (CF, art. 137) – inexiste qualquer previsão de suspensão do prazo decadencial de validade das medidas provisórias, pois o texto constitucional determina a continuidade permanente de atuação do Congresso Nacional. A hipótese trazida aos autos não é de recesso parlamentar (CF, § 4º, art. 62), mas, sim, de alterações no funcionamento regimental das Casas Legislativas, em virtude da grave pandemia do COVID-19. O Congresso Nacional continuará a funcionar e exercer todas suas competências constitucionais, como não poderia deixar de ser em uma Estado Democrático de Direito" (grifo nosso).

Nesse sentido, o ilustre Ministro decidiu em medida cautelar sobre as duas ADPFs de nºs 661 e 663:

> Diante do exposto, Concedo A Medida Cautelar na presente arguição de descumprimento de preceito fundamental, ad referendum do Plenário desta Suprema Corte, com base no art. 21, V, do RISTF, para evitar grave lesão a preceitos fundamentais da Constituição Federal, em especial dos artigos 2º e 37, caput, e, Autorizo, nos termos pleiteados pelas Mesas das Casas Legislativas, que, durante a emergência em Saúde Pública de importância nacional e o estado de calamidade pública decorrente da COVID-19, as medidas provisórias sejam instruídas perante o Plenário da Câmara dos Deputados e do Senado Federal, ficando, excepcionalmente, autorizada a emissão de parecer em substituição à Comissão Mista por parlamentar de cada uma das Casas designado na forma regimental; bem como, que, em deliberação nos Plenários da Câmara dos Deputados e do Senado Federal, operando por sessão remota, as emendas e requerimentos de destaque possam ser apresentados à Mesa, na forma e prazo definidos para funcionamento do Sistema de Deliberação Remota (SDR) em cada Casa; sem prejuízo da possibilidade das Casas Legislativas regulamentarem a complementação desse procedimento legislativo regimental

Outro julgado do Supremo Tribunal Federal diz respeito a Medida provisória nº 966, de 13 de maio de 2020, que dispõe sobre a responsabilização de agentes públicos por ação ou omissão em atos relacionados com a pandemia da covid-19. Ações protocoladas por seis partidos de oposição e a Associação Brasileira de Imprensa (ABI)[8] questionaram a legalidade da norma, por entenderem que a medida poderia abrir espaço para evitar a punição por atos ilegais culminaram na decisão do Plenário que foi definida a partir do voto do Ministro Luis Roberto Barrosou pela manutenção da validade da medida provisória, com a limitação de que a regra possa ser aplicada para atos de improbidade administrativa e ainda defendeu um ajuste na interpretação da MP para caracterizar o que pode ser considerado erro grosseiro: atos que atentem contra a saúde, a vida e o meio ambiente porque o agente público deixou de seguir critérios técnicos e científicos das autoridades reconhecidas nacionalmente e internacionalmente. Cabe ressaltar nos votos dos Ministros que a responsabilidade objetiva do Estado e a culpa do agente nos termos constitucionais não há espaço para a irresponsabilidade, muito menos através de norma infraconstitucional que tende a afirmar que este mero nexo não implica responsabilidade.

Chama a atenção nos julgamentos em questão a provocação via ações diretas de inconstitucionalidade e arguição de descumprimento de preceito fundamental questionando atos ou normas submetidas ao crivo do Congresso Nacional, razão pela qual Ministros afirmaram que o Supremo Tribunal Federal está sendo utilizado e agindo com um órgão consultivo, ou seja, atuando antes do Congresso Nacional concluir seu controle através do devido processo legislativo.

Os outros dois pontos fundamentais das respectivas ações dizem respeito ao sessões e o quórum, sistema comissão, princípios expressos no texto constitucional. Quanto as sessões e o quórum fica claro que não há nenhum desrespeito algum aos ditames constitucionalmente previstos nos atos que instituíram o Sistema de Deliberação Remota, uma vez que o SDR dá perfeitas condições de participação aos parlamentares e atende rigorosamente os princípios da publicidade, da discussão e votação, do resultado das deliberações e os demais atos, requisitos imprescindíveis que não poderão ser subtraídos do devido processo legislativo, conforme as normas estabelecidas em Regimentos Internos em matérias em rito de urgência de maneira a determinar: o seu conceito, a legitimidade para propor e de que forma, a sua tramitação até o final da apreciação da matéria considerada urgente. Cabe ressaltar que a urgência dispensa, durante toda a tramitação da matéria,

---

8   Julgamento de pedidos de medida cautelar em sete Ações Diretas de Inconstitucionalidade (ADIs 6421, 6422, 6424, 6425, 6427, 6248 e 6431), ajuizadas contra a Medida Provisória (MP) 966/2020.

interstícios, prazos e formalidades regimentais, salvo pareceres, *quórum* para deliberação e distribuição de cópias da proposição inicial.

Quanto ao sistema comisssional, há previsões em ambos os Regimentos Internos das Casas Legislativas sobre emissão de pareceres em substituição ao das comissões em matérias de urgência.[9] Ocorre que em decisão proferida pelo Supremo Tribunal Federal, em especial no que diz respeito as comissões mistas do Congresso Nacional, assim decidiu:

> As comissões mistas e a magnitude das funções das mesmas no processo de conversão de medidas provisórias decorrem da necessidade, imposta pela Constituição, de assegurar uma reflexão mais detida sobre o ato normativo primário emanado pelo Executivo, evitando que a apreciação pelo Plenário seja feita de maneira inopinada, percebendo-se, assim, que o parecer desse Colegiado representa, em vez de formalidade desimportante, uma garantia de que o Legislativo fiscalize o exercício atípico da função legiferante pelo Executivo. O art. 6º da Resolução 1 de 2002 do Congresso Nacional, que permite a emissão do parecer por meio de relator nomeado pela Comissão Mista, diretamente ao Plenário da Câmara dos Deputados, é inconstitucional.[10]

O momento de calamidade pública vivido requer medidas urgentes e transitórias, portanto o princípio da razoabilidade aplicado pela decisão do Ministro Alexandre de Moraes vem de encontro as considerações feitas pelas Casas Legislativas ao afirmarem que AINDA[11] não possuem SDR para as reuniões de comissões mistas e que existem distintas abordagens tecnológicas adotadas pela Câmara dos Deputados e pelo Senado Federal em seus Sistemas de Deliberação Remota–SDR, ou seja, no momento o que visa resguardar são as funções do Poder Legislativo e seu efetivo controle, pois não há em hipótese alguma a previsão de ausência de parecer sobre qualquer matéria.[12]

---

9   O Regimento Interno da Câmara dos Deputados dispõe sobre a urgência detalhadamente no Capítulo VII. O Regimento Interno do Senado Federal dispõe sobre a urgência no Capítulo XX.

10   ADI 4.029, rel. min. Luiz Fux, j. 8-3-2012, P, *DJE* de 27-6-2012.

11   Em suas exposições de movitos no Ato em Conjunto da Câmara dos Deputados e Senado Federal nº 2, de 2020 e na Resolução 14, de 2020 da Câmara dos Deputados.

12   Art. 152, § 2º a art. 157, § 2º do Regimento Interno da Câmara dos Deputados. Art. 84, § 2º, art. 140, inciso I, art. 141, art. 172 e parágrafo único do Regimento Interno do Senado Federal.

Tal é a importância do controle do Poder Legislativo que destacamos as Medidas provisórias em análise pelo Congresso Nacional pelos seguintes assuntos:

I - Em matéria de contratações públicas: prorrogação de contratos (MP 968), Operações Oficiais de Crédito (MP 963), Regime Diferenciado de Contratações Públicas – RDC (MP 961), compras públicas, sanções em matéria de licitação e certificação digital (MP 951), procedimentos para aquisição de bens, serviços e insumos (MP 926), contratação por tempo determinado, autorização para desconto de prestações em folha de pagamento, Programa de Parcerias de Investimentos - PPI (MP 922); II - Em matéria tributária: prorrogar prazos de suspensão de pagamentos de tributos previstos,(MP 960), Contrato de Trabalho Verde e Amarelo e altera a legislação trabalhista (MP 955), prazo para pagamento de tributos (MP 952), alterar as alíquotas de contribuição aos serviços (MP 932), tratamento tributário incidente sobre a variação cambial e os arranjos de pagamento e sobre as instituições de pagamento integrantes do Sistema de Pagamentos Brasileiro (MP 930); III - Sistema federativo: auxílio aos Estados e Municípios: apoio financeiro pela União aos entes federativos que recebem recursos do Fundo de Participação dos Estados - FPE e do Fundo de Participação dos Municípios - FPM, (MP 938), IV - Educação: estabelecer normas excepcionais sobre o ano letivo da educação básica e do ensino superior (MP 934); V - Relações de trabalho: altera a Lei nº 13.475, de 28 de agosto de 2017 (MP 64), pagamento do Benefício Emergencial de Preservação do Emprego e da Renda (MP 959), extingue o Fundo PIS-Pasep e transfere o seu patrimônio para o Fundo de Garantia do Tempo de Serviço (MP 946), Programa Emergencial de Suporte a Emprego (MP 944), Programa Emergencial de Manutenção do Emprego e da Renda (MP 936), medidas trabalhistas (MP 927), valor do salário mínimo (MP 919); VI - Sobre créditos e mitigação dos impactos econômicos: acesso ao crédito e mitigação dos impactos econômicos (MP 958), medidas temporárias emergenciais ao setor elétrico (MP 950), cancelamento de serviços, de reservas e de eventos dos setores de turismo e cultura (MP 948), medidas temporárias no âmbito do setor portuário e sobre a cessão de pátios sob administração militar (MP 945), suspende prazo que do ajuste anual de preços de medicamentos para o ano de 2020 (MP 933), medidas emergenciais para a aviação civil brasileira (MP 925), Altera a Lei nº 10.406, de 10 de janeiro de 2002 - Código Civil, a Lei nº 5.764, de 16 de dezembro de 1971, e a Lei nº 6.404, de 15 de dezembro de 1976 (MP 931).

Decretar Estado de Calamidade Pública, na prática, é uma medida legal que decorre de todo evento natural ou não, de proporções de catástrofe, com desorganização de serviços essenciais e grave perturbação da ordem social nos locais onde ocorrem, com ou sem perda de vidas, cuja consequência relevante é permitir o descumprimento da meta fiscal, autorizar a revelação ou adiamento de compromissos, obrigações ou responsabilidades pessoais e, com isso, permitir o gasto de recursos no combate a situação anômala, além de dar suporte a economia.

Na exposição de motivos nº 70, de 2020 – ME que acompanha a Mensagem nº 93 de 18 de marco de 2020 do Excelentíssimo Presidente da República ,o Ilustríssimo Senhor Ministro da Economia, Paulo Guedes ressalta que, no Brasil, as medidas para enfrentamento dos efeitos da enfermidade gerarão um natural aumento de dispêndios públicos outrora não previsíveis na realidade nacional, cita a abertura de credito extraordinário na Lei Orçamentaria anula no importe de mais R$ 5 bilhões – Medida Provisória nº 924, de 13 de março de 2020, longe de garantir, contudo, a cobertura às consequências decorrentes deste evento sem precedentes. Portanto, nesse quadro, o cumprimento do resultado fiscal previsto no art. 2º da Lei nº 13.898, de 2019 – Lei de Diretrizes Orçamentária 2020, ou até mesmo o estabelecimento de um referencial alternativo, seria temerário ou manifestamente proibitivo para a execução adequada do Orçamento Fiscal e da Seguridade Social, com riscos da paralisação da máquina pública, num momento em que mais se pode precisar dela, ou seja, poderia inviabilizar, entre outras políticas públicas essenciais ao deslinde do Estado, o próprio combate à enfermidade geradora da calamidade pública em questão.

Em 20 de março, o Projeto de Decreto Legislativo nº 88/20 foi aprovado durante a primeira sessão remota da história no Senado do Congresso Nacional. Esse projeto resultou no Decreto Legislativo nº 6, de 20 de março de 2020, que reconhece, para os fins do art. 65 da Lei Complementar nº 101, de 4 de maio de 2000, a ocorrência do estado de calamidade pública, nos termos da solicitação do Presidente da República encaminhada por meio da Mensagem nº 93, de 18 de março de 2020. No art. 1º ficou reconhecida, exclusivamente para os fins do art. 65 da Lei Complementar nº 101, de 4 de maio de 2000, notadamente para as dispensas do atingimento dos resultados fiscais previstos no art. 2º da Lei nº 13.898, de 11 de novembro de 2019, e da limitação de empenho de que trata o art. 9º da Lei Complementar nº 101, de 4 de maio de 2000, a ocorrência do estado de calamidade pública, com efeitos até 31 de dezembro de 2020, nos termos da solicitação do Presidente da República encaminhada por meio da Mensagem nº 93, de

18 de março de 2020. Em seu art. 2º e §§ o Decreto constituiu Comissão Mista no âmbito do Congresso Nacional, composta por 6 (seis) deputados e 6 (seis) senadores, com igual número de suplentes, com o objetivo de acompanhar a situação fiscal e a execução orçamentária e financeira das medidas relacionadas à emergência de saúde pública de importância internacional relacionada ao coronavírus (Covid-19), além de determinar que os trabalhos poderão ser desenvolvidos por meio virtual, nos termos definidos pela Presidência da Comissão, através de reuniões mensais com o Ministério da Economia, para avaliar a situação fiscal e a execução orçamentária e financeira das medidas relacionadas à emergência de saúde pública de importância internacional relacionada ao coronavírus (Covid-19); Por fim, bimestralmente, a Comissão realizará audiência pública com a presença do Ministro da Economia, para apresentação e avaliação de relatório circunstanciado da situação fiscal e da execução orçamentária e financeira das medidas relacionadas à emergência de saúde pública de importância internacional relacionada ao coronavírus (Covid-19), que deverá ser publicado pelo Poder Executivo antes da referida audiência.

O Poder Legislativo através do Decreto Legislativo nº 6/2020, autoriza o Poder Executivo exceder os seus gastos ajustados pela Lei de Diretrizes Orçamentárias, tendo em vista o combate à pandemia e, ao mesmo tempo, oferecer subsídios financeiros à população. Duas normas legislativas dizem respeito a limitações a atuação fiscal do Executivo e suas exceções estão expressamente mencionadas em seu texto. A primeira, o art. 65 da Lei de Responsabilidade Fiscal, que prevê que *"Na ocorrência de calamidade pública reconhecida pelo Congresso Nacional, no caso da União, ou pelas Assembleias Legislativas, na hipótese dos Estados e Municípios, enquanto perdurar a situação: I - serão suspensas a contagem dos prazos e as disposições nos arts. 23,*[13] *31*[14] *e 70; II*[15] *- serão dispensados o atingimento dos resultados fiscais e a limitação de empenho prevista no art. 9o. Parágrafo único. Aplica-se o disposto no caput no caso de estado de defesa ou de sítio, decretado na forma da Constituição".* O dispositivo legal diz respeito aos entes federados com relação às suas contas, ou seja, os seus gastos se limitam

---

[13] https://www.jusbrasil.com.br/topicos/11245674/artigo-23-lc-n-101-de-04-de-maio-de-2000.

[14] https://www.jusbrasil.com.br/busca?q=Art.+31+da+Lei+de+Responsabilidade+Fiscal+-+Lc+101%2F00.

[15] https://www.jusbrasil.com.br/topicos/11233339/artigo-70-lc-n-101-de-04-de-maio-de-2000.

às Leis Orçamentárias debatidas e votadas pelo Legislativo. A regra é aplicar sanções de limitação das finanças do Executivo segundo os critérios fixados pela Lei de Diretrizes Orçamentárias pois, uma vez verificado, ao final de um bimestre,, que a realização da receita poderá não comportar o cumprimento das metas de resultado primário ou nominal estabelecidas no Anexo de Metas Fiscais, os Poderes e o Ministério Público promoverão, por ato próprio e nos montantes necessários, nos trinta dias subsequentes, a limitação de empenho e movimentação financeira, em atendimentos as leis orçamentarias. A Lei Complementar nº 101 de 2000 surge para fazer frente à extrapolação dos gastos diante da arrecadação, impedindo que os entes Federativos entrem em colapso financeiro, não obstante exista a necessidade do gasto, mas sem haver recursos. No entanto, diante dos acontecimentos atuais, por um lado se busca impedir o avanço da pandemia e, do outro, o equilíbrio das contas públicas. Portanto, observa-se que tal ferramenta se torna necessária para se evitar sanções de ordem orçamentária ao Executivo.

A segunda lei mencionada no referido Decreto é a Lei nº 13.898/2019 estabelece as diretrizes orçamentárias para o ano de 2020, determinando que a elaboração e a aprovação do Projeto de Lei Orçamentária de 2020 e a execução da respectiva Lei deverão ser compatíveis com a obtenção da meta de *deficit* primário para o setor público consolidado não financeiro de R$ 118.910.000.000,00 (cento e dezoito bilhões novecentos e dez milhões de reais), sendo R$ 124.100.000.000,00 (cento e vinte e quatro bilhões e cem milhões de reais) para os Orçamentos Fiscal e da Seguridade Social da União e R$ 3.810.000.000,00 (três bilhões oitocentos e dez milhões de reais) para o Programa de Dispêndios Globais, conforme demonstrado no Anexo de Metas Fiscais constante do Anexo IV.

São normas que proíbem o governo de fazer dívidas para pagar despesas correntes, como salários e outros custeios da máquina pública e impede que as despesas subam no ano corrente acima da inflação do ano anterior. Ou seja, o espaço fiscal aberto estará sujeito à edição de créditos extraordinários, mecanismo utilizado para ocasiões emergenciais para realizar novos gastos. Antes do Decreto Legislativo nº 6/2020, o Poder Executivo não poderia exceder as suas metas de gastos previstos na Lei Orçamentária de 2019 ditadas pelo Poder Legislativo, mesmo no combate a pandemia hoje vigente, sob pena de enfrentar sanções pelos órgãos competentes. Claro está que a pandemia de Covid-19 não poderia estar prevista no orçamento, nem seria possível, e, por esta razão, existem as exceções na aplicação destas regras de gastos. Desta forma, com a publicação do Decreto Legislativo nº 6/2020, o Poder

Executivo tem a autorização do Poder Legislativo para exceder os seus gastos ajustados pela Lei de Diretrizes Orçamentárias no combate à pandemia e ao mesmo tempo oferecer subsídios financeiros à população e à economia. Os créditos extraordinários irão movimentar parte do orçamentos de forma a dar efetividade as políticas públicas relativa a pandemia e já são inúmeras[16] as medidas provisórias publicadas até o momento, razão pela qual os valores remanejados e as rubricas utilizadas serão de suma importância o efetivo controle parlamentar, dada a tamanha flexibilização das regras de contenção dos gastos públicos.

Diante do exposto, o Poder Legislativo não só irá exercer o controle no devido processo legislativo, mas também, conforme o disposto na Seção IX no artigo 70, caput e parágrafo único, bem como no art. 71 da Constituição, ou seja, a fiscalização contábil, financeira, orçamentária, operacional e patrimonial da União e das entidades da administração direta e indireta, quanto à legalidade, legitimidade, economicidade, aplicação das subvenções e renúncia de receitas, será exercida pelo Congresso Nacional, mediante controle externo – Tribunal de Contas da União, e pelo sistema de controle interno de cada Poder.[17]

O Controle interno tem previsão no artigo 74 que determina que os Poderes Legislativo, Executivo e Judiciário manterão, de forma integrada, sistema de controle interno com a finalidade de: I - avaliar o cumprimento das metas previstas no plano plurianual, a execução dos programas de governo e dos orçamentos da União; II - comprovar a legalidade e avaliar os resultados, quanto à eficácia e eficiência, da gestão orçamentária, financeira e patrimonial nos órgãos e entidades da administração federal, bem como da aplicação de recursos públicos por entidades de direito privado; III - exercer o controle das operações de crédito, avais e garantias, bem como dos direitos e haveres da União; IV - apoiar o controle externo no exercício de sua missão institucional. Assim, no § 1º os responsáveis pelo controle interno, ao tomarem conhecimento de qualquer irregularidade ou ilegalidade, dela darão ciência ao Tribunal de Contas da União, sob pena de responsabilidade solidária. E quanto ao cidadão, o § 2º dispõe que qualquer cidadão, partido político, associação ou sindicato é parte legítima para, na

---

16 MP 969, 967, 965, 963, 962, 957, 956, 953, 949, 947, 943, 942, 941, 939, 937, 935, 929, 924, 921, 920. *https://www2.camara.leg.br/atividade-legislativa/legislacao/mpemdia.*

17 No parágrafo único prestará contas qualquer pessoa física ou jurídica, pública ou privada, que utilize, arrecade, guarde, gerencie ou administre dinheiros, bens e valores públicos

forma da lei, denunciar irregularidades ou ilegalidades perante o Tribunal de Contas da União.

No artigo 72 há a previsão da Comissão mista permanente a que se refere o artigo 166, §1º, diante de indícios de despesas não autorizadas, ainda que sob a forma de investimentos não programados ou de subsídios não aprovados, poderá solicitar à autoridade governamental responsável que, no prazo de cinco dias, preste os esclarecimentos necessários. No seu § 1º estabelece que não prestados os esclarecimentos, ou considerados estes insuficientes, a Comissão solicitará ao Tribunal pronunciamento conclusivo sobre a matéria, no prazo de trinta dias. Já no § 2º dispõe que, entendendo o Tribunal irregular a despesa, a Comissão, se julgar que o gasto possa causar dano irreparável ou grave lesão à economia pública, proporá ao Congresso Nacional sua sustação.

Em atendimento ao que dispõe a Constituição, o Ato conjunto da Mesas da Câmara dos Deputados e Senado Federal nº 2, de 2020, considerando a necessidade de deliberação, pelas Casas do Congresso Nacional, sobre projetos de lei do Congresso Nacional relativos a matéria orçamentária; e que a Constituição Federal determina que o trancamento de pauta, pelos vetos presidenciais, se dá nas sessões conjuntas do Congresso Nacional (art. 66, § 4o) e que os projetos de lei de matéria orçamentária, na disposição da Constituição Federal (art. 166), precisam ser aprovados pelas duas ou pelos quais a União responda, ou que, em nome desta, assuma obrigações de natureza pecuniária. No artigo 71 o controle externo, a cargo do Congresso Nacional, será exercido com o auxílio do Tribunal de Contas da União.

Casas, mas não necessariamente numa sessão conjunta; e pelas distintas abordagens tecnológicas adotadas pela Câmara dos Deputados e pelo Senado Federal em seus Sistemas de Deliberação Remota - SDR, resolvem regulamentar a apreciação, pelo Congresso Nacional, dos projetos de lei de matéria orçamentária de que trata o Regimento Comum do Congresso Nacional. Os projetos de lei do Congresso Nacional serão deliberados em sessão remota da Câmara dos Deputados e do Senado Federal, separadamente, nos termos que lhe forem aplicáveis do Ato Conjunto das Mesas da Câmara dos Deputados e do Senado Federal nº 1, de 2020, presididas pelo Presidente do Congresso Nacional ou seu substituto regimental (Art. 2º). Somente poderão ser pautadas na forma prevista no art. 2º, as matérias urgentes ou relacionadas com a pandemia do Covid-19, que para isso tenham a anuência de 3/5 (três quintos) dos Líderes Câmara dos Deputados e do Senado Federal. (art. 3º); e sempre que possível, deverá funcionar como relator, na sessão remota da Casa a que pertença, o parlamentar que eventualmente tenha sido designado relator, antes da publicação deste Ato, no âmbito da Comissão Mista de Planos, Orçamentos Públicos e Fiscalização - CMO (art.4°).

Conclusão

Numa democracia, os parlamentares e seus partidos representam os cidadãos e os diversos grupos que compõem a sociedade e seus mais variados interesses. O processo de construção de um acordo político se dá na atuação destes nas diversas arenas de decisões do Poder Legislativo, processo esse denominado de "jogo parlamentar", permitindo assim, a convivência civilizada entre interesses contrários. Nesse cenário, a tarefa do legislador, ao elaborar leis e outros atos normativos, é de extrema responsabilidade, já que o resultado dessa atividade irá gerar ato legislativo de caráter vinculante, que produz consequências no cotidiano social, gerando obrigações e direitos, alpem da fiel fiscalização de como e onde serão os gastos publico.

Com as soluções virtuais em momento impeditivo físico, as Casas Legislativas demonstram que as ferramentas virtuais podem e devem fazer parte da realidade como solução em tempos de excepcionalidade, e com alicação deste feixe complexo de tecnologia, efetuar seu aprimoramento para realização de reuniões de comissões e participação social, além daquelas hoje já implementadas, "e-democracia" na Camara dos Deputados e "e-cidadania" e "pesquisa de opinião" no Senado Federal, pois ainda não há previsão no SDR existente.

Podem fazer e fazem uso da judicialização dos atos do Poder Legislativo, tanto da oposição política, quanto governos quer como tática oposicionista, quer como instrumento de governo, além de um movimento na sociedade que se encontra alerta em razão da pandemia. Com relação às ações diretas de inconstitucionalidade e às de as arguições de descumprimento fundamental, em tempos de excepcionalidade vamos vivenciar atuações em todos os Poderes do Estado, o que irá enriquecer e fortalecer as instituições, gerando uma verdadeira jurisprudência para o direito parlamentar.

CAPÍTULO TERCERO

FEDERALISMO: EMERGENCIA SANITARIA Y COMPETENCIAS

TODAVÍA EN LA PENUMBRA DEL CORONAVIRUS: ANOTACIONES SOBRE EL FUNCIONAMIENTO DEL FEDERALISMO NORTEAMERICANO

Jorge Madrazo[*]

Hace unas pocas semanas el Instituto de Investigaciones Jurídicas de la UNAM y el Instituto Iberoamericano de Derecho Constitucional publicaron un libro colectivo bajo el título de "Emergencia Sanitaria por el COVID-19", cuyo enfoque es mayormente de derecho constitucional comparado.

Para esa muy reciente publicación envié una colaboración que llevó por título: "Reflexiones Bajo la Bruma. Notas sobre el Federalismo en Estados Unidos de América en Tiempos de la Pandemia". Hoy, mediante esta contribución que gentilmente me ha solicitado el flamante Instituto Iberoamericano de Derecho Parlamentario, a quien deseo el mayor de los éxitos, trato de avanzar y profundizar un poco más sobre aquello con las actualizaciones del caso, que son muchas por cierto, dado el cambio constante que la evolución de la pandemia determina.

Ciertamente la bruma que pesa sobre el mundo y la sociedad con motivo de la pandemia del coronavirus no se acaba de disipar y muy probablemente vaya para largo, aunque ha empezado ya la flexibilización del confinamiento en varias partes del mundo, entre ellas Estados Unidos. Esta circunstancia la caracterizo ahora como penumbra, porque efectivamente las incógnitas que la pandemia ha lanzado siguen siendo múltiples, no solo sobre la sociedad, el estado y el derecho, sino sobre el SARS-CoV-2 en sí mismo. Hoy los estados nacionales siguen navegando en las sombras, aunque no en la completa obscuridad. Al escribir esto, la letra del compositor mexicano Gonzalo Curiel y la voz de Lupita Palomera, me actualizan nostálgicamente sobre, efectivamente, "como es cruel la incertidumbre".

¿Cómo se trasmite exactamente el virus? ¿Por qué algunos contagiados se enferman gravemente e incluso mueren, mientras que otros con condiciones médicas similares son asintomáticos? ¿En qué condiciones atmosféricas el virus se expande con más rapidez? ¿Cuántas

---

[*] Ex director del IIJ-UNAM; presidente de la Sección Estadounidense del IIDC.

personas realmente se han infectado en el mundo y en los diferentes países? ¿Qué tan eficaces han sido las pruebas para diagnosticarlo? ¿Cuál es el método para reportar los casos?, Cómo se presentará la segunda oleada? ¿Realmente una persona contagiada puede tener los anticuerpos para no volver a infectarse? por sólo mencionar algunas incógnitas. Los científicos siguen quebrándose la cabeza en busca de respuestas que estoy cierto encontrarán, esperamos, en un futuro suficientemente próximo.

La sospecha sobre lo que realmente pasó en Wuhan en diciembre de 2019 continúa, muchas veces alimentado por declaraciones de funcionarios norteamericanos, entre otros, que en esta administración se han distinguido por difundir mediante las redes sociales y la prensa noticias falsas y hasta temerarias para su provecho político. Todas estas afirmaciones y cuestionamientos están en franca oposición con lo que ha dicho y recomendado la OMS, organismo que goza de gran respetabilidad e independencia y a la cual el titular de la Casa Blanca le retiró el apoyo económico por considerarlo ineficiente.

En situaciones tan críticas como las que se están viviendo es francamente inmoral propalar historias falsas y no sujetas a una comprobación científica. En Estados Unidos la temeridad llegó a tal punto que afortunadamente para muchos las conferencias de prensa de la Casa Blanca dejaron su cotidianeidad por la exageración de que el titular del ejecutivo haya recomendado que personas pudieran injerir o inyectarse blanqueador o lejía para limpiarse del coronavirus. El uso de un medicamento que no ha comprobado su efectividad y que se adminstra el mismo presidente es algo que deja a la comunidad confundida y desorientada. El distanciamiento no solo físico, pero especialmente político, del presidente #45 de su equipo de expertos epidemiólogos, hoy es más que patente.

En la aproximación de la teoría constitucional, hoy me vuelvo a preguntar si realmente la organización formal de los estados tiene una relación directa con el relativo éxito o el relativo fracaso respecto de cómo la pandemia ha sido acometida en los 194 países del mundo. Sólo 12 países, sobre todo insulares, no han sido afectados por el COVID-19.

¿Han sido más exitosos los estados democráticos que los autoritarios, los presidenciales que los parlamentarios, los federales que los unitarios, las repúblicas que las monarquías?

¿Pero sobre todo cuál es la métrica para saber si un país determinado ha sido exitoso o ha fracasado al encarar la epidemia? ¿Se mide el resultado por el número de contagiados? ¿por el número de muertos? ¿por el número de pacientes atendidos en las salas de emergencia? ¿por la capacidad y organización de los sistemas de salud? por el número de test practicados?

¿Por el uso los medicamentos que han sido relativamente eficaces? ¿Por la cantidad de pacientes sanados? ¿por el tiempo transcurrido para reiniciar actividades de la vida común? por el daño económico? ¿por el número de desempleados? ¿por la forma como la sociedad civil se ha conformado con las medidas restrictivas de libertades fundamentales? ¿por la conciencia cívica y de solidaridad social? Quizá todos estos factores deben ser conjugados para obtener una conclusión relativamente válida. Creo que hoy día es todavía difícil llegar a conclusiones definitivas.

Adelanto una conclusión que asumo como muy preliminar y riesgosa, pero que finalmente permea las palabras que ahora mismo escribo, en el sentido que más allá de las declaraciones constitucionales sobre la forma del estado y el sistema de gobierno, lo que más ha pesado al encarar socialmente el coronavirus es la calidad del liderazgo de las autoridades, tanto de las nacionales como de las unidades subnacionales, vale decir, por la legitimidad y fuerza moral, la madurez, la capacidad de coordinación, el profesionalismo, los talentos de persuasión social, la confianza social sobre los mandatos de la autoridad y el apego a la ley, así sean acciones que son producto de una declaración de emergencia y régimen de excepción. La madurez de la sociedad civil organizada y la buena organización y eficiencia de los sistemas de salud son otros factores que deben tomarse en cuenta. El sentido de oportunidad con el que los países respondieron con tareas de contención parece ser también un factor determinante.

Veamos el caso se los sistemas federales y el coronavirus.

Hoy en el mundo hay 27 países que son o dicen ser estados federales: Canadá, Estados Unidos, México, Venezuela, Saint Kitts y Nevis, Argentina, Brasil, Rusia, Suiza, Austria, Alemania, Bélgica, Bosnia Herzegovina, la India, Pakistán, Irak, Emiratos Árabes Unidos, Nigeria, Etiopía, Nepal, Sudáfrica, Sudan, Sud-Sudan, Somalia, Malasia, Comoros, Micronesia y Australia. Estos países solo representan un 14% de todos los 194 estados nacionales reconocidos en Naciones Unidas.

Entre los 10 países con el mayor número de contagios al día de hoy se encuentran 6 estados federales: Estados Unidos, Rusia, Brasil, Irán, India y Alemania. Aunque ciertamente son una mayoría, en mi opinión no puede concluirse que el coronavirus se ha extendido más rápidamente en razón de la organización federada. Estados unitarios con formas regionales, autonómicas y descentralizadas como en los casos de España, Francia, Italia e Inglaterra han sido afectados tremendamente por el COVID-19 y también se encuentran en la lista de los 10 primeros en número de contagios. Un factor esencial para despejar la ecuación es el número de pruebas que en cada país se han realizado para detectar el virus. Se han realizado Estados Unidos más de 10 millones, lo que supera por mucho a los demás países de la lista. En nuestra América Latina Brasil lleva la punta, por mucho.

De verdad que en la actualidad la división entre estados federales y centrales o unitarios, en tratándose de la coordinación entre gobiernos nacionales y unidades subnacionales, se hace cada día más tenue. En efecto, en algunos países de Europa el grado de autonomía de algunas regiones es incluso mayor del que pueden tener entidades federativas dentro del esquema federativo. No digamos de estados federales totalmente semánticos donde la realidad y la letra de la constitución no se parecen en nada; algunos de los mencionados son hoy totalmente dictatoriales.

Editorialistas subrayan ya las ventajas de los estados centralistas debido a que, dicen, en la emergencia se necesita una unidad de mando que permita tomar decisiones rápidas, enérgicas y generales. Ejemplo de éxito que mucho se pondera es el de Japón en medio de la organización de los juegos olímpicos o el de Corea del Sur. Quizá su éxito haya tenido como consecuencia que ahora Corea del Norte no haya reportado ni un solo caso de COVID-19. La pregunta es si efectivamente no hay casos o no ha reportado a la OMS los casos. Me cuesta trabajo poner como ejemplo a China, que fue el inicio y el epicentro de la pandemia, pero que debido a las órdenes del gobierno central lograron detener el esparcimiento en tiempos relativamente razonables y con el uso de una coerción significativa del Estado. Muchas dudas todavía existen sobre cómo en sus orígenes se manejó la epidemia.

Por su parte, los federalistas insisten en que la pandemia se ha expresado de manera distinta en los diversos sitios dentro de los países y que esas diferencias solo pueden resolverse en uso de poderes autonómicos de los estados federados.

Es indudable que ambos sistemas tienen ventajas y desventajas, y unas se acentúan y otras más se diluyen cuando el esquema de distribución de facultades y funciones ocurre durante situaciones de emergencia y en uso de facultades extraordinarias.

Estados Unidos es el epicentro del COVID-19 y ahora ya suman un millón y medio los contagiados y casi 90.000 los muertos. La pandemia ha tenido un impacto distinto entre los 50 estados. Desgarradoras consecuencias humanas en Nueva York, Nueva Jersey, Michigan, Massachusetts, Pennsylvania, Illinois, Florida, California. En cambio, en estados como North Dakota, South Dakota, Wyoming, Oklahoma, Arkansas, Hawái, Montana, Vermont, Alaska, el número de contagiados y fallecidos ha sido considerablemente menor. Es evidente que la densidad de la población y la posibilidad de guardar un distanciamiento físico entre los habitantes, son un factor esencial para el esparcimiento del virus, que ha resultado altamente contagioso. A las irreparables pérdidas humanas se suman profundos daños económicos. Las medidas de contención para unos estados con un profundo impacto pueden no ser iguales para otros menos desafortunados, por lo que el encuadramiento estatal es sin duda fundamental.

De alguna manera esta epidemia ha evocado las discusiones entre el plan de Virginia (centralizador) y el de New Jersey (más federalista) que finalmente resolvió el llamado Compromiso de Connecticut en el Constituyente de 1787 (*The Great Compromise*), aunque ahora no se trata de estados grandes y chicos y su representación general, sino muy contagiados y menos contagiados.

Dentro de los desafíos para hacer un análisis de cómo ha operado el federalismo en los Estados Unidos en medio de esta pandemia, más allá de su forma de gobierno, está el estilo peculiar y poco ortodoxo de gobernar del Presidente # 45. A lo anterior se suma que los Estados Unidos se encuentran hoy dentro del proceso que habrá de concluir con la elección general del 3 de noviembre, en donde desde luego tocará la renovación del Ejecutivo Federal, de la Cámara de Representantes y de 34 miembros del Senado, acompañada de la renovación de los poderes en varios Estados de la Unión. Muchas de las decisiones y acciones políticas en medio de la pandemia se toman y ejecutan en este contexto. Ciertamente el éxito o fracaso en el manejo de la crisis del coronavirus tendrá una consecuencia en el resultado electoral. El manejo de la pandemia se ha sobre politizado. Los sondeos en este momento ponen a los candidatos a la presidencia muy parejos con una ligerísima ventaja del candidato demócrata.

El COVID-19 produjo, por ejemplo, que las elecciones primarias fueran deslucidas, quitando la visibilidad que el candidato demócrata necesitaba para la elección de noviembre que, esperamos, tener con relativa normalidad. Menos mal que en este país el voto en ausencia es cada vez más utilizado, aunque el Ejecutivo Federal ha amenazado con hacer todo lo posible a fin de restringir el voto por correo.

Ciertamente el federalismo norteamericano, que es el primero en el mundo y fruto de los debates del Constituyente de Filadelfia en torno al equilibrio vertical y horizontal del poder para no caer en el despotismo de Jorge III, dejó sin embargo un área de facultades concurrentes, coincidentes y coexistentes que han sido muy visibles durante esta pandemia. Desde luego que la Décima Enmienda a la Constitución, todavía parte del *Bill of Rights*, deja en poder de los Estados (la realidad de las 13 excolonias) los poderes originales y, los derivados —que deben ser explícitos— son los reservados a la federación y que se han determinado por sucesivas interpretaciones de la Corte Suprema de Justicia que, por cierto históricamente ha concentrado más facultades en el gobierno federal. Si el tema de la competencia federal o estatal ha sido álgido en tiempos de normalidad, en tiempos de emergencia lo es mucho más. El debate crecerá aún más en la medida que progresivamente dejemos el "modo" de sobrevivencia en el que hoy estamos todavía en los Estados Unidos.

Las características globales de la pandemia desde luego obligan a la intervención federal. La pandemia afecta ya a casi todo el mundo y se expandió a una velocidad que no se imaginaba. El coronavirus ha afectado a los Estados con un decisivo componente internacional. Como bien se ha dicho, la pandemia no respeta límites soberanos. El manejo de la política internacional recae fundamentalmente en la Casa Blanca.

El ejecutivo federal ha intervenido para prohibir el ingreso al país de personas provenientes de China, luego de Europa y, finalmente, las fronteras con Canadá y México han sido cerradas temporalmente. Más tarde prohibiría también el ingreso de cualquier inmigrante y ha ordenado que por varios meses no se tramiten residencias permanentes por el USCIS. Las deportaciones incluso de niños inmigrantes no acompañados, en clara violación a las leyes federales, ha sido especialmente lastimosa. La pandemia ha servido también como pretexto para acelerar la expulsión de extranjeros, política que le ha dejado al Presidente # 45 dividendos electorales.

Muy diversas han sido las órdenes del presidente #45 para encarar la emergencia y su análisis puntual merecería un espacio que desborda los estrechos límites de esta entrega pero, por lo menos, menciono que las principales han sido:

— La Proclamación Declarando una Emergencia Nacional Respecto de la Epidemia del Coronavirus, de fecha 13 de marzo de 2020, expedida con fundamento en la *National Emergency Act* y la *Social Security Act*, y otorga facultades al Departamento de Salud y Servicios Humanos para modificar normas del *Medicaid, Medicare*, seguro para la salud de los menores y otros seguros médicos, con la obligación del Departamento de Informar al Congreso.

— *The Stafford Disaster Relief and Emergency Act*, de 1981, que ha servido al Ejecutivo Federal para ordenar y sistematizar las ayudas federales a los gobiernos estatales y locales para enfrentar el desastre. Con el ejercicio de esta ley aprobada por el Congreso se autorizó el uso de 42 billones de dólares. Los Estados deben contribuir con un 25% de los recursos financieros canalizados.

Más tarde, y a petición de los Estados, el presidente hizo las Declaraciones de Desastres Mayores y, por primera vez en la historia, movilizó a FEMA (*Federal Emergency Managment Agency*) para los 50 estados de la Union, a fin de que los gobiernos estatales tuvieran acceso a recursos financieros. También ordenó movilizar a la Guardia Nacional a algunos estados especialmente afectados por los contagios.

En otro paquete económico aprobado por el Congreso se autorizó el uso de 2 trillones de dólares para apoyar directamente a las familias, a los pequeños negocios y a las empresas más afectadas y el día de hoy el Congreso discute un nuevo paquete de estímulos económicos que pudiera llegar a otro trillón de dólares.

El Presidente # 45 ha utilizado la *Defense Production Act* (DPA), del año 1950, para que diversas industrias se dediquen a construir respiradores, ventiladores y otros productos médicos para enfrentar la pandemia y, más recientemente, para que los productores de carne no dejaran de trabajar y no romper las cadenas de suministro.

Por cuanto hace al Estado de Washington, donde yo vivo, el Gobernador expidió una orden intitulada "*Stay Home, Stay Healthy*", con fecha 23 de marzo. Es una orden parecida a la que ya se habia expedido días antes en California y en Nueva York. En la respectiva proclamación se requiere a todos los residentes del Estado que permanezcan en casa a menos de que se encuentren en la situación de "actividades esenciales"; quedan prohibidas las reuniones sociales y de carácter espiritual o recreativas; se cierran todos los negocios, excepto aquellos considerados como esenciales. La gente puede salir a la calle solo bajo la condición de que esté separada de terceros por lo menos a 2 metros de distancias. A la fecha de esta proclama las escuelas y universidades ya habían cerrado siguiendo algunas de ellas cursos en línea. La fecha del confinamiento fue inicialmente para el 4 de mayo, pero después se extendió hasta el 31 de este mes. En medio de esta contención se escriben las presentes líneas.

En principio, dijo el Gobernador, que confiaba en que los residentes del Estado cumplieran con la orden voluntariamente, pero no descartó el uso de la fuerza pública, en caso de remisos en su cumplimiento. Ciertamente se han presentado casos en que sobre todo pequeños negocios han abierto sin autorización, y bajo situaciones de tensión el estado ha usado una fuerza muy moderada para cerrarlos.

El Estado de Washington, haciendo eco de lo aprobado días antes en California, ha decidido apoyar económicamente, con recursos estatales, a los inmigrantes indocumentados, con aportaciones que van dese los 350 dólares hasta 1,125 dólares para familias grandes. Esta aportación es por una sola vez en un periodo de 12 meses. Aunque la suma no es terriblemente significativa, sí demuestra una postura justa y progresista, que me temo, no se repetirá en muchos otros Estados.

No deja de ser preocupante y hasta doloroso que en el Estado de Washington el mayor número de infectados pertenezca a la comunidad latina. La desproporción en la zona más importante del Estado es del doble, es decir, con una población que significa el 13%, más del 26% de los infectados son latinos. Los determinantes sociales se aprecian con toda claridad en el modo en que esta infección está afectando a las comunidades minoritarias, no sólo en Washington sino en todo el país.

Dentro del esquema federal las tensiones entre el ejecutivo federal y los gobernadores han sido muy grandes, sobre todo en la discusión sobre qué puede hacer la federación y qué pueden hacer los Estados en el marco de la emergencia. En la discusión hay mucho de retórica electoral por parte del Presidente # 45, que en su discurso belicoso y grandilocuente está hablándole en realidad a sus electores del 3 de noviembre. Su actitud electorera ha llegado al extremo de poner su nombre en el cheque y en las tarjetas prepagadas de apoyo económico que el IRS está enviando a la casa de millones de ciudadanos, con motivo de la pandemia. Al gobernador del Estado de Washington, que no se ha doblegado a las valentonadas del ejecutivo, lo ha llamado "víbora" públicamente.

Las órdenes de emergencia federal y estatal indudablemente implican limitaciones a las libertades fundamentales, como son el libre tránsito, el derecho de asociación y reunión, el derecho al trabajo, la libertad religiosa, el libre comercio, pero hasta ahora el exhorto ha sido al cumplimiento voluntario y las encuestas muestran que el 82% de los habitantes están de acuerdo con ellas y las acatan. Los casos de ejecución forzosa de las órdenes y leyes que se han presentado en algunos estados por personas que sobre todo han abierto sus negocios que no son esenciales, han sido pocos y yo diría hasta anecdóticos al punto de llegar a los noticieros de televisión nacionales. El 18% restante de los encuestados ha estado especialmente activos en las últimas semanas exigiendo a los gobiernos locales que se les permita regresar a su actividad económica y demandando el respeto a sus garantías y libertades fundamentales establecidas en la Constitución y en las leyes. Sus protestas públicas y hasta un poco violentas se han presentado en muy diversas ciudades del país. Su principal alegato es que "va a salir más caro el caldo que las albóndigas", es decir, la debacle económica será más grave que la pandemia misma. No dejo de observar lo difícil que debe ser para muchos la incertidumbre sobre si comerá al día siguiente o la posibilidad cierta de la bancarrota.

Algunos líderes religiosos han llamado a sus fieles a congregarse presencialmente y han interpuesto demandas de constitucionalidad en diversos estados de la Unión por violaciones a la libertad religiosa consagrada en la Primera Enmienda.

Por varias semanas el debate en Estados Unidos se centró en la declaración del Presidente de que la economía del país se abrirá cuando él lo decidiera y la respuesta de muchos gobernadores haciéndole ver que, efectivamente, tal decisión no estaba dentro de sus prerrogativas. Posiblemente dentro de varios meses la Corte Suprema analizará si el Presidente efectivamente ha excedido sus facultades.

Por lo pronto, debemos considerar la reciente resolución de la Suprema Corte de Wisconsin que anuló la orden del Secretario de Salud del Estado de extender el confinamiento hasta el 26 de mayo, declarando que dicho funcionario no tenía facultades para emitir tal resolución y se limitó al examen de la legislación estatal sin entrar en el análisis sobre la constitucionalidad de la orden de quedarse en casa expedida por el Gobernador. Esta resolución judicial se aprobó por una mayoría de 4 a 3, con el voto de los jueces conservadores, movidos por el grupo de legisladores estatales republicanos, en contra de un gobernador Demócrata, en un estado considerado como *swing*, en donde el actual presidente ganó por un estrecho margen en las pasadas elecciones federales. Esta decisión tiene más un sentido político que jurídico. Por lo pronto, para los residentes de Wisconsin no hay ninguna restricción y pueden moverse con toda libertad en el Estado. Será muy interesante y quizá triste ver las consecuencias en el futuro inmediato. Hoy Wisconsin tiene 12.543 casos confirmados de Coronavirus y 453 fallecidos, digamos que es un estado con afectación media pero geográficamente muy cerca de Illinois cuyos números son mayúsculos.

Es interesante observar cómo varios gobernadores se han alineado para acometer el desafío lanzado por el Presidente sobre cuando se reactivará la actividad económica, como en el caso de California, Oregon y Washington, en la Costa del Pacífico y de Nueva York, Nueva

Jersey, Connecticut, Pennsylvania, Delaware y Rhode Island, en la otra Costa. Los Estados de Michigan, Ohio, Minnesota, Indiana, Illinois y Kentucky, han declarado lo mismo para el Medio Oeste. Es interesante ver que estas formaciones se han dado independientemente del partido político del respectivo gobernador. Parece ser más un alineamiento basado en el sentido común.

Indudablemente que la pandemia en los Estados Unidos ha puesto de relieve una coordinación muy deficiente entre el gobierno federal y los Estados. En un principio perecía que la discordia estaba sobre todo animada por las rivalidades partidistas, pero los nuevos alineamientos regionales de los gobernadores muestran que aun ejecutivos locales republicanos están en desacuerdo con la Casa Blanca. El hecho de que los poderes de policía y de salud pública sean abiertamente concurrentes da también pie a los desencuentros que en algún momento tendrán que resolver las cortes.

En el caso de la salud pública, la concurrencia es muy explícita. El *Medicare*, el *Medicaid*, los seguros para los niños y el seguro social son áreas totalmente federales, pero en su ejecución directa intervienen los Estados que deben prestar los servicios de salud en sus jurisdicciones.

Esta concurrencia fue muy debatida durante la aprobación de la llamada *Affordable Care Act* u *Obama Care* que pretendió reordenar una gran parte del sistema de salud en los Estados Unidos. Diversos Estados se opusieron a la Ley y, finalmente, ya durante la administración actual, los grupos conservadores lograron que mediante decisiones judiciales, incluso de la Suprema Corte, la ACA quedara totalmente desfigurada. En este contexto de desconexión y discordia la pandemia sorprende a los Estados Unidos.

Está por demás señalar que en este país no se ha llegado a una circunstancia de estado de sitio, en el cual la Constitución se haya suspendido. En la Carta de Filadelfia solo el artículo primero, sección 9, hay una expresión sobre la suspensión del "habeas corpus" en caso de invasión o grave perturbación del orden público, que está por tanto vinculado a la ley marcial. El uso de la guardia nacional autorizada por el Ejecutivo Federal, pero bajo la dirección del gobernador respectivo —que no puede utilizarse para actividades de ejecución de la Ley de acuerdo con la *Posee Comitatus Act* de 1878— no significa que las fuerzas armadas hayan sustituido al gobierno civil. Los poderes públicos a nivel estatal y federal siguen funcionando, así sea por medios virtuales, y el *Judicial Review* no es un derecho que se haya limitado, aunque las sentencias tardarán un mayor tiempo en pronunciarse.

El régimen de excepción que se ha declarado a nivel federal y de los estados se ha expresado en órdenes ejecutivas y en algunos casos aprobación parlamentaria, por ejemplo, para otorgar fondos de ayuda a las entidades federadas. La división de poderes sigue funcionando.

El nivel de tensión no se ha dado solamente entre el ejecutivo federal y algunos gobernadores, sino entre los gobernadores y los alcaldes y entre éstos y los jefes de los condados que han tenido varias veces puntos de vista diferentes en cuanto a la ejecución de algunas medidas. No podemos pasar por alto que lo que estamos viviendo es una condición inédita para la cual tampoco el andamiaje legal estaba debidamente preparado.

En estados como Washington con una fuerte presencia de comunidades originarias, varios territorios indígenas han decidió no seguir las órdenes del gobernador sobre plazos de confinamiento y paulatino regreso de la actividad económica. Por ejemplo, varios pueblos indios que son soberanos en sus territorios, decidieron empezar a operar sus casinos, que es su única fuente de ingreso, antes de que esta actividad estuviera en los planes inmediatos de reapertura del Gobernador. El Ejecutivo local ha dicho que ante esto nada legalmente puede hacer.

La desesperación de personas por regresar a la actividad económica es explicable, sobre todo de aquellos que miran que de no regresar perderán sus negocios o empleos definitivamente.

Los Estados Unidos se acercan a una recesión económica parecida a la Gran Depresión de los años 30, sólo que ahora no está Roosevelt en la Casa Blanca. A la fecha el nivel de desempleo ha llegado al 14.7% y el número de personas que han solicitado el seguro de desempleo es de 38 millones.

Siempre he admirado la sabiduría de los Constituyentes de Filadelfia (*The Framers*) que supieron crear una estructura federativa que, hasta ahora, ha resistido incluso la verborrea y la soberbia. El Estado Federal se expresa todos los días en medio de la Pandemia. Aún faltan varios meses para conocer lo que el Poder Judicial Federal decida sobre la constitucionalidad de las órdenes de restricción y contención. A nivel local son múltiples las demandas y acciones que se han presentado.

La pandemia ha sido también una pantalla en la que se proyectan las enormes desigualdades que existen, la inequidad en el reparto del ingreso, el desprecio por los inmigrantes cuando somos de color, la marginación y una pobreza que es innegable. La sociedad americana está dividida y se alinea en perspectivas muy diferentes sobre la vida de país. Veremos cuál prevalece el próximo 3 de noviembre. El desafío de la pandemia es formidable, para Estados Unidos y para la humanidad entera, pero estoy cierto que se asimilará la lección y, al final, podremos dejar una mejor aldea global a las generaciones que siguen.

A CRISE FEDERATIVA NO BRASIL DURANTE A PANDEMIA DA COVID-19

Maria Elizabeth GUIMARÃES TEIXEIRA ROCHA[*]

In memoriam de Alzira Mattos Garroux de Oliveira e de todos os brasileiros que morreram pela farsa ou pela tragédia

A pandemia do novo coronavírus no Brasil, para além da tragédia humanitária que ceifou milhares de vidas e de uma absoluta ausência de políticas públicas por parte do governo federal, desencadeou uma das maiores fraturas na estrutura federativa protagonizada pelo Presidente da República Jair Messias Bolsonaro, que só não a levou ao debacle graças a intervenção do Supremo Tribunal Federal.

Antes de mais, cumpre pontuar ter o país permanecido durante 50 anos na condição de Estado unitário centralizado; somente em 1889, com a proclamação da República, por intermédio do Decreto nº 1, o território nacional seria desagregado e descentralizado politicamente. A despeito da constitucionalização pela Carta Política de 1891, na qual se consagrou os direitos e garantias individuais, a forma federativa, o presidencialismo e a separação tridimensional dos poderes, a técnica escorreita da Lei Maior não guardou correspondência com a realidade nacional, como bem exemplificou o frágil sistema partidário que longe de exprimir a vontade popular, viabilizou a articulação de uma política clientelista e excludente, consagrando *"uma desigual e injusta federação de oligarcas"*.[1]

---

[*] Ministra e Ex-Presidente do Superior Tribunal Militar do Brasil, primeira e única mulher a integrá-lo. Doutora em Direito Constitucional pela Universidade Federal de Minas Gerais-Brasil. Doutora *honoris causa* pela Universidade Inca Garcilaso de la Vega – Lima, Peru. Mestra em Ciências Jurídico-Políticas pela Universidade Católica de Lisboa-Portugal. Professora Universitária. Autora de diversos livros e artigos jurídicos no Brasil e no exterior. Membro do Instituto Ibero-americano de Direito Parlamentar.

[1] Nas palavras de Ronaldo Alencar dos Santos e Priscilla Lopes Andrade "Apesar do novo sistema de Estado, os antigos laços de coronelismo dos tempos imperialistas ainda não haviam sido superados, de forma que sob o modelo federal

Deste modo, ao contrário da Confederação Helvética do século XIII ou dos Estados Unidos da América, onde as ex-colônias inglesas, então confederadas, ratificaram em 1787 a indissolubilidade do pacto territorial em busca da prosperidade, da autodeterminação e do combate às ameaças externas, no Brasil o movimento foi reverso, o que explica a supremacia federal sobre estados e municípios. Agreguem-se à hipertrofia do Poder Executivo os surtos autoritários vivenciados ao longo da historiografia pátria, nomeadamente no Estado Novo do Presidente Getúlio Vargas (1937 a 1946), e no regime militar (1964 a 1988), este último responsável pela edição de dois Atos Institucionais, o de número 1, em 9 de abril de 1964 e o de número 5, em 13 de dezembro de 1968, que não apenas enfraqueceram o Legislativo e o Judiciário, como também debilitaram as unidades federadas mediante a redução da autonomia estadual e da restrição às dotações orçamentárias.

Nesse sentido, ao contrário da América Inglesa, não se formou no Brasil um *common sense*, nem se praticou o *self government*. O liberalismo revelou-se, desde a Primeira República, inadequado para estabelecer um pacto que resultasse num consenso justaposto dos atores sociais, esterilizado por um processo autocrático que contrapunha o país real ao país legal.

O retorno à normalidade institucional após o Golpe Militar de 1964 coube à Lei Fundamental da Quarta República, promulgada em 1988. A ela se impôs o desafio de proclamar a força de sua normatividade e princípios, dentre os quais avultam a superação do modelo centralizador dos governos anteriores e a implantação de um federalismo

---

eles ressurgem sob a égide da "política dos estados", que em sua forma degenerada, converteu-se na "política dos governadores". A política dos governadores é uma expressão que traduz a arcaica e tradicional concentração de poderes na esfera estatal, que antes do federalismo se mantinha através do domínio indireto dos grandes latifundiários e coronéis, e após ele não sofreu muita modificação. Tendo em vista a capacidade dos Estados de elegerem seus próprios representantes, não dependendo puramente da vontade do Presidente, as antigas oligarquias utilizavam-se deste dualismo para exercer seu domínio, agora pelo modo político direto. Dessa forma, tendo em vista o rígido critério dualista-individualista de repartição de competências que permeia o modelo clássico, pode-se dizer sem grandes problemas que o federalismo findou por contribuir, neste tempo histórico, na manutenção das oligarquias que passaram a dominar o poder. Isso se deve principalmente ao fato de que nosso federalismo não tem origem concreta, ou seja, não é expressão direta do povo, mas um constructo teórico." In: *Evolução Histórica do Federalismo Brasileiro: Uma análise histórico-sociológica a partir das Constituições Federais*. Disponível: Acesso: 19/05/2020. http://www.publicadireito.com.br/artigos/?cod=a424ed4bd3a7d6ae.

cooperativo, sob a égide de uma democracia participativa regionalizada. Erigido à cláusula pétrea, elegeu-se o modelo trinário, integrado pela União, Estados-membros e Municípios, com competências comuns e concorrentes ampliadas como forma de Estado, acrescidas das privativas e suplementares, todas formalmente estatuídas pela Constituição, a fim de possibilitar uma atuação sistêmica entre os três entes distinguidos. Mais, petrificou o Constituinte primevo a impossibilidade de sua dissolução e alçou a não intervenção da União nos Estados e dos Estados nos municípios como regra geral, com vistas a salvaguardar as autonomias.

Neste contexto de legitimidade, o país, finalmente, pôde vivenciar a estabilidade democrática, acutilada, é certo, por vicissitudes políticas marcadas por dois *impeachments* e uma corrupção endêmica, porém, sem ruptura ou quebra de autoridade. E eis que em meio à pior pandemia sanitária global, um Presidente sufragado pelas urnas, desencadeia, para a perplexidade dos cidadãos, ações executivas irracionais e desconectadas da Ciência, instalando um caos normativo no interior do Estado Nacional.

Atônitos, o Brasil e o mundo presenciam incrédulos o embate do Presidente contra os Governadores e Prefeitos, que descortina uma crise federativa inédita. Em face dos desmandos e desacatos às recomendações da Organização Mundial de Saúde perpetrados pelo Chefe do Poder Executivo Federal, vinte e seis governadores lançaram, em 25 de março de 2020, uma Carta de reivindicações ao governo da União, a segunda por eles firmada, pontuando suas premências no campo econômico e explicitando suas prioridades urgentes para assistir a população e proteger os profissionais de saúde.[2]

---

2   CARTA DOS GOVERNADORES DO BRASIL – *"Neste momento de grave crise o Brasil atravessa um momento de gravidade, em que os governadores foram convocados por suas populações a agir para conter o ritmo da expansão da Covid-19 em seus territórios. O novo coronavírus é um adversário a ser vencido com bom senso, empatia, equilíbrio e união. Convidamos o Presidente da República a liderar este processo e agir em parceria conosco e com os demais poderes.*

Reunidos, queremos dizer ao Brasil que travamos uma guerra contra uma doença altamente contagiosa e que deixará milhares de vítimas fatais. A nossa decisão prioritária é a de cuidar da vida das pessoas, não esquecendo da responsabilidade de administrar a economia. Os dois compromissos não são excludentes. Para cumpri-los precisamos de solidariedade do governo federal e de apoio urgente com as seguintes medidas (muitas já presentes na Carta dos Governadores assinada em 19 de março de 2020):

A resposta obtida foi o absoluto descaso. O Chefe da Nação não apenas recusou a proposta oferecida pelos governadores, como em

1. Suspensão, pelo período de 12 meses, do pagamento da dívida dos Estados com a União, a Caixa Econômica Federal, o Banco do Brasil, o Banco Nacional de Desenvolvimento Econômico e Social – BNDES, e organismos internacionais como Banco Mundial e Banco Interamericano de Desenvolvimento (BID), bem como abertura da possibilidade de quitação de prestações apenas no final do contrato, além da disponibilização de linhas de crédito do BNDES para aplicação em serviços de saúde e investimentos em obras;
2. Disponibilidade e alongamento, pelo BNDES, dos prazos e carências das operações de crédito diretas e indiretas para médias, pequenas e microempresas. Demanda-se viabilizar o mesmo em relação a empréstimos junto a organismos internacionais;
3. Viabilização emergencial e substancial de recursos livres às Unidades Federadas, visando a reforçar a nossa capacidade financeira, assim como a liberação de limites e condições para contratação de novas operações de crédito (incluindo extra limite aos Estados com nota A e B), estabelecendo ainda o dimensionamento de 2019 pelo Conselho Monetário Nacional e permitindo a securitização das operações de crédito;
4. Imediata aprovação do Projeto de Lei Complementar 149/2019 ("Plano Mansueto") e mudança no Regime de Recuperação Fiscal, de modo a promover o efetivo equilíbrio fiscal dos Entes Federados;
5. Redução da meta de superávit primário do Governo Federal, para evitar ameaça de contingenciamento no momento em que o Sistema Único de Saúde mais necessita de recursos que impactam diretamente as prestações estaduais de saúde;
6. Adoção de outras políticas emergenciais capazes de mitigar os efeitos da crise sobre as parcelas mais pobres das nossas populações, principalmente no tocante aos impactos sobre o emprego e a informalidade, avaliando a aplicação da Lei nº 10.835, de 8 de janeiro de 2004, que institui a renda básica de cidadania, a fim de propiciar recursos destinados a amparar a população economicamente vulnerável;
7. Apoio do governo federal no tocante à aquisição de equipamentos e insumos necessários à preparação de leitos, assistência da população e proteção dos profissionais de saúde.
8. Informamos que os governadores seguirão se reunindo à distância, no modelo de videoconferências —como preconizam as orientações médicas internacionais—, com o objetivo de uniformizar métodos e com vistas a alcançar, em um futuro breve, ações consorciadas, que nos permitam agir no tema de coronavírus e em outros temas.
No que diz respeito ao enfrentamento da pandemia global, vamos continuar adotando medidas baseadas no que afirma a ciência, seguindo orientação de profissionais de saúde e, sobretudo, os protocolos orientados pela Organização Mundial de Saúde (OMS).

atitude de menosprezo à enfermidade desqualificou-a como uma "gripezinha", desafiando a OMS e seu próprio Ministério da Saúde que recomendava o isolamento social como a principal medida de contenção para impedir a propagação desordenada do vírus. Neste embate entre o saber e o conhecimento *versus* a irracionalidade, o Ministro da Saúde Luiz Henrique Mandetta, autoridade em endemias, foi exonerado sem qualquer motivo e, num interregno de menos de um mês, compeliu o recém nomeado Ministro Nelson Teich a deixar o cargo devido a sua recusa em assinar um Protocolo Oficial declarando que a cloroquina e a hidroxicloroquina são os medicamentos adequados para o tratamento e a cura do novo coronavírus.[3]

O Congresso Nacional deve assumir o protagonismo em defesa do pacto federativo, conciliando os interesses dos entes da federação, compatibilizando ações e canalizando demandas de Estados e municípios.

Por fim, desejamos que o Presidente Jair Bolsonaro tenha serenidade e some forças com os Governadores na luta contra a crise do coronavírus e seus impactos humanitários e econômicos. Os Governadores entendem que este momento exige a participação dos poderes legislativo, executivo, judiciário, da sociedade civil e dos meios de comunicação.

Juntos teremos mais força para superar esta grave crise no País". *Assinaram a Carta 26 dos 27 Governadores do Brasil, à exceção do Governador do Distrito Federal.* Disponível: Acesso: 10/05/2020 https://www.em.com.br/app/noticia/politica/2020/03/25/interna_politica,1132514/coronavirusgovernadores-divulgam-carta-com-reivindicacoes-ao-governo.shtml.

[3] A falta de bom senso e lucidez levou a mídia mundial a criticar o Presidente brasileiro. Uma das mais contundentes foi a revista *The Lancet*, um periódico científico dos mais prestigiados. No editorial, publicado em 09 de maio de 2020 intitulado: *"Covid-19 no Brasil: e daí?"* COVID-19 in Brazil. So what? In: Editorial – Volume 395, Issue 10235, P1461, May 09,2020. Disponível: *https://www.thelancet.com/journals/lancet/article/PIIS0140-6736(20)31095-3/fulltext*, lê-se: *"o presidente brasileiro Jair Bolsonaro é a maior ameaça ao combate à covid-19 no Brasil".*

O título repercute a resposta de Jair Messias Bolsonaro ao ser indagado pela imprensa sobre o número recorde de mortes em 24 horas no país. Com ironia e insensibilidade afirmou: "E daí? Lamento. Quer que eu faça o quê? Eu sou Messias, mas não faço milagre". O editorial prossegue referindo-se às demissões dos Ministros da Saúde e da Justiça em plena crise, sustentando: "Bolsonaro não só continua a semear a confusão ao desencorajar as medidas sensatas de distanciamento social e lockdown tomadas por governadores e prefeitos, mas também perdeu dois importantes e influentes ministros nas últimas três semanas... Tal desordem no coração da administração é uma distração mortal no meio de uma emergência de saúde pública e também é um sinal de que a liderança do Brasil perdeu sua bússola moral, se alguma vez teve uma". No parágrafo final o editorial

Para agravar, editou a Medida Provisória nº 926, de 20 de março de 2020 que alterava a Lei nº 13.979, de 6 de fevereiro de 2020, e apontava a competência do Presidente da República para definir quais eram as atividades essenciais, sem que pudessem se lhe opor os poderes estaduais e municipais.

Diante de tal cenário, Estados e Municípios viram-se obrigados a intensificar esforços para manejar seus sistemas públicos de saúde, salvar vidas e postergar a derrocada inevitável da economia. Cada ente federado adotou providências diferenciadas para mitigar a disseminação virótica como o isolamento social, a antecipação de feriados, o policiamento para impedir as pessoas saírem imotivadamente às ruas, a redução das atividades econômicas e até o *lockdown*. Mas para tanto, foi necessária a intervenção do Supremo Tribunal Federal que, em sessão virtual, assentou em sede de controle abstrato de constitucionalidade a competência concorrente e comum dos Estados membros e municípios para a tomada de decisões administrativas e legais em atividades de vigilância sanitária. Contaram com o apoio do Conselho Federal da Ordem dos Advogados do Brasil que ajuizou a Arguição de Descumprimento de Preceito Fundamental nº 672; do Partido Democrático Trabalhista —PDT— que propôs a Ação Direta de Inconstitucionalidade nº 6341,com pedido acautelatório; e do Partido Rede de Sustentabilidade que intentou a Ação Direta de Inconstitucionalidade nº 6343 para suspender parcialmente a eficácia de dispositivos contidos nas Medidas Provisórias 926/2020[4] e 927/2020,[5] também com rogo de cautelar.

Os litígios judiciais principiam-se com a Arguição de Descumprimento de Preceito Fundamental – ADPF 672, tendo como Requerente a Ordem dos Advogados do Brasil. Foi distribuída ao Ministro Relator Alexandre de Moraes. O motivo do aforamento deveu-se aos atos comissivos e omissivos do Poder Executivo Federal, praticados no contexto

---

conclui: "O Brasil como país deve se unir para dar uma resposta clara para o "E daí?" do seu presidente. Ele precisa mudar drasticamente o seu curso ou deve ser o próximo a sair". Acesso: 20/05/2020.

4   Brasil – Medida Provisória nº 926, de 20 de março de 2020. Altera a Lei nº 13.979, de 6 de fevereiro de 2020. Dispõe sobre procedimentos para aquisição de bens, serviços e insumos destinados ao enfrentamento da emergência de saúde pública de importância internacional decorrente do coronavírus. DOU 20/03/2020 | Edição: 55-G | Seção: 1 - Extra | Página: 1.

5   Brasil - Medida Provisória nº 927, de 22 de março de 2020.Dispõe sobre as medidas trabalhistas para enfrentamento do estado de calamidade pública. DOU 22/03/2020 | Edição: 55-L | Seção: 1 - Extra | Página: 1.

da Covid-19, cuja petição sustentava que o governo não fazia "*uso adequado das prerrogativas que detém para enfrentar a emergência de saúde pública, atuando constantemente de forma insuficiente e precária*". Praticava "*ações irresponsáveis e contrárias aos protocolos de saúde aprovados pela comunidade científica e aplicados pelos Chefes de Estado em todo mundo.*" Com tais atitudes o Chefe do Executivo tornou-se "*um agente agravador da crise*", razão pela qual "*a atuação de Estados e Municípios torna-se crucial porque são as autoridades locais e regionais as que têm condições de fazer um diagnóstico em torno do avanço da doença e da capacidade de operação do sistema de saúde em cada localidade*".[6] Neste sentido, postulou-se o deferimento de medida acauteladora para determinar ao Presidente Jair Bolsonaro "*que se abstenha de praticar atos contrários às políticas de isolamento social adotadas pelos Estados e Municípios e determine a implementação imediata de medidas econômicas de apoio aos setores mais atingidos pela crise*".[7]

O relator do caso ao ponderar sobre a utilização preventiva da Jurisdição Constitucional perante o Supremo Tribunal Federal, salientou a necessidade de impedir condutas do poder público que coloquem em risco os preceitos fundamentais da República, destacadamente, a proteção à saúde, consectário do direito à vida e à dignidade, e o respeito ao federalismo e suas regras de distribuição de competências clausuladas como pétreas pela Lei Maior. Em relação à saúde e à assistência pública, a competência constitucional desdobra-se em comum - art. 23, II e IX; concorrente - art. 24, XII; e, suplementar – art. 30, II. Dessa forma, descabe

> ...ao Executivo federal afastar, unilateralmente, as decisões dos governos estaduais, distrital e municipais que, no exercício de suas atribuições constitucionais, adotaram ou venham a adotar, no âmbito de seus

---

[6] Brasil – Decisão na Arguição de Descumprimento de Preceito Fundamental 672/DF, pp.1-2. Disponível: Acesso: 10/05/2020. http://www.stf.jus.br/arquivo/cms/noticiaNoticiaStf/ anexo/ADPF672liminar.pdf.

Na ADPF 672/DF, foram apontados como violados os seguintes preceitos fundamentais da Constituição: o direito à saúde (art. 6º, *caput*, e art. 196); o direito à vida (art. 5º, *caput*); o princípio federativo (art. 1º, *caput*) na medida em que o Chefe do Executivo Federal esvazia e desacredita as políticas públicas adotadas pelos estados e municípios com fundamento em suas respectivas competências constitucionais (art. 23, II, e art. 24, XII); e a independência e harmonia entre os Poderes (art. 2º).

[7] *Ibidem*, p. 3.

respectivos territórios, importantes medidas restritivas como a imposição de distanciamento/isolamento social, quarentena, suspensão de atividades de ensino, restrições de comércio, atividades culturais e à circulação de pessoas, entre outros mecanismos reconhecidamente eficazes para a redução do número de infectados e de óbitos, como demonstram a recomendação da OMS (Organização Mundial de Saúde) e vários estudos técnicos científicos, como por exemplo, os estudos realizados pelo Imperial College of London...[8]

Neste quadro convulso, reconheceu o Ministro Relator a plausibilidade inequívoca de eventual conflito federativo e os evidentes riscos sociais e à saúde pública com perigo de lesão irreparável, pelo que, *ad referendum* do Plenário, em 8 de abril de 2020, concedeu a medida cautelar requerida para determinar a observância dos postulados magnos nomeados, bem como assegurar o exercício da competência concorrente dos governos estaduais e distrital, e a suplementar dos governos municipais, para adotarem as medidas pertinentes ao combate da pandemia no exercício de suas capacidades legislativas e no limite dos respectivos territórios independentemente de ato federal em sentido contrário.[9] Fundamentou o *decisum* no inexorável agrava-

---

[8] *Ibidem*, p. 9.

[9] A descentralização política ou repartição constitucional de competências do Estado Federativo Brasileiro, encontra-se disposta nos artigos 21 e seguintes da Constituição Brasileira. Sinteticamente, pode-se elencá-las da seguinte maneira: as competências da União —arts. 21, 22 e 153— são expressas e enumeradas taxativamente e as dos Estados —art. 25, § 1º— residuais ou remanescentes. Expressas, igualmente, são os poderes dos Municípios –arts. 30, I a IX. Assim, aos Estados membros competem as atribuições não conferidas às municipalidades ou ao ente federal. A regra, porém, se inverte em matéria tributária, sendo residual o poder de tributar da União —art. 154, I e II— e taxativo o dos Estados. Mas não é só, há também previsão constitucional para o exercício da competência autorizada —art. 22, parág. único—, que necessita de autorização legislativa da União veiculada por lei complementar federal; da *competência comum* —art. 23— quando é deferido à tríade federativa o exercício conjunto e cooperativo para dispor sobre atribuições de ordem legislativa; da *competência concorrente* —art. 24— entre União, Estados membros e Distrito Federal, excluídos os municípios, hipótese na qual a União legisla sobre normas gerais e os Estados e Distrito Federal sobre normas específicas às suas realidades, e somente na ausência de lei federal poderá ser editada norma estadual plena; e, finalmente, da *competência suplementar*–art. 24, § 2º, destinada a conferir aos Estados a possibilidade de, ao lado da União, legislar sobre normas gerais atinentes às questões arroladas no artigo que a institui.

mento da pestilência a demandar das autoridades, em todos os níveis de governo, atos de resguardo e proteção da incolumidade física da população, como também a adoção de todas as medidas possíveis e tecnicamente sustentáveis para apoiar as atividades do Sistema Único de Saúde (SUS).[10]

O segundo embate judicial em sede de aferição vertical abstrata de lei foi a interposição da Ação Direta de Inconstitucionalidade - ADI 6341/DF – na qual se impugnou o artigo 3º, *caput*, incisos I, II e VI, e parágrafos 8º, 9º, 10 e 11, da Lei federal nº 13.979, de 6 de fevereiro de 2020.[11] Naqueles autos, arguiu-se a incompatibilidade formal e material da Medida Provisória nº 926 em face da *Lex Magna*, pugnando ser esta espécie normativa inadequada para legislar sobre matéria reservada

---

10 Segundo o Ministro Alexandre de Moraes, as autoridades devem atuar sempre com o absoluto respeito aos mecanismos constitucionais de equilíbrio institucional e manutenção da harmonia e independência entre os poderes, *"evitando-se o exacerbamento de quaisquer personalismos prejudiciais à condução das políticas públicas essenciais ao combate da pandemia da Covid-19"*. Ele considerou incabível, no entanto, o pedido para que o Judiciário determinasse ao Presidente da República a realização de medidas administrativas específicas. "Não compete ao Poder Judiciário substituir o juízo de conveniência e oportunidade realizado pelo Presidente da República no exercício de suas competências constitucionais, porém é seu dever constitucional exercer o juízo de verificação da exatidão do exercício dessa discricionariedade executiva perante a constitucionalidade das medidas tomadas", concluiu. *Op. cit*, p. 8.

11 Eis o teor dos dispositivos impugnados: "Art. 3º Para enfrentamento da emergência de saúde pública de importância internacional decorrente do coronavírus, as autoridades poderão adotar, no âmbito de suas competências, dentre outras, as seguintes medidas: I – isolamento; II – quarentena... VI – restrição excepcional e temporária, conforme recomendação técnica e fundamentada da Agência Nacional de Vigilância Sanitária, por rodovias, portos ou aeroportos de: a) entrada e saída do País; b) locomoção interestadual e intermunicipal; ...§ 8º As medidas previstas neste artigo, quando adotadas, deverão resguardar o exercício e o funcionamento de serviços públicos e atividades essenciais. § 9º O Presidente da República disporá, mediante decreto, sobre os serviços públicos e atividades essenciais a que se referem o § 8º. § 10. As medidas a que se referem os incisos I, II e VI do caput, quando afetarem a execução de serviços públicos e atividades essenciais, inclusive as reguladas, concedidas ou autorizadas, somente poderão ser adotadas em ato específico e desde que em articulação prévia com o órgão regulador ou o Poder concedente ou autorizador. § 11. É vedada a restrição à circulação de trabalhadores que possa afetar o funcionamento de serviços públicos e atividades essenciais, definidas nos termos do disposto no § 9º, e cargas de qualquer espécie que possam acarretar desabastecimento de gêneros necessários à população".

à lei complementar. Sustentou-se, igualmente, o esvaziamento das responsabilidades constitucionais atribuídas aos entes federados para cuidarem da saúde pública e executarem programas de vigilância sanitária, epidemiológica e administrativa *ex vi* dos artigos 23, II, 198, I e 200 II da CF, pelo que restariam afrontadas as autonomias políticas descentralizadas, sobrepujadas pela exclusividade da União na adoção de providências referentes à Covid -19.

Acolhido o pedido cautelar pelo Ministro Relator Marco Aurélio, o Plenário da Suprema Corte, em 15 de abril de 2020, por videoconferência, referendou-o, tendo firmado relevantes premissas acerca do pacto federativo brasileiro, premissas que inferiram a responsabilidade das entidades públicas para enfrentar a crise sanitária e os limites normativos para a sua consecução.

A primeira proposição judicial pontuou que em face da emergência deflagrada pela irrupção do coronavírus, não se autorizava, nem tampouco admitia, a outorga de discricionariedade ao Poder Executivo Federal sem os freios e contrapesos típicos do Estado Democrático de Direito. A descentralização competencial nesta seara norteia-se segundo os paradigmas específicos para gerenciá-la, sendo a inação ou a omissão de medidas essenciais o pior erro na formulação dos programas estatais. Inaceitável, pois, que sob o manto da competência exclusiva ou privativa da União, se impeça Estados e municípios de implementarem atos essenciais. Afinal, ressalva o voto: "*o Estado garantidor dos direitos fundamentais não é apenas a União, mas também os Estados e os Municípios*".[12]

Nesta quadra legal, a União exerce a prerrogativa de afastamento das demais unidades federadas

> ...sempre que, de forma nítida, veicule, quer por lei geral – art. 24, §1º - quer por lei complementar – art. 23,parágrf. único - da Constituição Federal, norma que organiza a cooperação federativa. Dito de outro modo, na organização das competências federativas, a União exerce a preempção em relação às atribuições dos demais entes e, no silêncio da legislação federal, têm Estados e Municípios a presunção contra essa preempção, denominada presumption against preemption do direito americano.[13]

---

[12] Brasil – STF – Referendo na Medida Cautelar na Ação Direta de Inconstitucionalidade 6341Distrito Federal. Voto-Vogal, p. 2. Disponível: Acesso: 10/05/2020. *http://www.stf. jus.br/arquivo/cms/noticiaNoticiaStf/anexo/ADI6341. pdf.*

[13] *Ibidem*, p. 2.

Firmou, consequentemente, o Excelso Pretório ser a jurisdição na área sanitária, concorrente[14] e comum[15] entre as parcelas territoriais, desde que elas detenham competência material para tanto. O federalismo cooperativo, pela primeira vez instituído na positividade pátria pela Norma Fundamental de 1988, desqualifica a hierarquização da União sobre Estados e municipalidades, conforme mandamento magno insculpido no art. 198, *caput,* que faz referência, unicamente, a um comando unificador federal de cunho norteador.

Cediço não ter a Lei 13.979, de 2020, que dispõe sobre o enfrentamento do coronavírus, reduzido os poderes estaduais e municipais nos serviços de saúde pública pela óbvia razão de a diretriz constitucional

---

14 O artigo 24 da Carta Política Brasileira, como mencionado na nota de pé de página 10, define as competências concorrentes que autorizam à União, Estados e Distrito Federal legislar concorrentemente sobre determinadas matérias. Convém notar que o referido artigo exclui os Municípios. O poder da União é limitado ao estabelecimento de normas gerais, restando aos Estados e DF legislarem suplementarmente, sendo-lhes deferido capacidade legislativa plena na ausência da norma federal. Na prática, porém, inexistia igualdade no âmbito das competências concorrentes, pois as normas gerais estabelecidas pela União eram tão abrangentes que restringiam, quase completamente, a autonomia legislativa estadual e distrital. Bastos, Celso Ribeiro, *Curso de Direito Constitucional*, São Paulo, Celso Bastos Editora, 2002, p. 807. O Supremo Tribunal Federal, contudo, inverteu esta lógica desestruturante e deu plena efetividade à cooperação federativa durante a pandemia.

15 Dispõe a Constituição Brasileira: "Art. 23. É competência comum da União, dos Estados, do Distrito Federal e dos Municípios: ...II – cuidar da saúde e assistência pública, da proteção e garantia das pessoas portadoras de deficiência; ...Parágrafo único. Leis complementares fixarão normas para a cooperação entre a União e os Estados, o Distrito Federal e os Municípios, tendo em vista o equilíbrio do desenvolvimento e do bem-estar em âmbito nacional (EMC-053 de 19/12/2006)".

Pela primeira vez na história do constitucionalismo brasileiro foi estabelecida a competência comum da União, dos Estados, do Distrito Federal e dos Municípios, o que demonstra a vontade do constituinte originário de criar um instrumento destinado vivificar o federalismo cooperativo, desejo caracterizado pelo parágrafo único do art. 23 da CF. Assim, a exigência de leis complementares não impede que cada ente federativo exerça, autonomamente, sua competência, em regime de não-cooperação com os demais. Quando existirem tais leis elas passarão a ser as fontes do instrumento jurídico para a efetivação do federalismo cooperativo. Mukai, Toshio, Competências dos entes federados na constituição de 1988. *Conferência pronunciada no I Seminário Nacional de Legislação e Reposição Florestal em Curitiba*, 1991, pp. 86-96. Disponível: Acesso: 13/05/2020 http://bibliotecadigital.fgv.br/ojs/index.php/rda/article/viewFile/ 44314/47781.

tê-los municipalizado, e não, nacionalizado. Ademais, não se pode evitar que estados e municípios concretizem garantias fundamentalizadas, pelo que a preferência da União não obstaculiza suas atuações. Na expressão do Justice Louis Brandeis da Suprema Corte Norte-Americana, citado pela Suprema Corte Brasileira: *"o federalismo é um laboratório social da democracia"*.

Nesta linha, deparando-se o STF com conflito federativo de tamanho relevo, entendeu por bem mudar o locus da atuação concentrada e abster-se da apreciação formal de inconstitucionalidade para valorar, unicamente, a vulneração material. E assim o fez. Julgou, apenas, a transgressão ao conteúdo da Carta Política, oportunidade na qual destacou a Mensagem nº 360, de 1989, que encaminhou o Projeto Legislativo da Lei 8.080, de 19 de setembro de 1990 – conhecida como a Lei Geral do SUS–que rege o Sistema Unificado de Saúde no Brasil.

Na mensagem vê-se expressa previsão ao nível federal para formular políticas nacionais de saúde aptas a reduzir os desequilíbrios entre segmentos populacionais e as regiões do país, seja no que concerne ao perfil socioepidemiológico, seja no acesso universal e igualitário aos serviços. Incumbe-lhe, ainda, elaborar normas técnicas e estabelecer critérios para efetuar recursos orçamentários aos Estados e Municípios.

Ao plano estadual toca organizá-las no âmbito de sua respectiva jurisdição administrativa, em consonância com as diretrizes federais. Acorde esta concepção, o Estado-membro implementará a municipalização dos serviços de saúde, além de responsabilizar-se pela gestão dos sistemas de referência regional e de alta complexidade.

Por último, aos municípios, instâncias integradoras de todo o sistema sanitário, cabe a função organizacional, de gestão, execução e fiscalização das ações que serão colocadas à sua disposição.[16]

A distribuição de atributos para a vigilância epidemiológica é, pois, tripartite, podendo o Governo Federal empreender em circunstâncias especiais que escapem ao controle da direção estadual do Sistema Único de Saúde ou que representem risco de disseminação nacional. Aos Estados compete coordenar em caráter complementar a execução destas ações e serviços de vigilância; e, às municipalidades, o implemento dos serviços propriamente ditos. São os parâmetros legais que decorrem da normatividade vigente que ao abarcar as potencialidades federativas não descuraram do nacional, intermediário ou local.

---

16   Mensagem nº 360, de 1989, do Poder Executivo, DCN de 2 de agosto de 1989. Disponível: *http://imagem.camara.gov.br/Imagem/d/pdf/DCD27OUT1989. pdf.* Acesso: 23/05/2020.

A prolação judicial, contudo, não se restringiu, apenas, às normas constitucionais. Foi mais além, invocou a inconvencionalidade da inobservância do art. 12 do Pacto Internacional de Direitos Econômicos, Sociais e Culturais, no qual sobreleva-se a obrigação dos Estados Partes em adotarem as medidas necessárias para prevenir e tratar doenças epidêmicas, consoante interpretado pelo Comitê de Direitos Econômicos e Sociais, no comentário geral nº 14. Sublinha o referido comentário a relevância da adesão às diretrizes da Organização Mundial de Saúde, não somente por serem cogentes à luz do art. 22 da Constituição da Organização Mundial de Saúde, devidamente internalizado na ordem jurídica doméstica pelo Decreto 26.042, de 17 de dezembro de 1948, mas, sobretudo, pela expertise e pelo conhecimento científico que o órgão possui.[17]

O Supremo Tribunal Federal assentou, então, que no marco "do federalismo cooperativo... a delegação de competência a um dos poderes do estado não pode implicar, sob o ângulo material, na hierarquização dos poderes ou das esferas de Governo".[18] Uma vez deferida a cautelar, foi dada interpretação conforme à Constituição ao § 9º do art. 3º da Lei nº 13.979, para preservar *"a atribuição de cada esfera de governo, nos termos do inciso I do artigo 198 da Constituição"*, podendo o Presidente da República *"dispor, mediante decreto, sobre os serviços públicos e atividades essenciais"*.[19] Por outras palavras, autorizou a União legislar sobre polícia sanitária, contudo, tal exercício resguardará a autonomia dos Estados e Municípios. A possibilidade do Chefe de o Executivo Federal definir por decreto a essencialidade dos serviços públicos, sem observância da autonomia dos entes locais, vilipendia o princípio da separação dos poderes na correta interpretação da Corte.

---

[17] Citando Stephen Holmes na obra *In Case of Emergency: Misunderstanding Tradeoffs in the War on Terror*, "todo profissional de saúde responsável por uma emergência sabe que é a adesão estrita aos protocolos médicos – e não a discricionariedade para deles se desviar – que promove uma melhor coordenação entre os profissionais médicos. Além disso, os protocolos são feitos por pessoas que já tiveram experiência em outras situações, o que tende a ser mais eficiente do que a discricionariedade completa", *California Law Review*, v. 97, n. 2, abril/ 2009, p.354. *Apud*: Brasil – STF – Referendo na Medida Cautelar na Ação Direta de Inconstitucionalidade 634 - Distrito Federal. Voto-Vogal, *op. cit.*, p. 7.

[18] *Ibidem*, p. 20.

[19] *Idem*.

Ocorre, contudo, ter o Presidente Jair Bolsonaro se valido da parte dispositiva final do *decisum* e, uma vez mais, em explícito desacato à Federação Brasileira, editado o Decreto nº 10.344, de 8 de maio de 2020, publicado em edição extra do Diário Oficial da União, para incluir salões de beleza, barbearias e academias de esportes e ginástica na lista de "serviços essenciais". Surpreendeu seu Ministro da Saúde da época, Nelson Teich, que não fora consultado, e invadiu, novamente, competência estadual e municipal já explicitada judicialmente. A justificativa fornecida por ele é que *"academia é vida. As pessoas vão aumentando o colesterol, tem problema de estresse. Com a academia* terão *"uma vida mais saudável".* Complementou afirmando que ir ao cabelereiro para *"fazer o cabelo e as unhas é uma questão de higiene".*[20]

Criticado pelos governadores, o decreto foi descumprido pelos Estados que se mantiveram fiéis às suas próprias normas que qualificavam como essenciais o setor de saúde, abastecimento, comunicação, serviços gerais, alimentação, logística, segurança, indústria, construção civil, imprensa e só.[21] Este foi o terceiro decreto executivo elastecendo as

---

20 Disponível: *https://politica.estadao.com.br/noticias/geral,saude-e-vida-diz-bolsonaro-para-justificar-academia-em-servicos-essenciais,70003299552.* Acesso: 23/05/2020.

21 Nas mídias sociais muitos Governadores se pronunciaram com indignação, desdém e ironia, desafiando explicitamente o Decreto Presidencial. Abaixo alguns pronunciamentos que descortinam as tensões entre eles e o Chefe do Poder Executivo da União. Leia-se: "Diante do decreto do Governo Federal, que considera salões de beleza, academias de ginástica e barbearias como serviços essenciais, reafirmo que aqui no Pará essas atividades permanecerão fechadas. A decisão é tomada com base no entendimento do STF". Governador Helder Barbalho do Estado do Pará; "As nossas medidas restritivas serão mantidas respeitando os critérios científicos reconhecidos mundialmente. A Bahia vai ignorar as novas diretrizes do Governo Federal. Manteremos nosso padrão de trabalho e responsabilidade. O objetivo é salvar vidas. Não iremos nos afastar disso", Governador Rui Costa do Estado da Bahia; "Informo que, apesar do presidente baixar decreto considerando salões de beleza, barbearias e academias de ginástica como serviços essenciais, esse ato em nada altera o atual decreto estadual em vigor no Ceará, e devem permanecer fechados. Entendimento do Supremo Tribunal Federal", Governador Camilo Santana do Estado do Ceará; "Nosso objetivo é salvar vidas, não podemos aceitar nenhuma atitude que as coloque em risco. Portanto, aqui, só seguirão funcionando os serviços realmente essenciais, garantindo acesso a alimentos e medicamentos, por exemplo. As próximas semanas exigirão restrições ainda mais duras, não é razoável admitir o contrário. Academias, salões, barbearias continuarão fechados, até que superemos esta fase e seja possível iniciar a retomada gradual. O compromisso

chamadas atividades essenciais. Do texto original, que incluiu inicialmente os serviços de supermercados, farmácias, produção e transmissão de energia e combustível, no final do mês de março outra normativa incluiria as igrejas e as casas lotéricas e, em meados de maio, nova regulamentação abrangeria a produção industrial e a construção civil.

De resto, a última ação apreciada pelo STF até o momento, seria no dia 6 de maio de 2020, quando a Corte concluiria o julgamento da Ação Direta de Inconstitucionalidade nº 6343, ajuizada pelo partido político Rede Sustentabilidade, suspendendo parcialmente a eficácia de alguns artigos das Medidas Provisórias 926/2020 e 927/2020.[22]

---

do nosso governo é proteger vidas", Governador Paulo Câmara do Estado de Pernambuco; "Sobre o decreto do Presidente Bolsonaro, considerando academias, salões de beleza e barbearias como serviços essenciais, destaco que, aqui no Piauí, seguiremos com nossos decretos estaduais. Estes serviços permanecem fechados. Vamos continuar seguindo as medidas adotadas até o momento, baseadas na ciência, mantendo o isolamento social, que é a melhor alternativa para o que estamos vivendo agora", Governador Wellington Dias do Estado do Piauí; "Compartilho as atividades que podem funcionar na prorrogação da quarentena iniciada hoje: *indústrias construção civil comunicação social* – Autorizado os meios de comunicação social realizados por empresas jornalísticas, de radiodifusão sonora, e de sons e imagens", Governador João Dória do Estado de São Paulo; "O próximo decreto de Bolsonaro vai determinar que passeio de jet ski é atividade essencial?" Governador Flávio Dino do Estado do Maranhão. Disponível: *https://www.cnnbrasil.com.br/business/2020/05/12/ governadores-criticam-decreto-e-mantem-academias-e-saloes-de-beleza-fechados*. Acesso: 23/05/2020.

22 As Medidas Provisórias 926/2020 e 927/2020, alteraram o artigo 3º, inciso VI, da Lei 13.979/2020, dando origem à interposição da Ação Direta de Inconstitucionalidade 6343, com pedido de medida liminar, contra os dispositivos modificadores. As MPs tratam do transporte intermunicipal durante a pandemia. Na avaliação da agremiação partidária Rede Sustentabilidade, restaram vulneradas as competências material e legislativa dos estadual e distrital para cuidar da saúde e do transporte intermunicipal, previstas na Constituição Federal, artigos 23 e 24. A MP 926 condicionou a restrição de locomoção intermunicipal à recomendação técnica e fundamentada da Agência Nacional de Vigilância Sanitária (Anvisa) e, por extensão, ao Ministério da Saúde.

Por sua vez, a MP 927 impôs para tal restrição, ato conjunto dos ministros de Estado da Saúde, da Justiça e Segurança Pública e da Infraestrutura. Segundo o Partido, esse *"verdadeiro emaranhado de exigências"* compromete a essência do pacto federativo brasileiro. *"Força-se, em momento de crise, um calhamaço de medidas extremamente burocráticas de modo a impossibilitar uma ação rápida e efetiva conforme verificado no território de cada ente federativo".*

Por maioria de votos, os Ministros deferiram mais uma medida cautelar, repisando entendimento anteriormente esposado, de que estados e municípios, no âmbito de suas competências e dentro de seu território, podem adotar restrições à locomoção intermunicipal e local durante o estado de emergência decorrente da pandemia do novo coronavírus, embasados em recomendação técnica fundamentada de órgãos da vigilância sanitária e preservando o transporte de produtos e serviços essenciais, sem a autorização do Ministério da Saúde. Em voto-vista apresentado na retomada do julgamento, o Ministro Presidente Dias Toffoli, argumentou em prol da observância das competências concorrentes e suplementares estaduais e municipais. Destacou a necessidade de as providências estatais, em todas as esferas, deverem ocorrer por meio de ações coordenadas e planejadas pelos entes e órgãos federados, ações essas que devem fundar-se, necessariamente, em informações e dados científicos, *"e não em singelas opiniões pessoais de quem não detém competência ou formação técnica para tanto"*.[23]

Dos precedentes jurisprudenciais citados faltou, somente, a menção ao direito à Ciência, que deflui da principiologia dos artigos 218 e 219 alçados à *cânon* constitucional pela Carta Cidadã de 1988. Direito ao saber qualificado, fruto da cognição e da pesquisa, legado de solidariedade humana, que investe no estudo dos surtos epidêmicos.

Tristemente, a nova peste do milênio que dizima diuturnamente a vida de brasileiros e brasileiras, expõe o paroxismo dos desvalidos cujos corpos insepultos e amontoados aguardam coveiros e caixões para enterrá-los em valas coletivas. Os hospitais públicos sem recursos, testagens e aparelhos respiratórios suficientes para os enfermos, escolhem os miseráveis que fenecerão asfixiados. Manaus, São Paulo, Roraima, Recife e outros locais deste país continental, narram em cotidianos horrores o desespero humano, retratando mortos que oprimem como um pesadelo o cérebro dos vivos. Da gripe espanhola à Covid-19, remanescem nas superestruturas ideológicas brasileiras a primazia do econômico na dialética social, fantasma de um passado que assombra o presente nos discursos, gestos e pensamentos do Presidente da República. O custo são milhares de óbitos e um General como Ministro da Saúde sem formação médica. Um fim com terror, diante de um terror sem fim!

---

[23] Ação Direta de Inconstitucionalidade 6343/DF. Disponível: *http://www.stf.jus.br/portal/cms/verNoticiaDetalhe.asp?idConteudo=442816*. Acesso: 24/05/2020.

FEDERALISMO: EMERGENCIA SANITARIA Y COMPETENCIAS EN MÉXICO

José Ma. SERNA DE LA GARZA[*]

En México, la Ley General de Salud (LGS) prevé la llamada "acción extraordinaria en materia de salubridad general", regulada en sus artículos del 181 al 184. Básicamente, lo que establecen dichos artículos es que en caso de epidemia de carácter grave, peligro de invasión de enfermedades transmisibles, situaciones de emergencia o catástrofe que afecten al país, la Secretaría de Salud (Ssa) dictará inmediatamente las medidas indispensables para prevenir y combatir los daños a la salud, a reserva de que tales medidas sean después sancionadas por el Presidente de la República (artículo 181). En dicho caso, el Ejecutivo Federal podrá declarar, mediante decreto, la región o regiones amenazadas que quedan sujetas, durante el tiempo necesario, a la acción extraordinaria en materia de salubridad general. Además, cuando hubieren desaparecido las causas que hayan originado la declaración de quedar sujeta una región a la acción extraordinaria en materia de salubridad general, el Ejecutivo Federal expedirá un decreto que declare terminada dicha acción (artículo 183).

Asimismo, señala el artículo 184 de la LGS que la referida acción extraordinaria será ejercida por la Ssa, la que podrá integrar brigadas especiales que actuarán bajo su dirección y responsabilidad y tendrán las atribuciones siguientes: I. Encomendar a las autoridades federales, estatales y municipales, así como a los profesionales, técnicos y auxiliares de las disciplinas para la salud, el desempeño de las actividades que estime necesarias y obtener para ese fin la participación de los particulares; II. Dictar medidas sanitarias relacionadas con reuniones de personas, entrada y salida de ellas en las poblaciones y con los regímenes higiénicos especiales que deban implantarse, según el caso; III. Regular el tránsito terrestre, marítimo y aéreo, así como disponer libremente de todos los medios de transporte de propiedad del estado y de servicio público, cualquiera que sea el régimen legal a que

---

[*] Investigador del Instituto de Investigaciones Jurídicas de la UNAM. SNI Nivel III. Coordinador de la Línea de Investigación Institucional de dicho Instituto: "El federalismo mexicano después de la transición democrática: leyes, políticas públicas y entorno social" (Proyecto PAPIIT IG300320).

estén sujetos estos últimos; IV. Utilizar libre y prioritariamente los servicios telefónicos, telegráficos y de correos, así como las transmisiones de radio y televisión, y V. Las demás que determine la propia Ssa.

Como se puede observar, la acción extraordinaria en materia de salubridad general implica la posibilidad de que la autoridad federal, en este caso a través de la Ssa, está facultada para adoptar medidas de seguridad sanitaria para efecto de hacer frente a una emergencia epidemiológica de carácter grave o peligro de invasión de enfermedades transmisibles como la que México y el mundo están encarando en 2020. Igualmente, es posible advertir que la acción extraordinaria en materia de salubridad general está diseñada como una competencia federal. Si las entidades federativas y los municipios aparecen en la redacción de los artículos correspondientes, es solamente en calidad de destinatarios de las acciones que la Ssa les encomiende para coadyuvar en el combate a la emergencia.

Por otro lado, la percepción de que la atención de emergencias sanitarias corresponde a la federación podría reforzarse con la lectura de la fracción XVII del artículo 3º de la LGS, el cual establece que es materia de salubridad general la prevención y el control de enfermedades transmisibles. Con esto, pareciera que las entidades federativas no pudieran tomar medidas de seguridad sanitaria para hacer frente, dentro de sus territorios y de manera autónoma respecto del gobierno federal, a situaciones de emergencia sanitaria como la que se ha vivido con el COVID-19.

Sin embargo, una lectura de este tipo estaría errada. Lo aludido en los artículos citados de la LGS no significa que las entidades federativas no tengan facultades para adoptar medidas de seguridad sanitaria, independientemente de las que en su caso les llegare a encomendar los órganos federales, sea la Ssa en el marco de la acción extraordinaria en materia de salubridad general, o bien el Consejo de Salubridad General en ejercicio de las atribuciones que le otorgan los tres primeros párrafos de la fracción XVI del artículo 73 de la Constitución General de la República.

Las entidades federativas tienen facultades para adoptar medidas de seguridad sanitaria de manera autónoma, como se desprende de un análisis sistemático de la LGS y del régimen de concurrencia al que está sujeta la materia de salubridad general, según lo dispuesto por el párrafo cuarto del artículo 4 de la Constitución General de la República.

En efecto, en el Capítulo II (Enfermedades Transmisibles) del Título Octavo (Prevención y Control de Enfermedades y Accidentes) de la LGS, el artículo 134 de esta ley establece que la SSa y los gobiernos de las entidades federativas, en sus respectivos ámbitos de competencia, realizarán actividades de vigilancia epidemiológica, de prevención y control de diversas enfermedades transmisibles, entre las que se encuentran la "Influenza epidémica, otras infecciones agudas del aparato respiratorio, infecciones meningocóccicas y enfermedades causadas por estreptococos" (fracción II del artículo 134 de la LGS).

Como se puede ver, el artículo 134 de la LGS dispone que las entidades federativas tienen atribuciones en materia de prevención y control de diversas enfermedades transmisibles "en sus respectivos ámbitos de competencia", pero ¿cuál es dicho ámbito de competencia?

Por su parte, en el Título Segundo (Sistema Nacional de Salud) de la LGS, se encuentra el Capítulo II, relativo a la "Distribución de Competencias". Ubicado en dicho Capítulo, encontramos el artículo 13 de la LGS, según el cual corresponde a los gobiernos de las entidades federativas, en materia de Salubridad General, como autoridades locales y dentro de sus respectivas jurisdicciones territoriales, organizar, operar, supervisar y evaluar la prestación de los servicios de salubridad general a que se refieren diversas fracciones del artículo 3º de la LGS, entre las que se encuentra la fracción XVII, mismo que se refiere a la prevención y el control de enfermedades transmisibles. Por su parte, la fracción IV de ese mismo artículo dispone que corresponde a las entidades federativas llevar a cabo los programas y acciones que en materia de salubridad local les competan.

Es decir, en el marco de la "salubridad general", que está sujeto a un régimen de facultades concurrentes, las entidades federativas tienen un papel qué jugar para enfrentar emergencias sanitarias. ¿Cuál?: 1. El que les asigne la Ssa a través de la acción extraordinaria en materia de salubridad general; 2. El que les asigne el Consejo de Salubridad General a través de las disposiciones generales y medidas preventivas que ordene (mismas que, como dispone el artículo 73.XVI.3ª, deberán ser obedecidas por todas las autoridades administrativas del país) y 3. El que les corresponde en el ámbito de "salubridad local".

Lo anterior quiere decir que al lado de la materia de "salubridad general" hay una materia de "salubridad local" cuya existencia generalmente se olvida, en virtud de la tendencia centralizadora que ha experimentado por décadas nuestro sistema federal. Esta materia de "salubridad local", junto con el derecho a la protección a la salud previsto en el párrafo cuarto del artículo 4º de la Constitución General de la República (que es un derecho constitucional y no federal, con el deber correlativo de todas las autoridades del país para garantizarlo), es el fundamento de las acciones que en materia de seguridad sanitaria pueden adoptar las entidades federativas en casos de pandemias como el COVID-19.

Cabe señalar que hay tesis de la Suprema Corte de Jurisprudencia de la Nación (SCJN), de la Séptima Época, que tenían muy bien identificado la existencia de dicho espacio de competencia local. Así, por ejemplo, en la Tesis aislada de rubro "SALUBRIDAD LOCAL. LAS DISPOSICIONES EMITIDAS POR LA LEGISLATURA DE BAJA CALIFORNIA EN MATERIA DE, NO INVADEN LA ESFERA DE LA FEDERACIÓN, EN MATERIA DE SALUBRIDAD GENERAL (CÓDIGO DE DEFENSA SOCIAL DEL ESTADO DE BAJA CALIFORNIA. CONSTITUCIONALIDAD DE SUS ARTÍCULOS 199 BIS 1, 199 BIS 2, 199 BIS 3 Y 199 BIS 4)", se puede ver cómo la SCJN, concebía, incluso antes de la reforma constitucional publicada en el Diario Oficial de la Federación el 3 de febrero de 1983 al artículo 4 de la Constitución General de la República que estableció expresamente el régimen de concurrencia en materia de salubridad general, la existencia de un ámbito de salubridad local. Dicha Tesis aislada dice lo siguiente:

> El Congreso del Estado de Baja California tiene competencia para legislar en materia de salubridad local, de acuerdo con el artículo 73, fracción XVI, en relación con el artículo 124, ambos de la Constitución Federal. Debe considerarse que el reparto de facultades en materia de salubridad entre la Federación y los Estados se funda en los artículos antes mencionados y por ende, la facultad de legislar sobre salubridad local permanece en el acervo de atribuciones de los Estados, entre otras facultades no sustraídas de los mismos para ser otorgadas en forma expresa a la Federación. Nuestra Constitución Política Federal, en su artículo 73, fracción XVI, sólo ha concedido facultades al Congreso de la Unión, para legislar en materia de "salubridad general", y para su mejor comprensión es necesario recurrir a distintas disposiciones del Código Sanitario... porque la facultad de legislar en materia de salubridad no compete sólo a la Federación sino que es concurrente y complementaria de la Federación y de los Estados; aquélla, con el fin de lograr el bienestar de la colectividad, y éstos en uso del derecho de legislar sobre salubridad local en su ámbito territorial... (Suprema Corte de Justicia de la Nación, Pleno Séptima Época, *Semanario Judicial de la Federación*, Volumen 47, Parte Primera, página 49. Amparo en revisión 5465/71. Rubén Núñez de la Paz. 7 de noviembre de 1972. Mayoría de quince votos. Disidente: J. Ramón Palacios Vargas. Ponente: Mariano Ramírez Vázquez).

De esta manera, podemos concluir que si una enfermedad transmisible amenaza con convertirse en un peligro grave en el ámbito territorial de una entidad federativa, las autoridades de ésta, en ejercicio de las facultades reservadas de que gozan conforme a la lógica del artículo 124 de la Constitución General de la República, pueden perfectamente dictar medidas de seguridad sanitaria que les correspondan conforme al orden jurídico local. Máxime si por alguna razón la Ssa y el Consejo de Salubridad General deciden no ejercer sus competencias en la materia (por ejemplo, por considerar que la pandemia correspondiente no es una amenaza a la salubridad general de la República, sino que se trata de un problema circunscrito al ámbito territorial de alguna entidad federativa). Sin embargo, si la Ssa y/o el Consejo de Salubridad General deciden ejercer sus competencias en la materia, entonces las autoridades de las entidades federativas deben sujetarse a las disposiciones generales, medidas y acciones que estos órganos federales dicten para hacer frente a la emergencia sanitaria.

Por otra parte, cabe señalar que en materia de salud, la Constitución Política de los Estados Unidos Mexicanos (CPEUM) contempla dos hipótesis bajo las cuales se puede autorizar al presidente de la República para legislar. Una de ellas son las medidas de salubridad que adopte el Consejo de Salubridad General; y la otra son las medidas que adopte la Secretaría de Salud. Ambas hipótesis están previstas en el artículo 73.XVI de la CPEUM, en sus tres primeras bases, a saber:

> 1a. El Consejo de Salubridad General dependerá directamente del Presidente de la República, sin intervención de ninguna Secretaría de Estado, y sus disposiciones generales serán obligatorias en el país. 2a. En caso de epidemias de carácter grave o peligro de invasión de enfermedades exóticas en el país, la Secretaría de Salud tendrá obligación de dictar inmediatamente las medidas preventivas indispensables, a reserva de ser después sancionadas por el Presidente de la República. 3a. La autoridad sanitaria será ejecutiva y sus disposiciones serán obedecidas por las autoridades administrativas del País.

A raíz de la pandemia del COVID-19, y en ejercicio de las facultades constitucionales arriba aludidas, el 30 de marzo de 2020, el Consejo de Salubridad General emitió el Acuerdo por el que se declara como emergencia sanitaria por causa de fuerza mayor, a la epidemia de enfermedad generada por el virus SARS-CoV2 (COVID-19). Por su parte, el 31 de marzo del mismo año, la Ssa emitió el Acuerdo por el que se establecen acciones extraordinarias para atender la emergencia sanitaria generada por el virus SARS-CoV2.[1]

---

[1] Entre otras cosas, el referido Acuerdo de la Secretaría de Salud estableció en su artículo primero, como acción extraordinaria, para atender la emergencia sanitaria generada por el virus SARS-CoV-2, que los sectores público,

Los antecedentes del Consejo de Salubridad General se encuentran en el Consejo Superior de Salubridad, creado en 1841 durante la presidencia de Anastasio Bustamante, a manera de un órgano consultivo en esta materia. Durante el gobierno del presidente Porfirio Díaz, dicho Consejo fue presidido por el Dr. Eduardo Liceaga, época en la cual se elaboró el primer Código Sanitario de México, aprobado el 15 de julio de 1891.

En el Congreso Constituyente de 1917 se discutió el tema de la salubridad general de la República, y se decidió, con la intervención fundamental del diputado constituyente José María Rodríguez, dar a este órgano rango constitucional, bajo el nuevo nombre de Consejo de Salubridad General, igualmente como órgano consultivo, pero también con facultades normativas en dicha materia

Presidido por el Secretario de Salud, el Consejo de Salubridad General está integrado por 13 vocales titulares (cuentan con voz y voto) entre los que se encuentran 9 titulares del llamado "gabinete ampliado" federal, directivos de academias del gremio médico y el Rector de la UNAM. Además, el Consejo se integra con otros vocales (con voz pero sin voto), que son las cabezas de distintas instituciones públicas, académicas, del sector salud y farmacéutico.

Entre estos vocales (con voz pero sin voto) se encuentran secretarios de salud de las entidades federativas, pero no todos, sino secretarios de salud que son representantes por regiones, agrupados de la siguiente manera: I. Región noroeste, que se integrará por los estados de: Baja California, Baja California Sur, Chihuahua, Colima, Nayarit, Sinaloa y Sonora; II. Región noreste, que se integrará por los estados de: Coahuila, Durango, Nuevo León, Tamaulipas y Veracruz; III. Región centro, que se integrará por los estados de: Aguascalientes, Guanajuato, Hidalgo, Jalisco, México, Michoacán, Querétaro, San Luis Potosí, Tlaxcala y Zacatecas, y IV. Región sureste, que se integrará por los estados de: Campeche, Chiapas, Guerrero, Morelos, Oaxaca, Puebla, Quintana Roo, Tabasco y Yucatán.

La participación de los Secretarios de Salud o su equivalente de las entidades federativas que representen a cada una de las regiones a

---

social y privado, la deberán implementar varias medidas, entre las que destaca la "suspensión inmediata, del 30 de marzo al 30 de abril de 2020, de las actividades no esenciales, con la finalidad de mitigar la dispersión y transmisión del virus SARS-CoV-2 en la comunidad, para disminuir la carga de enfermedad, sus complicaciones y la muerte por COVID-19 en la población residente en el territorio nacional".

que se refiere el Reglamento Interior del Consejo de Salubridad General, es de un plazo de cuatro años. Además, la sustitución de los representantes regionales es escalonada, en forma alfabética conforme a la denominación de los estados que integran la región (artículo 4º del Reglamento Interior del Consejo de Salubridad General).

Son varias las críticas que se han dirigido al Consejo de Seguridad General en su actuación en el contexto de la pandemia. En primer lugar, se ha criticado su actuación tardía, pues la evidencia de la crisis que se avecinaba se dio desde inicios de marzo de 2020, y no fue sino hasta fines de ese mes que el Consejo decretó la emergencia. En segundo lugar, se ha criticado que, a pesar de la estructura colegiada del Consejo el cual, sin entrar en detalles, agrupa a servidores públicos de altos niveles (tanto federales como estatales) y a instituciones académicas, en la práctica sus determinaciones las toma el titular de la Secretaría de Salud.[2] Y en tercer lugar, se ha observado que ni la LGS, ni el Reglamento Interior del Consejo de Salubridad General, contemplan un procedimiento que regule la emisión de una declaratoria de emergencia sanitaria, lo cual implica que la forma de emitirla queda a la discreción del titular de la Ssa, quien es un subordinado del presidente de la República.

En realidad, el Consejo de Salubridad General debiera convertirse en una instancia de acuerdos y de toma de decisiones en materia de salud, que permita generar políticas coherentes, con visión nacional, y evite lo que vemos ahora: decisiones contradictorias entre gobierno federal y gobiernos de las entidades federativas, en lo que tiene que ver con el momento de la declaratoria de la emergencia sanitaria, el tipo de medidas que se deben adoptar para enfrentarla, y la forma y momento para empezar a levantar las restricciones y poner de nuevo en marcha la actividad económica.

Consideramos que falta un esquema jurídico que regule la actuación de las autoridades bajo ese tipo de situaciones, con definición de facultades, procedimientos, controles, responsabilidades, rendición

---

2   Por ejemplo, el 14 de abril el Rector de la Universidad Nacional Autónoma de México, emitió un comunicado en el que rechaza el documento emitido por el Consejo de Salubridad General titulado "Guía Bioética de Asignación de Recursos de Medicina Crítica", el cual tiene como objetivo orientar las decisiones del personal médico cuando el sistema de salud mexicano se vea rebasado conforme avance la pandemia por coronavirus. Entre otras cosas, el comunicado decía que *"Ni la UNAM ni su rector, doctor Enrique Graue Wiechers, han sido convocados a sesión plenaria alguna para el análisis, discusión y eventual aprobación de dicha Guía".*

de cuentas y sanciones. Nos hace falta tener un marco jurídico adecuado para definir cómo es que debe responder un Estado democrático de derecho, el nuestro, ante situaciones de emergencia o de excepción.

Y estamos así por dos razones: *a*. La omisión legislativa del Congreso de la Unión, al no haber aprobado todavía la Ley reglamentaria del artículo 29 constitucional, según lo ordenó el Artículo Cuarto Transitorio de la reforma constitucional de 2011 en materia de derechos humanos, y *b*. El no tener una ley reglamentaria que regule las facultades que el Consejo de

Salubridad General y la Ssa tienen "En caso de epidemias de carácter grave o peligro de invasión de enfermedades exóticas en el país" (art. 73-XVI de al CPEUM), más allá de lo que establece la LGS (en materia de la acción extraordinaria en materia de salubridad general); y de lo que establece el Reglamento del Consejo de Salubridad General.

Por último, está por verse el efecto que tendrá en la relación Federación--Entidades federativas-municipios, la decisión reciente del gobierno federal que prácticamente militariza las funciones de seguridad pública en el país. Se trata del Acuerdo de 11 de mayo de 2020, por el cual:

> *Primero*. Se ordena a la Fuerza Armada a participar de manera extraordinaria, regulada, fiscalizada, subordinada y complementaria con la Guardia Nacional en funciones de seguridad pública a cargo de ésta última, durante el tiempo en que dicha institución policial desarrolla su estructura, capacidades e implantación territorial, sin que dicha participación exceda de cinco años contados a partir de la entrada en vigor del Decreto por el que ser reforman, adicionan y derogan diversas disposiciones de la Constitución Política de los Estados Unidos Mexicanos, en materia de Guardia Nacional, publicado el 26 de marzo de 2019, en el Diario Oficial de la Federación.

Al parecer, con esta decisión, tomada por cierto sin ningún tipo de consulta al Congreso de la Unión, el Ejecutivo federal reconoce que bajo las actuales circunstancias, de pandemia pero también de creciente violencia e inseguridad en todo el país, el proyecto de tener una fuerza de policía civil (la llamada Guardia Nacional), ya no dará resultado como se planeaba. Por ello, con el referido Acuerdo se busca dar cobertura normativa a lo que se percibe será la política federal a partir de ahora: que las Fuerzas Armadas se encarguen de las funciones de seguridad pública que constitucional y legalmente le corresponden a la Guardia Nacional. Las consecuencias que esta decisión tendrá, no sólo en relación con la convivencia entre los órdenes de gobierno del sistema federal mexicano, sino en términos de afectaciones a derechos humanos, está por verse.

Capítulo cuarto

GRADOS DE EMERGENCIA SANITARIA: DECLARACIÓN Y AUTORIZACIÓN PARLAMENTARIA

LA GARANTÍA POLÍTICA DE LA CONSTITUCIÓN MEXICANA EN ESTADOS DE EMERGENCIA

Daniel Barceló Rojas[*]

Con el objetivo de proteger los derechos a la salud y la vida de los mexicanos contra los efectos de la pandemia del COVID-19 (en adelante C19), los gobiernos federal y de los estados de la República Mexicana tomaron medidas sanitarias que han implicado fuertes restricciones a varios de los derechos fundamentales y libertades públicas que constituyen los pilares de la economía. En ello parece no haber variación con el resto de los países de Iberoamérica, que confrontaron decisiones similares. Sin embargo, sí ha habido una clara diferencia en cuanto a la forma mediante la cual en cada Estado Nacional se hizo la ponderación entre derechos entre el presidente del gobierno y el congreso; en su implementación en sede administrativa en Estados federales; y en la activación de los controles parlamentarios y jurisdiccionales sobre las acciones y omisiones de cada gobierno.

En el caso de México el inesperado, expansivo y letal C19 ha expuesto la insuficiencia del ordenamiento constitucional vigente para responder a la pandemia de conformidad con las garantías políticas y jurisdiccionales a los derechos y libertades públicas establecidas en el artículo 27 de la Convención Americana sobre Derechos Humanos.

En este contexto, el primer objeto del presente comentario constitucional es explicar los diferentes supuestos de excepción contemplados en la Constitución mexicana, y sus respectivos mecanismos de activación y control. Su segundo propósito se dirige a identificar las insuficiencias del orden jurídico mexicano en estados de emergencia sanitaria que han quedado expuestos por la epidemia C19 y, en particular, lo concerniente con el Congreso. Necesariamente al registrar y describir las insuficiencias se infieren a contrapunto recomendaciones sobre qué y cómo se podrían superar tales déficits de control para enfrentar con mejores herramientas jurídicas las pandemias que el futuro le depara a México.

---

[*] Investigador de tiempo completo del Instituto de Investigaciones Jurídicas de la UNAM; Doctor en Derecho por la Universidad de Salamanca (España); Maestro en Política y Gobierno en América Latina por la Universidad de Essex (Inglaterra); Licenciado en Derecho por la Universidad Iberoamericana (campus Ciudad de México). Miembro del Sistema Nacional de Investigadores CONACyT.

Comienzo por señalar que la Constitución prevé por separado en dos artículos —29 y 73 fracción XVI— dos escenarios de peligro para la República y los instrumentos para hacerles frente. Cada amenaza alude a un supuesto de diferente naturaleza y potencia destructiva. Respectivamente, se refieren: a la integridad política y física de la República Mexicana, el de más alta peligrosidad;[1] y a la sanidad pública amenazada por epidemias y enfermedades exóticas.[2] En los dos casos la Constitución dispone facultades para su tratamiento expedito por el Poder Ejecutivo, adecuadas a la intensidad del peligro, con capacidad para restringir derechos fundamentales, y aún para modificar las relaciones intergubernamentales del arreglo federal. Las medidas son temporales. Importan diferencias sustanciales de las fuentes del derecho a utilizar por el Presidente en cada supuesto con respecto a las que operan para tiempos de normalidad, y en paralelo diferencias en cuanto a los mecanismos para su control parlamentario.

Es digno de mencionar desde el inicio que mientras el artículo 29 de la Constitución experimentó una reforma en el año 2011[3] para adecuarse a las garantías políticas y jurisdiccionales de los derechos establecidas en el artículo 27 de la Convención Americana sobre Derechos Fundamentales, el artículo 73 fracción XVI que habilita la restricción de derechos para el tratamiento de epidemias no tuvo la misma suerte. Como se explica enseguida, las consecuencias de tal omisión son hoy ostensibles.

He dicho que la Constitución distingue dos escenarios de peligro, y que para cada uno dispone una fuente formal de derecho que mana del titular del Poder Ejecutivo (decreto). Pero para cada supuesto de hecho la Constitución diferencia con claridad los requisitos para su formación; y también sus efectos jurídicos, tanto en la esfera jurídica de los gobernados, como en el grado de autonomía de las obligaciones que impone a las autoridades ejecutivas estatales las órdenes del Presidente. Por ser la Constitución mexicana una de las más longevas del mundo, explicablemente no incorpora los conceptos que actualmente

---

[1] Fix Zamudio, Héctor, *Estudio de la defensa de la Constitución en el ordenamiento mexicano*, México, Porrúa-UNAM, 2005, pp. 157-159.

[2] Al investigar el origen del artículo 73 fracción XVI de la Constitución de 1917, Felipe Tena Ramírez, señala "la materia de salubridad está regida por disposiciones excepcionales que contrastan con todo nuestro sistema constitucional", en *Derecho constitucional mexicano* (T. I, 2ª. ed.), México, Porrúa, 1949, p. 359.

[3] DOF 10 de junio de 2011.

se usan en el derecho comparado para identificar los diferentes tipos de peligro. Y por la misma razón, tampoco identifica los distintos tipos de decretos que emite el titular del Poder Ejecutivo en cada supuesto de hecho. Para efectos de claridad expositiva y de derecho comparado en este libro, convencionalmente me referiré al peligro previsto en el artículo 29 como "estado de excepción", y los decretos que emite el Presidente en el contexto de dicho estado como "decreto-ley"; y a la crisis prevista en el artículo 73 fracción XVI como "estado de emergencia", y "decreto-legislativo" a los decretos que emite el Ejecutivo en tal supuesto de hecho.

Por disposición de la Constitución el estado de excepción por ser la situación de peligro de mayor intensidad para la República, ha de ser declarado por el Presidente mediante un decreto que necesariamente tiene que contar con la aprobación previa del Congreso —es decir, la Constitución prevé un potente control interorgánico del poder para declarar que se ha materializado el supuesto fáctico establecido por la Ley Fundamental—.[4] La razón es de peso: una vez declarado el estado de excepción el Presidente reúne en sus manos dos poderes, el legislativo y el ejecutivo, y puede restringir el goce de derechos fundamentales de los gobernados, así como erigirse como superior jerárquico sobre los gobernadores de los Estados que deben obedecer sus mandatos, por ejemplo, ante una invasión militar extranjera o el intento de un golpe de Estado.

La forma en la que se produce la declaración formal del estado de excepción del artículo 29 es claramente desemejante a la exigida para el estado de emergencia sanitaria del 73 fracción XVI. Éste último es declarado por decreto del titular del Poder Ejecutivo, *sin requerir intermediación del Congreso*. Y una vez declarada la emergencia, la Constitución le confiere al Poder Ejecutivo la facultad de emitir "disposiciones" con fuerza de ley capaces de restringir derechos y libertades públicas.[5] La Ley General de Salud reglamentaria del citado precepto constitucional habilita expresamente al Presidente en su artículo 183 a restringir los derechos fundamentales de los gobernados. Y la Constitución y dicha Ley reglamentaria le atribuyen además al Presidente la potestad de coordinación sobre los gobernadores de los Estados para

---

4   El Poder Revisor de la Constitución suprimió el control intraorgánico del consejo de ministros que desde 1857 preveía la Constitución, y que complementaba el control interorgánico, DOF 10 de febrero de 2014.

5   Quero Molares, José, "El derecho sanitario mexicano", *Revista de la Facultad de Derecho de la UNAM*, número 49, 1963, pp. 150-158.

la contención de la epidemia, según dispone en el artículo 73 fracción XVI base 3ª en los siguientes términos: "La autoridad sanitaria será ejecutiva y sus disposiciones serán obedecidas por las autoridades administrativas del país".

Ha de decirse que en consideración a los importantes poderes de decisión y ejecución atribuidos al Presidente que la declaratoria de emergencia sanitaria trae aparejados, la Constitución mexicana, desde 1917, estableció dos controles intraorgánicos para garantizar el ejercicio racional de los poderes de emergencia sanitaria por el Presidente de la República: el primero de ellos es la declaratoria de emergencia que compete emitir al Consejo de Salubridad General para alertar a la sociedad y a su gobierno que el país se encuentra objetivamente en una emergencia sanitaria por una epidemia. Su régimen jurídico toma sustento en los artículos 73 fracción XVI de la Constitución; 15, 16 y 17 de la Ley General de Salud y; en el 9 fracción XVII del Reglamento Interior del Consejo de Salubridad General. El segundo control intraorgánico sobre la declaratoria de estado de emergencia, de conformidad con lo establecido en el artículo 92 de la Constitución, es el refrendo del Secretario de Salud al decreto presidencial en el que se expresa el estado de emergencia, y que contiene además al detalle las primeras medidas sanitarias a ejecutar.

Empero durante la crisis del C19 los controles intraorgánicos aludidos han cedido con facilidad extrema a la voluntad presidencial, porque no han podido ser apuntalados por controles parlamentarios y jurisdiccionales diseñados específicamente para operar en estados de emergencia sanitaria. He aquí la consecuencia directa de la injustificada omisión del Poder Revisor de la Constitución para adecuar las disposiciones sobre tratamiento de epidemias del artículo 73 fracción XVI de la Constitución mexicana, a lo dispuesto en el artículo 27 del Pacto de San José: Si bien la pandemia se manifestó durante el periodo de sesiones ordinario del Congreso, ambas cámaras determinaron no celebrar sesiones presenciales para evitar contagios por acuerdo de sus respectivas Mesas Directivas; e interpretaron que tampoco podían convocar sesiones telemáticas con el argumento que éstas no estaban contempladas en la normativa parlamentaria vigente.

En el caso de los controles jurisdiccionales se hizo evidente que no existe lo que podría llamarse un "derecho procesal constitucional de emergencia", a pesar que éste se encuentra ordenado por el artículo 29 constitucional para el estado de excepción —y que también podría servir para las emergencias sanitarias del artículo 73 fracción XVI—. Es una omisión inexplicable del Congreso federal que debió acometer la tarea legislativa indicada inmediatamente después que se adecuó en el año 2011 el artículo 29 constitucional a las disposiciones convencionales sobre estados de excepción. En adición a ello cabe decir que los tribunales de la Federación cuyas competencias jurisdiccionales son las más adecuadas para el control jurisdiccional en estados de excepción, notablemente la Suprema Corte de Justicia de la Nación,[6] los juzgados y tribunales que conocen de amparo, y el Tribunal Federal de Justicia Administrativa,[7] acordaron por iniciativa propia la suspensión de labores jurisdiccionales. Y ello desde el 17 de marzo, dos días antes que en el país se declarase formalmente la pandemia por el Consejo de Salubridad General y el Presidente de la República.

Como antes apunté, por la ausencia de controles parlamentarios y jurisdiccionales activos y expeditos, los controles intraorgánicos del Poder Ejecutivo cedieron con facilidad. La secuencia de la actuación de las autoridades sanitarias es prueba de ello: la Organización Mundial de la Salud declaró la pandemia el día 11 de marzo de 2020, pero el Consejo de Salubridad General de México no sesionó hasta el día 19 de marzo por falta de convocatoria de quien funge como Presidente de dicho Consejo, el Secretario de Salud Pública del Presidente de la República. No sólo se puede observar que la primera sesión del Consejo fue tardía, sino que además éste no ejerció con rigor jurídico la potestad que le atribuye el artículo 9 fracción XVII de su Reglamento Interior, que lo empodera para "Aprobar y publicar en el *Diario Oficial de la Federación* la declaratoria en los casos de enfermedades graves que sean causa de emergencia o atenten contra la seguridad nacional, por iniciativa propia o a solicitud por escrito de instituciones nacionales especializadas en la enfermedad, que sean acreditadas por el Consejo, en la que se justifique la necesidad de atención prioritaria". En lugar de aprobar y mandar publicar la declaratoria de emergencia, se emitió un "Acuerdo por el que el Consejo de Salubridad general reconoce

---

[6] Acuerdos generales del Pleno de la SCJN: 3/2020, adoptado el 17 de marzo del 2020, por medio del cual suspende las actividades jurisdiccionales el máximo tribunal del 18 de marzo al 19 de abril; 4/2020, del 13 de abril de 2020, por medio del cual se regula las sesiones a distancia utilizando herramientas informáticas; 6/2020 del 13 de abril, por medio del cual se prorroga la suspensión de labores desde el 20 de abril hasta el 5 de mayo; 7/2020, del 27 de abril de 2020, por medio del cual se prorroga la suspensión de labores jurisdiccionales del 6 al 31 de mayo.

[7] Pleno General de la Sala Superior Acuerdo SS 10/2020, de 17 de marzo de 2020.

la epidemia de enfermedad por el virus SARS-CoV2 (COVID-19)".[8] Éste se tomó el día 19 de marzo, y a pesar de que en una emergencia epidemiológica el tiempo contado por horas es valioso para proteger la salud y salvar vidas, se publicó en el Diario Oficial de la Federación el día 23 de marzo. Posteriormente, el día 30 de marzo —19 días después que lo hiciera la OMS—, el Consejo de Salubridad General ejerció la competencia aludida y aprobó un "Acuerdo por el que se declara como emergencia sanitaria por causa de fuerza mayor, a la epidemia de enfermedad generada por el virus SARS-CoV2 (COVID-19)".[9] Entremedias el Presidente de la República declaró el estado de emergencia sanitaria sobre la base del "acuerdo" del Consejo de Salubridad General.[10]

La falta de legalidad del citado Consejo de Salubridad General en la convocatoria de sus sesiones y en la toma de sus resoluciones quedó expuesto por uno de sus prominentes miembros, el rector de la UNAM.[11] Y es de advertir además que en la página web del Consejo no se han publicado todas las resoluciones que ha tomado durante la pandemia. La sociedad solo ha podido conocer los acuerdos del Consejo publicados en el Diario Oficial de la Federación.

Es pertinente enfatizar que de conformidad con la Constitución y la Ley General de Salud, el Consejo de Salubridad General es una pieza clave para garantizar el ejercicio objetivo, racional y proporcional de las potestades jurídicas que se delegan en el Presidente de la República durante el estado de emergencia. De acuerdo al indicado esquema normativo, la ciencia informa las decisiones públicas que afectan derechos y arreglos federales. La garantía judicial perfecciona el citado control intraorgánico del poder. Pero recuérdese que, como se ha dicho antes, para contener el contagio entre empleados y usuarios de los servicios jurisdiccionales los tribunales federales tomaron la decisión de suspender sus trabajos. Y ello afectó necesariamente la garantía judicial sobre las decisiones y omisiones en que hayan podido incurrir el Presidente de la República, el Secretario de Salud y el Consejo de Salubridad General durante ese periodo.

Un punto por demás importante en situaciones de excepción y de emergencia sanitaria, es el control parlamentario. Para el caso del estado de excepción expresamente la Constitución mexicana establece

---

[8] DOF 23/03/2020.
[9] DOF 30/03/2020.
[10] DOF 24/03/2020.
[11] Boletín UNAM-DGCS-336, del 14 de abril de 2020.

un control congresual *ex post* para el decreto-ley previsto en el artículo 29 y del ejercicio de las potestades extraordinarias delegadas al Presidente por el Poder Legislativo. Se restringe la potestad de control parlamentario en tiempo real que ordinariamente tienen las cámaras del Congreso, esto es, no tiene poder el Congreso para llamar al Secretario de Defensa a comparecer mientras, por ejemplo, se conduce una guerra. Y no hay obligación que sean atendidas inmediatamente por el Poder Ejecutivo las solicitudes de información, o las preguntas orales o escritas mientras dure el estado de peligro extraordinario. El hipotético abuso de tal prerrogativa puede ser contenido por el Congreso en tanto que la Constitución le atribuye a éste la potestad de dar por concluido el estado de emergencia mediante un decreto al que no se puede oponer el Ejecutivo, decreto que tiene el efecto de obligar al Presidente a rendirle cuentas al Congreso del ejercicio de los poderes que se le hubiesen delegado durante el estado de excepción.

En el estado de excepción la Constitución concentra el ejercicio de los poderes legislativos y ejecutivos en el Presidente para hacer expedita su acción. Pero al tiempo previene en el artículo 29, de conformidad con el artículo 27 del Pacto de San José, que: "Los decretos expedidos por el Ejecutivo durante la restricción o suspensión (de derechos fundamentales y libertades públicas), serán revisados de oficio por la Suprema Corte de Justicia de la Nación, la que deberá pronunciarse con la mayor prontitud sobre su constitucionalidad y validez".

Ahora bien, por contraste a lo señalado en el artículo 29 sobre el control parlamentario de los decretos-ley y demás potestades extraordinarias delegadas al Presidente, la Constitución no indica nada sobre el control congresual con respecto a los decretos legislativos que tienen su fundamento en el articulo 73 fracción XVI concernientes con la gestión de la salud pública en tiempos de emergencia sanitaria. ¿Cómo se debe interpretar este silencio constitucional? En mi opinión, que el control congresual sobre el gobierno se mantiene intacto. Más aún si se considera que el supuesto de hecho sobre la epidemia y las autoridades ejecutivas para su contención se encuentran regulados en el artículo 73 de la Constitución dentro de las competencias del Congreso, no en el artículo 89 concerniente con la organización y competencias del Poder Ejecutivo. Y en el marco de la división de poderes con forma presidencial de gobierno, ello le otorga un margen de supervisión amplio al Congreso con base en las potestades implícitas que le concede la Constitución en el artículo 73 fracción XXXI. Sin embargo las dos cámaras se mantuvieron oficialmente en suspensión de actividades desde el 27 de marzo hasta concluir el periodo de sesiones ordinario el 30 de abril; y posteriormente la Comisión Permanente que se instaló ha tenido escasa actividad por videoconferencia.

La falta de control parlamentario en tiempo real a la gestión de la pandemia a cargo del Presidente, ha tenido efectos sistémicos negativos en el engranaje de controles intraorgánicos, inter orgánicos y verticales del ejercicio del poder. En primer lugar, como ya se dijo, se han aflojado los resortes del control intraorgánico a cargo del Consejo de Salubridad General, al grado de anularlo. Ha sido notorio que dicho Consejo, como el Secretario de Salud que lo preside, han sido sustituidos de facto por el Subsecretario de Prevención y Promoción de la Salud, que no es autoridad sanitaria según lo dispuesto por la Constitución y la Ley General de Salud.

Cabe advertir que la imposición constitucional de las autoridades sanitarias del Poder Ejecutivo ha tenido una trascendencia notable: bien pudo la Comisión Permanente del Congreso de la Unión haber tomado sus decisiones sobre celebrar sesiones o no celebrarlas, con autonomía, siguiendo el precedente del 17 de marzo sentado por la Suprema Corte de Justicia de la Nación. En lugar de ello, determinó no sostener reuniones presenciales con sustento en una opinión del Subsecretario de Prevención y Promoción de la Salud del Poder Ejecutivo.

El segundo efecto de la falta de control parlamentario de la gestión de la pandemia por el gobierno, ha sido agravar la crisis de credibilidad sobre la información que suministra directamente el Poder Ejecutivo a la ciudadanía por conducto del Subsecretario de Prevención y Promoción de la Salud.

El tercer efecto de la falta de control parlamentario en tiempo real sobre la gestión de la pandemia, ha sido fracturar la cohesión federal. En lo que va de la crisis del C19 no ha habido oportunidad de participación parlamentaria de los Estados en el proceso de toma de decisiones del gobierno federal, porque el Senado —tanto por su inactividad, como por la forma de su integración— no ha actuado como cámara de representación territorial. El Secretario de Salud y Presidente del Consejo de Salubridad General no ha comparecido en sede parlamentaria para informar, explicar y justificar los criterios territoriales para la toma de las decisiones sanitarias con efecto directo sobre la salud y la vida de los representados de los Senadores en los Estados, y sobre las economías locales.[12] El Poder Ejecutivo federal ha decidido unilateralmente la distribución entre Estados del equipamiento para médicos

---

[12] El Senado ha citado al Subsecretario de Prevención y Promoción de la Salud.

y enfermeras en primera línea de contención del C19, y el número de respiradores para evitar la muerte de los enfermos de mayor gravedad y, lo más importante, los criterios para su distribución en los 31 Estados de la República Federal y la Ciudad de México. En suma, en cuanto a control parlamentario, el Senado ha actuado en la lógica de grupos parlamentarios de partidos, no de representación de los Estados: Por un lado, la coalición legislativa liderada por el partido en el gobierno (Morena) e integrada por el PES, PT y PVEM; y por otro el autodenominado "bloque de contención" formado por el PAN, el PRI, el PRD y MC.

La falta de canales institucionales de los Estados en el proceso de toma de decisiones del gobierno federal, y del control parlamentario sobre su ejecución, ha llegado a tal grado, que se han formado bloques regionales de gobernadores para tomar medidas distintas, y aún contrapuestas, a las que toma el titular del Poder Ejecutivo. No hay norma constitucional escrita que obligue al Presidente de México a consultar sus medidas de contención sanitaria a los gobernadores, pero sí manan deberes de principios anejos al pacto federal. La cooperación es la esencia del federalismo, y de ello se desprende la exigencia de lealtad bidireccional en las relaciones intergubernamentales del Presidente a los gobernadores y de éstos hacia el Presidente, así como de los gobernadores entre sí. Esto no sólo es un principio político sino también de racionalidad administrativa.

Llegados a este punto es pertinente plantear las siguientes preguntas: ¿En el contexto de la pandemia del Covid 19 qué interpretación debemos dar en México a los artículos 23.1 inciso a,[13] en conexión con el artículo 27.1, 2 y 3 de la Convención Americana sobre Derechos Humanos? Concretamente ¿qué derechos específicos se encuentran comprendidos dentro del concepto convencional de los "derechos políticos" que, según el precepto 27 del Pacto de San José, no se pueden suspender? ¿sólo los derechos político electorales del 23.1 inciso b?, ¿o podemos interpretar que este derecho necesaria y lógicamente se desdobla pasadas las elecciones, hasta abarcar el derecho de los gobernados a ser representados en el Congreso en la función de gobierno y de supervisión al gobierno[14] aún en tiempos de emergencias sanita-

---

13 Convención Americana sobre Derechos Humanos: "Artículo 23. Derechos Políticos 1. Todos los ciudadanos deben gozar de los siguientes derechos y oportunidades… a) de participar en la dirección de los asuntos públicos directamente o por medio de representantes libremente elegidos".

14 De Vergottini, Giuseppe, "La forma de gobierno de oposición garantizada", en *Revista de Estudios Políticos*, número 9, 1979, pp. 5-41. Sánchez Agesta,

rias?[15] En mi opinión esta última es la lectura correcta de tal precepto.[16] Ello si se considera que la supervisión y el control del gobierno es uno de los medios más potentes del parlamento en tanto cámara de representación política, para que "todos" los ciudadanos puedan ejercer influencia en la toma de decisiones públicas, y particularmente aquellos representados por partidos políticos minoritarios o por diputados y senadores electos bajo la modalidad de "candidatura independiente" que reconoce la legislación electoral mexicana.[17]

En apoyo de mi argumento ha de considerarse que la interpretación convencional que elabora la Corte Interamericana de DDHH incorpora necesariamente el contexto histórico de cada país al emitir sus sentencias y, destacadamente, en lo que concierne a los derechos políticos.[18] En este sentido no se puede pasar por alto que la gran reforma política de México de 1977 —mediante la cual se modificó la elección de mayoría por un sistema electoral mixto que actualmente combina mayoría con representación proporcional para elegir representantes populares al Congreso federal—, tuvo el propósito expreso que "todos" los

---

Luis, "Gobierno y Responsabilidad", en *Revista de Estudios Políticos*, Nos. 113-114, 1960, pp. 35-39.

[15] La Comisión IDH reitera que los "derechos políticos" no pueden ser suspendidos durante la pandemia C19, y que no debe haber "afectaciones del sistema democrático de gobierno" por efecto de la declaración del estado de emergencia. Sin embargo no llega a expresar que la función de control parlamentario sea elemento esencial de dicho sistema democrático, lo que contrasta con su disposición habitual a explayarse sobre el significado y alcances del control jurisdiccional. *Resolución 1/2020. Pandemia y Derechos Humanos en las Américas*, Washington, 10 de abril de 2020, p. 9.

[16] Murray, Santiago, "La democracia representativa en el sistema interamericano", en Orozco Henríquez, Jesús (coord.), *Democracia y representación en el umbral del siglo XXI*, México, IIJ-UNAM, 1999, pp. 271 y ss.

[17] Apoyado en documentos oficiales de la Comisión como de la Corte Interamericana de Derechos Humanos, Daniel Zovatto había sugerido desde hace tres décadas que los derechos políticos de la CADH no se circunscriben a los político-electorales Zovatto, Daniel, *Los estados de excepción y los derechos humanos en América Latina*, Caracas, Instituto Interamericano de Derechos Humanos-Editorial Jurídica Venezolana, 1990, pp. 183-184.

[18] Corte IDH. Caso *Castañeda Gutman vs. México*, sentencia del 6 de agosto de 2008. Serie C no. 184.

mexicanos tuviesen representación política, incluidos los segmentos minoritarios dentro del pluralismo ideológico.[19]

Finalmente, al comentar sobre el control parlamentario de las medidas sanitarias que toma el Presidente, punto de la mayor importancia es determinar qué está excluido de los poderes presidenciales. Al respecto cabe señalar que el poder delegado al Presidente establecido en el artículo 29 para garantizar la sobrevivencia del Estado mexicano, implica igualmente amplios poderes fiscales: El Presidente de México puede determinar en qué va a gastar y cómo va a obtener los ingresos sin consultar al Congreso, una vez que éste ha declarado el estado de excepción y le ha otorgado tales poderes excepcionales. Pero, en cambio, la potestad que se le confiere al Presidente para atender emergencias sanitarias en el artículo 73 fracción XVI no incluye poderes fiscales.

He de decir, sin embargo, que en la gestión del C19 el Presidente de México viene decidiendo por sí solo, sin consultar al Congreso, la modificación del presupuesto federal. A ello le habilita, aún para tiempos de normalidad, la ley de presupuestos del país, en clara contravención a lo dispuesto por el artículo 72 inciso F de la Constitución mexicana. Esto es un legado del viejo autoritarismo presidencial del siglo XX asumido en la Ley Federal de Presupuesto y Responsabilidad Hacendaria, promulgada y publicada por el primer presidente de la alternancia del siglo XXI (PAN, 2000-2006)[20] y aprobada por la LIX Legislatura del Congreso de la Unión en la que el PRI, otrora partido hegemónico, no tenía mayoría. Cabe aun el comentario que no obstante contar con dicha potestad inconstitucional —que ya le permite disponer del presupuesto sin requerir aprobación parlamentaria mientras no rebase el 5% de su monto— el Presidente de la República presentó en plena crisis del C19 una iniciativa para ampliar el porcentaje establecido en la Ley vigente, que fue vivamente resistida por las oposiciones y la academia.

Otro importante ámbito material que queda excluido del poder delegado en el Presidente en tiempos de emergencia sanitaria, es la determinación de la celebración o no de elecciones para cargos de elección popular federal y de los Estados y Municipios. Como expresamente señala el artículo 29 de la Constitución que se adecuó en el año 2011 al

---

[19] Woldenberg, José, "Partidos, Congreso y Gobierno en la Constitución (de 1977 a la fecha)", en Gerardo Esquivel, Francisco Ibarra, y Pedro Salazar (coords.), *Cien Ensayos para el Centenario* (tomo 4), México, Senado de la República-IIJUNAM, 2017, pp. 400-405.

[20] DOF 30 de marzo de 2006.

artículo 27 del Pacto de San José, los decretos-ley en el estado de excepción no pueden restringir ni suspender derechos políticos, entre ellos el derecho a votar y ser votados. Con mayor razón, tampoco puede el Presidente suspender elecciones con fundamento en su competencia constitucional en estados de emergencia sanitaria.

Una facultad más excluida al Presidente en estados de emergencia sanitaria, por disposición del artículo 129 de la Constitución, es el uso del ejército. Sin embargo, el C19 ha exigido al máximo los recursos médicos del Estado mexicano, y en este contexto el Presidente ordenó el uso del personal e instalaciones médicos de las fuerzas armadas. Ello con un notable consenso social y parlamentario, por lo que puede sostenerse que se ha generado un precedente que válidamente se podría invocar para la contención de futuras pandemias. Los Presidentes de México habían recurrido al ejército en tiempos de paz en auxilio a la población por desastres naturales, con fundamento en la competencia constitucional sobre protección civil del artículo 73 fracción XXIX, inciso I. La finalidad constitucional de protección civil ha condicionado satisfactoriamente la función que desempeña en estos casos el ejército y su temporalidad, lo que también podría argüirse para el estado de emergencia sanitaria. Empero ha de apuntarse una decisión añadida y de distinta naturaleza que también tomó el Presidente de México durante el proceso de gestión de la pandemia C19, sin sustento en el artículo 73 en su fracción XVI o, en la fracción XXIX inciso I: ordenar que el ejército asuma funciones de policía para proveer seguridad pública en tiempos de paz.[21] Por contraste, al uso del ejército por razones médicas por el C19, esta última decisión presidencial no ha concitado consenso entre las fuerzas políticas del país.

Primera conclusión. En México, el COVID-19 ha expuesto la insuficiencia del ordenamiento constitucional vigente para casos de emergencia sanitaria —sin cambios desde 1917—, para responder a la pandemia, de conformidad con las garantías políticas y jurisdiccionales a los derechos y libertades públicas a que se refiere el artículo 27 de la Convención Americana sobre Derechos Humanos. El COVID-19 descubrió, además, los peligros multiplicados que entraña, en una situación de emergencia sanitaria, una forma de gobierno presidencial caduca que por décadas ha tenido como nota emblemática la debilidad de los controles horizontal y vertical de poderes.[22] Es incuestionable la legitima-

---

[21] DOF 11/05/2020.

[22] Carpizo, Jorge, *El presidencialismo mexicano*, México, Siglo XXI, 1978. Orozco Henríquez, Jesús, "El sistema presidencial mexicano en el Constituyente

ción constitucional y convencional del Presidente de México para ponderar entre los derechos a la salud y la vida, por un lado, frente a los derechos estructurales de la economía con los que aquellos han entrado en tensión por efecto del COVID-19. Pero resulta inconsecuente con la Constitución del país que establece una democracia representativa con forma presidencial de gobierno que, en ésta o en una futura pandemia, el Presidente de la República pueda tomar decisión tan delicada unilateralmente, sin diálogo con el Congreso compuesto de representantes populares de la Nación y de los Estados democráticamente electos; y, por añadidura, sin el control jurisdiccional que junto con el control de la representación política, no debiera suspenderse en supuestos de restricción de derechos en estados de excepción según dispone el artículo 27 del Pacto de San José. La experiencia del COVID-19 debe servir por tanto para actualizar el ordenamiento jurídico mexicano.

Segunda conclusión. El COVID-19 ha puesto de relieve que la academia mexicana se ha volcado casi en su totalidad al estudio de la garantía jurisdiccional de la Convención Americana sobre Derechos Humanos, y ha descuidado el análisis de la garantía política de los derechos y libertades públicas que debe proveer el Congreso en el marco del sistema presidencial.

De la garantía política, los estudios en México se han centrado únicamente en el mecanismo de las elecciones periódicas, que por diseño no inhiben las afectaciones a los derechos que en tiempo real produce el gobierno por su acción u omisión.[23] El COVID-19 es, en mi opinión, evidencia irrefutable que la garantía jurisdiccional nacional e interamericana para la protección de los derechos humanos, es claramente insuficiente durante estados de emergencia por la naturaleza misma del proceso judicial sobre hechos pasados, no en curso. En un estado de emergencia, como bien apunta en su resolución 1/2020 la Comisión IDH, se han de tomar medidas sanitarias de carácter restrictivo

---

de Querétaro y su evolución posterior", en VVAA, *El sistema presidencial mexicano*, México, UNAM, 1988, pp. 71-86. Valadés, Diego, "Formación y transformación del sistema presidencial en América Latina. Una reflexión sobre el ius constitutionale commune en América Latina", en Bogdandy, Armin von; Fix Fierro, Héctor; Morales Antoniazzi, Mariela (coords.), *Ius constitutionale commune en América Latina. Rasgos, potencialidades, desafíos*, México, IIJ-UNAM, 2014, pp. 184-194.

23 Warren, Mark E., "Accountability and Democracy", en *The Oxford Handbook of Public Accountability*, Oxford, Oxford University Press, 2016, pp. 39-40.

sobre los derechos humanos para proteger la salud y vida de las personas, a la vez que acciones de apoyo económico para los segmentos y grupos sociales más vulnerables de los países de América Latina. Esto significa que se ha de hacer una ponderación entre derechos que necesariamente se proyecta en el presupuesto de egresos que deciden conjuntamente los Presidentes y Congresos en las democracias representativas con forma presidencial de gobierno. Y no basta con tomar decisiones sobre el presupuesto para proteger debidamente los derechos humanos: la ejecución y aplicación honesta de los recursos económicos escasos debe llevarse a cabo bajo supervisión congresual, en tiempo real, para evitar dispendio y corrupción, y en especial clientelismo político-electoral.

Tercera conclusión. El COVID-19 se presenta como una ocasión ineludible para que la Comisión Interamericana de DDHH haga explícitos qué derechos están contenidos en el artículo 23.1 inciso a de la Convención Americana sobre Derechos Humanos, en su relación con el artículo 27. Concretamente que señale con absoluta claridad si dentro de este derecho se encuentra la garantía político-parlamentaria de control del gobierno en tiempo real en estados de emergencia sanitaria, y en particular el derecho de supervisión al gobierno de las minorías parlamentarias; o en palabras del título de este libro colectivo, que responda la pregunta ¿durante una pandemia, pueden entrar en cuarentena los parlamentos?

CONTEXTO NORMATIVO Y POLÍTICO DE CHILE ANTE LA EMERGENCIA SANITARIA POR COVID-19. NUEVAS LEYES Y SUS EFECTOS EN LOS DERECHOS FUNDAMENTALES

Ana María García Barzelatto[*]

Sumario: I. *Introducción*. II. *Escenario sociopolítico de Chile pre-pandemia*. III. *Declaración del estado de excepción constitucional de catástrofe y derechos afectados*. IV. *Rol del Parlamento y nuevas leyes generadas a partir de la pandemia sanitaria*.

I. Introducción

La llegada del inesperado y letal virus Covid-19 ha tomado a Chile por sorpresa.

No sólo por la gravedad que en sí representa, sino porque el país en esos momentos atravesaba por una situación social y política extremadamente grave, en medio de una crisis con serios efectos en la legitimidad de las instituciones nacionales.

Por ello, para comprender la real dimensión de la participación del órgano legislativo —nuestro Congreso Nacional— frente a la actual pandemia por Covid-19, hemos estimado indispensable iniciar este trabajo exponiendo algunos aspectos del escenario social y político de Chile inmediatamente previo la pandemia.

Así, en primer lugar, nos referiremos al escenario sociopolítico de Chile existente algunos meses antes del inicio de la pandemia, situación que ya entonces dio lugar a la declaración de estados de excepción constitucional. A continuación, se abordará el Estado de Excepción Constitucional de Catástrofe declarado con motivo de la pandemia; y, finalmente, se expondrá el rol que ha cumplido el Parlamento mediante la publicación de numerosas normas legislativas, las que se presentan

---

[*] Profesora titular de Derecho Constitucional. Universidad de Chile. Presidenta de la Asociación Chilena de Derecho Constitucional. Directora Revista de Derecho Público.

clasificadas según su incidencia en materias económica, laboral, jurisdiccional y política, entre otras, incluyendo las leyes de reforma constitucional dictadas. Las leyes se presentan hipervinculadas a su sitio web, para facilitar su consulta.

II. Escenario sociopolítico de Chile pre-pandemia

La llegada del Covid-19 a Chile se produjo en uno de los momentos más álgidos y conflictivos de su historia de los últimos treinta años y, para comprender los reales efectos de la pandemia en este país, se precisa describir brevemente las circunstancias sociales y políticas en que se ha recibido la pandemia sanitaria.

En la tarde del 18 de octubre de 2019, de manera sorpresiva, y quizás inesperada para la mayoría de los ciudadanos, se produjo, en Santiago de Chile y en el resto del país, lo que se ha denominado el "estallido social". El detonante fue el alza de pasaje del Metro de Santiago.

Se creó una ola de violencia y de rechazo al gobierno establecido, cuya popularidad venía bajando en las encuestas.[1] Disconformidad con la institucionalidad completa, acompañada de peticiones que por años se arrastraban relacionadas con la redistribución de los ingresos, los elevados índices de desigualdad económica, la discriminación social, el rechazo al sistema constitucional de seguridad social, de salud, de educación y la falta de participación ciudadana, entre otras aspiraciones insatisfechas.

A ello, se sumó el desapego de la ciudadanía al Congreso Nacional y a los partidos políticos.[2]

---

[1] De acuerdo con la encuesta Criteria, septiembre 2019, el 55% de los encuestados desaprobaba la forma como el Presidente Piñera estaba conduciendo el Gobierno versus un 33% que la aprobaba. En términos casi idénticos, la encuesta Casen, de la segunda semana de octubre de 2019, concluía que, mientras el 55% de los encuestados desaprobada la forma como el Presidente conducía el Gobierno, el 31% la aprobaba.

[2] Según la encuesta del Centro de Estudios Públicos (CEP) de diciembre del 2019, los partidos políticos alcanzaban 2% de la confianza de los encuestados. Cabe precisar que, al momento del "estallido social", existían más de 15 partidos políticos que tenían representación en el Congreso Nacional, a saber: Unión Demócrata Independiente (UDI), Renovación Nacional (RN), Evolución Política (Evópoli), Partido Demócrata Cristiano (DC), Partido Radical Socialdemócrata (PRSD), Partido por la Democracia (PPD), Partido Socialista (PS), Revolución Democrática (RD), Federación Regionalista Verde Social (FRVS), Partido

Pocos días después del 18 de octubre hubo una manifestación pacífica de la ciudadanía, marcada por la ausencia de banderas vinculadas a partidos políticos, que alcanzó —según cifras oficiales— a un millón doscientas mil personas, quienes marcharon con sus familias por las principales avenidas de Santiago, solicitando diversas reivindicaciones y la elaboración de una nueva Constitución.[3]

A lo dicho, debe agregarse la mención a los incontrolables saqueos y acciones de grupos violentistas que, con un arrojo inusual en Chile, contribuyó a aumentar la confusión ciudadana mediante barricadas, incendios, paralización del transporte y daños a la propiedad pública y privada.[4]

Las autoridades policiales encargadas constitucionalmente de resguardar el orden público no dieron abasto. El desacato y la falta de respeto a la autoridad condujo inevitablemente a la declaración por parte del gobierno del Estado de Excepción Constitucional de Emergencia, por quince días, lo que se postergó por igual período.[5]

Humanista (PH), Partido Ecologista Verde (PEV), Partido Liberal de Chile (PL), Partido Comunista (PC), Comunes y el Partido Progresista (PRO).

3   Véase Chechilnitzky, Alexandra y Said, Carlos. Más de 1,2 millones de voces gritan en Plaza Italia [Internet]. La Tercera. 2019 [citado 24 de mayo de 2020]. Disponible en: *https://www.latercera.com/nacional/noticia/mas-millon-voces-gritan-plaza-italia/878555/*; y el Mostrador E. Más de un millón 200 mil personas en Santiago y otras miles en regiones dieron la señal política más potente desde el NO, [Internet]. El Mostrador. 2019 [citado 24 de mayo de 2020]. Disponible en: *https://www.elmostrador.cl/noticias/pais/2019/10/25/convocana-la-marcha-mas-grande-de-chile-para-este-viernes-en-plaza-italia/.*

4   Véase las siguientes noticias: *i)* Caos total en Santiago: incendios, desmanes y saqueos alargan jornada de evasión masiva en el Metro [Internet]. BioBio Chile La Red de Prensa Más Grande de Chile. 2019 [citado 24 de mayo de 2020]. Disponible en: *https://www. biobiochile.cl/noticias/nacional/chile/2019/10/18/santiago-en-llamas-incendios-y-saqueos-extiendenjornada-de-incidentes-en-la-capital.shtml*; y *ii)* A dos meses del 18-O: ¿En qué fase de la crisis nos encontramos y cuáles son los desafíos?, [Internet]. Emol, 2019 [citado el 27 de mayo de 2020]. Disponible en: *https://www emol.com/noticias/Nacional/2019/12/18/970721/Dosmeses-del-estallido-social.html.*

5   El gobierno declaró el Estado de Emergencia en parte importante del territorio nacional. El 19 de octubre de 2019, mediante los Decretos N° 472, 473 y 474, se declaró el estado de emergencia en Santiago y Chacabuco, y las comunas de Puente Alto y San Bernardo de la Región Metropolitana; en la región de Valparaíso, con excepción de la provincia de Isla de Pascua y de la comuna de Juan Fernández; y en la provincia de Concepción, de la Región del Biobío.

Según el artículo N° 42 de la Constitución Política de la República de Chile, el estado de emergencia se declara en caso de "grave alteración del orden público o de grave daño para la seguridad de la Nación", por medio del Presidente de la República, "determinando las zonas afectadas por dichas circunstancias", esto también en relación con la Ley N° 18.415, Orgánica Constitucional de los Estados de Excepción, que confiere atribuciones y deberes a los respectivos jefes de la Defensa Nacional que se designe.

Frente al escenario político y social que se hacía cada día más inmanejable, el Congreso Nacional se reunió el 14 de noviembre de 2019 y deliberó hasta alcanzar en la madrugada del día siguiente un acuerdo que se dio a conocer a ciudadanía como *Acuerdo por la paz y una Nueva Constitución* (el Acuerdo), documento que fue firmado por todos los partidos políticos con representación en el Congreso, con la excepción del partido comunista y otros con menor representación.[6]

En doce puntos, el Acuerdo propone al gobierno y al país una trayectoria institucional para alcanzar la paz y llegar al establecimiento de una nueva Constitución Política, lo que debía concretarse mediante una pronta reforma constitucional, para celebrar un plebiscito en ese sentido.

Según lo estipulado en el Acuerdo, se constituyó una Mesa Técnica compuesta por catorce personas expertas elegidas por los partidos políticos firmantes, con representación paritaria de género, la que elaboró y presentó, al Presidente de la República una propuesta de reforma constitucional para iniciar el proceso constituyente y que, a su parecer, debía enviarse al Parlamento para su tramitación.[7]

En los términos propuestos, el 24 de diciembre de 2019, se publica la Ley de Reforma Constitucional N° 21.200 que modifica el capítulo XV de la Carta, para agregar un nuevo título *Del procedimiento*

---

[6] Establecer un nueva Constitución Política es una aspiración de sectores mayoritarios en Chile desde hace algunos años. El año 2016, durante el segundo gobierno de la Presidenta Michelle Bachelet (2014-2018) se convocó a encuentros ciudadanos y cabildos abiertos para conocer la opinión de la ciudadanía en torno a las materias que debería contener una nueva Constitución, bajo la activa dirección de un Consejo Ciudadano de Observadores que fue el depositario de las conclusiones alcanzadas. Finalmente, días antes de finalizar su mandato, en marzo de 2018, Bachelet ingresó a tramitación legislativa un proyecto articulado de Constitución Política, el que no ha tenido tramitación.

[7] La Mesa Técnica inició su trabajo el día de 22 noviembre de 2019 y entregó su Informe al ejecutivo el día 6 de diciembre del 2019.

para elaborar una Nueva Constitución Política de la República, que consta de trece nuevos artículos.

En conformidad con lo dispuesto en la reforma, tres días después de su entrada en vigencia, el Presidente de la República convoca a un plebiscito nacional para el 26 de abril de 2020, a fin de que ciudadanía decida dos cuestiones: *a)* si quiere una nueva Constitución; y, en caso de ganar el "apruebo", *b)* qué tipo de órgano debiera redactar la Nueva Constitución.

Por el hecho sobreviniente de la pandemia por el Covid-19, tuvo que dictarse una nueva reforma constitucional, que postergó el referido plebiscito para el 25 de octubre de 2020,[8] existiendo aún la incertidumbre y la intranquilidad de las distintas facciones políticas sobre si se podrá o no celebrar el esperado plebiscito. En Chile el coronavirus ha dejado en suspenso el debate político y social que se desató en octubre de 2019.

III. Declaración del estado de excepción constitucional de catástrofe y derechos afectados

Desde mediados del pasado siglo comienza a mirarse "la regulación de los estados de excepción no sólo como una atribución, al gobierno, de potestades extraordinarias en situaciones extraordinarias, sino también como un riguroso freno a los excesos del poder, en resguardo de las personas".[9]

Los estados de excepción en Chile se encuentran regulados en la Constitución Política de la República y en una ley orgánica constitucional.[10]

---

[8] El plebiscito fue postergado en virtud de la Ley de Reforma Constitucional N° 21.221, publicada el 26 de marzo del 2020.

[9] Ríos Álvarez, Lautaro, "Los estados de excepción constitucional", Santiago de Chile, *Revista Ius et Paxis,*8(1): 251-282, 2002, p. 252. Bajo la Constitución original de 1833 existieron dos E.E.C., a saber: *a)* La concesión al Presidente de "facultades extraordinarias": atribución del Congreso, conforme al art. 36 N° 6, el que debía siempre señalar expresamente las facultades concedidas y concederlas por ley, debiendo fijar el plazo de duración de dicha ley, y *b)* El estado de sitio: El Art. 82 N° 20 que daba amplias atribuciones al Presidente de la República.

[10] Ley N° 18.415, Orgánica Constitucional de los Estados de Excepción Constitucional, del año 1985.

La Carta reconoce cuatro estados de excepción constitucional (E.E.C.), que constituyen un régimen de *numerus clausus*, no pueden ser más ni pueden ser otros que los siguientes: *a)* estado de asamblea, en caso de guerra exterior; *b)* estado de sitio, en caso de guerra interna o grave conmoción interior; *c)* estado de emergencia en caso de grave alteración del orden público o de grave daño para la seguridad de la Nación, y *d)* estado de catástrofe en caso de calamidad pública.

Las situaciones de excepción son precisas y la Constitución habilita al Presidente, no lo obliga, a declarar el correspondiente estado de excepción cuando se produce la respectiva situación o hechos concretos.

Se requiere el acuerdo del Parlamento como condición para declarar el estado de asamblea y el estado de sitio, y para prorrogar este último por más de 15 días. En cambio, no se requiere acuerdo del legislativo para declarar un estado de emergencia, salvo cuando el Presidente requiera sucesivas prórrogas.

El estado de excepción declarado en Chile frente a los hechos del 18 de octubre de 2019, y días posteriores, fue el estado de emergencia, que era el que claramente correspondía frente a las circunstancias de grave alteración del orden público, como se relató precedentemente.

En cuanto al estado de catástrofe, que ha sido declarado por el Presidente de la República frente a la pandemia sanitaria que nos aqueja, constitucionalmente *no* se requiere el acuerdo del Congreso para su declaración, salvo que se declare por un período superior a un año. Sin embargo, el Presidente está obligado a mantener informado al Congreso de las medidas adoptadas, y éste último puede dejar sin efecto la declaración transcurridos ciento ochenta días desde ésta si las razones que la motivaron hubieran cesado absolutamente.

Una vez declarado el estado de catástrofe, las zonas respectivas —en el caso actual todo territorio nacional— quedaron bajo la "dependencia inmediata del Jefe de la Defensa Nacional" designado por el Presidente de la República, a quien corresponde asumir "la dirección y supervigilancia de su jurisdicción con las atribuciones y deberes que la ley señale".[11]

De acuerdo con la Constitución, por la declaración del estado de catástrofe, el Presidente de la República puede restringir las libertades de locomoción y de reunión. También puede "disponer requisiciones de bienes, establecer limitaciones al ejercicio del derecho de propiedad y adoptar todas las medidas extraordinarias de carácter administrativo

---

[11] Artículo 41, Constitución Política de la República de Chile.

que sean necesarias para el pronto restablecimiento de la normalidad en la zona afectada".[12]

Durante el estado de catástrofe actualmente en vigor, se han limitado las libertades de locomoción y de reunión, en virtud de resoluciones que han declarado la cuarentena para diversas zonas del territorio nacional, según los avances del contagio por el covid-19.[13] Se ha limitado la libertad de locomoción en todo el territorio a todas las personas mayores de 80 años (y luego a las mayores de 75 años),[14] por estimarse que son personas con alto riesgo de contagio,[15] además, restricciones de viajes, cancelación de celebraciones y eventos, y el cierre de establecimientos comerciales, colegios y universidades. Se ha decretado toque de queda, aislamiento o cuarentena a poblaciones generales y a personas determinadas, cordones sanitarios, aduanas sanitarias y medidas de protección a poblaciones vulnerables.[16]

Desde marzo de 2020 en adelante, las comunicaciones públicas y privadas han debido efectuarse por vía remota, conforme a leyes dictadas especialmente para ello, a fin de habilitar el desarrollo de las actividades del Poder Judicial y demás órganos públicos.

Coincidimos con quienes han señalado, que este régimen de excepción, tal y como está concebido actualmente, es "insuficiente para afrontar una situación que afecta a la salud pública, pues no contempla normas especiales relacionadas con ella o con las crisis sanitarias, como tampoco lo hace con los desastres ecológicos", que requieren

---

12   Artículo 43 tercer inciso, Constitución Política de la República de Chile.

13   Desde el 26 de marzo de 2020 en adelante, se han implantado cuarentenas para determinados sectores de población y por lapsos de tiempo acotados, con testeo de los casos sospechosos que han ido aumentando en el tiempo para detectar los contagios y aislarlos.

14   Véase la Resolución N° 347 exenta del Ministerio de Salud, de fecha 13 de mayo de 2020, que dispone medidas sanitarias que indica por brote de Covid-19.

15   Véase la Resolución N° 203 del Ministerio de Salud, de fecha 24 de marzo de 2020, que dispone el aislamiento de todas las personas que ingresen al país; la prohibición a los habitantes de la República salir a la vía pública, entre las 22:00 y 05:00 horas; y la permanencia obligatoria de las personas mayores de 80 años en sus domicilios habituales.

16   Véase *https://colegioabogados.cl/wp-content/uploads/2020/05/Normas-dictadas-a-causa-dela-Covid-19-2.pdf*.

la adopción de medidas específicas para contener la propagación del virus, disminuir el número de contagios y de muertes.[17]

Los estados de excepción fueron objeto de una relevante reforma constitucional el año 2005, sin embargo la ley orgánica constitucional que los regula data de 1985, por lo que se encuentra desfasada con la Carta Fundamental. Es indispensable su actualización y radicar en el Congreso atribuciones, que actualmente se concentran en el Ejecutivo lo que presenta inconvenientes en un Estado de Derecho donde las atribuciones de los poderes públicos deben estar equilibradas.

IV. ROL DEL PARLAMENTO Y NUEVAS LEYES GENERADAS A PARTIR DE LA PANDEMIA SANITARIA

En Chile, el primer caso de Covid-19 se confirmó el 3 de marzo del 2020. "Fue el de un médico de 33 años internado en el Hospital Regional de Talca. El hombre había regresado de Singapur. A partir de entonces, el bro te se expandió a todo el territorio nacional, con un aumento sostenido de los casos por coronavirus, así como la constatación de muertes producto del contagio".[18]

Desde entonces y frente a los impactos corrosivos de la pandemia, se han dictado decenas de normas legislativas, muchas de ellas iniciadas por mensaje del Presidente de la República, en su carácter de órgano colegislador quien, además, tiene iniciativa exclusiva en proyectos de ley que impliquen gasto público, y hoy el cumplimiento de la mayoría de esas leyes obviamente comprometen el erario nacional.

La legislación se ha orientado a dar protección a la salud de las personas, a resguardar las condiciones del empleo, a aprovechar los avances tecnológicos y a dar cierto desahogo económico que permita mitigar la incertidumbre a que nos enfrenta la crisis sanitaria en actual desarrollo.

La función desempeñada por el Parlamento durante la tramitación de los proyectos ha sido de relevancia nacional para lograr los acuerdos con la expedición y rapidez que se requiere ante el avance sostenido de

---

[17] Ahumada, Marcela, *Los cambios que requiere la regulación del Estado de Catástrofe para enfrentar la pandemia*, Santiago de Chile, Diario Constitucional, 04 de abril, 2020.

[18] Vio Del Rio, Fernando, "El Coronavirus y nuestras fragilidades", *Revista Mensaje*, Santiago de Chile, 05 de mayo de 2020.

los efectos de la pandemia. Las leyes dictadas han dado origen a una profusa normativa administrativa para ponerla en ejecución.[19]

A continuación, y dentro de lo que este espacio permite, ofrecemos un panorama de las principales leyes generadas entre el 26 de marzo de 2020 y el 16 de mayo de 2020, ordenadas en razón de las siguientes materias: económicas, laborales, políticas, jurisdiccionales y facilitadoras de determinados trámites con plazo, siguiendo un orden cronológico que comienza con las más recientes.[20]

1. *Leyes en materia económica*

Ley N° 21.230 (16-05-2020) que concede un ingreso familiar de emergencia. Esta ley concede un ingreso familiar de emergencia compuesto por un máximo de tres aportes extraordinarios de cargo fiscal, para los hogares que cumplan los requisitos legales, entre ellos, pertenecer al 90% más vulnerable del país, y preferentemente para las familias que reciben ingresos informales y que han visto disminuidos sus recursos por no poder trabajar, a causa de la emergencia sanitaria.

Ley N° 21.229 (24-04-2020) aumenta el capital del Fondo de Garantía para Pequeños y Medianos Empresarios (FOGAPE) y flexibiliza temporalmente sus requisitos. Para mitigar los efectos económicos de la pandemia y facilitar la continuidad de las empresas, esta ley modifica el Decreto ley N° 3.472, que crea el fondo de garantía para pequeños empresarios, ampliándolo para medianos empresarios, flexibilizando los requisitos exigidos para el uso del Fondo (FOGAPE), hasta el 30 de abril de 2021. Asimismo, autoriza un aumento de capital al Fondo, como parte del Plan Económico de Emergencia.

Ley N° 21.217 (3-04-2020) modifica la Ley N° 19.983, que regula la transferencia y otorga mérito ejecutivo a copia de la factura, para limitar los acuerdos de plazo de pago excepcional en casos de empresas de menor tamaño emisoras de facturas.

La Ley N° 19.983 dispone que la obligación de pago del saldo insoluto contenido en la factura deberá ser cumplida de manera efectiva en el plazo máximo de treinta días corridos contados desde la recepción de la factura.

La nueva ley incorpora un inciso nuevo al artículo 2° de la Ley N° 19.983 el cual dispone que dichos acuerdos "no podrán celebrarse

---

[19] Véase link de nota 16.

[20] Las leyes han sido obtenidas de la base de datos LeyChile de la Biblioteca del Congreso Nacional y se encuentran hipervinculadas a su sitio web.

en casos en que participen, por una parte, empresas de menor tamaño, según se definen en la Ley N° 20.416, como vendedoras o prestadoras de servicios y, por otra, empresas que superen el valor más alto de los ingresos anuales indicados en la referida ley, como compradoras o beneficiarias del bien o servicio", salvo que los acuerdos beneficien a la empresa de menor tamaño acreedora.

Además, establece que la información contenida en el registro de dichos acuerdos, en lo que se refiere a los compradores o beneficiarios del servicio, la existencia del acuerdo y el plazo de pago, será de carácter y acceso público.

Ley N° 21.225 (02-04-2020) establece medidas para apoyar a las familias y a las micro, pequeñas y medianas empresas por el impacto de la enfermedad COVID-19 en Chile.

Para apoyar a las familias y determinadas empresas, la ley establece numerosas medidas, como conceder un bono extraordinario a quienes sean beneficiarios del subsidio familiar establecido en la Ley N° 18.020, sobre subsidio familiar para personas de escasos recursos. Asimismo, se concede este bono a cada persona o familia que sea usuaria del subsistema "Seguridades y Oportunidades", creado por la Ley N° 20.595 que crea el ingreso ético familiar que establece bonos y transferencias condicionadas para las familias de pobreza extrema y crea subsidio al empleo de la mujer.

2. *Leyes laborales*

Ley N° 21.227 (06-04-2020) faculta el acceso a prestaciones del seguro de desempleo de la Ley N° 19.728, en circunstancias excepcionales. El propósito de esta ley es permitir el acceso a prestaciones del seguro de desempleo de la Ley N° 19.728 a los trabajadores dependientes cuyos empleadores hayan debido paralizar sus actividades por causa de la crisis sanitaria. Puede proceder por mutuo acuerdo, o como consecuencia de un acto o declaración de autoridad, o que hayan pactado la continuidad de la prestación de los servicios, en el periodo comprendido entre la fecha la declaración del estado de catástrofe hasta la fecha estipulada por esta normativa. Durante la suspensión del vínculo laboral, el empleador estará obligado a pagar las cotizaciones previsionales y de seguridad social, tanto de su cargo como aquellas del trabajador.

Ley N° 21.218 (03-04-2020) crea un subsidio para alcanzar un ingreso mínimo garantizado. Esta ley establece un subsidio mensual, de cargo fiscal, para los trabajadores dependientes regidos por el Código del Trabajo, con contrato de trabajo vigente y afectos a una jornada ordinaria que sea superior a treinta horas semanales. Este subsidio regirá hasta el 31 de diciembre de 2023 y tendrán derecho a él los trabajadores dependientes que perciban una remuneración bruta mensual inferior a $384.363, y que integren un hogar perteneciente a los primeros nueve deciles, de acuerdo al instrumento de caracterización socioeconómica reconocido legalmente.

Ley Nº 21.220 (26-03-2020), modifica el Código del Trabajo en materia de trabajo a distancia. Incorpora un nuevo capítulo al Código del Trabajo con el objeto de regular el trabajo a distancia y el teletrabajo, en cuya virtud las partes podrán pactar, al inicio o durante la vigencia de la relación laboral, en el contrato de trabajo o en documento anexo al mismo, la modalidad de trabajo a distancia o teletrabajo. En ningún caso dichos pactos podrán implicar un menoscabo de los derechos que el Código reconoce al trabajador, en especial, en su remuneración y gozarán de todos los derechos individuales y colectivos contenidos en él.

La misma ley define el trabajo a distancia como "aquel en el que el trabajador presta sus servicios, total o parcialmente, desde su domicilio u otro lugar o lugares distintos de los establecimientos, instalaciones o faenas de la empresa". "Se denominará teletrabajo si los servicios son prestados mediante la utilización de medios tecnológicos, informáticos o de telecomunicaciones o si tales servicios deben reportarse mediante estos medios".

3. *Leyes de reforma constitucional en materia política*

Ley Nº 21.221 (26-03-2020) reforma constitucional que establece un nuevo itinerario electoral para el plebiscito constituyente y otros eventos electorales que indica. Modifica la Constitución Política para establecer una nueva fecha para la realización del plebiscito programado para el 26 de abril de 2020, con el que se daba inicio a un eventual proceso constituyente; y también para las elecciones municipales y la de los Gobernadores Regionales. Así, la reforma determina que el plebiscito constitucional se realizará el 25 de octubre de 2020, mientras que las elecciones municipales y de Gobernadores Regionales se efectuarán el 11 de abril de 2021.

Ley Nº 21.219 (26-03-2020) reforma constitucional que autoriza al Congreso Nacional a sesionar por medios telemáticos en los casos que indica. En virtud del Artículo Único de la ley, se incorpora en la Constitución Política la siguiente disposición, trigésima segunda transitoria:

> Por el plazo de un año a contar de la publicación de la presente reforma, la Cámara de Diputados y el Senado podrán funcionar por medios

telemáticos una vez declarada una cuarentena sanitaria o un estado de excepción constitucional por calamidad pública que signifique grave riesgo para la salud o vida de los habitantes del país o de una o más regiones, que les impida sesionar, total o parcialmente, y mientras este impedimento subsista.

Para ello se requerirá el acuerdo de los Comités que representen a los dos tercios de los integrantes de la respectiva cámara. Ellas podrán sesionar, votar proyectos de ley y de reforma constitucional y ejercer sus facultades exclusivas.

El procedimiento telemático deberá asegurar que el voto de los parlamentarios sea personal, fundado e indelegable.

4. *Leyes en materia judicial*

Ley N° 21.228 (17-04-2020) concede indulto general conmutativo a causa de la enfermedad COVID-19 en Chile. El indulto general conmutativo se concede a las personas que, a la fecha de entrada en vigencia de esta ley, se encuentren privadas de libertad en virtud de una condena por sentencia ejecutoriada, y tengan setenta y cinco años de edad o más, consistente en la conmutación del saldo de las penas privativas de libertad que les resta por cumplir y, en su caso, de la multa, por reclusión domiciliaria total, por el tiempo equivalente al respectivo saldo de condena que les reste por cumplir. También se concede a las personas que cumplan con determinados requisitos de edad y de cumplimiento de los plazos de la condena, como asimismo a las mujeres que estuvieren embarazadas o tuvieren un hijo o hija menor de dos años de edad, que resida en la unidad penal, que cumplan determinados requisitos.

Excluye del beneficio a los condenados por los delitos de lesa humanidad, violación con homicidio, parricidio y femicidio, entre otros.

Ley N° 21.226 (02-04-2020) establece un régimen jurídico de excepción para los procesos judiciales, en las audiencias y actuaciones judiciales, y para los plazos y ejercicio de las acciones que indica, por el impacto de la enfermedad COVID-19 en Chile. Durante el estado de catástrofe, la Corte Suprema deberá ordenar que se suspendan las audiencias en los tribunales cuando resulte evidente que aquellas no podrán realizarse. Incluso podrá ordenar a los Juzgados de Garantía y los Tribunales de Juicio Oral en lo Penal, la suspensión de audiencias, pero con algunas excepciones que se señalan expresamente.

La Corte Suprema deberá cumplir fundadamente esta obligación, y deberá señalar en forma expresa y circunstanciada las condiciones y los términos en que operará cada suspensión que decrete, las que deberán ser reagendadas por los tribunales a cargo, pudiendo ser realizadas a través de conexiones remotas, debiendo siempre cumplir las garantías del debido proceso y no causar indefensión a alguna de las partes o intervinientes.

5. *Leyes facilitadoras de trámites con plazo*

Ley Nº 21222 (01-04-2020) prorroga por un año la vigencia de las licencias de conducir que expiren durante el año 2020.

Ley Nº 21223 (01-04-2020) prorroga el plazo para la renovación de los permisos de circulación correspondientes al año 2020, y otras materias que indica.

Ley Nº 21224 (01-04-2020) prorroga la fecha de renovación de las revisiones técnicas.

En conclusión, el escenario de la pandemia exigirá al parlamento chileno el desafío de abordar una doble tarea, tanto aquellas pendientes post 18 de octubre de 2019, como los problemas económico-sociales que se habrán generado post pandemia, lo que deberá concitar necesarios acuerdos entre el Congreso Nacional y el Presidente de la República, como colegisladores. Desde ya, el 14 de junio de 2020, gobierno y oposición alcanzaron el "Acuerdo Covid por la protección, la reactivación y responsabilidad fiscal" para crear un fondo extrapresupuestario de US$12 mil millones, para proteger los ingresos de las familias vulnerables y reactivar la economía.

ACTIVIDAD Y FUNCIONAMIENTO DE LOS PARLAMENTOS ESPAÑOLES EN LA CRISIS SANITARIA POR COVID-19

Piedad García-Escudero Márquez[*]

Sumario: I. *Introducción. La actividad parlamentaria en situación de crisis sanitaria.* II. *Parlamentos de las Comunidades Autónomas.* III. *Congreso de los Diputados y Senado.* IV. *Conclusiones.*

I. Introducción. La actividad parlamentaria en situación de crisis sanitaria[1]

La declaración del estado de alarma como consecuencia de la pandemia COVID-19 y la existencia de parlamentarios contagiados incluso antes de aquella, han provocado graves interferencias en el funcionamiento de los distintos Parlamentos, que condujeron en nuestro país a buscar diversas soluciones en los Parlamentos autonómicos y en las Cámaras que integran las Cortes Generales. Intentaremos en este trabajo sistematizar y comentar las decisiones adoptadas, sin pretender abordar cuestiones más trascendentes, como por ejemplo la suficiencia o no del control ejercido sobre los Gobiernos.

La peculiaridad de las circunstancias que han dificultado el normal funcionamiento de nuestros Parlamentos no reside en la declaración de un estado de anomalía o emergencia constitucional, que sólo había sido ocurrido una vez desde la aprobación de la Constitución. El problema fundamental ha sido una crisis sanitaria que hacía desaconsejables —y en algún caso impedía— los desplazamientos y la reunión de grupos de personas, más aún procedentes de distintas áreas

---

[*] Catedrática de Derecho Constitucional en la Universidad Complutense de Madrid y Letrada de las Cortes Generales. Miembro del Instituto de Derecho Parlamentario.

[1] Una versión amplia de este trabajo, con el examen pormenorizado de las soluciones adoptadas en los distintos Parlamentos españoles, se publicará próximamente.

geográficas. Crisis sanitaria —una pandemia— sin precedentes, con miles de muertos, centenares cada día sólo en España, contándose entre los primeros contagiados parlamentarios —razón añadida para observar una cuarentena y extremar las precauciones—, amén de miembros del Gobierno y otras autoridades.

Ya las Cortes reunidas en Cádiz en 1810 tuvieron que superar los obstáculos que la situación de guerra planteaba. Así, el artículo 109 de la Constitución de 1812 preveía y solventaba las eventuales dificultades de desplazamiento: "Si la guerra o la ocupación de alguna parte del territorio de la Monarquía por el enemigo impidieren que se presenten a tiempo todos o algunos de los Diputados de una o más provincias, serán suplidos los que falten por los anteriores Diputados de las respectivas provincias, sorteando entre sí hasta completar el número que les corresponda".

La crisis provocada por la pandemia ha afectado de lleno a la actividad parlamentaria, en una situación de emergencia para la que el artículo 116 de la Constitución reclama la presencia del Congreso de los Diputados, a quien corresponde autorizar la prórroga de la declaración del estado de alarma, de la que se le ha de dar cuenta, "reunido inmediatamente al efecto". Los apartados 5 y 6 de este artículo se preocupan de establecer las cautelas que han de preservar la democracia parlamentaria en una situación de incremento de poder del Ejecutivo y de restricción de derechos.[2]

Muy especialmente el Congreso de los Diputados, al que corresponden competencias específicas en este estado, pero también el Senado y los Parlamentos de las Comunidades Autónomas en el ejercicio de su función de control al Gobierno, se han encontrado en la coyuntura de hacer de la necesidad virtud y enfrentarse a unas circunstancias para las que no contaban no ya con previsión reglamentaria, sino con instrumentos o herramientas tecnológicas —piénsese en la posibilidad de

---

[2] Art. 116. "5. No podrá procederse a la disolución del Congreso mientras estén declarados algunos de los estados comprendidos en el presente artículo, quedando automáticamente convocadas las Cámaras si no estuvieren en periodo de sesiones. Su funcionamiento, así como el de los demás poderes del Estado, no podrá interrumpirse durante la vigencia de estos estados. Disuelto el Congreso o expirado su mandato, si se produjere algunas de las situaciones que dan lugar a cualquiera de dichos estados, las competencias del Congreso serán asumidas por su Diputación Permanente. 6. La declaración de los estados de alarma, de excepción y de sitio no modificará el principio de responsabilidad del Gobierno y de sus agentes reconocidos en las Constitución y en las leyes".

celebrar reuniones telemáticas con garantías— que permitieran continuar con su actividad... de otra forma.[3]

En el origen de las barreras jurídicas a las posibles innovaciones imaginativas —sesiones y/o voto a distancia— se encuentra el carácter presencial de las reuniones de Asambleas, deducible de su propio nombre y que se plasma en distintos artículos de la Constitución en referencia al Congreso y al Senado, en particular las reglas sobre quórum y personalidad e indelegabilidad del voto contenidas en el artículo 79.[4] Las recientes sentencias del Tribunal Constitucional 19/2019 y 45/2019, bien es verdad que en un contexto diferente (investidura no presencial del candidato a la Presidencia de la Generalitat), han subrayado la inmediatez y presencialidad de la actividad parlamentaria,[5] aun admi-

---

[3] Para las medidas adoptadas en otros países puede verse Murphy, Jonathan, *Parliaments and Crisis: challenges and innovations,* Parliamentary Primer núm. 1, Inter Pares. Parliaments in Partnership, International IDEA, 2020, en *https://www.inter-pares.eu/sites/interpares/ files/2020-05/Parliaments%20 and%20Crisis%20Challenges%20and%20Innovations%20Primer.pdf* (consulta: 14 de mayo de 2020); el *briefing* elaborado por el Servicio de documentación parlamentaria del Parlamento Europeo *Parliaments in emergency mode. How Member States' Parliaments are continuing with business during the pandemia* (M. Diaz Crego y R. Manko); así como el informe de la Biblioteca del Congreso de los Estados Unidos *Continuity of Legislative Activities during Emergency Situations.* Véanse también propuestas para el Parlamento británico, "Proposals for a 'virtual' Parliament: how should parliamentary procedure and practices adapt during the Coronavirus pandemic?", en *https://hansardsociety.org.uk/ publications/proposals-for-a-virtual-parliament* (acceso: 28 de abril de 2020). La solución adoptada finalmente en los Comunes para la reanudación de trabajos fue mixta, presencial y por videoconferencia.

[4] Puede verse sobre este tema García-Escudero Márquez, Piedad, "Artículo 79" en *Comentarios a la Constitución Española de 1978,* en Cazorla Prieto, L. M. (dir), tomo I, Thomson Reuters Aranzadi, Cizur Menor, 2018, pp. 2134 y ss., y "Artículo 79", en *Comentarios a la Constitución española 40 aniversario, Libro homenaje a Luis López Guerra,* P. Pérez Tremps y A. Saiz Arnáiz, dirs., tomo I, Tirant lo Blanch, Valencia, 2018, pp. 1219 y ss.

[5] La STC 45/2019 FJ 5 y 6 extiende también la inmediatez a las reuniones del Gobierno salvo casos justificados y excepcionales y con las debidas garantías. En este sentido, la crisis sanitaria ha llevado a la modificación de la Ley 50/1997, de 30 de noviembre, del Gobierno, por Real Decreto-ley 7/2020 para permitir las reuniones telemáticas. Conforme a la nueva disposición adicional tercera: "1. En situaciones excepcionales, y cuando la naturaleza de la crisis lo exija, el Presidente del Gobierno podrá decidir motivadamente que el Consejo de Ministros, las Comisiones Delegadas del Gobierno y la Comisión General de Secretarios

tiendo la posibilidad de que los Reglamentos prevean la posibilidad de votar en ausencia cuando concurran circunstancias excepcionales o de fuerza mayor (STC 19/2019 FJ 4).

Las circunstancias de crisis no constituyen el escenario apropiado para las modificaciones reglamentarias, siempre difíciles en determinadas Cámaras, en particular el Congreso y el Senado. Cierto que muchos Parlamentos, por otras causas derivadas en primer término del incremento del número de parlamentarias, han introducido modalidades de voto a distancia o delegado en sesiones plenarias y para determinados asuntos, pero ello no ha sido suficiente en los momentos vividos. Cuestiones como el registro electrónico de iniciativas o la necesidad de guardar distancia entre los asistentes a las sesiones habían de ser cohonestadas con la función de control del Gobierno, especialmente importante en estado de alarma.

A las cuestiones expuestas han dado respuesta los Presidentes, las Mesas, las Juntas de Portavoces, en definitiva los órganos de gobierno de los Parlamentos, ideando soluciones más o menos amparadas por el respectivo Reglamento. En ese más o menos está el problema. Por mucha voluntad que haya, no todo vale. La ductilidad del Derecho Parlamentario tiene límites —incluso en el supuesto de esa unanimidad que supuestamente todo lo sana— si queremos mantenernos en el Estado de Derecho.

El estado de alarma fue declarado por el Gobierno por Real Decreto 463/2020, de 14 de marzo (BOE núm. 67 del mismo día, minutos antes de las 12 de la noche), entrando en vigor en el momento de su publicación. Ya la semana anterior se había producido la paralización de la actividad en algunas Cámaras: así, la Mesa del Congreso de los Diputados suspendió las sesiones previstas para la semana del 10 de marzo, como también lo hicieron distintos Parlamentos autonómicos. A partir de entonces y durante un mes (hasta el 12 de abril, concluida la primera prórroga del estado declarado), al desatarse la expansión de la enfermedad la actividad parlamentaria se reduce a mínimos, pero incluso esos mínimos precisaron de una adecuación de normas o de

---

de Estado y Subsecretarios puedan celebrar sesiones, adoptar acuerdos y aprobar actas a distancia por medios electrónicos, siempre que los miembros participantes se encuentren en territorio español y quede acreditada su identidad. Asimismo, se deberá asegurar la comunicación entre ellos en tiempo real durante la sesión, disponiéndose los medios necesarios para garantizar el carácter secreto o reservado de sus deliberaciones. 2. A estos efectos, se consideran medios electrónicos válidos las audioconferencias y videoconferencias".

acuerdos que estudiaremos a continuación agrupándolos en función de la solución adoptada. Una vez que el 9 de abril el Congreso autoriza una segunda prórroga (con visos de que no sería la última)[6] y se levantan algunas restricciones al trabajo presencial en general, la suspensión de su actividad se hace insostenible para los propios Parlamentos y ante la opinión pública, reactivándose aquella, aunque también con formas inhabituales — no siempre acertadas—, todo lo cual intentamos exponer a continuación.

Con carácter previo, ha de destacarse que el tamaño de los Parlamentos autonómicos no es comparable a los del Congreso y el Senado, como tampoco lo es el ámbito territorial de representación, cuya menor amplitud no plantea —salvo en el caso insular por las circunstancias que se dirán— tantos problemas de desplazamiento o de reunión observando las distancias recomendadas entre los asistentes. Ello puede hacer menos justificables determinadas decisiones.

II. Parlamentos de las comunidades autónomas

1. *Parlamentos disueltos: País Vasco y Galicia*

En circunstancias particulares se encontraban los Parlamentos de País Vasco y Galicia, con procesos electorales convocados para el día 5 de abril, dejados sin efecto por Decretos del respectivo Presidente de la Comunidad Autónoma (7/2020, de 17 de marzo, y 45/2020, de 18 de marzo) como consecuencia de la declaración del estado de alarma, aun sin previsión legal que lo permitiera. Disueltos los Parlamentos Vasco y gallego, sin medio jurídico de "resucitarlos", el único órgano de trabajo vivo era la Diputación Permanente (con su Mesa), de carácter reducido y por tanto más fácil de reunir, si bien con competencias normalmente tasadas.

Así, en *Galicia*, se celebraron comparecencias de autoridades ante la DP desde el 26 de marzo. Estas reuniones se celebraron *de forma presencial*, en el hemiciclo, observando la distancia requerida por la

---

[6] Previa la correspondiente autorización del Congreso de los Diputados, el estado de alarma fue prorrogado por periodos de catorce días por Reales Decretos 476/2020, de 27 de marzo; 487/2020, de 10 de abril; 492/2020, de 24 de abril; 514/2020, de 8 de mayo; 537/2020, de 22 de mayo, y 555/2020, de 5 de junio.

crisis sanitaria (21 miembros titulares), sin la asistencia inmediata de representantes de los medios de comunicación.[7]

En el *Parlamento Vasco*, la Mesa de la Diputación Permanente cerró sus edificios el 13 de marzo, tras conocer las medidas adoptadas ese mismo día por el Consejo de Gobierno; posteriormente, la Mesa se reunió de forma telemática con regularidad. Previa reunión informativa telemática del Lehendakari con los portavoces de los grupos parlamentarios, que no debe confundirse con una sesión parlamentaria, la Diputación Permanente (cuya última reunión había sido el 18 de febrero) celebra sesión el día 17 de abril, de forma telemática, incluidas en el orden del día *proposiciones no de ley* en relación con la emergencia de Covid-19, algo inusual en la actividad de un órgano de continuidad con el Parlamento disuelto. En la semana que hemos marcado como de reinicio de la actividad parlamentaria en general, la sesión del día 17 tiene lugar con celebración telemática y sola presencia de los portavoces, no obstante, el voto sería a distancia de viva voz por todos los miembros.

Ante los acuerdos adoptados cabe plantearse —como lo hicieron posteriormente otros Parlamentos— en primer lugar si era imprescindible romper, en una Comunidad Autónoma de tan reducida extensión y con facilidad de comunicación, el principio de presencialidad acordando la reunión telemática de la Diputación Permanente de la Cámara, órgano ya de por sí reducido, para luego reunirse con carácter presencial y, a partir del 24 de abril, con voto delegado. De otra parte, tampoco las reuniones informales de los portavoces con el Ejecutivo pueden sustituir a las sesiones parlamentarias debidamente convocadas y celebradas

---

[7] Previamente, como en prácticamente todos los parlamentos, el 15 de marzo se habían adoptado medidas de teletrabajo para el personal y la limitación de la presencia en la sede de la institución al mínimo imprescindible, así como el funcionamiento sólo telemático del Registro. Destaquemos desde ahora la importancia que el registro de iniciativas tiene para el funcionamiento de todos los Parlamentos, pues la presentación de aquellas constituye el motor que pone en marcha su actividad. La Mesa de la Diputación Permanente acordó el 3 de abril transferir a la Xunta, de forma inmediata, una partida de 2 millones de euros procedentes del remanente de tesorería de la institución, para contribuir a las necesidades presupuestarias de la pandemia; medidas similares se han adoptado en otros Parlamentos, bien con fondos procedentes de remanentes, bien de gastos presupuestados y no ejecutados, como los correspondientes a las indemnizaciones o los desplazamientos de los miembros del Parlamento.

(recordemos la tajante declaración contenida en el art. 67.3 CE),[8] y flaco favor hace a la institución generar la confusión entre ambas.

2. Mantenimiento de la actividad por medios presenciales o telemáticos

Los Parlamentos no disueltos se enfrentaron al problema planteado por la emergencia sanitaria para la continuación de su actividad. El examen de las medidas adoptadas permite establecer dos grandes grupos: *a)* aquellos que decidieron —normalmente por entender que el Reglamento no permitía otra opción— mantener su actividad, eso sí, muy reducida, acudiendo no obstante en ocasiones a mecanismos tales como la reunión o la votación telemática; *b)* los que recurrieron a la suspensión del periodo de sesiones u otros artificios para que entrara en juego la Diputación Permanente, estirando más o menos sus competencias. Dejaremos estos para el final por ser el que puede plantear más dudas sobre su corrección jurídica.

En el primer grupo, aquellos que descartaron el dudoso recurso a la Diputación Permanente, se encuentran el Congreso de los Diputados y el Senado y los Parlamentos de las Comunidades Autónomas siguientes: Cataluña, Asturias, Cantabria, La Rioja, Región de Murcia, Aragón, Castilla-La Mancha, Navarra y Madrid, subdivisibles a su vez en dos grupos, según que se celebraran o no sesiones de forma telemática, del Pleno o de las comisiones.

Como se ha señalado, la actividad parlamentaria se redujo a mínimos al menos durante un mes, celebrándose en todo caso reuniones de la Mesa y a veces de la Junta de Portavoces, presenciales o en general telemáticas por videoconferencia, incluso mixtas;[9] en Castilla y León, que no pertenece al grupo que estudiamos ahora, se delegaron todas las funciones de la Mesa en el Presidente; como regla general, se cerró el Registro general presencial y se habilitó el telemático o por correo electrónico, aunque en algún caso se suspendió durante un tiempo; se suspendieron los plazos de tramitación de iniciativas. En cuanto a las eventuales reuniones de órganos de trabajo, Pleno y comisiones, se

---

[8] Art. 67.3 CE: "Las reuniones de parlamentarios que se celebren sin convocatoria reglamentaria no vincularán a las Cámaras y no podrán ejercer sus funciones ni ostentar sus privilegios".

[9] Nada que objetar al carácter telemático de las reuniones de los órganos de gobierno de las Cámaras, mucho más frecuentes, que no ejercen funciones atribuidas a aquellas por la Constitución o los Estatutos de Autonomía.

optó en general por un formato de asistencia reducida con voto telemático o delegado, según las peculiaridades reglamentarias —extendiendo la autorización a todos los diputados—, y en el peor de los casos con aplicación de voto ponderado. En dos Comunidades Autónomas— Cataluña y Región de Murcia— llegó a aprobarse la ley anual de presupuestos con estas limitaciones.

Cabe criticar en algunos supuestos el acuerdo adoptado en relación con la celebración de sesiones telemáticas de comisiones o pleno, sin cobertura reglamentaria. La extensión a todos los diputados del voto delegado o telemático, más allá de las previsiones parlamentarias por analogía, parece un mal menor en comparación con aquello. De hecho, en la Asamblea de Madrid fracasó por imposibilidad técnica un intento de sesión plenaria de control por vía telemática, que se reanudó al día siguiente de forma presencial. No es que este incidente constituya un argumento en apoyo de la tesis de fondo, pero sí nos recuerda que el Parlamento está concebido como asamblea de personas y sus medios técnicos responden a esta cualidad, de modo que cuando pretende obviarse el carácter presencial no sólo no existe apoyo técnico suficiente con antelación, sino que puede plantear problemas de garantías de autenticidad. De otra parte, la experiencia ha ratificado que las innovaciones han de ser comprobadas antes de ponerse en práctica.

En algunos Parlamentos, se crea en un segundo momento una Comisión no permanente reducida, que facilita el seguimiento de la situación.

3. *Activación de la Diputación Permanente*

Un segundo grupo de Parlamentos autonómicos, de las Comunidades Autónomas de Andalucía, Valenciana, Castilla y León, Extremadura, Canarias y Baleares, ha optado por la activación de la Diputación Permanente durante la vigencia del estado de alarma o parte de ella. Esta solución es la más criticable, sobre la base del propio carácter de dicho órgano de continuidad, llamado a sustituir al Pleno cuando éste no puede reunirse —por razones jurídicas preestablecidas y tasadas, no fácticas— y con unas funciones mínimas. La extensión de unas y otras entraña un peligro evidente: ¿por qué no sustituir con carácter ordinario los órganos de trabajo del Parlamento por una representación reducida limitada a los portavoces de los grupos parlamentarios? Ello puede llevarse al extremo en los casos en que en la propia disminuida DP se actúa con voto ponderado, incluso con una previsión reglamentaria insólita, como ocurre en la Asamblea de Extremadura.

En algunos casos la escasa actividad de la DP y el retorno a la reunión de los órganos ordinarios con formato reducido y voto no presencial revelan que la primera decisión adoptada fue precipitada y que tal vez podría haberse evitado.

La STC 19/2019 declara:

> La exigencia de que la función parlamentaria se ejerza en un determinado espacio físico —la sede del Parlamento— no tiene solo como finalidad garantizar que los parlamentarios puedan ejercer su función representativa en un lugar en el que no puedan ser perturbados, sino que cumple también una función simbólica, al ser ese el único lugar en el que el sujeto inmaterial que es el pueblo se hace presente ante la ciudadanía como unidad de imputación y se evidencia la centralidad de esta institución.

Esta observación puede aplicarse también a la sustitución del Pleno por otro órgano. Se dirá que los Plenos con asistencia reducida afectan también a su carácter simbólico, pero al menos es el órgano representativo supremo que ejerce todos los poderes de la Cámara el que intenta mantener su presencia y ejercer sus funciones. Podría parecer que no todos los Parlamentos han recordado el carácter simbólico de la reunión presencial en la sede.

El tema de fondo no afecta ni siquiera a las competencias de la Diputación Permanente, sino a si puede ser convocada en una situación como la actual, sin norma que lo ampare y aplicando una analogía dudosa. Creo que no ha existido imposibilidad de reunión de órganos parlamentarios, sino riesgo sanitario, que por otra parte puede ser más elevado en una Comunidad Autónoma como Andalucía, cuyo número de parlamentarios se encuentra entre los que superan los cien (aún así, una tercera parte de los miembros del Congreso y la mitad de los miembros del Senado, Cámaras que no podrían constituir términos adecuados de comparación) y con un ámbito territorial asimismo grande. Esta observación no sería aplicable a las Comunidades Autónomas uniprovinciales, por ejemplo.

No obstante, si la DP puede reunirse y ello no se discute, si además lo hace por vía telemática e incluso en algunos casos con formato reducido, y si cabe la posibilidad de delegación de voto o de voto telemático y su aplicación —analógica si se quiere— al supuesto actual, parece menor retorcimiento de la normativa la convocatoria de los órganos ordinarios para los que aquélla está prevista.[10]

---

10 Ejemplos extremos serían los de las Cortes Valencianas (creación de una Comisión Permanente en el seno de la Diputación Permanente, afortunadamente

III. Congreso de los Diputados y Senado

Si hay una Cámara que debe ser protagonista durante el estado de alarma es el Congreso de los Diputados, el cual —según dispone el artículo 116 CE— debe ser informado de su declaración "reunido inmediatamente al efecto", autoriza la prórroga (o más de una, como en este caso en que fueron 6) y no puede ser disuelto durante la vigencia de aquel, asumiendo las competencias la Diputación Permanente en caso de disolución o expiración de mandato. De otra parte, afectan a ambas Cámaras los apartados 5 y 6 de dicho artículo en cuanto a la convocatoria automática si no estuvieren en período de sesiones y a la no modificación del principio de responsabilidad del Gobierno y sus agentes reconocidos en la Constitución y en las leyes; no en vano el artículo 66.2 CE atribuye a las Cortes Generales el control de la acción del Gobierno.

Un trabajo monográfico podría dedicarse a esas cuestiones de fondo y comprobar si se ha ejercido adecuadamente la función de control durante el estado de alarma. Aquí nos quedamos en el propósito más modesto de ver la forma en que se ha mantenido el funcionamiento de ambas Cámaras, en particular de la primera por las razones señaladas.

---

de corta duración porque se recuperó la actividad de los órganos ordinarios) y el Parlamento de Canarias, donde la decisión de reemplazar el Pleno y las comisiones por la DP ha ido acompañada de acuerdos sobre sustitución de miembros por no miembros, extensión o ampliación de la delegación de voto y otros, además de la celebración telemática de las sesiones. Es cierto que Canarias es una Comunidad insular, con problemas de comunicación entre las islas agravados por la crisis sanitaria. No obstante, pensamos que podrían haberse arbitrado otros recursos para la reunión del Pleno, si fuera necesario (apenas se reúne la DP durante el primer periodo de suspensión) y posteriormente las comisiones para comparecencias. Si para el órgano que sustituye al Pleno no se duda en admitir la reunión telemática, más fácil sería para las comisiones, sin acudir al recurso extremo de la Diputación, que estuvo reuniéndose hasta fecha tan avanzada como el 5 de mayo, un día antes de autorizarse la cuarta prórroga del estado de alarma. De hecho, el 7 de mayo la Mesa acuerda (BOPC n. 138, misma fecha) la recuperación progresiva de la celebración de sesiones plenarias, dejando sin efecto la habilitación de la DP, con presencia limitada y delegación de voto conforme al artículo 92.6 del Reglamento (temporal y excepcional por causa de fuerza mayor), así como la celebración de sesiones de comisiones con presencia física de la totalidad de sus miembros, salvo la posibilidad de que la Mesa autorizara la reunión telemática de la Comisión de Reglamento para estudiar una propuesta de reforma sobre participación y votación telemática.

No siendo siempre públicos los acuerdos de sus órganos de gobierno, la tarea se limitará muchas veces a la exposición de hechos, incluso conocidos por los comunicados de prensa o a través de los medios de comunicación.

1. *Congreso*

En el Congreso, ante la negativa de un grupo parlamentario a asistir por contar con miembros contagiados, se suspende la sesión plenaria prevista para la semana del 10 de marzo, así como una sesión de comisión. El 12 de marzo, la Presidenta anuncia —y recoge una nota de prensa—, que la actividad se suspende durante dos semanas, según acuerdo de la Junta de Portavoces. Se mantienen las reuniones, en su mayor parte telemáticas, de la Mesa y la Junta de Portavoces, así como el registro telemático de las iniciativas. La Secretaría General establece un Plan de Actuación frente a la situación epidemiológica.

El 18 de marzo comparece el Presidente del Gobierno ante el Pleno, con la presencia reducida a una veintena de diputados, para presentar la comunicación del Gobierno sobre la declaración del estado de alarma, de conformidad con el artículo 165 RC, según el cual en los supuestos previstos en los tres artículos anteriores (sobre las competencias del Congreso en los estados de emergencia constitucional),[11] "el asunto será sometido inmediatamente al Pleno del Congreso, convocado al efecto si no estuviere reunido, incluso en el periodo entre sesiones".

El 19 de marzo, la Mesa adopta un acuerdo por el que, teniendo en cuenta la declaración del estado de alarma por RD 463/2020, de 14 de marzo, y atendiendo a las especiales circunstancias concurrentes, se permite que, mientras dure dicho estado de alarma y previa petición del grupo parlamentario correspondiente, todos los diputados que lo deseen puedan emitir su voto por el procedimiento telemático en las sesiones plenarias que se celebren durante este. El *voto telemático* está previsto por el artículo 82.2 del Reglamento desde su reforma de 21 de julio de 2011 para casos de embarazo, maternidad, paternidad o enfermedad grave en que, por impedir el desempeño de la función parlamentaria y atendidas las especiales circunstancias se considere suficientemente

---

[11] En cuanto a la declaración del estado de alarma, art. 162.1 RC: "Cuando el Gobierno declarase el estado de alarma, remitirá inmediatamente al Presidente del Congreso una comunicación a la que acompañará el Decreto acordado en Consejo de Ministros. De la comunicación se dará traslado a la Comisión competente, que podrá recabar la información y documentación que estime procedente".

justificado, previa autorización de la Mesa.[12] El artículo 79.3 RC establece que se computarán como presentes en la votación los miembros de la Cámara que, pese a estar ausentes, hayan sido expresamente autorizados por la Mesa para participar en la misma.

Una nota de la Secretaría General del Congreso de 25 de marzo sobre la posibilidad de realizar sesiones del Pleno, las comisiones u otros órganos de la Cámara mediante el sistema de videoconferencia, que responde a las solicitudes de varios grupos parlamentarios concluye *rechazando la posibilidad de intervenir por videoconferencia* en las sesiones plenarias, salvo que se modifique el Reglamento que la contemple, sólo por motivos excepcionales, sin que el Congreso cuente por el momento, con los medios necesarios para poder celebrar una sesión plenaria mediante videoconferencia. En cuanto a las comisiones, la nota recuerda que les son de aplicación las normas sobre los debates, así como la doctrina del TC, siendo en cambio posiblemente menores las dificultades técnicas.

El día 25 de marzo se celebra sesión plenaria para la convalidación de 5 decretos-leyes y la autorización de la prórroga del estado de alarma hasta las 00.00 horas del día 12 de abril; se rechazan las propuestas presentadas por 6 grupos parlamentarios, se incluye en el RD de declaración (463/2020, de 14 de marzo) a propuesta del Grupo Vasco una disposición adicional sexta en virtud de la cual, de conformidad con lo establecido en el apartado uno del artículo octavo de la Ley Orgánica 4/1981, de 1 de junio, de los estados de alarma, excepción y sitio, el Gobierno remitiría semanalmente al Congreso de los Diputados información documental estructurada de la ejecución de las distintas medidas adoptadas y valoración de su eficacia para contener el COVID-19 y mitigar su impacto sanitario, económico y social, modificación introducida por RD 476/2020, de 27 de marzo.[13] La sesión tiene lugar con

---

[12] El desarrollo del procedimiento de votación telemática, con confirmación telefónica, para las sesiones plenarias en aquellas votaciones no susceptibles de fragmentación o modificación, se regula por la Resolución de la Mesa del Congreso de 21 de mayo de 2012 y se utiliza con normalidad desde entonces. El procedimiento se ha flexibilizado durante la crisis por dificultades tecnológicas, dada la elevación a más de 300 del número de diputados que han de ejercer su voto en un tiempo limitado (así para las prórrogas de estado de alarma, tras la incorporación de propuestas); los diputados votan en la intranet, sin confirmación telefónica o vía mail.

[13] De conformidad con el art. 6 LO 4/1981, de 1 de junio, de los estados de alarma, excepción y sitio, "2. En el decreto se determinará el ámbito territorial, la duración y los efectos del estado de alarma, que no podrá exceder de

asistencia reducida a 43 miembros (una décima parte de los diputados, según acuerdo alcanzado entre los portavoces, y los miembros de la Mesa) y habilitación para todos los diputados del voto telemático, emitiéndose 306 votos por esta vía (más 43 presenciales, total 349).

Se inician las comparecencias del Ministro de Sanidad —autoridad delegada con competencia propia y residual— ante la Comisión correspondiente el 2 de abril, continuando el seguimiento las semanas posteriores.

El 7 de abril, la Mesa del Congreso, además de aprobar destinar 3 millones de euros de sus remanentes a la financiación de los gastos ocasionados por el COVID-19, acuerda el levantamiento de la suspensión del cómputo de plazos en la tramitación de iniciativas, hito que marca la reactivación de la labor parlamentaria de la Cámara, por más que limitada. La Junta de Portavoces acuerda la *reanudación* la semana siguiente de las sesiones de control al Gobierno.

El 9 de abril, el Pleno del Congreso autoriza la segunda prórroga del estado de alarma hasta el 25 de abril, con 306 votos emitidos de forma telemática, y convalida tres decretos leyes con 304 votos por esta vía. La primera sesión ordinaria de control al Gobierno se celebra el día 15 de abril, en formato reducido (tercera sesión plenaria desde la declaración del estado de alarma), con 15 preguntas y tres interpelaciones urgentes en el orden del día, además de aprobarse por asentimiento —se utiliza esta forma de aprobación por no precisar la comprobación del quorum de votación— la creación de una comisión de investigación.

A partir de entonces se celebrarían con regularidad sesiones de control, formando parte también del orden del día la convalidación de decretos leyes y las sucesivas prórrogas del estado de alarma, así como sesiones de comisión para la comparecencia de ministros.

De lo expuesto podemos concluir que el Congreso esquivó las tentaciones fáciles a las que sucumbieron otros parlamentos y mantuvo la presencialidad de las sesiones plenarias y de comisión, con un formato reducido y con la extensión por la Mesa —mal menor, en mi opinión— de las previsiones reglamentarias sobre supuestos para autorizar el voto telemático.

Tras una suspensión durante las primeras dos semanas, y dada la necesidad de autorizar las prórrogas del estado de alarma, la actividad

---

quince días. Sólo se podrá prorrogar con autorización expresa del Congreso de los Diputados, que en este caso podrá establecer el alcance y las condiciones vigentes durante la prórroga".

del Pleno se reinicia, para este punto y para la convalidación de los numerosos decretos leyes dictados, así como para comparecencias en Pleno y en comisión. Las sesiones ordinarias de control —preguntas e interpelaciones, sin inclusión de las mociones consecuencia de éstas—[14] se retoman con carácter semanal a partir del 15 de abril, un mes después de la suspensión, periodo de duración no reprochable habida cuenta de la escalada de la pandemia. Los enfrentamientos políticos —más o menos constructivos— se trasladan también al Congreso con la creación por la Mesa el 28 de abril de la Comisión no permanente para la reconstrucción social y económica, solicitada por los Grupos Socialista de Unidas Podemos-ECP-GEC, que se constituye el 7 de mayo.[15] De otra parte, la actividad ordinaria de registro de iniciativas se ha mantenido inalterada durante todo el estado de alarma, siendo elevado, por ejemplo, el número de preguntas presentadas para respuesta escrita.

2. *Senado*

Dado que las competencias constitucionales sobre los estados regulados en el artículo 116 CE corresponden al Congreso, la presencia de la Alta Cámara ha quedado un tanto difuminada durante el primer mes de alarma, pese a que la coordinación con las Comunidades Autónomas era esencial en la lucha contra la enfermedad, lo que llevaba a pensar en la conveniencia de la convocatoria de la Comisión General de las Comunidades Autónomas. El día 12 de marzo, la Mesa acordó extender a todos los senadores el voto telemático regulado por el artículo 93.2 RS (el apartado 3 establece su cómputo para el quorum) en relación con la autorización de un convenio internacional incluido en el orden del día de la siguiente sesión plenaria y suspender los plazos de tramitación, desconvocar las sesiones de las comisiones y sus órganos para las dos

---

[14] No se incluyen en el orden del día de la sesión de control las mociones consecuencia de interpelaciones formuladas en la sesión anterior por cuanto la eventual introducción de enmiendas aceptadas en el curso del debate impide la votación telemática previa, en los términos de la Resolución que regula esta.

[15] La Comisión está compuesta por 46 miembros, adopta sus decisiones por voto ponderado (de forma que no sería necesaria una composición tan amplia, habida cuenta que las Comisiones permanentes están integradas en la XIV legislatura por 37 miembros y que las comisiones especiales suelen ser más reducidas), que se extiende incluso a la totalidad de las formaciones que componen los Grupos Plural y Mixto —algo absolutamente insólito—, y con un plazo inicial de dos meses prorrogables para sus trabajos. El dictamen que contenga sus resoluciones y recomendaciones se remitirá al Pleno de la Cámara.

siguientes semanas. El 17 de marzo, el Pleno adopta el acuerdo sobre el convenio internacional con 259 votos telemáticos y 5 presenciales a mano alzada, de los cuales 4 miembros de la Mesa (el senador restante había tenido problemas con la emisión de su voto telemático y optó por la presencia).

El mismo día 17 de marzo, la Mesa del Senado adoptó el acuerdo de no convocar sesiones de Pleno ni de comisiones durante la vigencia del estado de alarma, sin perjuicio de que pudieran convocarse para la tramitación de asuntos de urgencia o para dar cumplimiento a las obligaciones constitucionalmente atribuidas al Senado cuando estas resultaran inaplazables. Se suspendió el registro presencial y los plazos administrativos, habiéndose suspendido los reglamentarios el día 12.

Como puede verse, el acuerdo inicial de la Mesa de suspensión de la actividad estaba previsto para un estado de alarma quizá no tan prolongado, y fue modificado a medida que aquél se prorrogaba. De hecho, el Pleno reanudó sus sesiones el 21 de abril —es decir, transcurrido algo más de un mes de la declaración— con el control al Gobierno (15 preguntas y 3 interpelaciones), según acuerdo de la Mesa de 14 de abril,[16] estando la *asistencia reducida* a un máximo del 10 por ciento de los representantes de cada grupo parlamentario. En esta fecha se levanta la suspensión de plazos reglamentarios de iniciativas en tramitación con efectos de 30 de abril. Continúan las sesiones de control a partir del 5 de mayo y las de comisiones se reinician a partir del 7 de mayo, esa semana autorizadas por la Mesa el día 5 todavía con carácter excepcional, levantándose su suspensión por la Mesa el 12 de mayo (con asistencia reducida en función del tamaño del grupo).[17]

---

[16] La Mesa autoriza la transferencia de tres millones de euros, con cargo al Fondo de Remanentes Presupuestarios, al Tesoro Público para contribuir a los gastos ocasionados por la crisis sanitaria.

[17] Una sesión de la CGCA —autorizada por la Mesa gracias al voto favorable del PNV— tuvo lugar el día 30 de abril con la presencia de la Ministra de Política Territorial y Función Pública por parte del Gobierno, y de sólo cuatro Presidentes de Comunidad Autónoma (Cantabria, Murcia, Madrid y Castilla y León) y el de la Ciudad Autónoma de Ceuta, siendo el nivel de representación de menor rango en otras CCAA, todo lo cual rebajaba la relevancia de la reunión. Se aplaza —no se celebraría hasta la última semana de mayo— la sesión ordinaria de control de la Administradora única de RTVE en la Comisión Mixta competente prevista para la semana del 27 de abril y reclamada por los grupos de oposición, sin recurrir siquiera a la comparecencia telemática atendido su carácter de persona de riesgo, que debería ser autorizada por las Mesas de ambas Cámaras por tratarse de una comisión mixta.

Una presencia más activa del Senado y su reflejo mediático —siempre difícil de conseguir— habría redundado en su favor.

IV. Conclusiones

A lo largo de este trabajo hemos podido examinar la reacción de los distintos Parlamentos españoles frente a las dificultades para su funcionamiento planteadas por la pandemia de COVID-19 y la consiguiente declaración del estado de alarma.

De una parte, se encuentran los dos supuestos de Parlamentos disueltos, en Galicia y País Vasco, que han recurrido a una ampliación de las funciones tradicionales y reglamentarias de la Diputación Permanente, cierto que con una justificación evidente: en disolución, se trata del único órgano vivo, y el período provisional en que está llamado a ejercer sus funciones se ha alargado al suspenderse *sine die* —cuestión inédita y sin apoyo legal— las elecciones de nuevas Cámaras previstas para el 5 de abril.

De otra parte, prácticamente todos los Parlamentos suspendieron su actividad durante el primer mes de escalada de la pandemia que coincide con la declaración del estado de alarma y la autorización de su primera prórroga, salvo algunas reuniones inaplazables. En este primer periodo, los órganos rectores de algunos de aquellos se apresuraron a suspender el periodo de sesiones y/o activar la Diputación Permanente, sin apoyo reglamentario real. Su reunión a veces en formato reducido y voto ponderado o a distancia hace aún menos justificado el acudir a ese órgano, lo que se pone de manifiesto en particular cuando en la reanudación de la actividad de los órganos ordinarios, con mayores o menores limitaciones, aquélla se ha reunido una sola vez.

Algunas Cámaras (Congreso, Senado, Cataluña, Cantabria, Navarra) desde un primer momento se inclinan por mantener la presencialidad de las sesiones, proclamada por el Tribunal Constitucional en sentencias 19 y 45/2019, acudiendo en su caso al formato reducido de asistencia y su complemento de ampliación de los supuestos reglamentarios de autorización del voto telemático o por delegación, bien es verdad que por acuerdo de la Mesa por analogía y no mediante reforma reglamentaria. Este parece haber sido el mal menor, o el camino menos irregular desde el punto de vista jurídico, más correcto en el caso de que los supuestos estuvieran establecidos por una Resolución de la Presidencia, de fácil modificación.

A veces con el mismo tenor reglamentario que los anteriores tomado del modelo del Reglamento del Congreso (y en ocasiones con apoyo en informes jurídicos solicitados más bien para justificar decisiones ya adoptadas), otros Parlamentos han recurrido a la interpretación contraria, admitiendo la asistencia e incluso votación por videoconferencia, en una quiebra del principio de presencialidad e inmediatez peligrosa por las razones más arriba expuestas. En general, podemos afirmar que no plantean problemas las reuniones telemáticas de los órganos de gobierno de las Cámaras (Mesas y Juntas de Portavoces), que organizan el trabajo[18] pero no ejercen las funciones constitucionales o estatutarias de aquellas, a diferencia de sus órganos de trabajo, Pleno, comisiones y Diputación Permanente.

Debe tenerse en cuenta asimismo que, dado que durante los primeros momentos la actividad ha sido limitada (comparecencias sobre la pandemia, sin votaciones; convalidación de decretos-leyes, numerosos durante el estado de alarma; en un segundo momento de reanudación de la actividad, sesiones de control con preguntas y en su caso interpelaciones), tampoco este volumen ha requerido de excesivos desplazamientos, sobre todo cuando la sesión se celebraba en formato reducido. Y si en dos Parlamentos autonómicos se han aprobado hasta leyes de presupuestos en curso de tramitación, razón de más para extremar el respeto a los procedimientos establecidos, acudiendo si fuera necesario a la reforma del Reglamento por vía de urgencia. El recurso más adelante a una Comisión de seguimiento o estudio —que no ejerce funciones ordinarias de control— ha sido también una opción contemplada para facilitar la presencialidad, alternativa siempre preferible a las reuniones informativas telemáticas de portavoces con miembros del Ejecutivo, que pueden llamar a confusión con las sesiones parlamentarias debidamente convocadas y celebradas.

Junto con los informes jurídicos, a veces la imposibilidad técnica ha salvado de las soluciones más extremas (Plenos con asistencia telemática). Esperemos que las reformas reglamentarias que se anuncian no vayan en esa dirección. Las Cortes de Cádiz tuvieron que sortear una guerra y un estado de sitio para reunirse, y la Constitución de 1812 ya previó la solución a sus problemas.

Cruz Villalón ("La Constitución bajo el estado de alarma", *El País*, 17 de abril de 2020) se pronunciaba contra una situación en la

---

[18] Es criticable que en algún caso se optara por la suspensión del registro de iniciativas en un primer momento, sin habilitar aunque fuera un correo electrónico para su envío telemático.

desescalada a medio camino entre el estado de alarma y la normalidad sin adjetivos, sin base constitucional precisa. Aquí también rechazamos los supuestos que se salen de la normalidad en el funcionamiento parlamentario —no intentando siquiera adaptarlo forzándolo lo menos posible— sin base reglamentaria precisa.

Una última preocupación es la que afecta al aumento del protagonismo de los grupos y sus portavoces en esta situación de crisis frente a los parlamentarios individuales —cuya participación no se echa en falta—, apareciendo aquellos como intermediarios, por ejemplo, en la solicitud de voto telemático. El ya de por sí mermado papel del representante no debería haber descendido otro escalón una vez que la excepcionalidad desaparezca, sino que ha de recuperar al menos la visibilidad anterior.

OS MECANISMOS BRASILEIROS DE ENFRENTAMENTO ÀS SITUAÇÕES DE CRISE

Grace MENDONÇA[*]

RESUMO: I. *Introdução*. II. *Estado de defesa*. III. *Estado de sítio*. IV. *Estado de calamidade pública*. V. *Conclusão*.

I. INTRODUÇÃO

Nos mais variados períodos da história, houve a ocorrência de situações de excepcionalidade derivadas de conturbações ou instabilidades, concebidas por motivos internos ou externos, de maior ou menor proporção, que sustentaram[1] a adoção pelos países de medidas distintas daquelas prevalecentes no período de normalidade do Estado.

No Brasil, situações dessa ordem receberam nomenclaturas e regramentos precisos por parte do legislador constituinte originário no Título V da Constituição da República Federativa do Brasil de 1988. Assim, ao dedicar-se à "Defesa do Estado e das Instituições Democráticas", mecanismos de combate às situações de crise foram delineados, mediante a definição de hipóteses ensejadoras de sua ativação e dos limites de sua incidência sob os direitos fundamentais.

Em situações marcadas pela excepcionalidade, natural que ações excepcionais sejam também adotadas como instrumento necessário para o restabelecimento da normalidade. Portanto, à luz de limites muito bem definidos, medidas extraordinárias podem ser implementadas,

---

[*] Advogada, Mestre em Direito Constitucional e Especialista em Direito Processual Civil. Primeira mulher Advogada-Geral da União (2016-2018). Professora na Universidade Católica de Brasília (2002-2015). Cofundadora e Presidente da Associação Latino Americana de Advocacias e Procuradorias de Estado (ALAP). Advogada pública perante a Corte Constitucional brasileira (alcançado a inédita marca de 100 sustentações orais na Tribuna do Supremo Tribunal Federal). Prêmio Innovare, edição 2018, pela atuação no Acordo dos Planos Econômicos (o maior acordo homologado pelo Poder Judiciário brasileiro). Condecorada com 22 medalhas e comendas pelos serviços prestados ao Brasil.

[1] Miranda, Jorge, *Manual de Direito Constitucional - Direitos Fundamentais*, Tomo IV, 6ª ed., Coimbra, Coimbra Editora, 2015, p. 506.

sempre diretamente conectadas ao objetivo de restaurar o estado anterior das coisas.

O texto constitucional prevê a possibilidade de ativação de dois mecanismos de enfrentamento de crises, de acordo com o grau de intensidade da crise experimentada: o Estado de Defesa e o Estado de sítio. A previsão de ambos os institutos no âmbito da Constituição da República mostra-se relevante para conter eventuais tentativas de utilização enviesada que acabem dando respaldo a ações de natureza arbitrária ou até mesmo autoritária. Nesse sentido, o próprio texto constitucional estabelece os limites territoriais, temporais, formais e materiais do manejo de cada instituto e das medidas decorrentes de decretação de estado de sítio ou estado de defesa, justamente para evitar abusos de qualquer ordem que possam gerar espaços de obstrução indevida ao exercício de direitos fundamentais.

Muito embora a decretação do estado de sítio e de defesa conste do rol de competências privativas do Presidente da República do art. 84 da Constituição, o Chefe do Poder Executivo deve ouvir os Conselhos da República (art. 90, I) e da Defesa Nacional (art. 91, §1º, II) antes do ato de determinação de estados de excepcionalidade, por força de previsão constitucional constante do *caput* do art. 136 e do art. 137. Apesar de oitiva não deter caráter vinculante —o Presidente da República não é obrigado a seguir a posição dos Conselhos— a decisão do chefe do Poder Executivo não é suficiente para a instauração de estado de excepcionalidade, porquanto, necessariamente o tema deve ser debatido antecipadamente pelos referidos Conselhos.

Ainda no viés de equilíbrio de forças, de modo a preservar os valores mais caros ao Estado Democrático de Direito, o legislador constituinte originário estabeleceu, para a implantação do estado de defesa ou do estado de sítio, o controle pelo Poder Legislativo. Nesse sentido, decreto presidencial referente à instauração de ambos os estados deve ser submetido à apreciação do Congresso Nacional, de acordo com as regras para cada hipótese.

II. Estado de defesa

O estado de defesa constitui instrumento apto a atender demandas inerentes a situações excepcionais de instabilidade, utilizado com o escopo de conter os efeitos negativos decorrentes das adversas circunstâncias que ensejaram sua ativação enquanto mecanismo constitucional. A decretação do estado de defesa, assim, representa a implantação temporária de uma legalidade extraordinária limitada a localidades restritas e determinadas,[2] cuja atuação excepcional mostra-se essencial para fins de preservação ou restabelecimento da ordem pública ou da paz social ameaçadas por *(a)* instabilidade institucional grave e iminente; *(b)* calamidade de grandes proporções na natureza.

A determinação do estado de defesa será implementada por meio de decreto presidencial que deverá fixar os locais submetidos aos seus termos, bem como o tempo de vigência do ato, que não poderá ultrapassar 30 (trinta) dias, renovável uma vez por igual período. Sob a validade do estado de defesa, há autorização constitucional para a ocupação e o uso de bens e serviços públicos desde que ocorra temporariamente, respondendo a União por eventuais danos e custos decorrentes.

Durante o estado de defesa, a Constituição da República permite o estabelecimento de restrições —e não supressão—, a alguns direitos, tais como o direito de reunião, sigilo de correspondência e sigilo de comunicação telefônica. A incorporação de outros direitos passíveis de restrição deve constar expressamente de decreto e ser aprovado por maioria absoluta do Congresso Nacional, o que obsta a execução de providências abusivas ou arbitrárias que deliberadamente interditem o exercício de direitos fundamentais.

O ato que estabelece o estado de defesa deve ser enviado pelo Presidente da República ao Congresso Nacional em 24 horas. O Parlamento, então, deverá apreciar o decreto em até 10 (dez) dias, decidindo por maioria absoluta dos votos. Em caso de rejeição do decreto, o estado de defesa deverá cessar imediatamente.

O estado de defesa, portanto, configura instrumento de enfrentamento de situações de crise mais amenas, daí a necessária relação de proporcionalidade que o decreto presidencial deve manter quanto às medidas adotadas. Uma crise mais amena exigirá um decreto dotado de restrições igualmente mais brandas aos direitos fundamentais. Esse juízo de proporcionalidade revela-se central para se evitar desvios ou abusos de autoridade, sendo certo que todas as medidas excepcionais incorporadas no Decreto presidencial, e que regerão as relações entre Estado e particular durante o período, devem estar voltadas ao restabelecimento da normalidade no menor espaço de tempo.

---

[2] Afonso Da Silva, José, *Curso de Direito Constitucional Positivo*, 25ª ed., São Paulo Malheiros, 2005, p. 763.

III. Estado de sítio

As situações configuradoras do estado de sítio revelam circunstâncias de crise mais agudas, as quais exigirão a adoção de medidas mais drásticas quanto aos direitos fundamentais. O estado de sítio configura instrumento de implantação de uma legalidade extraordinária provisória, que poderá conter o afastamento de alguns direitos fundamentais, sempre com o escopo de restaurar a normalidade constitucional.[3] O estabelecimento do estado de sítio somente pode suceder na ocorrência de qualquer das seguintes hipóteses: *(a)* grave comoção de repercussão nacional; *(b)* acontecimentos que comprovem a ineficiência das medidas tomadas no âmbito do estado de defesa; *(c)* declaração de estado de guerra; *(d)* resposta a agressão armada estrangeira. Para a decretação, deve o Presidente da República formalizar solicitação ao Congresso Nacional

A Constituição da República estabelece que a vigência do estado de sítio será de no máximo 30 (trinta) dias quando se tratar de situação configuradora de comoção grave de repercussão nacional e a ocorrência de fatos que revelarem a ineficácia do estado de defesa. Entretanto, quando se tratar de declaração de estado de guerra ou de resposta a agressão armada estrangeira, as medidas adotadas no estado de sítio podem ser conservadas enquanto perdurarem as causas ensejadoras de sua decretação.

As medidas que podem ser adotadas pelo Estado durante o estado de sítio devem estar previstas no correspondente decreto, constando expressamente as garantias constitucionais que serão suspensas e as normas que conduzirão a sua execução. A limitação temporal e a especificação dos direitos afetados pela declaração de estado de sítio, que devem estar consignadas expressamente no decreto, mostram-se essenciais para elidir o uso irregular do estado de excepcionalidade, afastando-se do âmbito da legalidade extraordinária medidas arbitrárias e abusivas.[4]

De acordo com o que estabelece a Constituição da República, durante a vigência do estado de sítio fundado em comoção grave de repercussão nacional, o decreto só poderá adotar as seguintes medidas contra as pessoas: obrigação de permanência em localidade

---

3   *Ibidem*, p. 768.

4   Canotilho, José Joaquim Gomes, *Direito Constitucional e Teoria da Constituição*, 7ª ed., Coimbra, Almedina, 2003, p. 1106.

determinada; detenção em edifício não destinado a acusados ou condenados por crimes comuns; restrições relativas à inviolabilidade da correspondência, ao sigilo das comunicações, à prestação de informações e à liberdade de imprensa, radiodifusão e televisão, na forma da lei; suspensão da liberdade de reunião; busca e apreensão em domicílio; intervenção nas empresas de serviços públicos e requisição de bens.

Cabe ao Presidente da República determinar as áreas revestidas pelo seu conteúdo e a designação de um executor das medidas estabelecidas, por meio de decreto. Aliás, considerando a gravidade dos desdobramentos do regime de legalidade extraordinária na hipótese de decretação do estado de sítio, o controle realizado pelo Poder Legislativo deverá ser prévio. O Presidente da República, assim, deverá solicitar autorização para decretar o estado de sítio ou sua prorrogação, mediante o relato dos motivos determinantes do pedido, devendo o Congresso Nacional decidir por maioria absoluta.

Considerando a importância de não se desfigurar o instituto do estado de sítio, de modo a conformá-lo para servir a finalidades arbitrárias, o legislador constituinte inseriu dispositivo que garante a permanência do pleno funcionamento das atividades legislativas desempenhadas pelo Congresso Nacional, como preceitua o art. 138, §3º da Constituição, sendo mantida, inclusive, a imunidade parlamentar, por força do §8º do art. 53.

Ademais, como preceitua o §1º do art. 60 do texto constitucional, a Constituição não pode ser submetida a emendas no período em que vige estado de defesa ou estado de sítio, justamente por representar uma circunstância de excepcionalidade inapta a justificar alterações na Lei Maior do país.

A fiscalização da execução de medidas fixadas no âmbito de estado de defesa e estado de sítio fica a cargo de uma comissão designada pela Mesa do Congresso Nacional composta por cinco de seus membros. Cessado o estado de defesa ou o estado de sítio, também cessarão os seus efeitos, sem prejuízo da possibilidade de responsabilização de agentes e executores pela prática de ilícitos, conforme pontua o *caput* do art. 141 da Constituição da República.

Verifica-se, assim, que do início ao fim do estado de excepcionalidade, tanto no estado de sítio quanto de defesa, as regras são precisas para que a implantação de medidas suceda somente nas hipóteses verdadeiramente compatíveis com o que foi delineado pelo legislador constituinte. Nessa esteira, não apenas o processo de instauração, como também o acompanhamento de execução e a previsão de responsabilidade quando de sua conclusão, seguem procedimentos categoricamente designados com o intuito de evitar arbitrariedades e abusos.

IV. Estado de calamidade pública

Embora o estado de calamidade pública não conste do rol previsto na Constituição da República relacionado ao enfrentamento de situações de crise, trata-se de instituto que encontra tratamento na Lei de Responsabilidade Fiscal —Lei Complementar nº 101/2000— , mais precisamente em seu art. 65, cujo teor regula a sua utilização, prevendo a possibilidade de dispensa da obrigatoriedade de atingimento de metas fiscais, bem como a suspensão da contagem de prazos e disposições referentes à requisitos de contratação de pessoal e ao pagamento de dívidas por parte dos Entes da Federação.

A flexibilização do orçamento e da contratação de pessoal mostra-se necessária para enfrentar de maneira eficiente a circunstância que deu causa ao reconhecimento do estado de calamidade pública, afastando eventuais violações aos termos da Lei ao conferir maior conforto ao agente público para que possa atuar com celeridade e eficácia nos novos moldes firmados a partir da determinação da calamidade.

No Brasil, o enfrentamento da crise sanitária que atingiu todo o mundo e que levou ao reconhecimento de uma pandemia decorrente do COVID-19, ensejou a decretação, pelo Congresso Nacional brasileiro, de um *estado de calamidade*, em ato publicado no dia 20 de março de 2020.[5]

Desdobramentos importantes do ato de decretação podem ser mencionados, a exemplo da edição da Lei nº 13.979/2020, cujo texto prevê a fixação de medidas de enfrentamento da emergência de saúde pública decorrente da propagação do novo coronavírus, como a possibilidade de determinação de isolamento social e quarentena, bem como de realização compulsória de exames médicos e testes laboratoriais. A Lei nº 13.979/2020, por sua vez, também prevê hipóteses de dispensa de licitação com a finalidade de reduzir as etapas administrativas necessárias à compra de insumos e materiais indispensáveis ao enfrentamento da situação de emergência.

Ademais, o estado de calamidade pública, diversamente do que sucede no período de estado de defesa ou estado de sítio, permite a proposição e apreciação de emenda constitucional, tendo o Congresso Nacional, em 07 de maio de 2020, aprovado a Emenda Constitucional nº 106/2020 que flexibiliza as normas fiscais, orçamentárias e administrativas no âmbito do combate aos efeitos da pandemia em território

---

5   Decreto Legislativo nº 06, de 20/03/2020.

nacional enquanto perdurar o estado de calamidade pública, retratando a primeira emenda à Constituição da República Federativa do Brasil deliberada e aprovada remotamente. O texto da referida emenda vigerá no ordenamento jurídico nacional enquanto perdurar o estado de calamidade pública, autorizando, inclusive, o fracionamento entre o orçamento anual e o orçamento destinado ao enfrentamento da situação de calamidade pública.

A Emenda nº 106, além disso, simplifica os procedimentos de contratação temporária e emergencial de pessoal, bem como de obras, serviços e compras, com a finalidade de oferecer uma resposta rápida aos desafios que se apresentam diariamente no âmbito da saúde. A própria Emenda prevê mecanismos de controle para evitar eventuais desvios de finalidade na utilização dos novos dispositivos, especialmente considerando a relevância da boa destinação de recursos públicos nesse momento de tamanha adversidade.

Os estados da Federação, por sua vez, também decretaram estado de calamidade pública, de modo a permitir a implantação de providências diferenciadas para o combate dos efeitos da pandemia, em compatibilidade com a realidade local, especialmente considerando a população e a estrutura do sistema de saúde brasileiro. A declaração de calamidade pública no âmbito dos estados mostrou-se essencial, porquanto há maior proximidade e conhecimento acerca das nuances regionais, bem como do cenário em que se inserem, o que viabiliza o oferecimento de respostas mais céleres, eficientes e adaptadas ao contexto de cada localidade.

No Brasil, inclusive, ações relacionadas ao combate à pandemia foram implantadas por atos normativos emanados das esferas federal, estadual, distrital e municipal. Considerando exatamente a amplitude do território nacional, marcada por desigualdades regionais, conflitos ligados a tratamentos normativos diferenciados foram objeto de enfrentamento. Coube à Suprema Corte do Brasil dirimir as controvérsias relacionadas ao tema à luz das competências estabelecidas pela Constituição da República a cada um dos entes federativos, de modo a trazer pacificação social a respeito das medidas a serem seguidas pela população.

O Supremo Tribunal Federal prestigiou a autonomia dos entes da federação brasileira e a competência comum que lhes foi atribuída pelo legislador constituinte em matéria de saúde. Assim, medidas implementadas no âmbito de estados e municípios passam a regular mais diretamente as atividades locais, de modo a preservar vidas e a administrar, com mais eficiência, os serviços descentralizados de saúde.[6]

V. Conclusão

Considerando os mecanismos de excepcionalidade existentes no ordenamento jurídico nacional, o estado de calamidade pública representa a alternativa mais adequada à crise sanitária atualmente experimentada, já que permite grau mais elevado de maleabilidade quanto à destinação de recursos públicos, especialmente no que se refere à contratação de pessoal e de serviços, assim como a aquisições de materiais e insumos essenciais ao enfrentamento dos efeitos da pandemia.

A restrição de direitos representa tema altamente complexo e dotado de cautelas pelo legislador constituinte originário. Nesse sentido, adversidades que possam ser contidas mediante a adoção de ações estatais mais brandas não podem servir de fundamento para a implementação de medidas de exceção drásticas. De fundamental importância um olhar sempre atento ao conjunto de direitos fundamentais, que deve ser tocado apenas em caráter de legalidade extraordinária, mediante a adoção de restrições proporcionais à crise.

Não se pode, a pretexto de combater uma situação de adversidade ou de crise, ainda que sanitária, instaurar um estado de exceção, caracterizado pelo abuso ou por arbitrariedades.

É preciso fazer uso de instrumentos de combate que guardem estreita relação de proporcionalidade com o mal que se pretende afastar, em benefício de toda a coletividade e do fortalecimento dos eixos de sustentação do Estado Democrático de Direito.

---

6 ADI nº 6341 e ADI nº 6343.

CONSTITUCIÓN, ESTADO DE EMERGENCIA Y COVID-19 EN PERÚ. UN DIAGNÓSTICO SITUACIONAL PRELIMINAR

José F. Palomino Manchego[*]

Sumario: I. *Delimitación del tema y estado de la cuestión*. II. *El estado de emergencia como concepto jurídico indeterminado y/o abierto. Sus diversas acepciones. Concepto*. III. *De la Constitución de 1979 a la Constitución de 1993*. IV. *Impacto de la covid-19 en el mundo jurídico con especial referencia en el derecho constitucional*. V. *Las medidas adoptadas en el Perú en el marco de la Covid-19*. VI. *Conclusiones provisionales*.

I. Delimitación del tema y estado de la cuestión

Hemos creído conveniente hacer, con carácter introductorio, algunas indicaciones sobre el fenómeno del estado de emergencia, facultad extraordinaria que solo se adopta en circunstancias totalmente excepcionales por el presidente de la República y que, por ello mismo, no está exenta de control. Y cuando se presentan los excesos, es ahí donde se requiere la coordinación y la participación activa de los otros poderes públicos del Estado, a saber: Poder Legislativo, Poder Judicial y Tribunal Constitucional.

En este terreno, entre otras muchas razones, hay tres frentes que nos pueden servir como objeto de estudio y de análisis global para explicar el estado de emergencia en sus diversas significaciones: *1)* El Derecho Internacional de los Derechos Humanos, en sus dimensiones políticas, económicas, sociales, culturales e ideológicas. *2)* El Derecho Internacional Humanitario. *3)* El Derecho Constitucional. En esta ocasión centraremos nuestro enfoque en el marco constitucional.

Cuando nuestros distinguidos y apreciados colegas Diego Valadés (*La dictadura constitucional*), Francisco Fernández Segado (*El*

---

[*] Profesor Principal de la Facultad de Derecho y Ciencia Política de la Universidad Nacional Mayor de San Marcos, Lima, Perú. Miembro del Comité Directivo del Instituto Iberoamericano del Derecho Constitucional.

Estado de excepción en el Derecho Constitucional español), Pedro Cruz Villalón (*El Estado de sitio y la Constitución*), Domingo García Belaunde (*El Habeas Corpus en el Perú*), Daniel Zovatto G. (*Los estados de excepción y los derechos humanos en América Latina*) y Jorge Power Manchego-Muñoz (*Constitución y Estados de Excepción*), entre otros cultores de fuste del Derecho Constitucional, elaboraron sus sesudos estudios acerca de los estados de emergencia y sus diversas acepciones, nunca se imaginaron —estamos completamente seguros— de que en los inicios del siglo XXI esta institución, que nació en el siglo XVIII, sin obviar sus antecedentes en el Derecho Romano conforme ha puesto en evidencia el célebre Carl Schmitt (1888-1985) en su clásico libro *La dictadura*, iba a tener su amplitud de miras hacia otros derechos fundamentales, producto de las coyunturas que ofrece el mundo de la cultura en sus diversas manifestaciones. Por ejemplo, el derecho a la salud, lo cual trae como resultado la lucha hombre versus virus.

Ahora bien, los retos del constitucionalismo en el primer tercio del siglo XXI ha ido en línea ascendente, como consecuencia de un nuevo enfoque que se está viviendo y experimentando en el Derecho Constitucional Comparado, al estado de emergencia como resulta de la epidemia de la COVID-19. La situación actual amerita atender necesidades y requerimientos extraordinarios y/o excepcionales, y los presupuestos constitucionales (valorativos) imponen, democráticamente, las reglas de juego, y los presupuestos legales (fácticos) tienen que moldearse a ellos.

Y las reacciones no se han dejado esperar. Al respecto, importa significar que la Corte Interamericana ha adoptado la "Declaración de 9 de abril de 2020: COVID-19 y Derechos Humanos. Los problemas y desafíos deben ser abordados con perspectivas de Derechos Humanos y respetando las obligaciones internacionales". En esa línea de pensamiento, la Organización de las Naciones Unidas, a través de su Consejo Económico y Social, ha estudiado y reflexionado, desde hace más de tres décadas, el problema que acarrean las emergencias y su alcance global. Las acotaciones de Leandro Despouy en su libro *Los derechos humanos y los estados de excepción*, reafirman tal aserto.

¿Qué nos depara el mundo de la posguerra fría, especialmente entre Occidente y otras culturas? ¡Las frases proféticas, con perspectiva intelectual, de Samuel P. Huntington (1927-2008) (*El choque de civilizaciones y la reconfiguración del orden mundial*, 1996), ni mucho menos Francis Fukuyama (n. 1952) (*El fin de la historia y el último hombre*, 1992), jamás pensaron lo que actualmente estamos viviendo! El orden mundial multilateral está poniendo entre la espada y la pared a los derechos humanos y las consecuencias se expresan en problemas estructurales muy delicados. Por ejemplo, países con altas tasas de informalidad, crisis global de la economía, crisis en la educación, en el aprendizaje (dictado *online*), intervenciones no farmacéuticas clásicas, aislamientos y cuarentenas obligatorias, y el distanciamiento social, que no sabemos cuándo terminarán. Encima, emerge el populismo político. ¡Y pensar que muchos imaginaban que el mundo cambió el 11 de septiembre de 2011!

II. El estado de emergencia como concepto jurídico indeterminado y/o abierto. Sus diversas acepciones. Concepto

Desde nuestra perspectiva, los conceptos categoriales del Derecho Constitucional, muchas veces, ofrecen dificultades a la hora de desarrollar su conceptualización y sus caracteres generales. Por ventura, a partir del nacimiento del Derecho Procesal Constitucional, por el conducto de la Jurisdicción Constitucional y de la Interpretación Constitucional. Más todavía cuando el Tribunal Constitucional, en su condición de intérprete, suple esta deficiencia cuyos orígenes se pueden suscitar como consecuencia de las lagunas y de las imprevisiones constitucionales. En el sistema jurídico del *Common Law* ha sido la jurisprudencia de la Suprema Corte norteamericana la que ha cumplido una labor creadora ejemplar. Y en el bloque europeo continental y/o *Civil Law*, como hemos podido apreciar con anterioridad, la función tuitiva y creadora de los tribunales constitucionales reviste capital importancia para darle forma y dinámica al sistema de fuentes.

De lo que acabamos de decir —que quede bien claro— deducimos que el estado de emergencia ofrece una diversidad terminológica, de acuerdo a la tradición histórica en el horizonte constitucional: estado de excepción, estado de sitio, estado de emergencia, estado de alarma, estado de prevención, estado de guerra interna, dictadura constitucional, dictadura soberana, suspensión de garantías, suspensión de derechos fundamentales, circunstancias especiales, ley marcial, bando de guerra, poderes de crisis, poderes especiales, toque de queda, emergencia pública, estado de necesidad, poderes extraordinarios del Poder Ejecutivo, situación de necesidad del Estado, medidas excepcionales, reconociendo que entre ellas hay matices, singularidades y vasos comunicantes. Para fines prácticos y operativos emplearemos a lo largo del presente estudio la denominación "estado de emergencia".

Adviértase que existe una peligrosa línea tendencial en el mundo jurídico: la excepción se convierte en la regla. Por ello nos adscribimos íntegramente al juicio del antiguo catedrático compostelano Francisco Fernández Segado, cuando sostiene: no siempre se desenvuelve la vida del Estado de conformidad con su ordenamiento jurídico; muy al contrario, en ocasiones, se producen perturbaciones en el normal ejercicio de los poderes [públicos], perturbaciones que hacen verdaderamente imprescindible la adopción de medidas excepcionales. Bien es cierto que en otras ocasiones tales medidas excepcionales no son sino las más palpable y de patente muestra de la arbitrariedad del poder.[1]

Y es ahí —lo repetimos una vez más— donde se requiere la participación transparente de los poderes públicos del Estado: Legislativo, Ejecutivo, con el debido control por parte del Poder Judicial y del Tribunal Constitucional (a través de los procesos constitucionales para la defensa y/o protección procesal de los derechos fundamentales y/o constitucionales).

III. DE LA CONSTITUCIÓN DE 1979 A LA CONSTITUCIÓN DE 1993

Derivación lógica de lo anterior es realizar unas reflexiones acerca de la forma en que ha ido evolucionando el estado de emergencia en el Perú en el siglo XX, para lo cual centramos nuestro campo de acción en las dos últimas constituciones. Conviene hacer un análisis comparativo de los regímenes de excepción en las dos últimas Constituciones del Perú.

1. *Constitución Política de 1979*

Artículo 231. El Presidente de la República, con acuerdo del Consejo de Ministros, decreta, por plazo determinado, en todo o parte del territorio y dando cuenta la Congreso o a la Comisión Permanente, los estados de excepción que es este Artículo se contemplan:

a) Estado de emergencia, en caso de perturbación de la paz o del orden interno, de catástrofe o de graves circunstancias que afecten la vida de la Nación.

---

[1] Fernández Segado, Francisco, *El estado de excepción en el Derecho Constitucional español*, España, Editorial Revista de Derecho Privado-Editoriales de Derecho Reunidas, 1977, p. 11. Antecede Prólogo de Luis Sánchez Agesta.

En esta eventualidad, puede suspender las garantías constitucionales relativas a la libertad de reunión y de inviolabilidad del domicilio, la libertad de reunión y de tránsito en el territorio, que se contemplan en los incisos 7, 9 y 10 del Artículo 2 y en el inciso 20 g del mismo Artículo 2.

En ninguna circunstancia se puede imponer la pena de destierro. El plazo del estado de emergencia no excede de sesenta días. La prórroga requiere nuevo decreto.

En estado de emergencia, las Fuerzas Armadas asumen el control del orden interno cuando lo dispone el Presidente de la República.

b) Estado de sitio, en caso de invasión, guerra exterior, o guerra civil, o peligro inminente de que se produzcan, con especificación de las garantías personales que continúan en vigor. El plazo correspondiente no excede de cuarenta y cinco días.

2. *Constitución política de 1993*

Artículo 137: El Presidente de la República, con acuerdo del Consejo de Ministros, puede decretar, por plazo determinado, en todo el territorio nacional, o en parte de él, y dando cuenta al Congreso o a la Comisión Permanente, los estados de excepción que en este Artículo se contemplan:

Estado de emergencia, en caso de perturbación de la paz o del orden interno, de catástrofe o de graves circunstancias que afecten la vida de la Nación. En esta eventualidad, puede restringirse o suspenderse el ejercicio de los derechos constitucionales relativos a la libertad y la seguridad personales, la inviolabilidad del domicilio, y la libertad de reunión y de tránsito en el territorio comprendidos en los incisos 9, 11 y 12 del Artículo 2.º y en el inciso 24, apartado f del mismo artículo. En ninguna circunstancia se puede desterrar a nadie.

El plazo del estado de emergencia no excede de sesenta días. Su prórroga requiere nuevo decreto. En estado de emergencia las Fuerzas Armadas asumen el control del orden interno si así lo dispone el Presidente de la República.

Estado de sitio, en caso de invasión, guerra exterior, guerra civil, o peligro inminente de que se produzcan, con mención de los derechos fundamentales cuyo ejercicio no se restringe o suspende. El plazo correspondiente no excede de cuarenta y cinco días. Al decretarse el estado de sitio, el Congreso se reúne de pleno derecho. La prórroga requiere aprobación del Congreso.

Dicho lo que antecede, debemos responder la siguiente pregunta: ¿Qué se suspenden, los derechos fundamentales o los procesos constitucionales (garantías constitucionales y/o acciones de garantía)?

Entre la Constitución de 1979 y la Constitución de 1993 se dieron, al abrigo de la Corte Interamericana de Derechos Humanos, dos opiniones consultivas: OC-8/87 del 30 de enero de 1987 y OC-9/87 del 6 de octubre de 1987. De su lectura se desprende claramente que la Constitución de 1993, en lo que respecta a este tema, tiene una mejor redacción por cuanto precisa claramente que lo que se restringe o suspende es: "el ejercicio de los derechos constitucionales relativos a la libertad y la seguridad personales, la inviolabilidad del domicilio, y la libertad de reunión y de tránsito en el territorio comprendidos en los incisos 9, 11 y 12 del Artículo 2º y en el inciso 24, apartado f del mismo artículo".

No obstante ello, debemos precisar que la Exposición de Motivos de la Comisión que elaboró el anteproyecto de lo que luego se convirtió en la Ley N.º 23506 (Ley de Habeas Corpus y Amparo), presidida por Domingo García Belaunde, ya había advertido, en 1982, que el artículo 231 de la Constitución Política de 1979 no era claro en esta materia y que, por desventura, el Congreso de la República no lo tomó en cuenta. Igual sucedió con el anteproyecto del Código Procesal Constitucional (Ley N.º 28237) cuya Comisión de elaboración también fue presidida por Domingo García Belaunde.

IV. Impacto de la covid-19 en el mundo jurídico con especial referencia en el derecho constitucional

Tema de viva actualidad, pero muy complejo, es el relativo al impacto que ha tenido la COVID-19 en el firmamento jurídico, más en concreto, en el Derecho Constitucional, ya sea en países desarrollados (Inglaterra, Francia, Alemania) o en países en vías de desarrollo, especialmente América Latina, expresados en Estados federales y en Estados unitarios, o ya sea expresados en formas de gobierno parlamentario o formas de gobierno presidencial. Es bueno recordar que los estados de emergencia no están por encima de la Constitución, ni mucho menos la suspenden.

Estamos viviendo un sentimiento de vulnerabilidad y de fragilidad humana. Buena prueba de ello es el derecho a la vida y el derecho a la salud. Producto de la COVID-19 —fenómeno sin precedentes en el orbe—, el *derecho a la salud* está en crisis; por ejemplo, estamos viviendo a diario la fragilidad del sistema inmunológico de mayores de 60 años. La falta de alimentos y la pobreza, una vez más, se pone en evidencia.

Las medidas tomadas por el Gobierno Central (Poder Ejecutivo) por el conducto del presidente de la República, a través de los decretos supremos provoca el distanciamiento social, y la crisis laboral, económica y educacional pone en alerta al mundo jurídico.

Y no se dejan esperar las consecuencias psicológicas que trasuntan en la ansiedad y en la depresión, complementadas con manifestaciones psíquicas. El bienestar emocional de las personas ha tenido un giro copernicano y ha dado nacimiento, en la población civil, a trastornos depresivos de ansiedad y obsesivo-compulsivos para mantener a raya la limpieza. Frente a ello, urgen, como lógica consecuencia, los tratamientos psicoterapéuticos.

V. Las medidas adoptadas en el Perú en el marco de la Covid-19

La situación que afrontan las naciones del mundo frente a la COVID-19 no tiene precedentes, sobre todo por la magnitud de las víctimas y la consecuente paralización de las actividades ordinarias, la cual es hasta ahora la única forma de aminorar la propagación del virus.

Ante tan complicado panorama, la mayoría de países han coincidido en establecer medidas de cuarentena, procurando reducir al mínimo el desarrollo de la actividad laboral, tanto en el sector público como en el privado; cerrar radicalmente sus fronteras, restringiendo cualquier ingreso y salida a causas estrictamente humanitarias, previa ejecución de controles sanitarios; fijar horarios rígidos, con el fin de limitar la vida nocturna. Todo esto, aunado a una intensa campaña para fomentar una mayor higiene en la ciudadanía, la cual debe evitar aglomeraciones o concentraciones masivas.

Para un adecuado balance de la efectividad de las medidas antes señaladas, se requiere que transcurra un tiempo prudencial, que permita apreciar las secuelas de esta pandemia, y las medidas que permitieron a los países reducir la mortalidad de su población. No obstante, es pertinente tener un adecuado registro de las disposiciones realizadas por los gobiernos, las mismas que han ido variando de forma continua, permitiendo tener un orden en las normas generadas, las cuales permitan verificar que las mismas se emitieran conforme a los parámetros constitucionales.

Al respecto, en el caso peruano, cabe destacar que hay dos medidas generales que se adoptaron en torno a la COVID-19: El Estado de Emergencia Sanitaria, así como el Estado de Emergencia Nacional. Para ilustrar sus fuentes y diferencias, las medidas generales del gobierno peruano frente a la COVID-19 son:

1. *Emergencia sanitaria*

   Factores:
   Norma y fecha de publicación en el diario oficial: Decreto Supremo N.º 008-2020-SA, 11 de marzo de 2020.
   Periodo: Noventa (90) días calendario.
   Motivo: *"Que, la Organización Mundial de la Salud ha calificado, con fecha 11 de marzo de 2020, el brote del COVID-19 como una pandemia al haberse extendido en más de cien países del mundo de manera simultánea"*.
   Principales consecuencias: Aplicación de medidas para la prevención y control para evitar la propagación de la COVID-19 en: Puertos, aeropuertos y puestos de entrada terrestres; Centros educativos; Espacios públicos y privados; Transporte; Centros laborales.

2. *Estado de emergencia nacional*

   Factores:
   Norma y fecha de publicación en el diario oficial: Decreto Supremo N.º 044-2020-PCM, 15 de marzo de 2020.
   Periodo: Inicialmente por quince (15) días calendario, pero sujeto a sucesivas prórrogas, siendo la última hasta el 30 de junio de 2020.
   Motivo: *"Que, la Organización Mundial de la Salud ha calificado, con fecha 11 de marzo de 2020, el brote del COVID-19 como una pandemia al haberse extendido en más de cien países del mundo de manera simultánea"*.
   Principales consecuencias: Suspensión del ejercicio de los derechos constitucionales relativos a la libertad y la seguridad personales, la inviolabilidad del domicilio, y la libertad de reunión y de tránsito. Imposición del "Aislamiento social obligatorio" (cuarentena), conllevando a la suspensión de toda actividad que no fuera esencial, e "Inmovilización social obligatoria" restringiéndose el tránsito en horas de la noche y los días domingo.

De lo antes expuesto, se advierte que el gobierno peruano declaró en primer lugar el "Estado de Emergencia Sanitaria", medida que involucraba la adopción de políticas por parte del Ministerio de Salud, coordinando con los demás sectores, a efectos de preparar las condiciones hospitalarias del país para poder atender a quienes resultaran infectados, así como llevar a cabo los despistajes necesarios. A su vez, con el objetivo de evitar un incremento masivo de contagios, se dispuso la suspensión inmediata de las clases escolares, de institutos, así como de universidades; mientras que para las demás actividades labores, se exhortó a que las autoridades de los distintos sectores priorizaran las medidas indispensables ante la amenaza que surgía.

Sin embargo, ante el creciente contagio, a los pocos días, el gobierno decretó el "Estado de Emergencia Nacional". Fue mediante un mensaje a la Nación, el domingo 15 de marzo de 2020, que el presidente de la República, junto a sus Ministros de Estado, se dirigió a la nación a fin de informar las medidas que se habían adoptado y que regirían a partir del lunes 16 de marzo.

Sobre el particular, es pertinente enfatizar que en la Constitución peruana de 1993 vigente, no existe propiamente un régimen de excepción para situaciones derivadas de emergencias sanitarias o una epidemia a gran escala, por lo que el gobierno optó por incluir sus medidas dentro de un "Estado de Emergencia", donde conforme se ha indicado, el rasgo característico es la suspensión del ejercicio de ciertos derechos fundamentales.

Con la publicación del Decreto Supremo N.° 044-2020-PCM, se oficializó el "Estado de Emergencia Nacional", estableciéndose la cuarenta para toda la población, permitiéndose únicamente la circulación de personas con el fin de adquirir alimentos, medicinas, así como contar con servicios bancarios, y de urgencias o emergencias médicas. Se estableció además un rubro de actividades indispensables tales como la producción y comercio de alimentos, productos farmacéuticos y de higiene, así como combustibles, entre otros, cuyo personal quedó facultado de laborar, mientras que los demás sectores quedaron prohibidos de concurrir a sus centros de labores, proponiéndose, en la medida de lo posible, aplicar el trabajo remoto y el empleo de tecnologías virtuales para desarrollar las actividades que resultasen viables.

La medida prevista en el Decreto Supremo N.° 044-2020-PCM debió regir únicamente hasta el 30 de marzo de 2020, conforme a lo establecido en su primer artículo. Para la fecha de inicio del "Estado de Emergencia Nacional" los casos a nivel nacional solo eran 86, pero una semana después, estos aumentaron a 395 infectados, y los siguientes días la curva continuó en empinado ascenso. Ante ello, el gobierno peruano decidió prorrogar paulatinamente el aislamiento social obligatorio, conforme al siguiente detalle de prórrogas al estado de emergencia nacional y la cantidad de infectados:[2]

1) Decreto Supremo N° 051-2020-PCM: Por el término de trece (13) días calendario, a partir del 31 de marzo de 2020 (1065 pacientes).
2) Decreto Supremo N° 064-2020-PCM: Por el término de catorce (14) días calendario, a partir del 13 de abril de 2020 hasta el 26 de abril del 2020 (9.784 pacientes).
3) Decreto Supremo N° 075-2020-PCM: Por el término de catorce (14) días calendario, a partir del 27 de abril de 2020 hasta el 10 de mayo de 2020 (28.699 pacientes).
4) Decreto Supremo N° 083-2020-PCM: Por el término de catorce (14) días calendario, a partir del lunes 11 de mayo de 2020 hasta el domingo 24 de mayo de 2020 (68.822 pacientes).
5) Decreto Supremo N° 094-2020-PCM: A partir del lunes 25 de mayo de 2020 hasta el martes 30 de junio de 2020 (123.979 pacientes).

Cabe señalar que en los meses en que se viene prolongando la cuarentena decretada por el gobierno, se fueron modificando algunas medidas, entre éstas podemos mencionar la "inmovilización social obligatoria" (toque de queda, en horas de la noche y en algunos días), la circulación segregada por sexos (que solo duró 2 semanas), la paulatina reapertura de ciertas actividades económicas (mediante el comercio electrónico y servicios *delivery*), por mencionar algunas.

No cabe duda que el mayor impacto a la población ha recaído en la situación económica de la mayoría de hogares del país, considerando el alto nivel de informalidad y autoempleo, que se han replegado forzosamente ante el adverso panorama. En este punto, cabe mencionar que el gobierno peruano adoptó algunos paliativos, como el otorgamiento de bonos y subsidios, pero que merecen un comentario aparte y un riguroso análisis sobre el cumplimiento de las metas que se trazaron.

---

[2] Fuentes: Diario Oficial "El Peruano" – App "Perú en tus manos".

VI. Conclusiones provisionales

A modo de síntesis final podemos sostener lo siguiente:

Teniendo al frente a la COVID-19, y la emergencia global, casi ya entrando al primer tercio del siglo XXI, como siempre ha sucedido, le toca al constitucionalismo liberal y social asumir retos, perspectivas y una lucha frontal para seguir reafirmando la democracia, la seguridad jurídica, la paz universal, la equidad global y la justicia social, entre otras manifestaciones, complementándolo inexorablemente con la protección y promoción de los derechos humanos.

Al propio tiempo, la democracia, desde su *in statu nascendi* en el mundo helénico, tiende a ampliar su campo de acción a diversas avenidas y/o aristas, producto de las propias situaciones coyunturales, ora la COVID-19: constitucional versus inconstitucional. Un buen ejemplo es a través de la democracia supranacional, sin fronteras ni distingo alguno, tal como lo ha sugerido recientemente Luigi Ferrajoli (n. 1940).

¡Y qué decir del constitucionalismo global! Generalmente, se visualiza al constitucionalismo como un fenómeno del siglo XVIII como resultado feliz, digámoslo una vez más, de la Revolución norteamericana (1776) y de la Revolución francesa (1789). En ese orden de consideraciones, el constitucionalismo, montado sobre los hombros de las revoluciones euroatlánticas, en pleno siglo XXI se adapta a las nuevas circunstancias del mundo globalizado en donde trasuntan nuevas necesidades, nuevas adaptaciones, nuevas exigencias y nuevos retos y desafíos. La tarea es difícil, pero no imposible.

A raíz del peligro que afronta la salud pública mundial ocasionada por la COVID-19, las situaciones de anormalidad consagradas en todas las constituciones del mundo han vuelto sobre el tapete, ya no como consecuencia de la ruptura de los diques de la democracia, ni mucho menos, con el nacimiento de gobiernos *de facto*, moneda común y corriente hace años atrás en América Latina. Véase, por ejemplo, la situación de anormalidad ocasionada por este virus, que ha salido a flote, ahora, a través de otras manifestaciones: el derecho a la vida y el derecho a la salud, por citar tan solo dos botones de muestra.

Por lo tanto, el Derecho Constitucional y los cultores de tan importante disciplina académica del Derecho Público, que a través de la Constitución regula las relaciones pacíficas entre gobernantes y gobernados, en el escenario de un Estado Social y Democrático de Derecho, se colocan al pie del cañón para contribuir a dar soluciones pacíficas a fin de, como lo está realizando la ciencia médica, controlar y solucionar el problema de la transmisión comunitaria de la pandemia, con medidas urgentes y agresivas, sin violar o amenazar los derechos fundamentales. Los académicos tienen, también, un nivel protagónico y, en el caso de autos, el buque insignia lo constituye indiscutiblemente el Instituto Iberoamericano de Derecho Constitucional desde su fundación, ocurrida en la ciudad de Buenos Aires, en marzo de 1974.

Teniendo al frente las necesidades emergentes, el impacto de la COVID-19 ha cambiado paradigmas. La crisis educativa universitaria en todo el país, como consecuencia de la COVID-19, es un reto que tenemos que asumir con responsabilidad y conocimiento de causa. Es importante asegurar los servicios educativos en todos los niveles de la enseñanza-aprendizaje, especialmente en el dictado de las clases *online*. La idea es brindar un servicio virtual con calidad académica.

El futuro que nos depara es incierto; empero, hay que estar preparados para afrontarlo. Sin embargo, la historia y el tiempo como juez de jueces no engaña, porque después de la tormenta siempre viene la calma. Que la divina providencia nos siga iluminando y dando fuerzas hercúleas y energías positivas para seguir bregando en el quehacer diario que nos corresponde asumir y seguir el ejemplo modélico que nos legaron nuestros antepasados. ¡Mejor, todavía, ahora más que nunca que se nos avecina el Bicentenario 1821-2021!

¿Cuál será el destino y el rol del Estado Social y Democrático de Derecho? La pandemia ha generado efectos devastadores en la economía mundial, lo que conlleva a un inminente colapso de las finanzas públicas en la mayor cantidad de países, al reducirse la recaudación tributaria así como la obtención de créditos. Experiencias pasadas permiten anticipar que los programas de apoyo social e inversión pública sufrirán recortes, lo que pueda generar delicados conflictos, con los riesgos consecuentes para el orden y el progreso.

Finalmente, ¿cómo mitigar el impacto de la pandemia COVID-19? ¿Pueden las leyes de emergencia contener o evitar la pandemia COVID-19? Al cierre del presente artículo, en Perú, al igual que a nivel mundial, las cifras cuantificadas, producto de la COVID-19, son altamente devastadoras. Las cifras proporcionadas por el Ministerio de Salud son las siguientes: 164.476 infectados, 4.506 fallecidos, 1.058.874 muestras y 67.208 pacientes de alta. Renglón aparte ocupa la salud de los efectivos militares y policiales. ¿Y qué decir de la bomba de tiempo que hay en los establecimientos carcelarios? De lo expuesto, se infiere que la situación continúa crispada.

Capítulo quinto
RESTRICCIONES A LOS DERECHOS FUNDAMENTALES Y SANCIONES

AS REPERCUSSÕES DA PANDEMIA COVID-19 NA PRECARIZAÇÃO SOCIAL E DO TRABALHO NO BRASIL

Kátia Magalhães Arruda[*]

RESUMO: I. *Considerações iniciais: Preservação ou precarização do trabalho?* II. *Diminuição de emprego e renda na crise da Pandemia: o caminho adotado pelo Brasil.* III. *Mulheres, idosos e crianças: o calabouço dos mais vulneráveis.* IV. *Considerações finais.*

I. Considerações iniciais: preservação ou precarização do trabalho?

A frase lapidar "a solidariedade é para mim o cimento da democracia" pronunciada pelo sociólogo brasileiro, Herbert José de Souza, ecoa fortemente para todas as pessoas que procuram analisar o grave e perigoso momento presente. O sociólogo conhecido como "Betinho", que era também ativista dos direitos humanos, se vivo estivesse, poderia se orgulhar ou se assustar com a postura do Brasil diante da pandemia COVID-19?

O Brasil é a maior economia da América Latina e a nona maior do planeta, no entanto, a desigualdade, o baixo nível de educação, distribuição de renda e saúde da população o deixa no 79ª posição no ranking de 2018 do IDH (Índice de Desenvolvimento Humano), divulgado pelo Programa das Nações Unidas para o Desenvolvimento (PNUD). O mesmo relatório aponta que quase um terço da riqueza do Brasil está concentrado em 1% da população, sendo a segunda maior concentração de renda no mundo.[1]

---

[*] Ministra do Tribunal Superior do Trabalho. Mestre em Direito Constitucional Univ. Federal do Ceará. Doutora em Políticas Públicas Universidade Federal do Maranhão e pesquisadora de temas em precarização do trabalho, eficácia dos direitos constitucionais e trabalho infantil. Autora e coautora de livros do tema. Prof. da Escola Nacional da Magistratura Trabalhista e da UDF e Coordenadora do Programa Nacional de Combate ao Trabalho Infantil da Justiça do Trabalho.

[1] Dados extraídos do portal G1 – "Brasil perde uma posição em ranking do IDH. Disponível em *https://g1.globo.com.noticia*.

Não deve causar espanto, portanto, a grande preocupação sobre a repercussão que a pandemia COVID-19 está a causar, seja na economia, seja no agravamento das condições sociais e trabalhistas da população, temas que são intrinsecamente relacionados.

A precarização do trabalho no Brasil já estava a sofrer um aprofundamento antes mesmo da pandemia. Além da crise econômica, também contribuiu para o agravamento da situação do trabalhador a vigência da Lei 13467/2017, conhecida como "lei da reforma trabalhista", que alterou inúmeros dispositivos da CLT (Consolidação das Leis do Trabalho), criando, sem restrições, os contratos intermitentes, autorizando as terceirizações em todas as esferas, ampliando a jornada de trabalho de 12 horas por 36 de descanso (já incluído o repouso semanal remunerado), enfraquecendo a atuação dos sindicatos e da própria Justiça do Trabalho.

Sob a promessa de criar empregos e estimular o mercado formal, a lei 13467/2017, em nada repercutiu na diminuição do desemprego. A instabilidade nas relações jurídicas bateu todos os recordes e acirrou a informalidade no trabalho. Conforme dados oficiais do Instituto Brasileiro de Geografia e Estatística (IBGE) no final do ano de 2019, o país registrava 24,4 milhões de trabalhadores informais e a taxa de 11,6% de desemprego.

Com a Pandemia, calcula-se que no final de 2020, o desemprego no Brasil poderá passar de 20%, o que criará dificuldades ainda mais profundas do ponto de vista econômico e social, levando a desigualdade a níveis extremos.

O quadro é especialmente preocupante para toda a América Latina. A Organização Internacional do Trabalho (ILO ou OIT) estima que dos 292 milhões de trabalhadores que ali habitam 158 milhões trabalham em condições de informalidade e 90% desses trabalhadores serão severamente atingidos com perda de renda total ou parcial, decorrente da paralização ou diminuição de atividades.[2]

Frases como "é melhor diminuir salário do que ficar sem emprego" vão sendo empurradas e repetidas até tornarem-se o senso comum na sociedade brasileira. Mas será que são essas as opções? Por que a superação da crise não pode ser cimentada tendo como base a preservação do trabalho ao invés de sua perda? Esse é o questionamento que impulsiona todos os que têm a defesa do trabalho digno como contraponto

---

[2] Ver em *https://www.ilo.org*>lang--pt "Perda maciça de renda afeta 90% dos trabalhadores informais na América Latina e no Caribe". Publicado em 08/05/2020. Acesso em 16/05/2020.

ao trabalho precarizado e é esse aspecto que o presente artigo pretende descortinar.

II. DIMINUIÇÃO DE EMPREGO E RENDA NA CRISE DA PANDEMIA: O CAMINHO ADOTADO PELO BRASIL

A crise sanitária decorrente do alastramento da pandemia atingiu a economia em todo o mundo. A necessidade de isolamento social, e em alguns casos, o fechamento do comércio, serviços e diminuição da produção está a forçar a diminuição das atividades circulantes e do consumo que, por sua vez, leva a diminuição de trabalhadores ativos.

Algumas atividades podem ser reestruturadas e desenvolvidas em meios digitais ou teletrabalho (possibilidade para uma pequena parcela da população) e sofrerão menores danos, mas certas atividades não comportam essa flexibilidade e acabam por manter os trabalhadores em risco permanente, tais como coletores de lixo, motoristas, atividades industriais essenciais, entre várias outras.

Diante de uma realidade tão diversificada, discorreremos sobre os instrumentos normativos adotados recentemente pelo Brasil, informando previamente que a relação é extensa e fracionada, motivo pelo qual, procuramos dividir em três cenários, para melhor compreensão.

1. *Primeiro cenário: a Lei 13.979/2020*

A primeira lei relacionada com a pandemia COVID-19 foi a lei 13.979, de 06/02/2020, que dispôs medidas de emergência de saúde pública de importância internacional. Tal lei faz a distinção entre "isolamento" e "quarentena", estabelecendo o primeiro como separação de pessoas contaminadas ou de bagagens, transporte e mercadorias para evitar a propagação do coronavírus. Já a "quarentena" foi conceituada como restrição de atividades ou separação de pessoas e mercadorias suspeitas.

A Lei 13.979/2020 apresenta um primeiro cenário, dirigido principalmente às pessoas que estavam viajando ou retornando de viagem ao Brasil. Determina, além do isolamento e da quarentena, a realização compulsória de exames médicos, estudos de investigação epidemiológica, restrição excepcional e temporária de entrada e saída do país. Do ponto de vista trabalhista, destaca-se o §3º do artigo 3º da lei 13.979/2020, que considera como falta justificada o período de ausência decorrente das medidas a serem adotadas.

2. Segundo cenário: as medidas provisórias 927 e 928/2020

No dia 20 de março do corrente ano, o Senado Federal, ao visualizar o aumento e extensão dos casos de coronavírus no Brasil, editou o Decreto Legislativo nº6, que reconhece a ocorrência do "estado de calamidade pública", o que autoriza medidas não convencionais e excepcionais até o dia 31 de dezembro de 2020.

Nesse contexto, foi editada a Medida Provisória (MP) 927, de 22/03/2020, que dispõe, de forma específica, sobre as medidas trabalhistas a serem adotadas pelos empregadores para preservação do emprego e da renda para enfrentamento do estado de calamidade pública. O sistema jurídico brasileiro admite medidas provisórias, que são instrumentos usados pelo Presidente da República, em casos de relevância e urgência e com força de lei. Embora produza efeitos imediatos, depende de posterior aprovação do Congresso Nacional (Poder Legislativo).

A MP 927/2020 estabelece oito novas medidas, tais como: *a)* a possibilidade do empregador alterar o regime de trabalho presencial para o teletrabalho, independente de acordo individual ou coletivo; *b)* a antecipação de férias individuais, inclusive daquelas que ainda não completaram o período aquisitivo; *c)* a concessão de férias coletivas, sem obrigação de comunicação prévia aos órgãos de fiscalização e aos sindicatos; *d)* aproveitamento e antecipação de feriados; *e)* a instituição de banco de horas e compensação do saldo de horas, independentemente de acordo individual ou coletivo; *f)* a suspensão da obrigatoriedade de exames de admissão e demissão, além de restrições a medidas administrativas em segurança do trabalho; *g)* a suspensão do contrato até quatro meses, sem pagamento de salários, direcionando o trabalhador para cursos de qualificação e *h)* o diferimento do recolhimento do fundo de garantia por tempo de serviço (FGTS).

Sem dúvida, a mais polêmica de todas as medidas foi a possibilidade inicial de suspensão total dos salários pelo prazo de até quatro meses A efetivação de tal medida causaria uma grande comoção social por levar a imensa massa de trabalhadores à miséria completa, provocando caos na economia, uma vez que sem remuneração, os trabalhadores não conseguem pagar escola, transporte, alimentação, moradia, dentre outros serviços.

Tal previsão, proposta pela Presidência da República, causou repercussão negativa na sociedade, com extensa cobertura nas mídias sociais, o que motivou a revogação desse item pela Medida Provisória nº 928/2020, editada na madrugada posterior a publicação da MP 927/2020.

Dois outros temas também foram considerados inconstitucionais pelo Supremo Tribunal Federal (STF),[3] o que provocou a suspensão dos artigos 29 e 31 da MP 927/2020. O artigo 29 indicava que os casos de contaminação por COVID-19 não seriam considerados como doenças ocupacionais. Em voto condutor da inconstitucionalidade, o Ministro Alexandre de Moraes argumentou que tal previsão ofende inúmeros trabalhadores que continuam expostos ao vírus, principalmente os profissionais de saúde, entregadores e motoboys.[4]

O artigo 31, por sua vez, flexibilizava e reduzia a atuação da fiscalização sobre saúde e segurança do trabalho, exatamente no momento em que se fazia mais necessária, uma vez que a saúde dos trabalhadores estava em risco acentuado.

Outros temas foram debatidos e considerados inconstitucionais por alguns Ministros do STF, mas não obtiveram apoio da maioria da Corte Suprema, tais como, os que suprimem a necessidade de negociação coletiva, os que convalidam as medidas adotadas pelos empregadores em período anterior à urgência da Medida Provisória e a não consideração do tempo usado em aplicativos digitais fora da jornada normal como tempo à disposição, mesmo que no interesse do empregador.

3. *O terceiro cenário: a medida provisória 936/2020*

No dia 01 de abril de 2020, o Poder Executivo editou nova Medida Provisória, instituindo o Programa Emergencial de Manutenção de Emprego e Renda, a ser aplicado durante o estado de calamidade pública. Tal medida vem mais detalhada e maturada, com objetivos, metas e resoluções de modo a inserir o Estado brasileiro na responsabilidade que lhe estava sendo cobrada por inúmeros setores empresariais e trabalhistas.

Os principais enfoques são a criação de um Benefício Emergencial, custeado pelo Governo Federal, para complementar, em parte, o prejuízo sofrido pelos trabalhadores na hipótese dos empregadores

---

[3] Inúmeras ações foram propostas perante o Supremo Tribunal Federal (STF), sob a alegação de que pontos essenciais da proteção ao trabalho estão sendo alterados, mas até o presente, somente os artigos 29 e 31 da MP 927/2020 foram declarados inconstitucionais. São elas: ADI nºs 6342, 6346, 6348, 6349, 6352 a 6354.

[4] Ver em *www.stf.jus.br*. Matéria cujo título é "STF afasta trechos da MP que flexibiliza regras trabalhistas durante pandemia da Covid-19". Publicado e acessado em 29/04/2020.

adotarem as duas alternativas apresentadas: a redução proporcional de jornada e salário pelo prazo de 90 dias e a suspensão temporária do contrato de trabalho pelo prazo máximo de 60 dias. O empregado com contrato de trabalho intermitente tem direito ao benefício emergencial mensal no valor de R$ 600 reais, durante o período de três meses.

A previsão de redução da jornada de trabalho observa os percentuais de vinte e cinco, cinquenta ou setenta por cento, a ser compensada com percentual (não valor) equivalente pelo Governo. Esse percentual é limitado ao valor que o trabalhador teria direito se recebesse o seguro desemprego, o que implica dizer que os trabalhadores com remuneração abaixo de dois salários mínimos teriam pouca redução salarial, mas para os demais trabalhadores, esse valor pode representar uma enorme redução já que o teto máximo de seguro desemprego, no Brasil, é de R$ 1813,03, o que corresponde a pouco mais de trezentos dólares por mês.

A Medida Provisória 936/2020, também foi objeto de ação de arguição de inconstitucionalidade na parte que trata da redução salarial. Tal controvérsia foi gerada em decorrência da previsão contida no art. artigo 7º, inciso VI e XIII da Constituição da República do Brasil, que estabelece *irredutibilidade de salário salvo o disposto em acordo ou convenção coletiva de trabalho*. Entretanto, a maioria do Supremo Tribunal entendeu que o caráter excepcional da pandemia dispensaria os acordos coletivos e a participação sindical nas negociações, mantendo a validade dos acordos individuais.

O amparo dado pelo Supremo Tribunal ao texto oriundo do Poder Executivo, sem dúvida, causa surpresa, tanto pelo fato do texto constitucional ser expresso no sentido de *só autorizar redução salarial mediante negociação coletiva*, como pelo fato de se opor a orientação internacional que destaca a importância do diálogo social para encontrar soluções adequadas a todos os agentes econômicos e trabalhistas que, conjuntamente, se deparam com as inesperadas repercussões trazidas pela pandemia. A matéria foi objeto de apreciação pelo STF por meio da Ação Declaratória de Inconstitucionalidade nº 6363, cujo voto originário do Ministro Ricardo Levandowski destacava a importância dos sindicatos na participação das negociações. Segundo o relator, deveria o sindicato receber as informações dos acordos individuais para, querendo, participar na representação de sua categoria. Mesmo com uma proposta conciliadora, uma vez que, na ausência de atuação dos entes sindicais seriam validados os acordos individuais, o voto do relator restou vencido pela maioria, que sacramentou a prevalência do acordo individual, no momento de maior fragilidade vivido pelos trabalhadores nos últimos cem anos de história.

Não se desconhece que a Organização Internacional do Trabalho estabelece como pilares principais para combater a crise econômica trazida via COVID-19 os seguintes: *a)* a proteção aos trabalhadores, com fortalecimento de medidas de saúde, segurança e condutas anti-discriminatórias; *b)* a promoção da atividade econômica, em especial de pequenas empresas; *c)* o apoio ao emprego e renda, com ampliação da proteção social e auxílio fiscal; e *d)* o diálogo social. Na verdade, o diálogo social compõe a própria essência do direito do trabalho, sem o qual não teria havido qualquer evolução nas relações de trabalho no Brasil ou outra parte do mundo. Daí porque a estranheza dos interlocutores jurídicos com a opção adotada pelo Governo Federal brasileiro em priorizar acordos individuais em detrimento dos acordos coletivos, com o aval do Supremo Tribunal.

Qual o medo ou rejeição subjacente a tal decisão? O artigo 2º da MP 927/2020 professa textualmente que "durante o estado de calamidade pública a que se refere o art. 1º, o empregado e o empregador poderão celebrar acordo individual escrito, a fim de garantir a permanência do vínculo empregatício, *que terá preponderância sobre os demais instrumentos normativos, legais e negociais*, respeitados os limites estabelecidos na Constituição" (grifo nosso). Se o texto da Medida Provisória já assombrava, os discursos ouvidos foram ainda mais arrebatadores. Dizia-se que os sindicatos não estavam preparados para a imprevisibilidade do atual momento. Facilmente se contrapõe a esse argumento a pergunta: alguém estava preparado? Ou estaria o empregado (individualmente) mais preparado para uma negociação do que com a ajuda de seu sindicato (coletivamente)? Nenhuma resposta foi ouvida.

Para que a exposição seja ainda mais clara, é preciso dizer que o art. 12, inciso I da Medida Provisória 936/2020, dispensa o acordo coletivo exatamente para os empregados de menor renda (os que ganham ate R$ 3.135,00),[5] indubitavelmente os que têm menor capacidade e força para uma negociação e que representam cerca de 70% dos trabalhadores brasileiros.

Embora as medidas adotadas pelo Executivo sejam importantes e tenham como objetivo formal a "preservação do emprego e renda", o que se vê, na prática, é que os empregadores foram mais beneficiados do que os trabalhadores. O balanço feito pela Secretaria do Trabalho

---

5   O inciso II do art. 12 da MP 936 também autoriza o acordo individual para os trabalhadores com nível superior e remuneração acima de R$ 12.202,00, sendo que, para os trabalhadores que recebam acima de R$ 3.135,00 e abaixo de R$ 12.200,00 será necessário acordo coletivo.

do Ministério da Economia demonstra que a maioria dos acordos (55%) firmados com base na legislação para COVID-19 suspenderam os contratos de trabalho, logo, sem pagamento por parte das empresas, ficando o trabalhador apenas com o valor do benefício pago pelo Governo.[6]

Por outro lado, a Medida Provisória não proíbe ou restringe a demissão dos trabalhadores, nem mesmo para os que aderiram ao programa com redução de salários ou suspensão dos contratos, a exemplo do que ocorreu na França e Espanha, mas simplesmente determina um pagamento complementar, correspondente a um percentual do que teria direito no período abrangido pela garantia de emprego.

Várias empresas brasileiras registraram demissões em massa, tais como redes de restaurantes,[7] construtoras[8] e lojas varejistas,[9] além de empresas de ônibus, calçados, entre outras, com a esdrúxula prática de demitir por whatsapp, como relatam diversos sites e jornais do país.[10]

Cabe ainda uma reflexão ética sobre que tipo de acordo ou consentimento é válido em uma sociedade democrática. O Poder Judiciário está lotado de demandas sobre contratos abusivos ou situações em que exploradores aproveitam-se da ocasião para retirar direitos de outrem, principalmente os mais debilitados. Um acordo celebrado em situação de desigualdade estará bem longe de se mostrar como a melhor solução, mormente se não oferece benefícios mútuos e paridade de armas. Aliás, todos os grandes pensadores da humanidade sempre questionaram a possibilidade de consentimento autêntico oriundo de pessoas

---

[6] A maior parte dos acordos envolveu empresas com receita bruta anual inferior a 4,8 milhões. Quanto à redução de jornada, 17% ficaram na redução de 50%, 13,5% dos empregados tiveram redução de 25% e 12% tiveram redução de 70%. Ver em "suspensão de contrato de trabalho lidera acordos individuais da MP 936/2020", publicado pelo site JOTA, em 12/05/2020. Acesso em 15/05/2020.

[7] Ver em economia.uol.com.br: "Rede Madero demite 600 funcionários devido à crise do coronavírus". Publicado em 02/04/2020. Acesso em 14/05/2020.

[8] Ver em *www.conjur.com.br* "Juíza barra demissão em massa durante COVID-19 e manda reintegrar trabalhadores". Publicado em 27/03/2020. Acesso em 15/05/2020.

[9] O Grupo Havan suspendeu 11 mil empregados e demitiu 2 mil. Ver em *congressoemfoco. uol.com.br.*

[10] Ver em *https://averdade.org.br* "Empresas demitem por WhatsApp no ABC paulista". Publicado em 28/04/2020. Acesso em 16/5/2020.

necessitadas —homens necessitados não são homens livres—[11] o que reacende a imprescindibilidade de leis justas, sobretudo em momentos de grande privação.

III. MULHERES, IDOSOS E CRIANÇAS: O CALABOUÇO DOS MAIS VULNERÁVEIS

Em tempos de crise é notório que mulheres e empregados com idade mais avançada são os primeiros a sofrer demissão e, paradoxalmente, o trabalho infantil costuma aumentar. Os jornais brasileiros têm destacado esse tema nos últimos dois anos e acumulam relatos de como crianças e adolescentes são alvos fáceis de cooptação e recrutamento de mão de obra barata. Como exemplo de tal situação, o jornal Gazeta de Alagoas (Estado da região Nordeste), denuncia que mais de 30 mil crianças estão expostas nas ruas da cidade e no campo em situação degradante de exploração em atividades ilícitas, inclusive com abuso sexual.[12]

Aspecto social relevante é a forma violenta com a qual a quarentena tem afetado os mais vulneráveis. A palavra "violenta" está usada em seu sentido literal, pois a realidade apresenta quadro de aumento da violência doméstica em tempos de recolhimento nas casas brasileiras. Registros oficiais, oriundos do Ministério da Mulher, Família e Direitos Humanos mostram que só no mês de abril houve aumento de 35% de denúncias de violência cujos alvos principais são mulheres, idosos, pessoas com deficiência, adolescentes e crianças.[13] Também no mês de março, quando o Brasil reconheceu oficialmente a pandemia, houve aumento de denúncias, sendo que o autor da agressão está dentro da casa com o denunciante, na grande maioria dos casos, ou seja, é o pai, irmão ou alguém que exerce autoridade sobre as vítimas.

A ONU (Organização das Nações Unidas) tem lançado inúmeros apelos chamando atenção do mundo para o aumento da violência

---

11 De um modo ou de outro, essa expressão tem sido repetida. Aqui se destaca a frase como dita por Franklin Delano Roosevelt.

12 Ver em *www.gazetadealagoas.com.br*, em artigo com título "Crise provoca aumento do trabalho infantil em Alagoas. Publicado em 13/05/2019. Acesso em 17/05/2020.

13 Ver em *https://agenciabrasil.ebc.com.br*, cujo título é "Governo lança campanha e pede atenção aos casos de violência doméstica". Publicado e acessado em 15/05/2020.

doméstica, pois pessoas estão sendo agredidas dentro de suas casas, onde deveriam estar protegidas. A relatora especial da ONU sobre violência contra a mulher, Dubravka Simonovic destaca a responsabilidade dos Estados em redobrar os cuidados, afirmando que "o risco é agravado em decorrência da dificuldade de ajudar as vítimas, com poucos abrigos abertos, com esgotamento dos serviços de saúde, diminuição de apoio comunitário (como vizinhos, igrejas, escolas), com menos intervenções policias e acesso à justiça, já que muitos tribunais estão fechados".[14]

A história recente revela que em situação semelhante, a exemplo do surto de ebola na África, de 2014 a 2016, vários danos foram posteriormente verificados. Em decorrência do fechamento de escolas e segregação dos mais pobres, aumentou o trabalho infantil, negligência, exploração e violência contra crianças. Foi também registrado elevação de gravidez precoce, como ocorrido em Serra Leoa, cujo número dobrou ao ser comparado com períodos anteriores ao surto.[15]

A UNICEF divulgou nota técnica[16] com estudos que demonstram que além dos transtornos decorrentes da alteração da rotina com o fechamento de escolas, restrições de saída, afastamento de amigos, medo de adoecer, as crianças e adolescentes ainda estão sujeitas à violência doméstica, com maus-tratos, diminuição nutricional, deficiência ou estagnação educacional, com profundas repercussões físicas e psicológicas que reverberam em seu desenvolvimento futuro.

A divulgação de tais dados causa estupefação! Em momento de tamanha fragilidade, em que existe a ameaça do desemprego, a ameaça de contaminação e até de morte, as pessoas ainda ficam submetidas à violência em suas próprias residências; mulheres e crianças são abusadas sexualmente, idosos são abandonados no isolamento e até tratados como "peso morto", tudo a expor o quanto ainda precisamos evoluir no sentimento de humanidade, respeito e prática de solidariedade

---

[14] Ver em *https://naçõesunidas.org*, cujo título é "Relatora da ONU: Estados devem combater violência doméstica na quarentena por COVID 19". Publicado e acessado em 27/03/2020.

[15] Ver em *www.vaticannews.va*, cujo título da matéria é "Diretrizes da Unicef para proteger as crianças da pandemia" e *www.revistacrescer.globo.com* "Crianças enfrentam risco maior de abuso e negligência em meio a medidas de contenção do coronavírus, alerta Unicef". Publicado e acessado em 25/05/2020.

[16] A nota técnica tem por objetivo apoio aos que atuam com a proteção de crianças durante a pandemia Covid-19. Ver em *https://www.unicef.org*.

IV. CONSIDERAÇÕES FINAIS

Paralela a toda essa maciça edição de leis, Medidas Provisórias e Regulamentos publicados, subsiste no Brasil uma extensa relação de instrumentos normativos que já vinham promovendo alterações no arcabouço jurídico relacionado ao Direito do Trabalho, fragmentando e flexibilizando vários institutos de proteção que sempre foram vitais para o reconhecimento do direito brasileiro a nível internacional. Como exemplos podem ser citados, além da Lei 13467/17 (Reforma Trabalhista), a Lei 13874/19 (lei da liberdade econômica), a MP 905/19 (contrato verde e amarelo).[17] Não é demais citar que o próprio Ministério do Trabalho foi extinto em um dos primeiros atos após a posse do atual Presidente da República, sendo hoje uma Secretaria ligada ao Ministério da Economia.

Tantas medidas e alterações consecutivas trazem, inegavelmente, desfragmentação ao direito do trabalho, mas não conseguem diminuir sua importância e centralidade. Muito pelo contrário, a epidemia que se alastra pelo mundo e que apavora trabalhadores e empresários teve o condão de provar, mais do que nunca, a imprescindibilidade do direito do trabalho e seu papel na construção do desenvolvimento econômico e social, já que sua função precípua está vinculada a consolidação da cidadania e distribuição de riqueza.

Como há muito tempo não se fazia, as pessoas começaram a valorizar os trabalhadores anônimos que sustentam toda a estrutura de nossa sociedade. Basta ver que em tempos de "quarentena" ou "isolamento", os motoboys tornaram-se indispensáveis para entregar nossas comidas (pedidas em aplicativos de *delivery*), os entregadores postais para distribuírem os pedidos feitos pela internet, os transportadores que trazem os alimentos dos campos às cidades, os operários que produzem as peças vitais, inclusive álcool em gel e aparelhos respiradores (tão urgentes à sobrevivência).

De repente, percebemos que alguns trabalhos precarizados, tidos como insignificantes, tornaram-se essenciais para fazer circular a produção, o consumo e os serviços, fomentando a economia em todo o país. Esses trabalhadores, até então invisíveis e desprestigiados passaram a ser o motor de continuidade em uma crise econômica de proporções ainda desconhecidas.

---

[17] A MP 905/2019 não foi aprovada pelo Poder Legislativo em tempo hábil e foi revogada pela Presidência da República, que registrou que irá reedita-la em breve, com idêntico conteúdo.

Em poucos dias de pandemia, trabalho e trabalhadores voltaram à sua centralidade convencendo as pessoas de que a riqueza não é produzida só pelo capital. Aliás, debates quase esquecidos, como a necessidade de democratizar as relações de trabalho e garantir a efetiva participação dos trabalhadores na gestão das empresas voltaram à ordem do dia. Como afirmam os autores do manifesto global pela democratização do ambiente de trabalho, todas as manhãs, homens e mulheres arriscam-se nas ruas, hospitais e empresas para servir aqueles que podem ficar em quarentena (mesmo que cumprindo de longe suas funções), assim como, são também vigilantes de nossas noites dormidas na segurança de nossos lares, ao exercerem seu trabalho essencial, termo que revela "um fator-chave que o capitalismo sempre buscou tornar invisível com outro termo, 'recurso humano'. Seres humanos não são um recurso entre outros. Sem trabalhadores e trabalhadoras, não existiriam produção, serviços ou empresas".[18]

O presente artigo se iniciou com uma frase do sociólogo Betinho sobre solidariedade e termina com outra frase atribuída a ele: "A tecnologia moderna é capaz de realizar a produção sem emprego, mas a economia moderna não consegue realizar o *consumo* sem salário", de modo que a precarização do trabalho só tende a arraigar a instabilidade e o desequilíbrio econômico em que vivemos.

A crise ocasionada pela pandemia do coronavírus também expõe de maneira translúcida, que a falta de proteção social não afeta apenas os mais pobres. Ao destruir a renda das pessoas a epidemia sanitária aumentou a epidemia social (ainda mais grave que COVID-19) e pode estender a vulnerabilidade para toda a sociedade. Os riscos são elevados: aumento do desemprego e da violência (inclusive doméstica), desestabilização da saúde pública e privada, enfraquecimento da proteção às mulheres e crianças e esgarçamento do tecido social.

A adoção de políticas públicas é urgente, mas exige um debate inadiável sobre quais os valores que a sociedade quer defender: o egoísmo ou a fraternidade; a distribuição equitativa ou a ganância; a economia concentrada ou a solidária; a participação social ou o autoritarismo. A prevalência de cada uma dessas respostas será o divisor de águas entre a proteção das pessoas ou o agravamento da exclusão e da pobreza.

---

18 Ver em Folha de São Paulo, caderno A21, sob o título "Mortes na pandemia provam que trabalho não pode ser mercadoria. Manifesto global lançado hoje prega democratização do ambiente de Trabalho". Publicado e acessado em 16/05/2020.

A crise está posta! Mas as soluções apresentadas serão decisivas para mostrar qual o caminho a ser trilhado por cada país. A experiência histórica mostra que o abismo da desigualdade não traz bons resultados para a coesão do povo. Somente o caminho do diálogo e da superação das desigualdades pode gerar a solidariedade necessária para formatar políticas públicas de inclusão, resgatar o direito fundamental ao trabalho digno e construir o desenvolvimento econômico e humano.

EMERGENCIA SANITARIA Y CONSTITUCIÓN ARGENTINA

Guillermo Barrera Buteler[*]

Sumario: I. *Pandemia y emergencia*. II. *Emergencia ¿dentro o fuera de la Constitución?* III. *La emergencia en la CADH y en la CIDCP*. IV. *Los institutos de emergencia en el orden constitucional argentino*. V. *El abuso de la emergencia*. VI. *La emergencia sanitaria por el Covid-19 en Argentina*. VII. *Conclusiones*.

I. Pandemia y emergencia

Es bien sabido que el mundo entero se ha visto conmocionado desde que, el 31 de diciembre de 2019, el gobierno chino informó a la Organización Mundial de la Salud haber detectado una misteriosa neumonía que —afirmaban— había infectado para entonces a cuarenta personas en la localidad de Wuhan en ese país.

Aunque la historia da cuenta de muchas epidemias y pandemias desde la antigüedad, la que hoy nos afecta tiene características muy particulares porque amenaza simultáneamente y en forma global a los habitantes de los cinco continentes. Ante el espectáculo generalizado de contagios masivos y muerte, la humanidad vuelve a experimentar su vulnerabilidad, en contraste con la creencia —hasta entonces fuertemente arraigada— en una suerte de omnipotencia del ser humano, con sus avances científicos y tecnológicos que parecían llevarnos fatalmente a un proceso de crecimiento lineal, donde incluso la expectativa de vida podía prolongarse cada vez más y más. De pronto, pequeños seres, imperceptibles a la vista, ponen en jaque a las más

---

[*] Abogado. Doctor en Derecho y Ciencias Sociales. Decano de la Facultad de Derecho de la Universidad Nacional Córdoba. Profesor Titular por Concurso de Derecho Constitucional. Profesor Titular por Concurso de Derecho Público Provincial y Municipal, ambos en la Facultad de Derecho de la U. N. Córdoba. Director y profesor de la Diplomatura en Derecho Municipal de la Secretaría de Posgrado de la Facultad de Derecho U. N. Córdoba. Integra el Comité Académico de la Carrera del Doctorado de la Facultad de Derecho U. N. Córdoba.

grandes potencias tanto o más que a los pueblos más pobres y hacen que se desplomen las economías de unos y otros, con su secuela de quebrantos, desocupación y pobreza.

Esas circunstancias reúnen sin lugar a dudas los requisitos para configurar una situación de emergencia desde el punto de vista jurídico. En efecto, se trata de un hecho excepcional que pone en riesgo, según la Corte Suprema de Justicia de la Nación (CSJN) *"la subsistencia misma de la organización jurídica y política, o el normal desenvolvimiento de sus funciones"*[1] y, por tanto, generan un verdadero *estado de necesidad* que reviste la *gravedad* suficiente para generar un riesgo cierto para la salud y la vida misma de los miembros de la comunidad. Son, además circunstancias *excepcionales* o *extraordinarias,* es decir que se encuentran fuera de los acontecimientos que regular u ordinariamente acontecen. También tienen carácter *transitorio.*

Por eso la Comisión Interamericana de Derechos Humanos ha considerado que *"Las Américas y el mundo se enfrentan actualmente a una emergencia sanitaria global sin precedentes".*[2]

Sabemos que las situaciones de emergencia impactan en el Derecho, sea que se trate de circunstancias excepcionales generadas por hechos de la naturaleza, como la pandemia en este caso o terremotos, inundaciones, etc. o a hechos del hombre, sean de carácter político (guerras, conmociones internas, etc.) o socio-económico (grandes crisis económicas con impacto social). Provocan un fortalecimiento del poder en el órgano a quien le cabe superar la crisis, generalmente el Poder Ejecutivo.[3] Suelen producirse desplazamientos transitorios de competencias o acrecentamiento de éstas.[4] Si bien una emergencia ajustada al orden constitucional no crea nuevos poderes, sí "se manifiestan nuevas dimensiones del poder político, un ejercicio más pleno y diverso, superior a su actuación ordinaria".[5]

---

[1] CSJN 27/12/90, *"Peralta, Luis A. y otro c/ Estado Nacional (Ministerio de Economía -Banco Central-)"* consid. 43; LL 1991-C, 158.

[2] CIDH, Resolución N°1/2020 del 10/4/2020, punto A).

[3] Romero, César Enrique, "El poder ejecutivo en la realidad contemporánea", *Temas constitucionales y políticos*, Córdoba, U. N. Córdoba, 1971.

[4] Sagüés, Néstor, *Manual de derecho constitucional*, Buenos Aires, Astrea, 2007, p. 585.

[5] Haro, Ricardo, *Curso de Derecho Constitucional Argentino*, Tomo II, Advocatus, 2003, p. 267.

II. Emergencia ¿dentro o fuera de la constitución?

En general se admite que, por aplicación del principio jurídico del *estado de necesidad,* es legítima la adopción de medidas no contempladas y aún vedadas por la Constitución para circunstancias normales, ello en virtud del *"derecho natural de autoconservación de la sociedad y del Estado —que son previos a cualquier constitución— partiendo del supuesto, además, de que sin alguno de ellos no podrá haber tampoco una Constitución".*[6]

En suma, se trata de una aplicación de la regla según la cual *necessitas ius constituit* (la necesidad crea derecho).[7] Aunque la cuestión pasa por precisar qué tipo de derecho es el que crea la necesidad o, para decirlo con más precisión, si el derecho que surge de la necesidad o emergencia con el objeto de superarla, nace dentro de la Constitución y, por tanto, con la finalidad de tutelarla o, por el contrario nace fuera del orden constitucional y procura suplantarlo o reemplazarlo por uno nuevo. En este último caso, en realidad, nos estaríamos apoyando en la regla opuesta según la cual *necessitas non habet legem (la necesidad no tiene ley).*[8]

Mientras la primera regla considera a la necesidad como causa generadora de regulaciones dentro del orden jurídico, del Estado Constitucional de Derecho, la otra sostiene que el derecho —incluida la Constitución— carece de todo valor y puede prescindirse de él en caso de necesidad.

Ahora bien, el *necessitas not habet legem,* fue aplicado desde la Edad Media por los canonistas, como causa de justificación de algunos ilícitos (Ej.: hurto famélico), pero, trasvasado al Derecho Público, sirve para argumentar que cualquier exceso del poder público está justificado si se funda en la "razón de Estado".

No cabe duda alguna que esa visión nos coloca en la antípoda del principio republicano que postula el gobierno de la ley y no de los hombres ya que propone un estado de excepción en el que no hay Constitución, no hay ley, no hay derecho natural, no hay derechos fundamentales,

---

6   Sagüés, Néstor, *op. cit.*, p. 588.

7   Tomada de Modestino, Digesto 1,3,40: *ergo omne Ius aut consensus fecit aut necessitas constituit aut firmavit consuetudo* (así pues, todo derecho fue creado por el consenso o constituido por la necesidad o confirmado por la costumbre).

8   Publilio Sirio, *Sententiae* A. 883, H5084, S 5708.

en suma, no hay nada que esté por encima de la decisión de quien tiene en los hechos la posibilidad de imponer su voluntad a los demás.

El Estado Constitucional de Derecho se basa en el gobierno de la ley que "según la expresión aristotélica es *'razón sin apetito'*, es decir racionalidad objetivada en una regla de conducta que, de suyo, no es susceptible de sufrir los potenciales desvíos pasionales de los que adolecen las decisiones del animal humano. El gobierno de los hombres, en cambio, lleva implícito el riesgo cierto de convertirse en el gobierno de las predilecciones subjetivas del funcionario de turno, el capricho o, peor aún, la corrupción".[9]

Un antiguo fallo de la Suprema Corte de Justicia argentina sostiene que la Constitución "es un estatuto para regular y garantir las relaciones y los derechos de los hombres que viven en la república, tanto en tiempo de paz como en tiempo de guerra y sus previsiones no podrían suspenderse en ninguna de las grandes emergencias de carácter financiero o de otro orden en que los gobiernos pudieran encontrarse".[10]

Esto no significa que el Estado quede inerme para cumplir su rol de garante del bien común frente a la situación de emergencia. Sabemos bien que los derechos no son absolutos, de manera que el Estado puede y debe regular el modo y condiciones en que deben ser ejercidos, estableciendo restricciones razonables para ordenarlos a las exigencias del bien común, único fundamento que puede legitimarlas (art. 14 C.N., art. 32.2 CADH y art. 29.2 DUDH). El ejercicio de esa potestad denominada generalmente *"poder de policía"*, es inherente al gobierno de toda comunidad.

Ahora bien, además de las exigencias normales propias de la convivencia que justifican esas restricciones ordinarias, pueden acaecer determinadas circunstancias graves y excepcionales en la vida de una comunidad en las que el bien común requiere un sacrificio especial de los intereses particulares y, por ende justifican limitaciones más intensas que las que resultan tolerables en tiempos normales. En eso consisten las denominadas *situaciones de emergencia* que dan lugar al nacimiento de una regulación prevista para hacerles frente a aquéllas y a las que denominaremos *instituto de emergencia*.

Pero, si estas restricciones excepcionales a los derechos fundamentales nacen y se aplican dentro del orden constitucional, ellas se

---

9   Lalane, Julio E., "¿Gobierno de la ley o gobierno de los hombres? El problema en Platón y Aristóteles", *Prodentia Iuris*, núm. 79 de 2015, p. 30.

10   CSJN, 14/12/1927, *"Cía. Azucarera Tucumana c/ Pcia. De Tucumán"*, Fallos 150:150.

encuentran sujetas también a los límites constitucionales de la potestad reglamentaria, esto es los principios de reserva de la intimidad y de legalidad (art. 19 C.N.), el principio de igualdad (art. 16 C.N.) y el principio de razonabilidad (art. 28 C.N.), que exige que toda restricción a un derecho, para ser razonable y, por ende, válida, debe estar justificada en una finalidad de bien común, debe ser un medio adecuado para alcanzar el fin propuesto y debe guardar proporción entre la magnitud de la afectación del derecho y el mal que se pretende evitar.[11] Además, si las situaciones de emergencia que pueden legitimar estas restricciones extraordinarias son transitorias y temporales, como hemos visto, necesariamente estas últimas también lo deben ser, como *conditio sine qua non* para su validez constitucional y legitimidad.

El Estado Constitucional de Derecho puede defenderse legítimamente a sí mismo y al bien común mediante institutos de emergencia generados en su propio seno y sujetos a límites y controles. Pero en otros casos, la situación de emergencia o necesidad termina generando una suerte de consenso en una concentración del poder en grado extremo que nos coloca frente a un supuesto de "destrucción, desplazamiento o suspensión de la Constitución", que se da cuando ésta "va perdiendo vigencia ante el avance de vigencias contrarias, que significan la afirmación de una constitución nueva y distinta, normada en general extralegalmente y a veces parcialmente mediante leyes anticonstitucionales".[12] Es, en definitiva, la noción de "estado de excepción" de Carl Schmitt,[13] entendido como la facultad por principio ilimitada que tiene un soberano para dictar la suspensión del orden vigente en su totalidad, por lo que considera que es soberano quien decide el estado de excepción.

Ese parece ser hoy el dilema de los Estados Constitucionales del mundo entero: afrontar la situación de emergencia global provocada por la pandemia desde institutos de emergencia generados dentro de sus respectivos órdenes constitucionales y, por tanto, sujetos a límites y controles o bien, provocar una destrucción, desplazamiento o suspensión de sus constituciones para lograr una mayor eficacia en ese objetivo.

---

[11] Véase CIDH, Resolución N°1/2020, parte resolutiva, puntos 3.f y g, 21 y 28.

[12] Bidart Campos, Germán, *Derecho Constitucional*, Bs. As., Ediar, 1964, t. 1, p. 182.

[13] Este concepto es desarrollado por el citado autor en su obra *"Teología Política"*.

En un meduloso trabajo sobre el tema que nos ocupa, Fix Zamudio hace esa distinción, calificando de "patológica" la segunda opción, precisamente porque "su propósito no fue la conservación del régimen democrático en esas situaciones excepcionales",[14] a la vez que señala que la primera opción, es decir los institutos de emergencia sujetos a la Constitución, "se ha vigorizado en los últimos años".

Tampoco podemos perder de vista que esta cuestión no puede analizarse hoy únicamente desde el punto de vista de la compatibilidad del régimen de emergencia con la constitución de cada Estado, porque la mayoría de éstos se ha incorporado a sistemas supranacionales (regionales e internacionales) de protección de los derechos humanos que provocan la necesidad de replantear el concepto de soberanía y tener en cuenta la noción de *bien común universal*.[15] Esto dificulta abordar los estados de excepción desde la perspectiva de Schmitt, vinculándolos a la noción de soberanía, porque muy probablemente la sustitución, desplazamiento o suspensión de la Constitución, también habrá de implicar una violación de compromisos internacionales.

Fix Zamudio sostiene que en los países latinoamericanos "las muy diferentes regulaciones nacionales sobre los estados de excepción... han sido modificadas, algunas de manera expresa, por las normas internacionales y, por esto, los estados de emergencia están sujetos a las modalidades, principios y condiciones establecidas por los instrumentos internacionales".[16]

En el mismo sentido, recientemente la Comisión Interamericana de Derechos Humanos ha dicho que "la Democracia y el Estado de Derecho son condiciones necesarias para lograr la vigencia y el respeto de los derechos humanos" por lo que "reafirma el rol fundamental de la independencia y de la actuación de los poderes públicos y las instituciones de control, en particular de los poderes judiciales y legislativos, cuyo funcionamiento debe ser asegurado aún en contextos de pandemia".[17]

---

[14] Fix Zamudio, Héctor, "Los estados de excepción y la defensa de la Constitución", *Boletín Mexicano de Derecho Comparado*, México, Vol. 37, n. 111, par. 13 y 14.

[15] Fernandez Segado, Francisco, *El sistema constitucional español*, Madrid, Dykinson, 1992, p. 164.

[16] Fix Zamudio, *op. cit.*, par. 64.

[17] CIDH, Resolución 1/2020, punto B-II.

III. LA EMERGENCIA EN LA CADH Y EN LA CIDCP

La Convención Americana de Derechos Humanos ha contemplado y regulado el efecto de la emergencia sobre los derechos en su art. 27 que contempla los casos de *"guerra, de peligro público o de otra emergencia que amenace la independencia o seguridad del Estado Parte"*. La fórmula, como puede apreciarse, tiene la suficiente amplitud para dar cabida a todo tipo de situación de emergencia, cualquiera sea la causa que la provoque, en tanto reúna las exigencias que hemos analizado anteriormente.

La situación de emergencia faculta al Estado a adoptar disposiciones que suspendan las obligaciones contraídas en virtud de la Convención, dentro de los siguientes límites: *a)* la suspensión debe ser razonable y guardar proporción con *"las exigencias de la situación"*; *b)* también debe ser transitoria, *"por el tiempo estrictamente limitado a las exigencias de la situación"*; *c)* no deben ser incompatibles con las demás obligaciones que impone el Derecho Internacional; *d)* no deben entrañar discriminación fundada en motivos de raza, color, sexo, idioma, religión u origen social; *e)* en ningún caso pueden suspenderse los derechos al reconocimiento de la personalidad jurídica, a la vida, a la integridad personal, la prohibición de esclavitud y servidumbre, los principios de legalidad y de retroactividad, la libertad de conciencia y de religión, los derechos relativos a la protección de la familia, al nombre, los derechos políticos, ni las garantías judiciales indispensables para proteger esos derechos.

Como requisito formal para poner en vigencia la suspensión de los derechos por razones de emergencia, la CADH exige una inmediata comunicación a los demás Estados Parte, por intermedio del secretario general de la Organización de los Estados Americanos (OEA), de las disposiciones cuya aplicación se ha suspendido, los motivos en que se funda y el plazo de vigencia de la suspensión.

La CIDCP, en su art. 4º regula la cuestión en términos casi idénticos, requiriendo —claro está— que la comunicación de la medida se efectúe por intermedio del secretario general de las Naciones Unidas.

IV. Los institutos de emergencia en el orden constitucional argentino

1. *Previsiones constitucionales expresas*

La Constitución Argentina contiene normas referidas a la emergencia, lo que revela que *ab initio* el constituyente entendió que ésta era materia que era susceptible de estar regulada, limitada y controlada por el Estado Constitucional de Derecho. Podemos distinguir tres categorías de normas relativas a esta materia: 1) Unas que contemplan medidas aisladas excepcionales que puede adoptar el Estado en ciertas circunstancias de emergencia, pero que no implican un estado de emergencia generalizado; 2) Otras que prohíben en forma terminante determinados institutos, cualquiera fuere la situación de emergencia que se presente y 3) Otras que regulan institutos de emergencia para determinadas situaciones.

En el primer grupo encontramos el art. 75 inc. 2 CN, cuyo texto que en esta parte se mantiene proviene de la Constitución histórica de 1853, que faculta al Congreso Nacional a establecer "por tiempo determinado" impuestos internos directos, como regla reservados para las provincias, cuando "la defensa, seguridad común y bien general del Estado" lo exijan. A ello se suma, a partir de la reforma de 1994, la atribución excepcional de asumir potestades legislativas por el Poder Ejecutivo, de manera unilateral en casos de necesidad y urgencia (art. 99 inc. 3 C.N.) o por delegación del Congreso (art. 76 C.N.).

En el segundo grupo encontramos dos prohibiciones terminantes;

— Una que había establecido ya el texto histórico: conceder a los órganos ejecutivos federal o provinciales facultades extraordinarias, la suma del poder público o sumisiones supremacías por las que la vida, el honor o las fortunas de los argentinos queden a merced de gobierno o persona alguna. Para esta hipótesis el constituyente ha tipificado un delito constitucional y califica a sus autores de *"infames traidores a la patria"* (art. 29 C.N.).
— La otra prohibición, introducida por la reforma de 1994 es la de suspender la vigencia de la Constitución, que surge del art. 36 C.N. cuando dispone que *"Esta Constitución mantendrá su imperio aun cuando se interrumpiere su observancia por actos de fuerza contra el orden institucional y el sistema democrático"*.

En el tercer grupo, o sea como institutos de emergencia de carácter general, la Constitución Argentina ha previsto sólo dos, en normas que provienen del texto histórico y en lo esencial no han sido alteradas por reformas posteriores: a) El estado de sitio, para los casos de ataque exterior o conmoción interior que pongan en peligro el ejercicio de la Constitución y de las autoridades creadas por ella (art. 23 C.N.) y b) La intervención federal a las provincias y a la Ciudad de Buenos Aires en casos de alteración de la forma republicana de gobierno en una provincia, de ataque exterior y de sedición o invasión de otra provincia que hayan depuesto o amenacen con deponer a sus autoridades constituidas (art. 6 C.N.).

2. *Institutos de emergencia no previstos expresamente en la Constitución*

Fácilmente se comprueba que las causales previstas para los dos únicos institutos de emergencia de carácter general regulados expresamente en el texto constitucional, contemplan únicamente situaciones generadas por causas políticas. No hay forma de dar cabida en esas normas a otras situaciones de emergencia generadas por hechos humanos de otro carácter, como podrían ser crisis económicas o sociales, ni por hechos de la naturaleza como inundaciones, terremotos u otras catástrofes o, como hoy acontece, una pandemia.

Sin embargo, partiendo de la idea según la cual la adopción de medidas extraordinarias frente a situaciones de emergencia genuinas, que realmente ponen en peligro a la comunidad o a su Constitución, es una consecuencia del *"derecho natural de autoconservación de la comunidad y del Estado"*,[18] la legislación ordinaria, unida a jurisprudencia de la Corte Suprema que la fue convalidando ha creado en nuestro ordenamiento jurídico institutos de emergencia no contemplados en el texto constitucional pero que en las últimas décadas se han generalizado en su aplicación, en especial la emergencia económica.

El precedente más remoto está en el fallo de la Corte Suprema de Justicia de la Nación de 1922 en *"Ercolano c/ Lanteri de Renshaw, Julieta"*,[19] que declaró válida la ley que, en el marco de una fuerte crisis habitacional y para evitar abusos, reguló el precio de los alquileres, afectando el derecho de libre contratación. Pero fue en el caso *"Avico,*

---

[18] Sagüés, Néstor Pedro, *op. cit.*, p. 588.
[19] CSJN, Fallos 136/170.

Oscar A. c/ De la Pesa, Raúl",[20] cuando declaró constitucional una ley de moratoria hipotecaria, donde se sentaron las bases del instituto de la emergencia económica, siguiendo la jurisprudencia de la Corte Suprema de los Estados en "*Misouri v. Holland*"[21] y en "*Home Building v. Blaisdell*".[22]

Se señaló allí, citando esa fuente, que los requisitos básicos para que procedan las restricciones excepcionales a los derechos en estas situaciones no previstas constitucionalmente eran: 1) que exista una situación de emergencia que imponga al Estado el deber de amparar los intereses vitales de la comunidad; 2) que la ley tenga como finalidad legítima, la de proteger los intereses generales de la sociedad y no a determinados individuos; 3) que la restricción al derecho sea razonable, acordando un alivio justificado por las circunstancias; 4) que su duración sea temporal y limitada al plazo indispensable para que desaparezcan las causas que la hicieron necesaria; 5) debe tratarse de un auténtico estado de necesidad, es decir una circunstancia de hecho excepcional.[23]

Al no estar regulado el instituto en la Constitución Nacional, por aplicación de la regla que surge de la doctrina general de la emergencia, corresponde que sea declarada por el Congreso de la Nación y así se ha procedido en la mayoría de los precedentes.

Tratándose de situaciones de emergencia que carecen de regulación constitucional específica la Corte Suprema ha dicho que las restricciones que se impongan a los derechos no pueden importar "una mutación en la substancia o esencia del derecho adquirido por sentencia o contrato, y está sometida al control jurisdiccional de constitucionalidad, toda vez que la situación de emergencia, a diferencia del estado de sitio, no suspende las garantías constitucionales".[24]

De allí se desprende que lo que autoriza la emergencia es a postergar temporalmente el ejercicio del derecho, pero no a alterarlo, desconocerlo o menoscabarlo. Mediante el control de razonabilidad se determinará entonces si la medida restrictiva preserva la integridad del

---

[20] CSJN, Fallos 172:21.

[21] 252 US 416 (1920).

[22] 290 US 398 (1934).

[23] CSJN, "*Ghiraldo*", Fallos 202:456.

[24] CSJN, "*Peralta*" consid. 43 y 44, LL 1991-C, 158, con cita de Fallos 243:467.

derecho aunque postergue su ejercicio, en cuyo caso será válida o, por el contrario, lo altera o desnaturaliza, en cuyo caso será inconstitucional.

V. El abuso de la emergencia

La historia nos revela que en muchos casos se han utilizado los institutos de emergencia, no como remedio extremo para situaciones excepcionales en las que se encuentra en juego la convivencia social o el orden constitucional, sino como herramienta ordinaria de gobierno y concentración de poder. Es decir que han sido utilizados con una finalidad distinta de la que les da justificación o sustento. Por eso Hernández dice, con razón, que esto ha provocado la decadencia de nuestro Estado de derecho.[25]

El uso abusivo del estado de sitio, tanto por la cantidad de veces que ha sido declarado,[26] cuanto por la desmesurada duración en el tiempo de algunos de ellos[27] y de las emergencias económicas que comenzaron a declararse en Argentina a partir de la ley 23.696,[28] pone en evidencia que los institutos de emergencia han sido empleados más como pretexto para concentrar un margen de poder que como instrumentos para superar situaciones excepcionales de necesidad colectiva. Cuando

---

[25] Hernández, Antonio M., *Las emergencias y el orden constitucional*, México, UNAM, Rubinzal-Culzoni Editores, 2003, pp. 67 y ss.

[26] Véase Ziulu, Adolfo Gabino, *Estado de sitio ¿Emergencia necesaria o autoritarismo encubierto?*, Buenos Aires, Depalma, 2000. Desde 1853 hasta aquí el estado de sitio ha sido declarado en cincuenta y tres ocasiones, lo que hace un promedio de casi una declaración de estado de sitio cada tres años, lo que indicaría que nuestro país debería haberse hallado al borde de la disolución con esa frecuencia, lo que a todas luces se advierte excesivo.

[27] La presidente María E. Martínez de Perón declaró el estado de sitio por decreto 1368 del 6/11/1974 y el gobierno de facto que la desplazó del poder lo mantuvo hasta el 28/10/83.

[28] En 1989, la ley 23.696 declaró formalmente la emergencia económica en cuyo marco se dictó el decreto 36/90, que dispuso que los depósitos bancarios a plazo fijo fueran pagados con bonos del Estado Nacional y la ley 23.982 que facultó al Estado a pagar sus deudas con bonos. En el año 2002 se dicta la ley 25.561 que declara una nueva emergencia económica por dos años y fue prorrogada sucesiva e ininterrumpidamente por las leyes 25.820, 25.972, 26.077, 26.204, 26.339, 26.456, 26.563, 26.729, 26.896 y 27200, hasta el 31 de diciembre de 2017.

lo transitorio se transforma en permanente, queda de manifiesto que existe una invocación espuria de la emergencia.

Este estado de cosas ha podido consolidarse porque el Poder Judicial no siempre ha cumplido con su función de custodio de la supremacía de la Constitución y en ocasiones mantuvo una actitud complaciente argumentando en la teoría de la no judiciabilidad de las cuestiones políticas que, parafraseando a Ricardo Haro, podemos decir que en estos casos importa, no una actitud de prudencia, sino de evasión judicial.[29]

VI. La emergencia sanitaria por el Covid-19 en Argentina

Debemos comenzar reiterando que, como ya se ha analizado, está fuera de toda duda que la situación generada por la pandemia de Covid-19 constituye verdadera situación de emergencia global, pero en la Argentina se da la particularidad de que ésta irrumpe en un marco de crisis preexistente, motivada en gran medida por problemas económico-financieros, que ya había motivado la declaración por el Congreso de la Nación de la emergencia en materia económica, financiera, fiscal, administrativa, previsional, tarifaria, energética, sanitaria y social[30] mediante Ley 21.541 sancionada el 21 de diciembre de 2019.

El Poder Ejecutivo se apoyó en la emergencia declarada por aquella Ley, cuyos alcances fueron ampliados por un Decreto de Necesidad y Urgencia (DNU 260/20). Sobre la base de esa emergencia así declarada, se dispusieron en ese mismo acto las primeras restricciones a los derechos, que originariamente fueron muy leves, principalmente medidas preventivas, suspensión transitoria de vuelos de zonas afectadas y aislamiento obligatorio por 14 días para contagiados, "casos sospechosos", contactos estrechos y quienes arribaban desde zonas afectadas.

Pero a partir de allí se desencadena una sucesión de Decretos de Necesidad y Urgencia que generan un grado de restricción a los derechos como no se había conocido jamás. El aislamiento social preventivo y obligatorio dispuesto por el D.N.U 297/20 del 20/3/20 importó la obligación de toda persona, como regla, de permanecer en su residencia o en el lugar en que se encontrara a las 0 horas del día 20 de

---

[29] Haro, Ricardo, *Constitución, poder y control,* México, UNAM, 2002, pp. 173 y ss.

[30] Ley 27541.

marzo, de abstenerse de concurrir a su lugar de trabajo y de desplazarse por rutas, vías y espacios públicos. Esa medida, que originariamente se dispuso para regir hasta el 31 de marzo, fue prorrogada en su vigencia de manera sucesiva hasta llegar al 24 de mayo próximo, aunque con flexibilizaciones (mayor cantidad de personas exceptuadas) en zonas con menor contagio.

En primer lugar, conviene destacar que se advierte una clara intención de encuadrar las medidas de emergencia invocadas dentro del orden constitucional. Es una señal clara de ello el hecho de que en la fundamentación del decreto mencionado en último término se invocan las disposiciones del art. 14 C.N. y también las de los arts. 12 inc. 3º del PIDCP y 22 inc. 3º de la CADH, que contemplan las razones de salud pública como causales que habilitan restringir el derecho de libre circulación y residencia.

Claramente hay en los fundamentos del decreto una argumentación que permite descartar una voluntad de apartarse del orden constitucional. Podría cuestionarse sí que el encuadramiento se haya hecho en disposiciones que se refieren al ejercicio ordinario del poder de policía de salubridad, cuando en rigor estamos frente a restricciones graves y excepcionales que más bien deberían buscar anclaje normativo en el art. 4 del PIDCP, en el art. 27 de la CADH y en la doctrina jurisprudencial de la emergencia de la Corte Suprema de Justicia de la Nación, si las normas se fundan en una emergencia sanitaria previamente declarada por ley, que resultó fuertemente agravada por la llegada de la pandemia.

Es que, no hace falta demasiado esfuerzo para comprender que la norma que nos ocupa no sólo restringe la libertad de circulación, sino que ella afecta una inmensa cantidad de derechos y libertades constitucionales más, en un grado nunca antes visto. Está afectada la libertad de trabajar y ejercer toda industria lícita y la de comerciar, salvo para aquellos que se dedican a una de las actividades exceptuadas; también la libertad de ingresar al país a consecuencia del cierre de fronteras, lo que resulta particularmente gravoso para los argentinos que por cualquier motivo se encontraban fuera del país transitoriamente a la fecha de adopción de tales medidas. Están restringidas también fuertemente la libertad religiosa y la libertad de reunión, ya que no están permitidas estas últimas, ni las ceremonias religiosas públicas. Y, aunque la restricción se atenúa con el uso de la tecnología y las modalidades virtuales, también está afectada la libertad de enseñar y aprender.

Además, otras normas complementarias que se han ido dictando afectan otros derechos como el de propiedad, con el congelamiento de cuotas hipotecarias[31] o de alquileres con más prórroga de contratos y suspensión de desalojos.[32] También la libertad de contratación con la prohibición de despidos.[33]

Los casos mencionados bastan para comprender que es tan amplia la nómina de derechos cuyo ejercicio aparece restringido en grado sumo, que en la práctica, la regla de la libertad del art. 19 C.N. según la cual lo que no está prohibido por la ley está permitido, parece haberse invertido y hoy, en general, si lo que quiero hacer no está permitido expresamente (comprendido en una excepción) es altamente probable que esté prohibido.

Lo dicho no importa abrir juicio sobre la validez de las restricciones mencionadas que, si bien hemos dicho son graves, también es de inusitada gravedad el riesgo para la salud pública que provoca la pandemia. Lo que se ha pretendido al enumerar los derechos afectados es simplemente poner en evidencia que no se trata aquí del mero ejercicio del poder de policía sanitario ordinario, sino de poner en vigencia un instituto de emergencia de carácter general.

Sí parece correcto haber encarado esta situación de emergencia como un instituto de emergencia no regulado en el texto de la Constitución, a semejanza de lo que aconteció con la emergencia económica. Hay quienes han cuestionado diciendo que debió haberse declarado el estado de sitio para dar sustento constitucional a las restricciones a los derechos que se imponen, pero esa postura pierde de vista que este instituto ha sido previsto en el art. 23 C.N. como un instituto para hacer frente sólo a las emergencias políticas. Aunque asumiéramos —haciendo un esfuerzo— que la pandemia pudiera asimilarse al supuesto de "conmoción interior" que prevé esa norma, no habría forma de sostener que ella pone en peligro el ejercicio de la Constitución Nacional o las autoridades creadas por ella, que es el otro requisito que prevé la norma para configurar la causal.

El estado de sitio ha sido pensado para otro tipo de casos y, por eso, las atribuciones especiales, excepcionales que le asigna al Presidente, además de poder imponer restricciones mas graves a los derechos que las tolerables en tiempos de tranquilidad, se circunscriben *"respecto de las personas a arrestar-las o trasladarlas de un punto a otro de la Nación, si ellas no prefiriesen salir del territorio argentino".*

---

[31] DNU 319/20 del 29/3/20.

[32] DNU 320/20 del 29/3/20.

[33] DNU 329/20 del 31/3/20.

En cuanto a las restricciones graves a los derechos, no hace falta el estado de sitio para que sean válidas. Idénticas razones a las que se utilizaron para convalidar la emergencia económica bastan y sobran para justificar la emergencia sanitaria. Me atrevo a decir que con mayor razón. En cuanto a la facultad de arrestar y trasladar a las personas, no es algo que el Ejecutivo haya pretendido hacer hasta aquí y no se advierte para qué podría necesitar hacerlo en orden a combatir la pandemia. Por otra parte, si se hubiera declarado el estado de sitio y arrestado a alguna persona: ¿Cómo podría llegar a hacerse efectivo el derecho de opción a abandonar el país mediando el cierre de fronteras?

Parece claro que basta la declaración de emergencia sanitaria por ley, para habilitar las restricciones excepcionales a los derechos, cuya validez constitucional y legitimidad deberá ser susceptible de contralor judicial de razonabilidad en los términos y con los alcances de la doctrina de la emergencia a la que ya nos hemos referido.

Ahora bien, hay al menos dos cuestiones que merecen ser observadas en cuanto a la vigencia efectiva de esta emergencia sanitaria en la Argentina.

En primer lugar, la inacción de los Poderes Legislativo y Judicial, pone en riesgo el principio republicano porque traspasa en la práctica una cuota de poder al Ejecutivo que resulta incompatible con aquél. En efecto, si la emergencia permite un ejercicio más enérgico por parte del Presidente de sus atribuciones constitucionales, en igual medida debiera fortalecerse la energía del control de parte de los otros dos poderes. En lo político y económico financiero el Legislativo y el Judicial en lo jurídico, controlando que las restricciones a los derechos se ajusten a los principios de legalidad, razonabilidad e igualdad.

Pero, aunque las cámaras del Congreso de la Nación han tenido recientemente cada una su primera sesión virtual, han permanecido inertes durante casi dos meses, durante los cuales el Ejecutivo ha dictado veinte decretos de necesidad y urgencia. No se alcanza a comprender cuál es el motivo por el cual las sesiones de las cámaras deban ser virtuales. Si quienes se dedican a "actividades y servicios esenciales" han sido exceptuados de cumplir el aislamiento social preventivo y obligatorio, ¿por qué no pueden los legisladores desplazarse hasta el recinto? O, en todo caso, si el ámbito utilizado a esos fines normalmente no tiene el espacio suficiente para respetar el "distanciamiento social" necesario para prevenir los contagios ¿por qué razón no se buscó y habilitó un espacio mayor?

No parece sostenible argumentar que los legisladores no estaban mencionados entre los casos exceptuados del aislamiento en el decreto 297/20, porque repugnaría al principio de independencia de los poderes el solo pensar que los senadores y diputados dependen de una autorización del Presidente de la Nación para poder trasladarse desde su casa hasta el Congreso. El mismo argumento y los mismos interrogantes valen para los jueces y funcionarios del Poder Judicial que también entró en una prolongada feria, de manera que el acceso a la justicia les quedó restringido a los habitantes de la Nación, precisamente en tiempos de fuertes restricciones a los derechos. Personas que se veían impedidas de trasladarse desde el lugar donde los sorprendió la medida de aislamiento obligatorio hasta sus domicilios personales o de ejercer otros derechos humanos, veían seriamente dificultado su derecho a la jurisdicción con un Poder Judicial en feria.

Por otra parte y, vinculado con el estancamiento del Poder Legislativo, podemos advertir que entre los muchos decretos de necesidad y urgencia dictados en los últimos dos meses, hay algunos que resultan difíciles de vincular con las necesidades públicas para hacer frente a la pandemia. Así por ejemplo la modificación del presupuesto dispuesta por DNU 457/20 del 11/5/20, máxime cuando amplía fuertemente las atribuciones del Jefe de Gabinete para realizar reasignaciones presupuestarias, produciendo así un traspaso a este órgano, dependiente del Ejecutivo, de atribuciones que la Constitución le asignó al Congreso.

VII. Conclusiones

El análisis efectuado nos permite concluir que la emergencia sanitaria declarada en Argentina con motivo de la pandemia de Covid-19 ha sido correctamente declarada y, de acuerdo con la doctrina de la emergencia generada por la jurisprudencia de la Corte Suprema de Justicia de la Nación, habilita restricciones excepcionales a los derechos constitucionales que resulten adecuadas para reducir los efectos nocivos de la pandemia y sean proporcionadas, temporarias, distribuyendo su peso de manera igualitaria.

La fundamentación y el contenido general de las normas dictadas permite descartar que nos hallemos frente a un estado de excepción que pretenda prescindir de la Constitución, sino mas bien que se subordina a ella, lo que no obsta a que se adviertan algunas disposiciones y comportamientos de los órganos del Estado que resultan discutibles e incluso objetables desde el punto de vista constitucional.

Sin embargo, como ocurre siempre con este tipo de cuestiones, está siempre latente el riesgo de que se incurra en abuso de la emergencia que, de persistir, podría deslizar imperceptiblemente el instituto desde una emergencia dentro de la Constitución, como se ha declarado a sí mismo, hacia una suspensión o incluso destrucción de la Constitución.

Un ejercicio vigoroso de sus facultades de control, del Congreso en lo político y del Poder Judicial en lo jurídico y tutela de los derechos humanos, es sin lugar a dudas lo único que puede garantizar la continuidad plena de la vigencia de la Constitución, aún dentro de las limitaciones que trae aparejada la emergencia.

LOS DERECHOS SOCIALES Y ECONÓMICOS FRENTE A LAS MEDIDAS DE CONFINAMIENTO CONTRA LA PROPAGACIÓN DEL COVID-19: SU APLICACIÓN A LOS DERECHOS LABORALES Y A LA SEGURIDAD SOCIAL

Eddie R. Cajaleón Castilla[*]

Sumario: I. *Introducción*. II. *Sobre el contexto duro de los confinamientos y de sus impactos*. III. *La obligación de los Estados de adoptar medidas positivas e inmediatas*. IV. *Los estándares internacionales en materia de derechos sociales y económicos*. V. *Reglas específicas derivadas de los estándares internacionales: a modo de conclusión*.

I. Introducción

Las medidas extraordinarias tomadas por los Estados para la contención de la pandemia global ocasionada por el coronavirus COVID-19, incluyendo estados de excepción o de emergencia sanitaria con restricción de derechos y libertades constitucionales, ponen en riesgo grave los derechos sociales y económicos de las personas trabajadoras y de las poblaciones en general por haber sido apartados de sus empleos o actividades laborales y producido la pérdida de los ingresos o recursos económicos que sirven para la subsistencia personal y familiar, así como los derechos del personal médico y profesional de la salud que brinda tratamiento directo a los contagiados por el virus.

En el contexto de la emergencia sanitaria y social de escala mundial, resulta indispensable que los Estados adopten además un conjunto de acciones y medidas positivas para cumplir las obligaciones de respetar, proteger y garantizar efectivamente este tipo de derechos a toda persona sujeta a su jurisdicción, en especial a los grupos considerados

---

[*] Profesor de la Maestría en Derecho Constitucional de la Pontificia Universidad Católica del Perú. Doctor en Derecho Constitucional y Máster en Derecho Parlamentario, Elecciones y Estudios Legislativos por la Universidad Complutense de Madrid. Maestría en Derecho Constitucional de la Pontificia Universidad Católica del Perú.

en riesgo o vulnerables, recurriendo con carácter prioritario a recursos o fondos estatales nacionales y de la cooperación internacional, al sistema de seguridad social y también a las empresas privadas, de acuerdo a los estándares internacionales en materia de derechos humanos.

En el *corpus iuris* internacional, formado por diversos tratados internacionales universales y regionales, observaciones generales, sentencias, recomendaciones, informes, entre otros, podemos encontrar un conjunto de estándares internacionales en materia de derechos sociales y económicos que deben seguir los Estados en el contexto en el que nos encontramos.

Aquí tratamos a continuación de desarrollar los estándares encontrados, compararlos con algunas medidas tomadas por ciertos Estados y establecer unas reglas más específicas para la debida protección y respeto de los derechos humanos relacionados con el trabajo y la seguridad social involucrados.

II. Sobre el contexto duro de los confinamientos y de sus impactos

Los confinamientos o cuarentenas, los aislamientos sociales y las inmovilizaciones obligatorias impuestas por los Estados para preservar la salud de sus poblaciones, evitando los contagios y la propagación del coronavirus COVID-19, vienen ocasionando efectos perjudiciales a las personas trabajadoras y a la población en general por la pérdida de sus ingresos económicos por estar apartados temporalmente de sus empleos o fuentes de ingresos, lo que pone en peligro grave la satisfacción de sus necesidades vitales básicas y de la propia subsistencia tanto personal como familiar acorde a la dignidad humana, así como el riesgo de ser desalojadas de sus viviendas y ser puestas en situación de calle donde dichas acciones quieren precisamente evitar para no propagar la pandemia.

Para asegurar el cumplimiento de estas medidas, los Estados han decretado estados de excepción, de emergencia o emergencia sanitaria, o de catástrofe por calamidad pública, disponiendo restricciones de ciertos derechos y libertades individuales y garantías constitucionales, lo que está contemplado por el artículo 27 de la Convención Americana sobre Derechos Humanos. Además, la Convención Americana en el artículo 22.3 señala que, a contrario sensu, si bien toda persona tiene los derechos a circular y salir libremente del país, su ejercicio puede ser restringido en virtud de una ley en la medida indispensable en una sociedad democrática para proteger ciertos supuestos como la salud pública.

En este contexto, la Comisión Interamericana de Derechos Humanos (CIDH) y su Relatoría Especial de Derechos Económicos, Sociales, Culturales y Ambientales (REDESCA) a través de un comunicado el 20 de marzo de 2020 han recordado a los Estados de la región que deben acompañar a sus medidas excepcionales de emergencia sanitaria, destinadas a la atención de salud de las personas afectadas así como a la contención de la pandemia global, otras medidas adicionales necesarias para llevar a cabo las primeras con pleno respeto y vigencia efectiva de los derechos humanos, conforme a lo estándares internacionales de protección de los mismos.

La Organización Internacional de Trabajo —O.I.T.— en la segunda edición del Observatorio sobre el COVID-19 y el mundo del trabajo de 7 de abril de 2020 ha estimado que las medidas de paralización total o parcial afectan a casi 2,700 millones de trabajadores, aproximadamente el 81% de la fuerza de trabajo mundial. En esta situación, las repercusiones sobre las empresas de todos los sectores y las más pequeñas amenazan su funcionamiento y solvencia, y millones de trabajadores están expuestos a los despidos y a las pérdidas de ingresos; además, los efectos en las actividades que generan ingresos son más graves para los trabajadores de la economía informal que no tienen un empleador y carecen de protección social.

III. La obligación de los Estados de adoptar medidas positivas e inmediatas

Para contrarrestar estos efectos seriamente nocivos, los Estados deben proporcionar respuestas eficaces y urgentes a través de políticas públicas y reformas legislativas para la protección de los derechos sociales y económicos que proporcionen recursos y prestaciones económicas en caso de fuentes de trabajo en riesgo, pobreza y pobreza extrema, y así como planes económicos contra los impactos sobre el derecho al trabajo.

Los estados de excepción o de emergencia sanitaria en ningún caso suspenden el goce y ejercicio de los derechos sociales y económicos, conforme a las disposiciones constitucionales y convencionales; por el contrario, por la naturaleza de la emergencia y los impactos de sus medidas sobre las poblaciones, se requiere que se adopten rápida y muy activamente un considerable conjunto de medidas positivas para asegurar su goce y ejercicio frente a los riesgos y amenazas que los ponen en peligro grave.

Para ello, los Estados deben exigir al mismo Estado como empleador del sector público y a las empresas privadas en las relaciones laborales privadas, que respeten los derechos humanos y tengan un comportamiento ético y responsable por los impactos de estas acciones en las personas trabajadoras, por lo que las políticas públicas y medidas empresariales de ajuste económico deben priorizar su responsabilidad de respetar los derechos humanos, en particular los derechos laborales.

Esta obligación forma parte de la llave de acceso a los compromisos internacionales generales, presente en el artículo 1 de la Convención Americana sobre Derechos Humanos, que obliga a los Estados parte a respetar los derechos y libertades allí reconocidos y garantizar su libre y pleno ejercicio a toda persona sujeta a su jurisdicción, sin discriminación alguna por cualquier motivo indebido.[1]

Asociada al principio de la protección efectiva o del efecto útil de los derechos humanos,[2] la teoría de obligaciones positivas postula que los poderes públicos del Estado no solamente deben abstenerse de actuar contra los derechos humanos (obligaciones negativas), sino que deben adoptar medidas positivas que provean lo necesario para garantizar a todas las personas el goce y ejercicio de dichos derechos (obligaciones positivas).[3] El Estado tiene también que llevar una actividad de protección de los derechos cuando se encuentren sometidos

---

[1] Fernández Sánchez, Pablo Antonio y Méndez Silva, Ricardo, "El alcance de las obligaciones del Convenio Europeo de Derechos Humanos y de la Convención Americana sobre Derechos Humanos", en Canosa Usera, Pablo, Fernández Sánchez, Pablo Antonio, García Roca, Javier y Santolaya Machetti (coords.), *El diálogo entre los sistemas europeo y americano de derechos humanos*, Lima, Thomson Reuters, 2015, pp. 125 y 126.

[2] García Roca, Javier, Nogueira Alcalá, Humberto y Bustos Gisbert, Rafael: "La comunicación entre ambos sistemas y las características del diálogo", *ibidem* p. 97; y, García Roca, Javier: "El preámbulo contexto hermenéutico del convenio: un instrumento constitucional del orden público europeo", en García Roca, Javier y Santolaya, Pablo (coords.), *La Europa de los Derechos: el Convenio Europeo de Derechos Humanos*, Madrid, Centro de Estudios Políticos y Constitucionales, 2014, p. 33.

[3] Abramovich, Víctor y Courtis, Christian, *Los derechos sociales como derechos exigibles*, Madrid, Trotta, 2004, pp. 27-29 y 81-83; y, López Guerra, Luis: "El carácter dinámico del sistema europeo de protección de los derechos humanos", en Ferrer Mac-Gregor, Eduardo y Herrera García, Eduardo (coords.), *Diálogo jurisprudencial en derechos humanos entre Tribunales Constitucionales y Cortes Internacionales*, Valencia, Tirant Lo Blanch, 2013, p. 339.

a las amenazas de los mismos poderes públicos o de particulares que pongan en peligro grave su vigencia efectiva.[4]

Para el Tribunal Europeo de Derechos Humanos, los derechos garantizados por el Convenio Europeo de Derechos Humanos no imponen únicamente a los Estados obligaciones de no injerencia, sino que también establecen obligaciones de realizar determinadas acciones positivas, como adoptar una legislación o determinadas políticas o llevar a cabo actuaciones materiales.[5] Esta teoría hace posible una interpretación que deduce de una disposición internacional unas obligaciones estatales de acción positiva que no están previstas expresamente en dicha disposición,[6] y que los derechos sociales entren en el sistema del Convenio Europeo que proclama sólo derechos civiles y políticos para hacer que los primeros no sean teóricos o ilusorios sino prácticos y efectivos.[7]

De acuerdo a esta doctrina, la Observación general N° 19 del Comité de Derechos Económicos, Sociales y Culturales, relativa al derecho a la seguridad social, párr. 48, señala que la obligación de facilitar exige a los Estados parte que adopten medidas positivas para ayudar a las personas y a las comunidades a ejercer el derecho a la seguridad social, y la Observación general N° 18, sobre el derecho al trabajo, párr. 27, indica que la obligación de facilitar o aplicar el derecho al trabajo exige a los Estados parte que adopten medidas positivas para permitir y asistir a las personas que disfruten de su derecho al trabajo.[8]

Asimismo, en la Observación general N° 23, sobre las condiciones de trabajo equitativas y satisfactorias, párr. 61, el Comité DESC señala que con el fin de facilitar el derecho a condiciones de trabajo

---

4   López Guerra, Luis, "Crisis económica y derechos humanos. Una nota de jurisprudencia" en *Teoría y Realidad Constitucional*, N° 36, 2015, p. 403.

5   Carmona Cuenca, Encarnación, "Derechos sociales de prestación y obligaciones positivas del Estado en la jurisprudencia del Tribunal Europeo de Derechos Humanos", en *Revista de Derecho Político*, N° 100, Septiembre-Diciembre 2017, p. 1228.

6   *Ibidem*, p. 1216.

7   Morte Gómez, Carmen, "Los derechos económicos y sociales en la jurisprudencia reciente del Tribunal Europeo de Derechos Humanos: una selección", en *Teoría y Realidad Constitucional*, N° 42, 2018, párr. 553.

8   Salamero Teixidó, Laura, *La protección de los derechos sociales en el ámbito de Naciones Unidas El nuevo Protocolo Facultativo del Pacto Internacional de Derechos Económicos, Sociales y Culturales*, Pamplona, Civitas-Thomson Reuters, 2012, pp. 49-53.

equitativas y satisfactorias, los Estados parte deben adoptar medidas positivas para ayudar a las personas trabajadoras, concediendo un reconocimiento suficiente a este derecho mediante leyes, políticas y reglamentos en materias laborales.

Algo también presente en el Protocolo Adicional a la Convención Americana sobre Derechos Humanos en Materia de Derechos Económicos, Sociales y Culturales, Protocolo de San Salvador, que en el artículo 1 proclama que los Estados parte se comprometen a adoptar las medidas necesarias tanto de orden interno como mediante la cooperación entre ellos, hasta el máximo de los recursos disponibles y según su grado de desarrollo a fin de lograr progresivamente la plena efectividad de los derechos reconocidos.

Para la Corte Interamericana de Derechos Humanos, no basta que los Estados se abstengan de violar los derechos, sino que es imperativa la adopción de medidas positivas en función de las necesidades particulares de protección de los sujetos por su condición personal y la situación en que se encuentren;[9] al respecto, la adopción de medidas positivas se acentúa en relación con la protección de personas en situación de riesgo o de vulnerabilidad.[10] En todo caso, la adopción de medidas eficaces que garanticen el acceso sin discriminación a las prestaciones de la seguridad social es una obligación de exigibilidad inmediata para los Estados,[11] no libradas a la mera realización progresiva.[12]

También hay que tener en cuenta que la responsabilidad internacional por los derechos no se limita a los actos que pudieran cometer los poderes públicos y las personas revestidas de funciones oficiales porque una violación que no resulte imputable directamente a un Estado por ser obra de un particular o una empresa privada puede acarrear la responsabilidad internacional del Estado no por ese mismo hecho sino

---

[9] Sentencia CIDH 4 de julio de 2006, caso *Ximenes Lopes vs. Brasil*, párr. 103.

[10] Sentencia CIDH de 8 de marzo de 2018, caso *Poblete Vilches y otros vs. Chile*, párr. 123.

[11] Sentencias CIDH de 6 de marzo de 2019, caso *Muelle Flores vs. Perú*, párr. 190; y, de 21 de noviembre de 2019, caso *Asociación Nacional de Cesantes y Jubilados de la Superintendencia Nacional de Administración Tributaria (ANCEJUB-SUNAT) vs. Perú*, párr. 173.

[12] Dictamen del perito Christian Courtis en el caso *Oscar Muelle Flores y Perú*, p. 12.

por no haber adoptado medidas positivas para prevenir tal violación[13] así como para supervisar o fiscalizar las acciones o conductas de las empresas particulares.

Para que los Estados cumplan con su obligación de garantizar los derechos frente a las acciones de las empresas privadas o particulares, la Comisión Interamericana y su Relatoría REDESCA indican que los Estados tienen cuatro deberes en el contexto de las actividades empresariales que requieren medidas positivas: uno (i), el deber de adoptar disposiciones de derecho interno; dos (ii), el deber de prevenir las violaciones cometidas por las empresas; tres (iii), el deber de supervisar o fiscalizar sus actividades; y, cuatro (iv), los deberes de investigar, sancionar y disponer las reparaciones que deben cumplir a favor de las víctimas.[14]

IV. Los estándares internacionales en materia de derechos sociales y económicos

1. *El derecho a la salud*

El Comité de Derechos Económicos, Sociales y Culturales en la Observación general N° 14 relativa al derecho al disfrute del más alto nivel posible de salud, previsto por el artículo 12 del Pacto Internacional de Derechos Económicos, Sociales y Culturales, ha reconocido, párr. 3, que el derecho a la salud está estrechamente vinculado con el ejercicio de otros derechos humanos y también depende de esos derechos; entre ellos, los derechos a la dignidad humana, a la vida, a la alimentación, a la vivienda y al trabajo, como componentes integrales de dicho derecho. La salud como derecho inclusivo no sólo abarca la atención de salud sino también sus principales factores determinantes como la alimentación sana, una nutrición adecuada, una vivienda adecuada, y las condiciones sanas en el trabajo (párr. 11).

En lo general, el derecho a la salud abarca una amplia gama de factores socioeconómicos que promueven las condiciones para que

---

[13] Sentencia CIDH de 29 de julio de 1998, caso *Velásquez Rodríguez vs. Honduras*, párr. 172.

[14] Comisión Interamericana de Derechos Humanos: Informe *Empresas y Derechos Humanos: Estándares interamericanos*, Washington, OEA, 2019, pp. 54 y 55, apart. 86.

las personas puedan llevar una vida digna, por lo que dicho derecho se hace extensivo a sus factores determinantes como la alimentación, la nutrición, la vivienda y las condiciones de trabajo seguras y sanas, entre otros (párr. 4).

Otro factor determinante es que el personal médico y profesional que trabaja en los establecimientos, servicios y centros de atención de salud debe estar capacitado y bien remunerado de acuerdo a las condiciones del país (párr. 12, lit. a). Los Estados tienen que velar por la formación apropiada de los facultativos y demás personal médico (párr. 36).

En relación al personal médico y profesional de salud que trabaja prestando atención contra la pandemia, la Corte Interamericana de Derechos Humanos en la Declaración N° 1/2020 de 9 de abril de 2020, COVID-19 y Derechos Humanos: los problemas y desafíos deben ser abordados con perspectiva de derechos humanos y respetando las obligaciones internacionales, señala que las trabajadoras y los trabajadores de la salud deber ser proveídos de los insumos, equipos, materiales e instrumentos que protejan su integridad, vida y salud, y que les permita desempeñar su labor en términos razonables de seguridad y calidad. Para la Corte, el derecho a la salud debe garantizarse respetando la dignidad humana y observando los principios fundamentales de la bioética de conformidad con los estándares de disponibilidad, accesibilidad, aceptabilidad y calidad adecuados a las circunstancias de la pandemia.

Y la Comisión Interamericana de Derechos Humanos en la Resolución N° 1/2020 de 10 de abril de 2020, Pandemia y Derechos Humanos en las Américas, recomienda, punto resolutivo 10, a los Estados asegurar la disponibilidad y provisión oportuna de cantidades suficientes de material de bioseguridad, insumos, suplementos médicos esenciales de uso del personal trabajador, fortalecer su capacitación técnica y profesional para el manejo de la pandemia y crisis infecciosas, garantizar la protección de sus derechos así como poner a su disposición recursos específicos destinados a enfrentar la situación de emergencia sanitaria.

2. *Los derechos al trabajo, a la estabilidad en el empleo y a la seguridad social*

En relación a los derechos al trabajo y a la seguridad social que resultan comprometidos en este tipo de contexto de emergencia sanitaria por sus efectos, los artículos 23.1 y 25.1 de la Declaración Universal de Derechos Humanos reconocen que toda persona tiene derecho al trabajo y a la protección contra el desempleo, y a los seguros en caso de desempleo, enfermedad, vejez u otros casos de pérdida de sus medios de subsistencia por circunstancias independientes de su voluntad. Y el artículo 9 del Pacto Internacional de Derechos Económicos, Sociales y Culturales señala que los Estados parte reconocen el derecho de toda persona a la seguridad social, incluso el derecho al seguro social.

El artículo 45, literal b, de la Carta de la Organización de los Estados Americanos —OEA— indica que el trabajo es un derecho y un deber social, otorga dignidad a quien lo realiza y debe prestarse en condiciones que, incluyendo un régimen de salarios justos, aseguren la vida, la salud y un nivel de vida decoroso para el trabajador y su familia, tanto en sus años de trabajo como en su vejez, o cuando cualquier circunstancia lo prive de la posibilidad de trabajar. Y el literal h del mismo artículo obliga a los Estados al desarrollo de una política eficiente de seguridad social.

Los artículos 6.1 y 7.d del Protocolo Adicional a la Convención Americana sobre Derechos Humanos, Protocolo de San Salvador, reconocen que toda persona tiene derecho al trabajo y a la estabilidad en sus empleos, y en casos de despido injustificado, tiene derecho a una indemnización o a la readmisión en el empleo o a cualquier otra prestación prevista por la legislación nacional. El Convenio N° 158 de la O.I.T., sobre la terminación de la relación de trabajo, en los artículos 4, 8 y 10 señala que no se pondrá término a la relación de trabajo a menos que exista una causa justificada, y reconoce el derecho de las personas trabajadoras a recurrir los despidos injustificados ante un organismo neutral como un tribunal, y a que éste anule y ordene la readmisión, el pago de una indemnización u otra reparación apropiada.

La Corte Interamericana de Derechos Humanos, en base a estas normas internacionales y otras del corpus iuris internacional, ha establecido jurisprudencialmente las obligaciones de exigibilidad inmediata que tienen los Estados en relación a los derechos autónomos al trabajo y a la estabilidad en el empleo, así como a la seguridad social y a la pensión, presentes en el artículo 26° de la Convención Americana; de esta manera, cambió el paradigma de la protección indirecta de los derechos sociales y económicos como derechos de mero desarrollo progresivo, para adoptar la justiciabilidad directa en el que hace responsable internacionalmente a los Estados de las obligaciones auténticas de respetar y garantizarlos inmediatamente en los supuestos de violaciones cometidas por entidades estatales y por empresas privadas.

A saber, acerca del derecho al trabajo y a la estabilidad en el empleo, tenemos las obligaciones uno (i) de adecuar el marco legal y hacer reformas legislativas para el acceso a dicho derecho, dos (ii) de proteger a las personas trabajadoras contra despidos injustificados de empresas privadas, tres (ii) de respetar como empleador del sector público para no cometer despidos injustificados, también de proteger cuando no cumpla con respetarlo, cuatro (iv) de proteger y garantizar con medios de reparación: reposición, indemnización y otras prestaciones sociales, y cinco (v) de garantizar a través de recursos judiciales efectivos de los afectados ante jueces independientes en parte de acceso a la justicia y a la tutela judicial.[15]

Entre éstas, la obligación de proteger presente en las Directrices de Maastricht sobre violaciones a los derechos económicos, sociales y culturales, párr. 6, exige al Estado prevenir violaciones a estos derechos por parte de terceros, y, en ese sentido, el no asegurar que los empleadores o patrones privados cumplan las normas básicas de trabajo en relación a sus trabajadores, puede constituir una violación al derecho al trabajo o a las condiciones de trabajo equitativas y satisfactorias por la falta de supervisión, así como cuando no actúe frente a la infracción estatal que no lo respete.[16]

Y los derechos y obligaciones sobre seguridad social y pensión son uno (i) el derecho a acceder a una pensión a través del sistema de seguridad social administrado por el Estado o por empresas privadas supervisadas por el Estado, dos (ii) las prestaciones con nivel suficiente en importe y duración que permitan condiciones adecuadas de vida, tres (iii) las condiciones razonables y transparentes de accesibilidad, costos asequibles e información clara, cuatro (iv) el pago oportuno y demora de las prestaciones, y cinco (v) el acceso a la justicia y a la tutela judicial efectiva para los recursos de los agraviados ante jueces independientes.[17]

---

[15] Sentencia de CIDH 31 de agosto de 2017, caso *Lagos del Campo vs. Perú*, párr. 149.

[16] Rivera Basulto, Marcela Cecilia: "Justiciabilidad directa de los derechos económicos, sociales, culturales y ambientales. Después de Lagos del Campo, ¿qué sigue?", en *Revista IIDH Instituto Interamericano de Derechos Humanos*, N° 67, Enero-Junio 2018, pp. 145-146.

[17] Sentencia de CIDH 6 de marzo de 2019, caso *Muelle Flores vs. Perú*, párr. 192. Ver Observación General N° 19 del Comité de Derechos Económicos, Sociales y Culturales, relativo al derecho a la seguridad social, párrs. 10-28.

3. *El mantenimiento de los empleos y de los ingresos económicos*

La Observación general N° 18 del Comité DESC, sobre el derecho al trabajo, en el párrafo 6 señala que el contenido normativo del derecho al trabajo como derecho individual y a la vez colectivo de cada persona supone el acceso a un sistema de protección que garantice a cada trabajador su acceso al empleo y además implica el derecho a no ser privado injustamente de su empleo.

La Recomendación N° 205 de la O.I.T., sobre el empleo y el trabajo decente para la paz y la resiliencia, para responder a las situaciones de crisis provocadas por conflictos y desastres, en el artículo 8, literal a, señala que los Estados deben adoptar planteamientos estratégicos que incluyan la estabilización de los medios de vida y de los ingresos a través de medidas inmediatas para el empleo y la protección social. Define el desastre como una disrupción grave del funcionamiento de la comunidad en cualquier escala debida a fenómenos peligrosos que interaccionan con las condiciones de exposición, vulnerabilidad y capacidad, ocasionando pérdidas e impactos humanos, materiales, económicos y ambientales (párr. 2, lit. a).

La Corte Interamericana en la Declaración N° 1/20, COVID-19 y Derechos Humanos, considera que los Estados deben velar por la preservación de las fuentes de trabajo y el respeto de los derechos laborales de todas las trabajadoras y trabajadores.

Para la Corte Interamericana, los despidos cometidos por empresas o por los Estados de las personas trabajadoras tanto en las relaciones privadas y públicas de trabajo por haber ejercido legítimamente sus derechos humanos, constituye una violación conjunta de los derechos al trabajo y a la estabilidad en el empleo y de otras libertades y derechos comprometidos en perjuicio de las víctimas.[18] Así también, en estos casos, como el derecho al trabajo incluye el derecho al acceso a la justicia y a la tutela judicial efectiva, si los Estados no ofrecen un recurso judicial efectivo a las personas trabajadoras frente a los despidos injustificados, violan concurrentemente los derechos a las garantías judiciales y a la protección judicial en su perjuicio.[19]

---

[18] Sentencias de CIDH de 31 de agosto de 2017, caso *Lagos del Campo vs. Perú*, párrs. 130, 132, 151, 153 y 166; y, de 8 de febrero de 2018, caso *San Miguel Sosa y otras vs. Venezuela*, párrs. 150 y 151.

[19] Sentencia de CIDH de 23 de noviembre de 2017, caso *Trabajadores cesados de Petroperú y otros vs. Perú*, párrs. 177-181.

En ese sentido, los despidos que pudieran producirse por el ejercicio legítimo del derecho a la salud, relacionado al cumplimiento por parte de las personas trabajadoras de las medidas excepcionales adoptadas por los Estados para evitar contagios y propagar la pandemia, también violarían de modo conjunto los derechos al trabajo, a la estabilidad en el empleo y a la salud. Los Estados, en el contexto actual, deben ofrecer recursos judiciales efectivos para proteger y garantizar dichos derechos relacionados con el acceso a la justicia y la tutela judicial efectiva.

A título de ejemplo, en España, el Real Decreto Ley 9/2020 en el artículo 2 dispuso como medida extraordinaria de protección del empleo la prohibición de los despidos y la extinción del contrato de trabajo que se justifiquen en la fuerza mayor y las causas económicas, técnicas, organizativas y de producción en las que se amparan la suspensión de contratos y la reducción de jornada previstas por el Real Decreto Ley 8/2020 en relación al impacto económico y social del COVID-19. Esta medida gubernamental prohíbe definitivamente los despidos por este motivo, pero deja libre la posibilidad de suspender los contratos de trabajo.

También en Argentina, el Decreto de Necesidad y Urgencia N° 329/2020 en el artículo 2 prohibió en el marco de la emergencia pública en materia sanitaria los despidos sin causa justa y por las causales de falta o disminución de trabajo y fuerza mayor por el plazo de 60 días, y el artículo 3 prohibió las suspensiones por las mismas causales y durante el mismo plazo. Y en Bolivia, el Ministerio de Trabajo, Empleo y Previsión Social mediante el comunicado N° 14/2020 recordó a la ciudadanía que la estabilidad laboral tanto en entidades públicas y privadas está protegida por el Estado boliviano, quedando terminantemente prohibido el despido injustificado de trabajadores, salvo que incurran en las causales establecidas por la Ley General de Trabajo.

La Observación general N° 19 del Comité DESC señala, párr. 16, que los Estados parte deben ofrecer prestaciones sociales para sufragar la pérdida o falta de ingresos debida a la incapacidad de obtener o mantener un empleo adecuado, y en particular deben proporcionarse prestaciones para los períodos de pérdidas de ingresos de las personas a las que se pida que no se presenten al trabajo durante una emergencia de salud pública u otro tipo de emergencia.

Respecto a la cuantía de las prestaciones, la Observación general N° 19, párr. 12, contempla ciertos estándares al establecer que las prestaciones sociales deben ser de nivel suficiente en importe y duración, a fin que todos puedan gozar de sus derechos a la protección y asistencia familiar, de unas condiciones de vida adecuadas y de acceso suficientes a la atención de salud, lo que debe respetar los principios de dignidad y no discriminación, para evitar cualquier efecto adverso sobre el nivel de las prestaciones.

La Corte Interamericana aplica en su jurisprudencia sobre la justiciabilidad directa de los derechos sociales y económicos (art. 26 Convención) la Observación general N° 19 y el nivel de suficiencia que deben cumplir las prestaciones sociales,[20] y agrega el carácter sustitutivo del salario por el fin alimentario que tienen y deben cumplir. Para la Corte, las prestaciones constituyen el monto único sustitutivo del salario que se recibe para suplir necesidades básicas de subsistencia, por lo que tienen carácter alimentario y son de importancia vital para la subsistencia de las personas mayores,[21] y de las personas en general que están impedidos de trabajar y privadas de las fuentes de sus ingresos como consecuencia de una cuarentena sanitaria. Los caracteres alimentario y sustitutivo del salario que tienen las prestaciones sociales sumada a la situación de vulnerabilidad de las personas que se encuentran en emergencia sanitaria, fundamentan las obligaciones generales de respetar y garantizar dicho derecho que deben cumplir los Estados, así como los deberes especiales de protección a los sujetos titulares del derecho.[22]

Antes de la protección directa de los derechos sociales y económicos como el trabajo y la seguridad social aplicada en dichos casos, la Corte ha interpretado, lo que sigue haciendo, que los ingresos económicos por remuneraciones, pensiones y las prestaciones sociales en general forman parte del patrimonio de las personas titulares de dichos beneficios, por lo que si se impide que gocen integralmente de los mismos se viola el derecho a la propiedad reconocido por el artículo 21 de la Convención Americana.[23]

---

[20] Sentencias de CIDH de 6 de marzo de 2019, caso *Muelle Flores vs. Perú*, párrs. 187 y 192; y, de 21 de noviembre de 2019, caso *Asociación Nacional de Cesantes y Jubilados de la Superintendencia Nacional de Administración Tributaria (ANCEJUB-SUNAT) vs. Perú*, párrs. 170 y 175.

[21] Sentencias de CIDH de 6 de marzo de 2019, caso *Muelle Flores vs. Perú*, párr. 197; y, de 21 de noviembre de 2019, caso *Asociación Nacional de Cesantes y Jubilados de la Superintendencia Nacional de Administración Tributaria (ANCEJUB-SUNAT) vs. Perú*, párr. 184.

[22] Dictamen del perito Christian Courtis en el caso *Oscar Muelle Flores vs. Perú*, p. 3; y, Sentencia de CIDH de 4 de julio de 2006, caso *Ximenes Lopes vs. Brasil*, párr. 88.

[23] Sentencias de CIDH de 4 de marzo de 2011, caso *Abrill Alosilla y otros vs. Perú*, párrs. 84-85; y, de 28 de febrero de 2003, caso *Cinco Pensionistas vs. Perú*, párrs. 102-103.

La O.I.T. en el Convenio N° 168, sobre el fomento del empleo y la protección contra el desempleo, en el artículo 10, numeral 2, señala que los Estados deben extender las prestaciones de desempleo a las contingencias que ocurran por la pérdida de ganancias debida al desempleo parcial o como consecuencia de la suspensión temporal del trabajo, sin terminación de la relación laboral; y, en la Recomendación N° 134, sobre asistencia médica y prestaciones monetarias por enfermedad, señala en el párrafo 8, literales a y b, que los Estados deben conceder prestaciones monetarias en caso de ausencia del trabajo con pérdida de ganancias cuando la ausencia esté justificada tanto como por encontrarse recibiendo atención médica curativa o preventiva como por estar aislado con motivo de una cuarentena.

Por lo que la O.I.T. en la segunda edición del Observatorio sobre el COVID-19 y el mundo del trabajo considera que las políticas que adopten los Estados deben considerar cuatro pilares fundamentales en la lucha contra el COVID-19 a partir de las normas internacionales del trabajo; entre ellos, el pilar 2 de apoyo a las empresas, el empleo y los ingresos: plantea uno (i) ampliar la protección social de toda la población y dos (ii) aplicar medidas de mantenimiento del empleo; el pilar 3 sobre la protección a los trabajadores en el lugar del trabajo: uno (i) adaptar las modalidades de trabajo como el teletrabajo y dos (ii) ampliar el recurso a una licencia remunerada; y, el pilar 4 de búsqueda de soluciones mediante el diálogo social: principalmente fortalecer el diálogo social y la negociación colectiva entre empleadores y trabajadores.

En la primera edición del observatorio, el tercer pilar fundamental se refería al apoyo al empleo y al mantenimiento de ingresos en el cual los Estados deben adoptar, entre otras, disposiciones sobre conservación del empleo, de apoyo a las empresas por períodos determinados como subvenciones salariales, reducción de retenciones fiscales o exención de cotizaciones a la seguridad social, y de concesión de bajas remuneradas y ampliación de prestaciones existentes a los trabajadores. El primer pilar sobre la protección a los trabajadores en el lugar de trabajo coincidía con la medida de ampliación del derecho a bajas remuneradas o de los subsidios por enfermedad.

La O.I.T. menciona como ejemplos de medidas llevadas a cabo por los Estados que en China se abona el salario a los trabajadores que no pueden trabajar por encontrarse en situación de cuarentena o por estar enfermos, y en Irlanda, Singapur y Corea del Sur se conceden bajas por enfermedad remuneradas.

Al respecto, el Secretario General de la Organización de las Naciones Unidas —O.N.U.— en el Informe COVID-19 y derechos humanos: todos estamos juntos en esto, publicado el 23 de abril de 2020, utiliza como ejemplos de buenas prácticas realizadas por los Estados acorde a los derechos humanos, entre otras, uno (i) preservar los empleos y los salarios a través de medidas económicas específicas como proporcionar ingresos universales y brindar apoyo a los empleadores y empresas, y dos (ii) proporcionar licencias remuneradas por enfermedad a los trabajadores y prestaciones por desempleo.

En este mismo sentido, para la Comisión Interamericana y su Relatoría REDESCA, la organización del teletrabajo o trabajo remoto cuando resulte posible, y el entendimiento que esta situación de aislamiento e inmovilización por razón de emergencia de salud no es equiparable a vacaciones obligatorias, como ejemplos, pueden facilitar en un caso la continuidad de labores y en general reducir los impactos negativos en el ámbito de los derechos laborales.

La adaptación de la prestación de labores en base al teletrabajo o trabajo remoto es una medida que los Estados vienen promoviendo preferentemente en los sectores privado y público, y también es materia de regulación normativa que lo sujeta a evaluación de la autoridad de trabajo o a comunicación a la misma, a contratos o convenios individuales con el consentimiento del trabajador y a condiciones mínimas de seguridad e higiene, entre otros.

La Corte Interamericana en la Declaración N° 1/20 señala que los Estados deben adoptar e impulsar medidas para mitigar los impactos sobre las fuentes de trabajo e ingresos de todas las trabajadoras y trabajadores y asegurarles los ingresos necesarios para su subsistencia en condiciones de dignidad humana. Por los impactos sobre sus economías personales y familiares, deben procurarse mecanismos para atender la provisión básica de alimentos y medicamentos y otras necesidades elementales a quienes no puedan ejercer sus actividades normales.

En ese mismo sentido, la propia Comisión Interamericana en la Resolución N° 1/2020 ha recomendado, punto resolutivo 5, a los Estados que protejan los derechos sociales y económicos de las personas trabajadoras en mayor situación de riesgo por la pandemia y sus consecuencias, y es importante que adopten medidas que velen por asegurar ingresos económicos y medios de subsistencia a todas las personas trabajadoras, de manera que puedan cumplir en igualdad de condiciones las medidas de contención durante la pandemia, así como acceso a la alimentación y otros derechos esenciales.

Para la Comisión, a las personas trabajadoras en general se debe dar adecuada protección a los trabajos, salarios, la libertad sindical y negociación colectiva, las pensiones y demás derechos sociales interrelacionados en el ámbito laboral y sindical; y, las personas trabajadoras que prosigan realizando sus actividades laborales deben ser protegidas especialmente de los riesgos de contagio del virus.

Además, los Estados deben cumplir con el deber de atención especial sobre los grupos en situación de vulnerabilidad porque los procesos pandémicos producen mayores impactos desproporcionados contra este tipo de poblaciones, como, entre otras, las personas en situación de pobreza, las personas trabajadoras del sector informal, las personas mayores y que sufren discapacidad y enfermedades.

En el contexto de la emergencia por razón de salud pública, las personas trabajadoras que son impedidas de trabajar por las medidas adoptadas por los Estados deben recibir prestaciones económicas suficientes y sustitutivas durante el período que duren las medidas por ocasionar la perdida de los ingresos económicos que adquieren producto de sus actividades y prestaciones laborales, de acuerdo a los estándares internacionales.

A diferencia del carácter disponible y alienable de la mayoría de intereses económicos o pecuniarios, la Constitución Política del Perú en el artículo 26, numeral 2, declara que los derechos laborales y los beneficios de la seguridad social, como lo son las remuneraciones y prestaciones sociales, son irrenunciables e inalienables.[24]

En el mismo párrafo 16 de la Observación general N° 19, el Comité DESC establece que el sistema de seguridad social debe amparar a otras personas trabajadores, incluidas las de tiempo parcial, ocasionales, de temporada, los empleados por cuenta propia, así como los que trabajan en formas atípicas de trabajo de la economía no estructurada. Es decir, no sólo las personas trabajadoras con una relación laboral privada o pública tienen derecho a acceder a este tipo de prestaciones económicas, sino que además las que laboran en los sectores informales de la economía que no cuentan con una relación de trabajo ni con la debida protección social.

Para la Corte Interamericana, los Estados deben garantizar los derechos sociales y económicos a los grupos afectados desproporcionadamente por encontrarse en situación de mayor vulnerabilidad, como las personas que viven del trabajo informal, de barrios o zonas precarias,

---

[24] Dictamen del perito Christian Courtis en el caso *Oscar Muelle Flores y Perú*, p. 13.

en situación de calle y de pobreza. Para estas personas los Estados también deben procurar la provisión básica de alimentos y medicamentos y otras necesidades elementales, según la Declaración N° 1/20.

Sobre el particular, la Corte Interamericana encontró en la Carta de la O.E.A. un grado suficiente de especificidad del derecho a la seguridad social para considerar que es un derecho social y económico autónomo protegido directamente por el artículo 26 de la Convención Americana sobre Derechos Humanos, así como en un corpus iuris internacional conformado por diversos tratados e instrumentos universales y regionales sobre la materia. Para la Corte, del artículo 45, literal b, de la Carta, dicho derecho tiene por fin asegurar a las personas una vida, salud y niveles económicos decorosos en su vejez o ante eventos que las priven de su posibilidad de trabajar, es decir en relación con eventos futuros que pueden afectar el nivel y calidad de sus vidas,[25] como lo son la pandemia global del COVID-19 y las medidas tomadas para contrarrestarla.

Para proteger y garantizar este derecho, la Comisión Interamericana en la Resolución N° 1/2020, punto resolutivo 19, recomienda a los Estados exigir y vigilar que las empresas respeten los derechos humanos, adopten procesos de debida diligencia y rindan cuentas sobre abusos e impactos negativos sobre los derechos humanos, en particular por sus efectos sobre los derechos económicos y sociales de los grupos y poblaciones en mayor situación de vulnerabilidad, como las personas que trabajan. Para la Comisión, las empresas tienen un rol clave que desempeñar en estos contextos y su conducta debe guiarse por los principios y reglas de derechos humanos aplicables.

4. *Algunas modalidades de medidas adoptadas por los Estados*

En España, las medidas adoptadas por el Gobierno para proteger a las personas trabajadoras son asumidas principalmente por el Estado que tiene un desarrollado sistema de seguridad social que incluye prestaciones por desempleo, y en parte también por un sector de las empresas privadas y de entidades públicas a través de un permiso retribuido recuperable.

---

25 Sentencias de CIDH de 6 de marzo de 2019, caso *Muelle Flores vs. Perú*, párr. 173; y, de 21 de noviembre de 2019, caso *Asociación Nacional de Cesantes y Jubilados de la Superintendencia Nacional de Administración Tributaria (ANCEJUB-SUNAT) vs. Perú*, párr. 157.

El Real Decreto Ley 10/2020 en el artículo 2.1 dispone que las personas trabajadoras por cuenta ajena que presten servicios en empresas o entidades del sector público o privado y cuya actividad no haya sido paralizada por la declaración de estado de alarma, disfrutan de un permiso retribuido recuperable de carácter obligatorio. El artículo 2.2 precisa que el permiso conlleva que las personas trabajadoras conservan el derecho a la retribución que les hubiera correspondido de haber prestado servicios, incluyendo el salario base y complementos salariales, y el artículo 3.1 señala que la recuperación de las horas de trabajo se podrá hacer efectiva desde el día siguiente a la finalización del estado de alarma hasta el 31 de diciembre de 2020.

Ciertamente que el permiso retribuido recuperable es el medio más idóneo para mantener los ingresos económicos recibidos por las personas trabajadoras y que puedan satisfacer sus necesidades alimentarias; pero, el problema es que las empresas para no otorgarlo pueden optar por la suspensión perfecta del contrato de trabajo por fuerza mayor a través de un expediente de regulación temporal de empleo.

En efecto, están exceptuadas del permiso retribuido recuperable las personas trabajadoras de empresas que hayan solicitado un expediente de regulación temporal de empleo de suspensión, y también las que continúen desempeñando su actividad mediante el teletrabajo o cualquier modalidad no presencial (art. 1, c y d).

En relación a la primera excepción el expediente de regulación temporal de empleo (ERTE), el contrato de trabajo queda suspendido por causa derivada de fuerza mayor temporal y dicha suspensión exonera de las obligaciones recíprocas de trabajar y remunerar el trabajo, según el artículo 45, literal i, del Estatuto de los Trabajadores.

Si bien el artículo 2 del Real Decreto Ley 9/2020 prohíbe que la fuerza mayor y las causas económicas se entiendan que justifiquen los despidos y la extinción del contrato de trabajo, el artículo 22.1 del Real Decreto Ley 8/2020 establece que las suspensiones de contrato que tengan su causa directa en pérdidas de actividad como consecuencia del COVID-19, incluida la declaración del estado de alarma, se consideran provenientes de una situación de fuerza mayor. El artículo 22.2 regula el procedimiento, que se inicia con la solicitud de la empresa, comunicada a las personas trabajadoras, y la resolución de la autoridad laboral se dicta en el plazo de 5 días, previo informe potestativo de la inspección laboral. La resolución se limita a constatar la existencia de la fuerza mayor, correspondiendo a la empresa decidir de la suspensión, que surte efectos desde la fecha del hecho causante de la fuerza mayor.

En este supuesto, el artículo 25.1.a dispone en el caso de la suspensión del contrato de trabajo que el Servicio Público de Empleo Estatal reconozca el derecho a la prestación contributiva por desempleo prevista por la Ley de Seguridad Social a favor de las personas trabajadoras afectadas, inclusive para las que no cumplen los requisitos para gozarla.

Una regulación similar tiene Uruguay en nuestro continente. En este país, el seguro de desempleo cubre la contingencia del desempleo forzoso a favor de los trabajadores de la actividad privada, y las Resoluciones N° 143/020 y N° 163/020 del Ministerio de Trabajo y Seguridad Social crean un régimen especial de seguro de desempleo parcial que contempla la situación de emergencia sanitaria generada por el COVID-19 para los trabajadores no comprendidos en el régimen general.

Y en Perú, el Gobierno, a falta de prestaciones de desempleo en los regímenes público y privado de seguridad social, dispuso en un principio que los empleadores: empresarios privados y entidades públicas, otorguen una licencia con goce de remuneraciones compensable; pero, para el caso de personas con suspensión del contrato de trabajo, en situación de pobreza y pobreza extrema y de trabajadores independientes, el Estado autoriza el pago de subsidios económicos a favor de los hogares con mayor vulnerabilidad.

Los empleadores que no pudieron implementar el trabajo remoto ni aplicar la licencia remunerada por el nivel de afectación económica sufrida, pueden optar por la suspensión perfecta de labores, sin pago de remuneración, por lo que el Estado transfirió recursos económicos y autorizó una prestación económica otorgada a través del seguro social de salud a favor de un grupo de las personas trabajadoras afectadas.

Sobre estos últimos supuestos, el Decreto de Urgencia N° 027-2020 en el artículo 2.1 autorizó el otorgamiento excepcional de un subsidio monetario a favor de los hogares en condición de pobreza o pobreza extrema de acuerdo al sistema de focalización de hogares en ámbitos geográficos con mayor vulnerabilidad sanitaria; y, el artículo 3.1 del Decreto de Urgencia N° 033-2020 modificado por el Decreto de Urgencia N° 036-2020 autorizó el otorgamiento excepcional de un subsidio monetario a favor de los hogares vulnerables de trabajadores independientes.

De acuerdo al artículo 26.2 del Decreto de Urgencia N° 029-2020, en el caso de actividades que no resulten estrictamente necesarias para evitar la propagación del COVID-19, y siempre que no aplique el trabajo remoto, los empleadores otorgan una licencia con goce de hacer a las personas trabajadoras y servidores civiles. La licencia con goce de haber permite mantener la misma remuneración que se venía recibiendo y el nivel de ingresos económicos alcanzados por las personas trabajadoras para satisfacer sus necesidades personales y familiares de subsistencia.

Esta medida también ha sido adoptada en otros países de la región como en Argentina. El Decreto de Necesidad y Urgencia (DNU) N° 297/2020 en el artículo 8 dispuso que durante el aislamiento social preventivo y obligatorio los trabajadores y trabajadoras del sector privado tendrán derecho al goce íntegro de sus ingresos habituales. La Resolución N° 219/20 del Ministerio de Trabajo Empleo y Seguridad Social en el artículo 1 indica que quedan dispensados del deber de asistencia al lugar de trabajo, cuando sus tareas u otras análogas puedan ser realizados en el lugar de aislamiento percibirán su remuneración habitual en tanto en aquellos casos que no sea posible las sumas percibidas tendrán carácter no remunerativo.

Y en Bolivia, el Decreto Supremo N° 4199 en la Disposición Adicional Tercera establece que durante la vigencia de la cuarentena total los servidores públicos, trabajadores y todo personal que preste funciones en los sectores público y privado tienen derecho al pago de sus salarios, para lo que los responsables están autorizados para movilizarse y efectuar las actividades necesarias.

En Perú en el caso del sector público, cuando se otorga la licencia con goce de haber, la compensación de horas se aplica con posterioridad a la vigencia del estado de emergencia nacional, salvo que el trabajador opte por otro mecanismo compensatorio. Y en el caso del sector privado, se aplica lo que acuerden las partes, y a falta de acuerdo, la compensación de horas se hace con posterioridad a la vigencia del estado de emergencia nacional.

También, el Decreto de Urgencia N° 033-2020 en el artículo 14 dispuso que los empleadores del sector privado reciben un subsidio por cada trabajador para el pago de parte de sus remuneraciones, siempre que cumplan las características previstas por la norma.

En los supuestos que no sea posible aplicar la licencia remunerada por el nivel de afectación económica sufrida por las empresas, el Decreto de Urgencia N° 038-2020 en el artículo 3 contempla que, excepcionalmente, los empleadores pueden iniciar el procedimiento para solicitar, mediante una comunicación por vía remota, la suspensión perfecta de labores ante la autoridad administrativa de trabajo. La autoridad administrativa expide la resolución luego de verificada la solicitud por la inspección laboral; pero, si no resuelve dicha autoridad dentro del plazo fijado, se aplica el silencio positivo.

Para los casos de las personas trabajadoras con suspensión perfecta, que no reciben remuneración de sus empleadores, el artículo 7.3 del mismo decreto de urgencia autorizó el pago de una prestación económica otorgada por el seguro social de salud a favor de un grupo de las personas trabajadoras afectadas, que perciben hasta una cantidad determinada por remuneración.

Las cantidades fijadas para estos subsidios en cuanto ingresos económicos no son suficientes ni tienen carácter sustitutivo por estar por debajo de la remuneración ordinaria perdida por cada trabajador y también de la remuneración mínima vital establecida por el Estado, por lo que no satisface las condiciones mínimas indispensables para llevar una vida digna de acuerdo a los propios criterios nacionales, no habiendo tenido en cuenta la Observación general N° 19 del Comité DESC, párr. 22, que para que se cumpla el nivel suficiente de las prestaciones exige que deben ser suficientes en importe y duración para que todos puedan gozar de sus derechos a la protección y asistencia familiar, de unas condiciones de vida adecuada y de acceso a la atención de salud, con respeto pleno de los principios de dignidad humana y de no discriminación.

Es decir, los subsidios otorgados implican una reducción drástica y sensible de los ingresos económicos de las personas trabajadoras, que provocan que ellos y sus familias sufran la insatisfacción de las condiciones de vida que tenían originariamente antes de las medidas tomadas para enfrentar la pandemia. Para la Corte, la reducción o disminución de los ingresos de las víctimas de un caso, con motivo de haber dejado de laborar, produjo afectaciones que tuvieron serios impactos en la calidad de vida y en el proyecto original de vida, y violó los derechos a la seguridad social y a la vida digna, tanto de las personas directamente afectadas como de los miembros de sus familias.[26]

V. Reglas específicas derivadas de los estándares internacionales: a modo de conclusión

A partir de los estándares internacionales y teniendo en cuenta algunas medidas adoptadas por los Estados, se pueden derivar y concluir ciertas reglas más específicas para el respeto y protección de los derechos

---

26 Sentencia de CIDH de 21 de noviembre de 2019, *caso Asociación Nacional de Cesantes y Jubilados de la Superintendencia Nacional de Administración Tributaria (ANCEJUB-SUNAT) vs. Perú*, párrs. 190 y 191.

laborales y a la seguridad social de las personas trabajadoras en el contexto de la emergencia sanitaria.

Primero, el Estado debe garantizar los derechos laborales y de salud de las personas que trabajan prestando atención de salud a la población contra la pandemia, otorgando buena remuneración y capacitación para el tratamiento especializado del COVID-19, y poniendo a su disposición el material de bioseguridad, insumos, suplementos, recursos específicos y medios de protección destinados a enfrentar la situación de emergencia sanitaria.

Segundo, los despidos de las personas trabajadoras que cometan los Estados y las empresas privadas como empleadores, que aleguen la falta de prestación de labores durante la emergencia sanitaria, no sólo carecen de una causa justificada por la situación de confinamiento, aislamiento o inmovilización social obligatoria, sino que aluden al ejercicio del derecho humano a la salud porque obedece a la necesidad estricta de prevenir el contagio personal de la enfermedad ocasionada por el COVID-19, o de curarse de la enfermedad, y además no servir como vehículo de contagio o propagación de la pandemia en la sociedad.

Tercero, la organización y adaptación de la prestación de labores a través del teletrabajo o trabajo remoto en la medida que fuera posible, es un medio funcional que permite la continuidad de la prestación de las labores durante la situación de aislamiento o inmovilización social obligatoria. La utilización de las nuevas tecnologías en el trabajo mantiene los empleos y las remuneraciones.

Cuarto, las personas trabajadoras afectadas por la pérdida de sus ingresos durante el tiempo de la situación de cuarentena, aislamiento e inmovilización social tienen derecho a recibir prestaciones económicas durante dicho período porque no pudieron prestar labores en sus centros de trabajo por las medidas obligatorias de aislamiento e inmovilización social. Estas prestaciones deben cumplir las características de ser suficientes y sustitutivas de los ingresos normales, acorde al respeto de la dignidad humana, previstos por los estándares internacionales.

Entre las modalidades otorgadas por los Estados, la licencia con goce de haber compensable, o permiso retribuido recuperable, a cargo de los empleadores públicos o privados es una medida idónea y prevalente sobre otras, porque a través del pago de la misma remuneración cumple con las características de suficiencia y sustitutividad para que las personas trabajadoras puedan mantener los mismos ingresos económicos que tenían y puedan satisfacer sus necesidades vitales, contemplados por los estándares internacionales.

El pago de la misma remuneración mediante la licencia con goce de haber está protegido por el carácter irrenunciable e inalienable de los derechos laborales previsto por el artículo 26, numeral 2, de la Constitución Política del Perú, y los artículos 21 y 26 de la Convención Americana sobre Derechos Humanos.

Pero, en el caso peruano, las cantidades de los subsidios otorgados en virtud a la suspensión perfecta de labores, no cumplen con el nivel suficiente en importe y duración para sustituir los ingresos y satisfacer condiciones adecuadas de una vida digna, exigido por la Observación general N° 19 del Comité DESC para este tipo de prestaciones, incluso son inferiores a la remuneración mínima vital fijada por el Estado. La falta de pago de la remuneración en virtud a la suspensión perfecta es contraria a las disposiciones convencionales y constitucionales antes citadas.

Quinto, los Estados deben cumplir con otorgar también prestaciones económicas a las personas trabajadoras del sector informal que por las medidas tomadas no pueden salir a trabajar y están privados de la única fuente de ingresos por sus actividades por cuenta propia, así como a las personas en estado de pobreza y pobreza extrema y en situación de calle.

LOS DERECHOS FUNDAMENTALES EN EL ESTADO DE ALARMA. LA CRISIS SANITARIA DE LA COVID 19 EN ESPAÑA

Encarnación CARMONA CUENCA[*]

SUMARIO: I. *Introducción.* II. *El derecho de excepción en España.* III. *Las consecuencias de la declaración de estado de alarma para la vigencia y eficacia de los derechos fundamentales.* IV. *El Real Decreto 463/2020, de 14 de marzo, por el que se declara el estado de alarma para la gestión de la situación de crisis sanitaria ocasionada por el COVID-19.* V. *Sobre la idoneidad del estado de alarma para hacer frente a la crisis de la COVID-19.*

I. INTRODUCCIÓN

En los tratados internacionales de derechos humanos ratificados por España existen previsiones que establecen la posibilidad de suspender algunos de los derechos reconocidos en casos de grave crisis que ponga en peligro al Estado. Así, el Pacto Internacional de Derechos Civiles y Políticos, hecho en Nueva York el 19 de diciembre de 1966[1] establece, en su art. 4, la previsión de que los Estados puedan "suspender las obligaciones contraídas" en virtud de este Pacto cuando se produzcan "situaciones excepcionales que pongan en peligro la vida de la nación".

En el ámbito europeo, el Convenio Europeo de Derechos Humanos (CEDH), hecho en Roma el 4 de noviembre de 1950,[2] también prevé la posibilidad de que los Estados suspendan la vigencia de los derechos

---

[*] Profesora titular de Derecho Constitucional de la Universidad de Alcalá, coordinadora del Grupo de Investigación: "Los derechos fundamentales en España y en Europa" y miembro de las Comisiones Académicas de los Programas de Doctorado en Derecho (UAH) y en Estudios Interdisciplinares de Género (Interuniversitario).

[1] Ratificado por España el 20 de abril de 1977.

[2] Ratificado por España el 26 de septiembre de 1979.

contenidos en él.[3] El art. 15 CEDH habla de "Derogación en caso de urgencia", pero, según la interpretación común, no se está refiriendo a la *derogación* en sentido técnico-jurídico (pérdida de vigencia de una norma), sino a la *suspensión* de ciertas garantías por un periodo determinado y con ciertos requisitos.[4]

En ambos preceptos se establecen unas garantías que deben cumplir las medidas extraordinarias: sólo se pueden acordar en supuestos muy determinados, han de limitarse a cumplir la finalidad de superar la crisis, han de ser transitorias, no pueden afectar a determinados derechos (como la vida o la prohibición de la tortura) y han de comunicarse expresamente a los organismos internacionales en cuyo marco se aprobaron los Convenios.[5]

En este trabajo examinaré, en primer lugar, las normas que, en España, prevén la posibilidad de suspender o limitar algunos derechos fundamentales para hacer frente a situaciones extraordinarias de crisis, el conocido como *Derecho de excepción*,[6] centrándome especialmente en el estado de alarma. A continuación, haré referencia al Real Decreto 463/2020, de 14 de marzo, por el que se declara el estado de alarma para la gestión de la situación de crisis sanitaria ocasionada por el COVID-19, en concreto, a sus previsiones sobre limitación de derechos fundamentales. Y, finalmente, abordaré dos cuestiones polémicas

---

[3] La Convención Americana de Derechos Humanos, hecha en San José de Costa Rica del 7 al 22 de noviembre de 1969, también contiene una previsión similar en el art. 27.

[4] Fernández Sánchez, Pablo Antonio, "La suspensión de las garantías establecidas en el Convenio Europeo de Derechos Humanos" en García Roca, Javier y Santolaya, Pablo (coords.), *La Europa de los Derechos. El Convenio Europeo de Derechos Humanos*, Madrid, Centro de Estudios Políticos y Constitucionales, 2014 (3ª edición), pp. 613-614. Véase, también, Roca, María José, "La suspensión del Convenio Europeo de Derechos Humanos desde el Derecho español", en Revista Española de Derecho Europeo, Núm. 72, 2019, pp. 43-72.

[5] Cuando España ratificó el CEDH en 1979, formuló algunas reservas y cláusulas interpretativas. En concreto, España declaró que "interpreta... las disposiciones del art. 15 y 17 en el sentido de que permiten la adopción de las medidas contempladas en los art. 55 y 116 de la Constitución española". Amparándose en esta cláusula, España no ha informado al Secretario General del Consejo de Europa de la declaración del estado de alarma por la crisis de la COVID-19.

[6] Sobre el Derecho de excepción en España sigue siendo lectura obligada el ya clásico: Cruz Villalón, Pedro, *Estados excepcionales y suspensión de garantías*, Madrid, Tecnos, 1984.

que se han planteado en España sobre la idoneidad del estado de alarma como instrumento para resolver la crisis.

II. El derecho de excepción en España

La Constitución española (CE) prevé la adopción de medidas de suspensión general de derechos fundamentales para enfrentar situaciones de emergencia en los artículos 55.1 y 116. Estos preceptos han sido desarrollados por la Ley Orgánica 4/1981, de 1 de junio, de los estados de alarma, excepción y sitio. Esta normativa configura el Derecho de excepción en España. Como características generales de este conjunto normativo, se pueden citar las siguientes:[7]

1) El contenido normal del Derecho de excepción se concreta en dos facetas: *a)* limitación o suspensión del ejercicio de determinados derechos fundamentales y *b)* modificación del esquema habitual de distribución de funciones entre los poderes del Estado, con un fortalecimiento del poder ejecutivo, en especial, los poderes de policía. Para contrarrestar este incremento de poder, existen previsiones para asegurar que el Congreso de los Diputados seguirá ejerciendo sus funciones en el art. 116.5 CE.[8]
2) El Derecho de excepción debe ser estrictamente transitorio. Ello significa que sólo es aplicable mientras dure la situación de crisis que justifica su proclamación. Tanto la Constitución como la LO 4/1981 prevén unos plazos de ejercicio de las facultades extraordinarias.
3) La finalidad del Derecho de excepción ha de consistir en la superación de la crisis que lo justifica, de cara a la vuelta a la normalidad. Por ello, estas previsiones excepcionales constituyen una auténtica garantía de la Constitución. Para evitar su uso indebido, la propia regulación de la excepción prevé de manera tasada cuáles son los motivos que pueden justificar su aplicación.

---

[7] Un mayor desarrollo de estas características puede verse en Canosa Usera, Raúl, "Ordenación de las fuentes del derecho en estados de emergencia sanitaria. El caso español", en esta misma obra.

[8] Sobre el papel del Parlamento, véase García-Escudero Márquez, Piedad, "Actividad y funcionamiento de los Parlamentos españoles en la crisis sanitaria por Covid-19", en esta misma obra.

4) Los poderes excepcionales no pueden ser ilimitados. Las potestades extraordinarias que se otorgan están tasadas por el propio ordenamiento jurídico, que fija cuáles son los derechos que pueden suspenderse y las facultades con que cuentan los poderes del Estado.
5) El Derecho de excepción, como todo Derecho extraordinario y limitativo de derechos, ha de ser interpretado siempre de manera restrictiva.
6) El uso de los poderes excepcionales ha de ser proporcional, es decir, debe adecuarse a la naturaleza e intensidad de la crisis que ha de enfrentar. Para adecuarse a las distintas situaciones que pueden producirse, la Constitución distingue tres supuestos de situaciones de excepción: Estado de alarma, estado de excepción y estado de sitio. Se trata de tres situaciones distintas y no de tres fases de una misma operación de defensa de la seguridad del Estado.[9]

El Estado de alarma está concebido como un instrumento de reacción frente a grandes catástrofes naturales, crisis sanitarias, paralización de servicios públicos esenciales o desabastecimiento de productos de primera necesidad (art. 4.1 LO 4/1981). El estado de excepción está previsto para hacer frente a situaciones de graves alteraciones del orden público (art. 13.1 LO 4/1981). Y el estado de sitio pretende reaccionar frente a agresiones dirigidas directamente contra la existencia misma del Estado, como podría ser una insurrección o acto de fuerza contra la soberanía del Estado (art. 32.1 LO 4/1981).

La afectación de los derechos fundamentales es distinta en las tres situaciones. En el estado de alarma no hay suspensión de derechos fundamentales, sino tan sólo limitación de su ejercicio, mientras que en los estados de excepción y de sitio sí puede decretarse la suspensión de determinados derechos. Más adelante, volveré sobre esta distinción.

1. *El estado de alarma*

Cuando se reguló el estado de alarma, los constituyentes intentaron "despolitizarlo", es decir, reservarlo para catástrofes naturales o tecnológicas, no debidas a alteraciones del orden público, supuesto

---

[9] Cruz Villalón, Pedro, "El nuevo Derecho de excepción (Ley Orgánica 4/1981, de 1 de junio)" en *Revista Española de Derecho Constitucional*, Núm. 2, 1981, p. 96.

reservado para el estado de excepción.[10] La declaración de estado de alarma corresponde al Gobierno y tiene un plazo máximo de vigencia de quince días. Transcurrido ese plazo, podrá prorrogarse con autorización expresa del Congreso de los Diputados. Este puede, a su vez, establecer el alcance y condiciones de vigencia durante las posibles prórrogas (arts. 116.2 CE y 6 LO 4/1981).

Tiene como efecto fundamental la concentración de todo el personal de las Administraciones públicas bajo la dirección de una sola autoridad: el Gobierno o el Presidente de una Comunidad Autónoma por delegación de aquél.

Desde el punto de vista del ejercicio de los derechos fundamentales, que es el aquí nos interesa, podrán establecerse las siguientes limitaciones (art. 11 LO 4/1981):

— Limitar la circulación o permanencia de personas o vehículos a determinadas horas y lugares, o condicionarla al cumplimiento de determinados requisitos.
— Requisar temporalmente ciertos bienes; imponer prestaciones personales; intervenir y ocupar transitoriamente cualquier local, excepción hecha de los domicilios privados: fábricas, talleres, empresas, etc.
— Limitar o racionar el uso de servicios y el consumo de artículos de primera necesidad; dar órdenes para garantizar que no exista desabastecimiento de productos, y
— Intervenir empresas o servicios, así como movilizar a su personal, de cara a garantizar los servicios públicos esenciales y el abastecimiento de productos.

En España, durante la vigencia de la Constitución de 1978, se ha declarado en dos ocasiones el estado de alarma. La primera vez se aprobó el Real Decreto 1673/2010, de 4 de diciembre, por el que se declara el estado de alarma para la normalización del servicio público esencial del transporte aéreo. Sobre esta norma se pronunció la STC 83/2016, de 28 de abril. Se trataba de un recurso de amparo que fue desestimado, pero el Tribunal Constitucional (TC) estableció que sólo él era competente para controlar las declaraciones de estado de alarma, pues, aunque son dictadas por el Gobierno, tienen rango de ley.[11]

---

10   *Ibidem*, p. 99.

11   Véase Canosa Usera, Raúl, "Ordenación de las fuentes...", en esta misma obra.

La segunda vez que se ha declarado el estado de alarma ha sido para hacer frente a la crisis sanitaria causada por la COVID-19, mediante el Real Decreto 463/2020, al que más adelante se hará referencia.

2. *El estado de excepción y el estado de sitio*

Como hemos visto, el estado de excepción está previsto como instrumento de reacción frente a crisis que generan alteraciones graves del orden público interno. La iniciativa para decretarlo corresponde al Gobierno, que deberá solicitar autorización al Congreso de los Diputados. El plazo máximo de vigencia es de treinta días, prorrogables por otros treinta (arts. 116.3 CE y 13 a 15 LO 4/1981).

El estado de sitio tiene como finalidad reaccionar frente a crisis que implican un atentado directo contra la identidad misma del Estado. Sería el modo de hacer frente a una situación bélica, pero este no es el único supuesto en que podría declararse el estado de sitio. Según la interpretación mayoritaria, sería posible utilizarlo también en otro tipo de crisis graves.[12] Lo declara el Congreso de los Diputados por mayoría absoluta de sus miembros a propuesta del Gobierno. En la declaración ha de fijarse el alcance temporal, territorial y material de la declaración. Puede durar tanto como exija la situación de crisis, debiendo, en todo caso, respetarse los plazos fijados en la propia declaración, de manera que si expiran ha de renovarse ésta (arts. 116.4 CE y 32 LO 4/1981).

Tanto en el estado de excepción como en el estado de sitio pueden adoptarse las medidas previstas para el estado de alarma y, además, pueden ser suspendidos varios derechos fundamentales (art. 55.1 CE):

— Las garantías de la libertad y seguridad personal reguladas en el art. 17 de la Constitución. El plazo máximo de detención previa a la puesta a disposición judicial durante la vigencia del estado de excepción es de diez días. En todo caso, la detención ha de ser comunicada al juez (art. 16 LO 4/1981). En el estado de excepción quedarían exceptuados de la posibilidad de suspensión los derechos a ser informado las razones de la detención y de los derechos del detenido y a la asistencia de abogado, que no podrían ser suspendidos.
— Inviolabilidad del domicilio (art. 18.2 CE). Ello supone la posibilidad de llevar a cabo registros sin autorización judicial. El

---

[12] Véase Cruz Villalón, Pedro, "El nuevo Derecho de excepción...", *op. cit.*, pp. 100-103.

art. 17 de la LO 4/1981 establece las siguientes garantías: presencia de los propietarios o, al menos, en todo caso, de dos vecinos, levantamiento del acta del registro y comunicación inmediata al juez competente.
— Secreto de las comunicaciones (art. 18.3 CE). La autoridad gubernativa podrá intervenir toda clase de comunicaciones si ello es necesario para el esclarecimiento de hechos presuntamente delictivos o para el mantenimiento del orden público. La intervención será comunicada inmediatamente al juez competente (art. 18 LO 4/1981).
— Libertades de residencia y circulación interior y exterior (art. 19 CE). Podrán acordarse las siguientes medidas: prohibición de circulación, sometimiento de ésta a condiciones temporales o geográficas, comunicación previa de desplazamiento a la autoridad gubernativa, posibilidad de obligar a ciertos desplazamientos, etc. (art. 20 LO 4/1981).
— Libertades de expresión y de información y prohibición del secuestro de medios de información (arts. 20.1.d) y e) y 20.5 CE). La autoridad administrativa puede suspender emisiones y ordenar el secuestro de publicaciones, sin que quepa, en ningún caso, la censura previa (art. 21 LO 4/81).
— Derechos de reunión y manifestación (art. 21 CE). La suspensión de estos derechos implica la posibilidad de que las reuniones o manifestaciones se condicionen a la obtención de autorizaciones previas. Asimismo, ofrece a la autoridad administrativa la posibilidad de disolverlas. Se excluyen, en todo caso, las reuniones orgánicas de partidos políticos, sindicatos y asociaciones empresariales, que no podrán ser prohibidas, disueltas ni sometidas a autorización previa (art. 22 LO 4/1981).
— Derechos de huelga y conflicto colectivo (art. 28.2 y 37.2 CE). Su ejercicio puede prohibirse (art. 23 LO 4/1981).

De cualquier modo, como afirmó Pedro Cruz Villalón, suspensión de un derecho no supone su pura y simple supresión temporal, sino la sustitución de su regulación ordinaria por una regulación extraordinaria que, aunque es restrictiva de derechos, sigue siendo un régimen de legalidad.[13]

---

13 *Ibidem*, p. 126.

III. Las consecuencias de la declaración de estado de alarma para la vigencia y eficacia de los derechos fundamentales

El art. 55.1 CE dispone la posibilidad de *suspensión* de algunos derechos fundamentales mediante la declaración de estado de excepción o de estado de sitio, como hemos visto. Sin embargo, no menciona aquí el estado de alarma (que sí viene regulado en el art. 116.2 CE) por lo que hay que entender que en este estado de alarma no puede haber suspensión de derechos fundamentales. Sin embargo, en el art. 11 de la LO 4/1981 se establece la posibilidad de *limitar* algunos derechos mediante la declaración de estado de alarma, como también se ha visto.

La diferencia entre *suspender* y *limitar* derechos no es fácil de establecer. Javier García Roca,[14] siguiendo la tesis de Pedro Cruz Villalón[15] formulada en los años ochenta, afirma que el estado de alarma constituye un *tercer estado* a medio camino entre la *normalidad* y los estados de excepción o de sitio. En el estado de alarma no es posible suspender derechos, pero sí establecer importantes límites a su ejercicio. Ahora bien, estos límites no pueden afectar al *contenido esencial* de los derechos.

¿Cuándo queda afectado el contenido esencial de un derecho fundamental? No puede darse una respuesta única, puesto que el contenido esencial de cada derecho puede venir dado en la propia Constitución, pero también puede ser establecido por el Tribunal Constitucional.[16] En algunos casos, la propia Constitución establece qué facultades forman parte del contenido esencial de un derecho. Por ejemplo, el art. 17.2 CE

---

[14] García Roca, Javier, "El control parlamentario y otros contrapesos del Gobierno en el estado de alarma: la experiencia del coronavirus", en esta misma obra.

[15] Cruz Villalón, Pedro, *Estados excepcionales y suspensión de garantías*, op. cit.

[16] Sobre la garantía del contenido esencial de los derechos fundamentales, véase, entre otros, Otto y Pardo, Ignacio de, "La regulación del ejercicio de los derechos y libertades. La garantía de su contenido esencial en el art. 53.1 de la Constitución", en Martín Retortillo, Lorenzo y Otto y Pardo, Ignacio de (eds.), *Derechos fundamentales y Constitución*, Madrid, Civitas, 1988, pp. 95-172; Medina Guerrero, Manuel, *La vinculación negativa del legislador a los derechos fundamentales*, Madrid, McGraw-Hill, 1996 y Martínez-Pujalte, Antonio-Luis, *La garantía del contenido esencial de los derechos fundamentales*, Madrid, Centro de Estudios Constitucionales, 1997.

establece el plazo máximo de la detención policial y hay que entender que este plazo forma parte del contenido esencial del derecho de libertad y seguridad. La LO 4/1981, amparándose en lo dispuesto en el art. 55.1 CE, amplía el plazo de la detención policial en los casos de estado de excepción y de sitio y, con ello, prevé la invasión del contenido esencial del derecho fundamental. La Ley Orgánica puede hacerlo porque está habilitada para ello por el art. 55.1 CE.

El Tribunal Constitucional español parece acoger esta tesis. En su Sentencia 83/2016, de 28 de abril, ya determinó los presupuestos y el alcance que debe tener el estado de alarma en nuestro ordenamiento constitucional. Así, afirmó que este estado, junto con los estados de excepción y de sitio, supone "excepciones o modificaciones *pro tempore* en la aplicabilidad de determinadas normas del ordenamiento vigente". Y añadió que el fundamento de la declaración de cualquiera de esos estados es siempre la imposibilidad en que se encuentran las autoridades competentes para mantener mediante los 'poderes ordinarios' la normalidad, ante la emergencia de determinadas circunstancias extraordinarias (FJ 9).

En particular, la STC 83/2016 se pronunció sobre el alcance que la declaración del estado de alarma podía tener sobre los derechos fundamentales, destacando la menor intensidad de su incidencia en este punto respecto de los estados de excepción y de sitio. Así, en el FJ 8 se reconoce que, a diferencia de aquéllos, la declaración del estado de alarma no permite la suspensión de ningún derecho fundamental "aunque sí la adopción de medidas que pueden suponer limitaciones o restricciones a su ejercicio", como la limitación de la circulación o la permanencia de personas o vehículos en lugares determinados.

De esta forma, en el estado de alarma se pueden limitar derechos, pero hay que entender que no se produce una invasión de su contenido esencial. Además, los derechos que pueden ser limitados en el estado de alarma son diferentes a los que pueden ser suspendidos en los estados de excepción y de sitio. En estos últimos estados, los derechos afectados son derechos esenciales para la vigencia de un Estado de Derecho democrático: libertad personal (art. 17 CE), inviolabilidad del domicilio y secreto de las comunicaciones (art. 18 CE), libertad de circulación (art. 19 CE), libertad de expresión (art. 20 CE), derecho de reunión (art. 21 CE), derecho de huelga y libertad sindical (art. 28 CE) y derechos de negociación colectiva y de adoptar medidas de conflicto colectivo (art. 37 CE). Todos estos derechos (salvo los reconocidos en el art. 37 CE) poseen la máxima protección constitucional, incluso mediante el recurso de amparo.

Los derechos que pueden ser limitados en el estado de alarma son, según el art. 11 LO 4/1981, la libertad de circulación (art. 19 CE), el derecho de propiedad privada (art. 33 CE), el derecho al trabajo (art. 35 CE) y la libertad de empresa (art. 38 CE). Estos derechos (salvo la libertad de circulación) gozan de una protección menos intensa en la Constitución que los que pueden ser suspendidos en los estados de excepción o de sitio.

No obstante, cabe pensar en la posibilidad de que, como consecuencia indirecta de la declaración de estado de alarma, se produzcan restricciones de otros derechos, como el derecho de reunión y el derecho de sufragio. Volveré sobre este punto más adelante, al analizar el Real Decreto 463/2020, de 14 de marzo, por el que se declara el estado de alarma para la gestión de la situación de crisis sanitaria ocasionada por el COVID-19.

Como pone de manifiesto Javier García Roca,[17] las limitaciones a los derechos establecidas en el estado de alarma deben cumplir el requisito de la proporcionalidad y pueden ser controladas por el Tribunal Constitucional. Pero la imposición de límites al ejercicio de derechos en circunstancias extraordinarias está legitimada también por el art. 30.4 CE, que prevé la posibilidad de regular mediante ley "los deberes de los ciudadanos en los casos de grave riesgo, catástrofe o calamidad pública". El control judicial de las medidas limitativas debe ponderar, entre otros extremos, la existencia de estos deberes.

IV. El real decreto 463/2020, de 14 de marzo, por el que se declara el estado de alarma para la gestión de la situación de crisis sanitaria ocasionada por el Covid-19

Para hacer frente a la pandemia y a la grave crisis sanitaria ocasionada por la COVID-10, el Gobierno aprobó el Real Decreto 463/2020, de 14 de marzo, mediante el que declaró el estado de alarma en todo el territorio nacional, con una vigencia de 15 días. Posteriormente ha sido prorrogado con la autorización del Congreso de los Diputados en 6 ocasiones, cada una de ellas por 15 días más. La propia norma establece en sus párrafos iniciales que: "Las medidas que se contienen en

---

[17] García Roca, Javier, "El control parlamentario y otros contrapesos…", en esta misma obra.

el presente real decreto son las imprescindibles para hacer frente a la situación, resultan proporcionadas a la extrema gravedad de la misma y no suponen la suspensión de ningún derecho fundamental, tal y como prevé el artículo 55 de la Constitución".

Han sido varios los derechos fundamentales que han resultado afectados o limitados por el RD 463/2020, que afirma que "las medidas previstas en la presente norma se encuadran en la acción decidida del Gobierno para proteger la salud y seguridad de los ciudadanos". Así pues, hay que entender que estas limitaciones tienen como objetivo la protección de dos derechos fundamentales reconocidos en la Constitución: el derecho a la vida y a la integridad física del art. 15 CE, que posee la máxima protección constitucional, y el derecho a la protección de la salud del art. 43 CE, que disfruta de una garantía inferior.

Algunas de estas limitaciones estaban previstas en el art. 11 de la LO 4/1981, según hemos visto. Estas afectan a los siguientes derechos fundamentales:

— Libertades de circulación y de entrada y salida del territorio nacional del art. 19 CE. El art. 7 RD 463/2020 establece severas limitaciones a estos derechos.
— Derecho de propiedad privada del art. 33 CE, limitado por el art. 8 RD 463/2020, que prevé la posibilidad de llevar a cabo requisas temporales de todo tipo de bienes necesarios para cumplir los fines de la norma, "en particular para la prestación de los servicios de seguridad o de los operadores críticos y esenciales". Del mismo modo, otras previsiones del RD 463/2020 pueden suponer límites a la propiedad privada para garantizar el suministro de bienes y servicios necesarios para la protección de la salud pública (art. 13); el transporte (art. 14); el abastecimiento alimentario (art. 15); el suministro de energía eléctrica, productos derivados del petróleo y gas natural (art. 17) y los servicios esenciales, como infraestructuras de transporte (art. 18).
— Derecho al trabajo del art. 35 CE, limitado por el art. 8 RD 463/2020, que prevé la posibilidad de imponer "prestaciones personales obligatorias". Esta previsión estaría legitimada también por el art. 30.4 CE, como hemos visto.
— Libertad de empresa del art. 38 CE, limitada por el art. 10 RD 463/2020, que establece la posibilidad de imponer "medidas de contención en el ámbito de la actividad comercial, equipamientos culturales, establecimientos y actividades recreativos,

actividades de hostelería y restauración, y otras adicionales". La libertad de empresa también puede verse afectada por los preceptos mencionados con relación al derecho de propiedad privada.

Pero otras limitaciones de derechos contenidas en el RD 463/2020 no estaban previstas en la LO 4/1981. Estas limitaciones son consecuencias indirectas de las previstas en la declaración de estado de alarma. Afectan a los siguientes derechos fundamentales:

— Libertad de culto del art. 16 CE. El art. 11 del Real Decreto 463/2020 prevé medidas de contención en relación con los lugares de culto y con las ceremonias civiles y religiosas, que se han traducido en prohibición de ceremonias religiosas, incluso las fúnebres, para impedir las aglomeraciones de personas, con el consiguiente riesgo de contagio. La libertad religiosa no se ha visto afectada, sólo su expresión externa.
— Libertad de expresión del art. 20 CE. El art. 19 CE establece que "los medios de comunicación social de titularidad pública y privada quedan obligados a la inserción de mensajes, anuncios y comunicaciones que las autoridades competentes delegadas, así como las administraciones autonómicas y locales, consideren necesario emitir".
— Derecho a la educación del art. 27 CE. Este derecho ha resultado particularmente afectado, pues el RD 463/2020 ha dispuesto, en su art. 9, la suspensión de "la actividad educativa presencial en todos los centros y etapas, ciclos, grados, cursos y niveles de enseñanza". Se ha previsto la continuación de la enseñanza a través las modalidades a distancia y *on-line*, pero esto ha supuesto una importante diferencia de trato entre estudiantes que cuentan con medios informáticos en sus domicilios y otros que no disponen de ellos. Estos se han visto especialmente afectados en su derecho a la educación.[18]
— Derecho a la tutela judicial efectiva del art. 24 CE. El RD 463/2020 prevé la suspensión e interrupción de los plazos previstos en las leyes procesales para todos los órdenes

---

[18] Véase Presno Linera, Miguel, "Coronavirus SARS-Cov-2 y derechos fundamentales (15): El derecho a la educación" publicado el 6 de mayo de 2020 en: *https://presnolinera.wordpress.com/category/derechos-fundamentales/* (fecha de consulta: 4 de junio de 2020).

jurisdiccionales mientras dure el estado de alarma, salvo algunas excepciones (Disposición Adicional Segunda). Los plazos ya se han reanudado en el momento de escribir estas páginas.

Finalmente, hay otros derechos que se han visto limitados *de facto* durante la vigencia del estado de alarma, aunque no existía una previsión expresa en el RD 463/2020. Entre estos podemos citar los siguientes:

— Derecho de sufragio activo y pasivo del art. 23 CE. Como consecuencia de las limitaciones impuestas por el estado de alarma, se han aplazado las elecciones autonómicas de Galicia y el País Vasco, que ya estaban convocadas. Esta medida fue avalada por la Junta Electoral Central. En la Ley Orgánica 5/1985, de 19 de junio, de Régimen Electoral General no se contiene ninguna previsión sobre suspensión o aplazamiento de elecciones, pero hay que entender que se trataba de una causa de fuerza mayor.[19] No era posible garantizar la seguridad en el proceso electoral. Las elecciones aplazadas se celebrarán el 12 de julio, con diversas medidas de seguridad y potenciando el voto por correo.
— Derecho de reunión y manifestación del art. 21 CE. La LO 4/1981 no prevé la suspensión ni la limitación del derecho de reunión y manifestación en el estado de alarma, como sí está prevista en los estados de excepción y de sitio. Pero las medidas limitativas de la libertad de circulación del art. 7 del RD 463/2020 suponen, en la práctica, una importante restricción de este derecho. El Tribunal Constitucional ha tenido ocasión de pronunciarse sobre este tema en el Auto de 30 de abril de 2020, que inadmite el recurso de amparo interpuesto por la Central Unitaria de Traballadores (CUT) contra la prohibición de una manifestación convocada para el 1 de mayo de 2020 en la ciudad de Vigo. La manifestación fue convocada en vehículos de motor, siguiendo las normas establecidas en

---

[19] García Roca, Javier, "La experiencia en las restricciones de derechos fundamentales durante el estado alarma: los derechos en tiempos del coronavirus", videoconferencia pronunciada en el Seminario *Restricciones y suspensión de derechos y sus consecuencias en el marco del COVID-19*. Ciclo de Conferencias organizadas por la Corte Interamericana de Derechos Humanos, 5 de junio de 2020.

el RD 463/2020. Reconoce el TC que el estado de alarma, por sí mismo, no ampara la prohibición del derecho de reunión, pues no supone la suspensión de derechos (como el estado de excepción o el estado de sitio), sino sólo su "limitación" en supuestos determinados. Así pues, la limitación del derecho de reunión viene dada por la interpretación que la Subdelegación del Gobierno en Pontevedra realiza de la normativa del estado de alarma. El TC aplica un juicio de proporcionalidad a estas medidas limitativas. Afirma que existe previsión legislativa (art. 21.1 CE) y que el fin perseguido es legítimo (es el mismo fin que justifica el estado de alarma, esto es, la protección de la vida y la salud de las personas). Esas medidas son adecuadas al fin perseguido, necesarias y proporcionales, dado que el colapso circulatorio que podría producirse de llevarse a cabo la manifestación podría provocar dificultades para el acceso a los hospitales o para la movilidad de la policía o los bomberos, todo ello en una ciudad populosa como Vigo, especialmente castigada por la pandemia.

Sin embargo, con posterioridad a este auto, varios tribunales ordinarios han autorizado la celebración de manifestaciones en vehículos de motor. Así, por ejemplo, el 23 de mayo se celebró una manifestación en Madrid convocada por el partido político Vox, que ocasionó algunos problemas de circulación.

— Derecho a la protección de datos o autodeterminación informativa del art. 18.4 CE. La *Orden SND/297/2020, de 27 de marzo, por la que se encomienda a la Secretaría de Estado de Digitalización e Inteligencia Artificial, del Ministerio de Asuntos Económicos y Transformación Digital, el desarrollo de diversas actuaciones para la gestión de la crisis sanitaria ocasionada por el COVID-19* encomienda a la Secretaría de Estado el desarrollo de una aplicación informática para el apoyo en la gestión de la crisis sanitaria ocasionada por el COVID-19. Esta aplicación podría incluir la geolocalización de las personas infectadas, con el objetivo de proteger a la población de los contagios. Se suscitan muchas dudas sobre la posible vulneración del derecho a la protección de datos. En todo caso, habría que respetar unas garantías mínimas, como la anonimización, pero su puesta en marcha requeriría una ley orgánica o la modificación de la vigente Ley Orgánica 3/2018, de 5 de diciembre, de Protección de Datos Personales y garantía de los derechos digitales.

— Derecho a la igualdad y no discriminación por razón de edad del art. 14 CE. El plan de desescalada del Gobierno contiene algunas medidas limitativas de los derechos a la libre circulación de las personas especialmente vulnerables, entre las que se incluyen las personas mayores de 70 años y los residentes en centros de mayores. Diversos colectivos han puesto de manifiesto que estas limitaciones suponen una discriminación por razón de edad. Alegan que esta diferencia de trato no está justificada y que las limitaciones deben imponerse a las personas que pueden contagiar, pero no a las que pueden ser contagiadas.[20]

— Derecho a un mínimo vital. Este derecho no está expresamente previsto en la Constitución, pero algunos autores lo derivan del derecho a la vida del art. 15 CE, del derecho a una remuneración suficiente de los trabajadores del art. 35 CE o del derecho a la seguridad social del art. 41 CE.[21] Las previsiones del RD 463/2020 y, especialmente, el cierre de empresas, centros de trabajo, comercios y restaurantes ha supuesto que miles o, tal vez, millones de personas quedasen sin trabajo y sin ingresos de forma repentina. El Gobierno ha dispuesto medidas para atender esta emergencia, como los Expedientes de Regulación Temporal de Empleo (ERTE)[22] o el denominado Ingreso Mínimo Vital.[23]

---

[20] Presno Linera, Miguel, "Coronavirus SARS-Cov-2 y derechos fundamentales (16): La prohibición absoluta de actividades físicas a las personas residentes en los centros sociosanitarios de mayores", publicado el 10 de mayo de 2020 en *https://presnolinera.wordpress.com/category/derechos-fundamentales/* (fecha de consulta: 5 de junio de 2020).

[21] Sobre el derecho a un mínimo vital, véase. Carmona Cuenca, Encarnación, "El derecho a un mínimo vital", en Escobar Roca, Guillermo (dir.), *Derechos sociales y tutela antidiscriminatoria*, Cizur Menor (Navarra), Thomson Reuters-Aranzadi, 2012.

[22] Regulados en el Real Decreto-ley 8/2020, de 17 de marzo, de medidas urgentes extraordinarias para hacer frente al impacto económico y social del COVID-19.

[23] Real Decreto-ley 20/2020, de 29 de mayo, por el que se establece el ingreso mínimo vital.

Para hacer cumplir las obligaciones establecidas en el RD 463/2020, se establece un régimen sancionador que se remite a lo dispuesto en el art. 10 de la LO 4/1981.[24]

V. SOBRE LA IDONEIDAD DEL ESTADO DE ALARMA PARA HACER FRENTE A LA CRISIS DE LA COVID-19

Durante la vigencia del estado de alarma se ha producido un debate sobre esta medida. Desde algunos foros se ha afirmado que la limitación de los derechos fundamentales (especialmente, la de la libertad de circulación, aunque también de otros derechos) era tan intensa que precisaba la declaración de estado de excepción[25]. Sin embargo, otros (singularmente, el principal partido de la oposición) han opinado que, tras las primeras semanas de vigencia del estado de alarma, para limitar el derecho a la circulación a través del territorio nacional bastaba con las leyes ordinarias, sin necesidad de recurrir al Derecho de excepción.

En particular, se alude a la Ley Orgánica 3/1986, de 14 de abril, de medidas especiales en materia de salud pública,[26] que consta de 4 artículos y que dispone que "con el fin de controlar las enfermedades transmisibles, la autoridad sanitaria, además de realizar las acciones preventivas generales, podrá adoptar las medidas oportunas para el control de los enfermos, de las personas que estén o hayan estado

---

[24] En la práctica, las sanciones se han impuesto conforme al art. 36.6 de la Ley 4/2015, de 30 de marzo, de Seguridad Ciudadana, que establece un lago elenco de imprecisas infracciones y tipifica como infracción grave la "desobediencia o resistencia a la autoridad en el ejercicio de sus funciones" y la negativa a identificarse. Sobre el régimen sancionador aplicable en este estado de alarma, véase Presno Linera, Miguel, "Coronavirus SARS-Cov-2 y derechos fundamentales (10): Legalidad sancionadora e interdicción de la arbitrariedad", publicado el 18 de abril de 2020 en: *https://presnolinera.wordpress.com/category/derechos-fundamentales/page/1/* (fecha de consulta: 4 de junio de 2020).

[25] Se trata de un recurso de inconstitucionalidad presentado por 52 Diputados de Vox en el que se argumenta que la limitación de derechos fundamentales es de tal intensidad que habría precisado la declaración de estado de excepción. El recurso ha sido admitido por el Tribunal Constitucional el 6 de mayo de 2020

[26] Presno Linera, Miguel, "Coronavirus SARS-Cov-2 y derechos fundamentales (9): Control forzoso de personas por razones de salud pública", publicado el 14 de abril de 2020 en *https://presnolinera.wordpress.com/category/derechos-fundamentales/page/1/* (fecha de consulta: 4 de junio de 2020).

en contacto con los mismos y del medio ambiente inmediato, así como las que se consideren necesarias en caso de riesgo de carácter transmisible" (art. 3). Las autoridades judiciales competentes para acordar el internamiento obligatorio de personas son los Juzgados de lo Contencioso-administrativo. Según la Ley 29/1998, de 13 de julio, reguladora de la Jurisdicción Contencioso-administrativa (art. 8.6), a ellos les corresponde "la autorización o ratificación judicial de las medidas que las autoridades sanitarias consideren urgentes y necesarias para la salud pública e impliquen privación o restricción de la libertad o de otro derecho fundamental".

Sobre la primera cuestión, a mi juicio, no era necesario declarar el estado de excepción, pues no se daban las circunstancias de hecho que pueden justificar esta declaración (graves alteraciones del orden público) y, en cambio, sí se producían las circunstancias que habilitan a la declaración de estado de alarma (epidemia que pone en grave riesgo la salud de la población). El estado de alarma sí permite la limitación de derechos fundamentales como la libertad de circulación, pues así está previsto en el art. 11 de la LO 4/1981, dictada en desarrollo de los arts. 55 y 116.1 CE. Si se han producido limitaciones de otros derechos, ha sido como consecuencia indirecta necesaria de las medidas propias del estado de alarma y, particularmente, de la limitación de la libertad de circulación. Pero estas limitaciones no tienen su justificación en el estado de alarma, como ha afirmado el Tribunal Constitucional, con relación al derecho de reunión, en su Auto de 30 de abril de 2020, que reitera su jurisprudencia anterior. Estas limitaciones deben ser sometidas a control judicial, que deberá aplicar un estricto test de proporcionalidad.

Sobre la segunda cuestión, también en mi opinión, no era suficiente con las leyes en vigor en materia de salud pública para limitar de forma tan intensa las libertades de circulación de toda la población.[27] Una limitación de este calado, junto con las limitaciones a otros derechos que se han acordado, precisaba una previsión específica sobre medidas excepcionales para situaciones de grave crisis, como exigen los tratados internacionales de derechos humanos ratificados por España, según hemos visto. En España, esta previsión específica viene dada por dos preceptos constitucionales, como son los mencionados arts. 55.1 y 116 CE y por su Ley de desarrollo, la LO 4/1981 que, además, prevé diferentes grados de excepcionalidad y puede adaptarse a distintas

---

[27] Así lo consideran también varios Informes de la Abogacía del Estado de abril y mayo de 2020.

situaciones. Estas previsiones específicas constituyen la mejor garantía de la Constitución y de los derechos fundamentales en ella reconocidos. Ya hemos visto las cautelas y garantías que rodean las declaraciones de estados excepcionales, con la necesaria intervención del Congreso de los Diputados, representante de la soberanía popular.

Si el Gobierno pudiese limitar los derechos fundamentales amparándose en leyes ordinarias, aunque fuese con autorización judicial, existiría un peligro mayor de abusos y de derivas dictatoriales, como ha sucedido en algunos ejemplos de Derecho comparado.

Como conclusión, creo que el estado de alarma ha sido un instrumento muy adecuado para hacer frente a la crisis sanitaria que padecemos, con un coste razonable en términos de limitación de derechos. Si el RD 463/2020 o las demás normas dictadas durante el estado de alarma han supuesto vulneración de algún derecho fundamental, será el Tribunal Constitucional o los tribunales ordinarios los competentes para establecerlo.

RESTRICCIONES A LOS DERECHOS FUNDAMENTALES EN MÉXICO EN TIEMPOS DE EMERGENCIAS SANITARIAS

María Elisa García López[*]

SUMARIO: I. *Introducción.* II. *Restricciones a los derechos fundamentales en tiempos de normalidad constitucional.* III. *Las restricciones a los derechos fundamentales en tiempos de emergencias constitucionales o crisis extraordinarias.* IV. *El marco constitucional mexicano ante situaciones de emergencias.* V. *La contención de la pandemia y los derechos fundamentales afectados en México.* VI. *Conclusiones.*

I. INTRODUCCIÓN

El derecho constitucional regula la cotidianeidad de las relaciones entre los poderes públicos de un Estado, así como entre tales poderes y los individuos sujetos a su jurisdicción. Sin embargo, también prevé con cierto detalle las situaciones excepcionales en que, circunstancias muy graves —emergencias, catástrofes, calamidades o crisis de naturaleza política, natural, tecnológica u otra índole— ponen en riesgo a la población de un país y al propio Estado. En tales supuestos, puede activarse el llamado "Derecho de excepción" que regula la protección o defensa extraordinaria del Estado Constitucional. Se conoce también con el nombre de uno de sus efectos más característicos, que es la posibilidad de Suspensión de derechos. El Derecho de excepción puede contemplar en su seno diversas categorías según la causa detonante, el nivel de peligro existente y la intensidad correlativa de los poderes disponibles para afrontarlo.

---

[*] Profesora del Instituto de Investigaciones Jurídicas de la Universidad Autónoma de Chiapas (nivel I del Sistema Nacional de Investigadores). Doctora y Licenciada en Derecho Universidad de Salamanca; Maestría en Acción Solidaria Internacional y de Europa en la Universidad Carlos III de Madrid, y Maestría en Derecho Migratorio y de Extranjería en la Universidad Autónoma de Madrid. Coordinadora del Proyecto Cátedras Conacyt "La protección jurídica de las niñas y mujeres migrantes en la Frontera Sur de México".

Tanto en circunstancias de normalidad como de emergencia extraordinaria, el ordenamiento constitucional —y también el Derecho Internacional de los derechos humanos— contemplan la posibilidad de restringir derechos fundamentales, pero con requisitos muy distintos.

En este capítulo, exploraré las posibilidades constitucionales que ofrece el ordenamiento mexicano para restringir los derechos fundamentales ante circunstancias extraordinarias que ponen en peligro a su población —como la suscitada por la expansión del Covid-19—, así como las medidas y vías jurídicas empleadas por las autoridades mexicanas para su contención, a raíz de su categorización como pandemia por la Organización Mundial de la Salud.

II. Restricciones a los derechos fundamentales en tiempos de normalidad constitucional

En condiciones de normalidad constitucional, la dogmática de los derechos fundamentales excluye la intervención normativa del poder ejecutivo sobre su configuración y desarrollo: el Poder ejecutivo no puede injerir en la construcción normativa de tales derechos —reservada a las leyes—[1] y, mucho menos, limitarlos, entendiendo por tal aquella regulación que reduce las facultades inherentes al contenido de los derechos. La prohibición de intervención del poder ejecutivo constituye la técnica más básica para protegerlos. En términos de Pérez Royo, los derechos fundamentales son "el terreno del legislador y del poder judicial".[2]

Debido a la citada exclusión del ejecutivo, los mayores peligros sobre los derechos fundamentales en tiempos de normalidad constitucional, provienen del poder legislativo, a quien compete su desarrollo.

---

[1] La exclusividad del poder legislativo en el desarrollo normativo de los derechos fundamentales se condensa en la figura de las reservas de ley, constitucionalmente consagradas en múltiples sistemas, desde su aparición en el constitucionalismo germánico del primer tercio del siglo XIX. Se entiende por reserva de ley "aquella decisión constitucional que remite a la ley la regulación de determinadas materias, excluyendo así de su ámbito —con mayor o menor intensidad— a las demás normas". Garrorena Morales, Ángel, "Reserva de ley", en Aragón Reyes, Manuel (coord.), *Temas Básicos de Derecho Constitucional*, Madrid, Civitas, 2001, Tomo I, p. 300.

[2] Pérez Royo, Javier, *Curso de Derecho Constitucional*, Marcial Pons, 1995, p. 778.

Por ello, las restricciones sobre tales derechos se rodean de múltiples exigencias, entre las cuales el principio de legalidad opera siempre como una condición formal ineludible,[3] a la que se adicionan otras muchas. Este requisito puede rastrearse desde los inicios del Estado Constitucional, estando contemplado en el artículo cuarto de la Declaración Francesa de los Derechos del Hombre y del ciudadano de 1789, conforme al cual los límites a los derechos naturales "sólo pueden ser determinados por la ley". Pese a ello, en el ámbito europeo, la confianza excesiva depositada en las leyes condujo, paradójicamente, a excesos legislativos y a la desprotección de los derechos fundamentales, hasta que las Constituciones adquirieron eficacia normativa a partir del primer tercio del siglo pasado.

En el ordenamiento jurídico mexicano, como consecuencia de la longevidad de su texto constitucional, la teoría dogmática de los derechos fundamentales no goza del grado de sistematicidad detectable en Constituciones más recientes. Con todo, los elementos constitutivos de la dogmática de los derechos fundamentales han penetrado por vía jurisprudencial gracias a la obra interpretativa de la Suprema Corte de Justicia de la Nación —en adelante SCJN—, inducida a su vez por el profundo cambio de paradigma que supuso en esta materia la enmienda constitucional aprobada en junio de 2011. Esta reforma introdujo una nueva redacción en el artículo primero de la Constitución, para situar a los derechos humanos como pilar de todo el edificio constitucional, abriendo el sistema constitucional mexicano al Derecho Internacional de los Derechos Humanos —en adelante DIDH—. En base a estas aportaciones, la doctrina mexicana —basándose fundamentalmente en el Sistema Interamericano—, ha sistematizado cuatro condiciones para el establecimiento de restricciones generales a los derechos, en tiempos de normalidad constitucional: *a)* el principio de legalidad; *b)* el objetivo legítimo; *c)* la necesidad y la adecuación de la restricción, y *d)* el principio de proporcionalidad.[4]

El principio de legalidad en las restricciones a los derechos humanos se exige también en el DIDH, que aborda detalladamente esta cuestión, tan to en condiciones de normalidad como de excepción. Desde su texto fundante —la Declaración Universal de Derechos Humanos— el artículo 29.2 introdujo con rigor la exigencia de que en el ejercicio

---

[3] Medina Mora, Alejandra, Salazar, Pedro, Vázquez, Daniel, *Derechos humanos y restricciones*, México, UNAM-Porrúa, 2015, p. 62.

[4] *Ibidem*, p. 64. Los autores señalan la influencia esencial del DIDH en este ámbito.

de sus derechos toda persona "estará solamente sujeta a las limitaciones establecidas por la ley". Posteriormente, el artículo 4.1 del Pacto Internacional de Derechos Civiles y Políticos, replicó y profundizó en este requisito, que se extendería también a los sistemas regionales de protección de derechos.

En el ámbito regional interamericano, el artículo 30 de la Convención Americana contempla el alcance de las restricciones generales permitidas a los derechos establecidos en el ella, para tiempos de normalidad constitucional. La legitimidad se condiciona a que las limitaciones se apliquen "conforme a leyes",[5] término interpretado por la Corte Interamericana en el sentido de ley formal y no meramente material:[6] como norma emanada por el Poder Legislativo democráticamente electo, cumpliendo con las formalidades exigidas por el procedimiento interno de cada Estado parte.

La interpretación conferida por la Corte Interamericana a esta disposición, exige que las restricciones a los derechos convencionales cumplan acumulativamente las siguientes condiciones concurrentes:

 a. Que se trate de una restricción expresamente autorizada por la Convención y en las condiciones particulares en que la misma ha sido permitida;
 b. Que los fines para los cuales se establece la restricción sean legítimos, es decir, que obedezcan a "razones de interés general" y no se aparten del "propósito para el cual han sido establecidas…".
 c. Que tales restricciones estén dispuestas por las leyes y se apliquen de conformidad con ellas.[7]

Es importante señalar que estos requisitos son adicionales[8] a aquellos que aparecen específicamente contemplados en los diversos artículos de la Convención, al garantizar cada uno de los concretos derechos.

Con ello, la Corte Interamericana se adhiere a la tradición constitucional, basada en la exigencia del principio de legalidad para las

---

 5 Con todo, la redacción del artículo sugiere un principio de legalidad laxo, puesto que permite restricciones aplicadas "conforme a leyes" —y no establecidas por leyes—, cuestión que, por motivos de espacio, dejamos sólo apuntada.

 6 Apartados 13, 15 y 35 de la Opinión Consultiva OC-6/86 de 9 de mayo de 1986, emitida por la Corte Interamericana en respuesta a la solicitud formulada por el Gobierno de Uruguay en torno al alcance de la expresión leyes del artículo 30.

 7 *Ibidem,* apartado 18.

 8 *Ibidem,* apartado 17.

intervenciones normativas restrictivas sobre los derechos subjetivos, precisamente las más controvertidas por traducirse en una reducción de sus facultades y en un estrechamiento del contenido de tales derechos. Finalmente, en la interpretación de la Corte de Costa Rica, las restricciones legítimas recaen exclusivamente sobre el goce y el ejercicio de los derechos —lo que, de entrada, excluiría intervenciones en su titularidad—. En los términos contundentes fijados por la CIDH, "sólo la ley formal… tiene aptitud para restringir el goce o ejercicio de los derechos reconocidos por la Convención".[9]

III. Las restricciones a los derechos fundamentales en tiempos de emergencias constitucionales o crisis extraordinarias

La excepción a la exigencia imperativa de leyes para la configuración de los derechos fundamentales, se produce en concurrencia de emergencias muy graves que habilitan la declaración de los diversos Estados de excepción —o supuestos afines—.[10] En estos casos, como sucede ante la actual pandemia, y en condiciones estrictas de temporalidad y excepcionalidad, se permite la intervención normativa del poder ejecutivo sobre ciertos derechos fundamentales, en aras de proteger con eficacia y rapidez intereses generales —léase la salud general— así como derechos conexos —vida, integridad física y protección a la salud— amenazados por la rápida expansión del Covid-19. Para protegerlos, y por razones de interés nacional, se considera legítimo restringir temporalmente algunos derechos que pueden erigirse en obstáculos a las acciones estatales dirigidas a la contención y prevención del riesgo sanitario: libertad de tránsito o circulatoria, derechos de reunión y asociación, derecho al trabajo, libertad de empresa, derecho a la educación, entre los principalmente afectados.

En términos simples, con ello se gana rapidez y eficacia en la gestión de la emergencia, pero al coste de perder seguridad jurídica.

---

9   Apartado 35 OC-6/86, CIDH.

10   Como demuestra la experiencia actual en la gestión del Covid-19, es posible también recurrir a adoptar medidas excepcionales por razones de urgente y extraordinaria necesidad, acudiendo a las vías jurídicas especiales, sin llegar a la declaración formal del Estado de excepción. Así ha sucedido en Francia, Italia y Alemania, entre otros países. Véase, Quadra-Salcedo, Tomás, "La aversión europea al Estado de excepción", *El País*, 28 de abril de 2020.

Adicionalmente, existe un largo historial de abusos de las medidas de excepción, de modo tal que un objetivo prioritario del Derecho de excepción consiste en poner coto a la posible deriva autoritaria ante la concentración de poderes extraordinarios sobre el ejecutivo, propia de este tipo de situaciones, pues durante su vigencia el principio constitucional de separación de poderes queda seriamente comprometido.

El DIDH contempla también la posibilidad excepcional de suspender las obligaciones contraídas por los Estados —léase Derecho de excepción o Suspensión de garantías—, estableciendo límites sobre las intervenciones ejecutivas en las restricciones de derechos. La regulación más sustancial se encuentra recogida en el artículo 4 del Pacto Internacional de Derechos Civiles y Políticos, para el ámbito universal. Los alcances de esta disposición han sido interpretados por el Comité de Derechos Humanos, mediante la Observación General nº 29 sobre estados de emergencia. En los sistemas regionales, opera el artículo 27 de la Convención Americana de Derechos Humanos —en el ámbito de la O.E.A.—, el artículo 15 del Convenio Europeo de Derechos humanos, en lo que respecta al Consejo de Europa y el artículo 52 de la Carta de los DDFF de la Unión Europea, en el ámbito comunitario.

Los límites que el DIDH impone sobre las posibilidades de restringir derechos en los supuestos de excepción, son de dos tipos: absolutos o relativos. Los límites de carácter absoluto, se instrumentan mediante las denominadas normas de *ius cogens*,[11] que despliegan obligaciones y efectos *erga omnes*, dotando a los derechos reconocidos en tales normas de carácter indisponible e inderogable. Tales derechos no podrán ser nunca y bajo ninguna circunstancia objeto de suspensión, configurando lo que se denomina el *estándar mínimo internacional*: previsto en el ámbito universal por el apartado segundo del artículo 4 PIDCP, y para su ámbito geográfico respectivo, en los apartados segundos de todas las disposiciones anteriormente citadas.

Los límites relativos están establecidos en el primer apartado de las mismas disposiciones ya mencionadas, de las cuales, nos detendremos brevemente en el sistema de la O.E.A. El artículo 27 de la CADH habilita para suspender temporalmente las obligaciones contraídas por los Estados en relación a los derechos reconocidos, con el límite indisponible de aquellos derechos erga omnes o inderogables —enumerados taxativamente en su apartado segundo—, que no pueden ser objeto de suspensión nunca.

---

[11] Las normas de *ius cogens* aparecen definidas en el artículo 53 de la Convención de Viena sobre el Derecho de los Tratados de 1969.

La legitimidad de las restricciones se condiciona al cumplimiento de los principios de necesidad y proporcionalidad, debiendo estar clara y estrictamente delimitadas, tanto en el tiempo como en el espacio, sin incurrir nunca en discriminación ni ser incompatibles con las restantes obligaciones derivadas del CADH (art. 21. 1 CADH).

Como hemos visto, el derecho de excepción establece previsiones especiales atendiendo a la excepcionalidad y gravedad de las circunstancias, tanto en el ámbito interno como en el internacional. La diferencia más sustantiva entre ambos órdenes, reside en que, en el ámbito del DIDH, sus mecanismos procesales de garantía no establecen vías específicas adaptadas a la excepcionalidad de estas condiciones. El principio de subsidiariedad —que exige agotar los recursos internos para poder acceder a los mecanismos jurisdiccionales internacionales—, puede actuar como un obstáculo que convierta en inoperantes las garantías judiciales en tiempos de excepción constitucional, caracterizados éstos por la urgencia y rapidez de las intervenciones ejecutivas, y por la concentración de sus poderes. No se prevé para tales casos un "derecho procesal excepcional" que incluya las adaptaciones temporales pertinentes, permitiendo poder acceder a la garantía judicial internacional en condiciones de celeridad. Al menos en los casos más graves y de notoria entidad, sería deseable prever supuestos *per saltum* que permitieran el acceso directo a la vía judicial internacional. Esta previsión resulta, en mi opinión, absolutamente necesaria para dotar de garantías efectivas a los derechos convencionales objeto de restricción y/o de suspensión por parte de los Estados que se encuentren en situaciones propias del Derecho de excepción, tanto si se ha declarado formalmente como si no.

La Comisión Interamericana de Derechos Humanos emitió en abril la Resolución 1/2020 —*Pandemia y DDHH*—, exigiendo a todos los Estados parte priorizar la perspectiva de los derechos humanos en su gestión. En mi opinión, dicha prioridad exige incluir en el DIDH mecanismos procesales propios del derecho de excepción —y, por tanto, adaptados a las condiciones de celeridad del mismo—, para hacer operativas las prevenciones establecidas en el artículo 27 de la CADH, en lo que respecta al ámbito interamericano.

IV. El marco constitucional mexicano ante situaciones de emergencias

En concurrencia de emergencias graves, el marco constitucional mexicano ofrece dos posibilidades: el art. 29 CPEUM, que regula la vía extraordinaria del Derecho de excepción; y el art. 73 en su fracción XVI, que prevé una vía sencilla y expeditiva para hacer frente específicamente a emergencias sanitarias.

El art. 29 de la CPEUM regula detalladamente la suspensión de derechos. Fue activado durante la segunda guerra mundial, si bien algunos constitucionalistas puntualizan que ha sido empleado en múltiples ocasiones por vía de facto. Con una redacción que procede en su mayoría de la Constitución de 1857, el art. 29 ha sido objeto de varias reformas, la principal se realizó en junio de 2011 a fin de introducir las exigencias derivadas del DIDH en este ámbito. Esta disposición no cuenta aún con legislación reglamentaria de desarrollo.

El artículo 29 CPEUM contiene una fórmula abierta con posibles causas detonantes diferenciadas, pero sin establecer graduaciones en las respuestas posibles, es decir, contempla un único Estado de excepción —que, por circunstancias históricas, originalmente tenía en mente al Estado de sitio—.

> En los casos de invasión, perturbación grave de la paz pública, o de cualquier otro que ponga a la sociedad en grave peligro o conflicto, solamente el Presidente de los Estados Unidos Mexicanos, con la aprobación del Congreso de la Unión o de la Comisión Permanente cuando aquel no estuviere reunido, podrá restringir o suspender en todo el país o en lugar determinado el ejercicio de los derechos y las garantías que fuesen obstáculo para hacer frente, rápida y fácilmente a la situación.

Dotada de un elevado garantismo, la figura de la suspensión de garantías en México contiene múltiples salvaguardias, pero destacan dos garantías orgánicas que actúan como contrapesos a la ampliación de facultades ejecutivas y, concretamente, a su potestad normativa para restringir derechos: el control parlamentario y jurisdiccional.

El control del Poder Legislativo se prevé tanto en la declaratoria como en el cese del Estado de excepción. Aun cuando su declaración corresponde al Presidente de la República, es preceptiva la aprobación del Congreso de la Unión, exigiéndose la convocatoria inmediata del Congreso en el supuesto de que la Cámara baja estuviera en tiempo de receso. Así mismo, la revocación del Estado de Excepción compete exclusivamente al Congreso —bien por cumplimiento del plazo previsto o "porque así lo decrete el Congreso"—. El decreto del Congreso dejará sin efecto de forma inmediata todas las medidas legales y administrativas adoptadas durante la vigencia del Estado de Excepción. La introducción de contrapesos parlamentarios es tal, que incluso la Constitución excluye la posibilidad de que el Ejecutivo pueda emitir observaciones al Decreto de cese del Congreso de la Unión. Para valorar en sus justos términos este control parlamentario, debe tenerse en mente que el sistema presidencial mexicano se caracteriza por una fuerte concentración de poderes sobre la figura presidencial y que los controles parlamentarios tendieron a debilitarse durante la redacción de la actual Constitución de 1917.

Idéntico grado de garantismo se advierte en el control jurisdiccional previsto para los decretos presidenciales emitidos durante la vigencia del Estado de Excepción, que recaen sobre la Suprema Corte de Justicia, regida por el principio de inmediatez y revisión de oficio, quien deberá pronunciarse sobre su constitucionalidad y validez "con la mayor prontitud".

Con clara inspiración en la Convención Americana, se enumeran expresamente aquellos derechos que no son objeto de suspensión, erigiéndose en derechos inderogables —art. 29.2—, exigiendo fundamentación y motivación para la suspensión del ejercicio de cualesquiera otros. La Constitución mexicana incluye explícitamente la exigencia de proporcionalidad y el cumplimiento de los "principios de legalidad, racionalidad, proclamación, publicidad y no discriminación" —art. 29.3— como requisitos para restringir legítimamente derechos, cuyos efectos han de ser siempre generales—prohibiéndose la posibilidad de suspensiones individualizadas de derechos—.

Junto a la vía formal establecida en el artículo 29, la Constitución mexicana prevé un método más sencillo, contemplado en el apartado XVI del artículo 73,[12] para hacer frente a crisis sanitarias provocadas por enfermedades —tanto epidemias graves como invasión de enfermedades exóticas—.

---

[12] Artículo 73, apartado XVI CPEUM. 1a. "El Consejo de Salubridad General depen derá directamente del Presidente de la República, sin intervención de ninguna Secretaría de Estado, y sus disposiciones generales serán obligatorias en el país. 2a. En caso de epidemias de carácter grave o peligro de invasión de enfermedades exóticas en el país, la Secretaría de Salud tendrá obligación de dictar inmediatamente las medidas preventivas indispensables, a reserva de ser después sancionadas por el Presidente de la República. 3a. La autoridad sanitaria será ejecutiva y sus disposiciones serán obedecidas por las autoridades administrativas del País".

El artículo 73 regula las facultades del Congreso de la Unión, su fracción XVI —reformada en 1934— le otorga competencias para dictar leyes en una serie de materias, entre las que se encuentra "la salubridad general de la República". A continuación, la norma contempla tres subapartados con información poco clara —y, en cualquier caso, que se aparta del objetivo del artículo 73, pues no contiene facultad alguna a favor del Congreso de la Unión—. En síntesis, y para crisis sanitarias graves, se otorgan competencias al Consejo de Salubridad General —que depende directamente del presidente de la República— y cuyas disposiciones serán obligatorias en todo el país, estableciéndose la obligación de la Secretaría de Salud de dictar medidas preventivas, a reserva de ser posteriormente sancionadas por el Presidente de la República.

En el contexto de una norma tan prolija como el artículo 73, su apartado XVI resulta impreciso, ambiguo y confuso. Constituye una de las disposiciones más reformadas de la Constitución y, en este específico apartado, poco estudiada doctrinalmente. La Constitución abre la puerta a medidas extraordinarias para una situación de crisis provocada por epidemias "de carácter grave", sin especificar la índole de las atribuciones ni las limitaciones establecidas a los poderes atribuidos a las autoridades sanitarias. El garantismo que rodeada a las medidas restrictivas de derechos en el artículo 29 brilla por su ausencia en este ámbito, que no contempla control alguno, ni de carácter previo ni posterior. Aunque fue objeto de reforma constitucional en el año 2007, la disposición estudiada no ha sido actualizada a fin de adaptarse a las exigencias del DIDH.

Dada la ausencia total de garantías y controles, el primer diagnóstico sería excluir que el artículo 73.XVI albergue un Estado de excepción de intensidad menor al previsto en el artículo 29, sino que tan sólo otorga facultades normativas a tres órganos de carácter ejecutivo para afrontar epidemias graves, sin precisar bien el orden y coordinación entre las mismas: el Consejo de Salubridad, la Secretaría de Salud, y el presidente de la República, todos con facultades normativas en esta materia. En un sistema como el mexicano, resulta necesario poner coto al predominio presidencial, y más en estas situaciones extraordinarias de concentración de poderes.

V. La contención de la pandemia y los derechos fundamentales afectados en México

La importancia de la vía prevista en el artículo 73 fracción XVI radica en que ha sido la estrategia finalmente empleada por el Gobierno mexicano para hacer frente a la expansión del Covid-19, tal y como se desprende de los fundamentos jurídicos esgrimidos en el Decreto presidencial de acciones extraordinarias emitido el 31 de marzo.

De forma resumida, el íter seguido para la prevención y contención del Covid-19, ha sido el siguiente: Tras su catalogación como pandemia por parte de la O.M.S., el Consejo de Salubridad emitió un Acuerdo el 23 de marzo reconociendo la epidemia en México como una enfermedad grave de atención prioritaria. Posteriormente, el Presidente de la República aprobó el 27 de marzo un Decreto por el que se declaraban acciones extraordinarias en materia de salubridad general para combatir la enfermedad. El Consejo de Salubridad General emitió el 30 de marzo un Acuerdo por el que se declaraba la "emergencia sanitaria por causa de fuerza mayor". Con esta calificación, se estaba optando por dotar de cierto grado de protección a los trabajadores —entendidos como la parte más débil de la relación laboral—, pues con ello se evitaba la suspensión temporal de las relaciones de trabajo que hubiese supuesto la declaratoria de contingencia sanitaria—por la conjunción de los artículos 427 y 429 de la Ley Federal del Trabajo—. El 31 de marzo, se publicó el Acuerdo del Secretario de Salud por el que se establecían acciones extraordinarias para atender la emergencia sanitaria. El 8 de mayo México entró en la fase 3 de expansión de la pandemia, en la que nos encontramos al momento de cerrar estas páginas.

En este lapso de tiempo, se han sucedido diversas normas administrativas de carácter federal —decretos, acuerdos, órdenes— emitidas por el Consejo de Salubridad, la Secretaría de Salud y por el Presidente de la República, mediante las cuales se han afectado —y restringido— múltiples derechos fundamentales que pueden actuar como obstáculos para la protección de la salubridad general.

Ninguna de estas normas ha contado con ningún control jurisdiccional posterior —como el que se prevé en el artículo 29— para verificar su adecuación constitucional. Adicionalmente, mediante Acuerdo del Pleno de la Suprema Corte de Justicia y del Consejo de la Judicatura de 20 de marzo, el Poder Judicial suspendió sus funciones (y otro tanto pasó con el Congreso y el Senado —declarados en cuarentena, mientras muchos Congresos estatales mantenían sus sesiones vía on-line—). Por lo tanto, no se ha podido entrar a analizar si las restricciones adoptadas superaban el test de necesidad y proporcionalidad ni el grado de adecuación constitucional de las normas administrativas adoptadas.

De otro lado, muchas de las acciones extraordinarias contenidas en dichas normas administrativas —incluyendo las restricciones a algunos derechos— se han formulado mediante exhortos, recomendaciones o sugerencias a la población —por ejemplo, en materia de mantenimiento de la distancia social, que fue oficialmente denominada "Susana distancia"—. No existen pues medidas imperativas de las cuales puedan derivarse obligaciones jurídicas, ante cuyo incumplimiento puedan imponerse sanciones administrativas. Esto deja múltiples cuestiones en manos de la autonomía de la voluntad de la población —y de su conciencia— en torno a cómo ejercer sus derechos para provocar las menores afectaciones posibles sobre terceros, pudiendo auto-contenerse —o no—, sin que la autoridad pueda ejercer medidas coercitivas en caso de incumplimiento.

Estas singularidades obedecen a un cúmulo de factores, especialmente por el entramado socio-económico que sirve de soporte al ordenamiento: la tasa de informalidad laboral en México es del 56.2% de la población ocupada.[13] Por su parte, la población en situación de pobreza constituye el 41.9% del total (52.4 millones de personas) y un 7.4% se encuentran en pobreza extrema (9.3 millones de personas),[14] lo que hacen un total de 59.8% de la población en situación de pobreza. El confinamiento social formulado de forma imperativa hubiera afectado profundamente a la capacidad de supervivencia económica de un porcentaje muy elevado de la población. Este contexto, en conjunción con la fuente ideológica de carácter progresista del actual gobierno, explica el matiz poco ortodoxo de muchas de las medidas restrictivas adoptadas sobre los derechos, que carecieron de efectos imperativos.

Respecto a aquellos derechos que se han visto restringidos por las medidas administrativas adoptadas para contener la pandemia, por cuestiones de espacio, a continuación expondré muy esquemáticamente tan sólo los más afectados, o bien aquellos donde las peculiaridades culturales de México imprimen mayores obstáculos para su implementación:

---

[13] Instituto Nacional de Estadística y Geografía, *Resultados de la Encuesta Nacional de Ocupación y Empleo,* México, comunicado de prensa núm. 70/20, 13 de febrero de 2020.

[14] Consejo Nacional de Evaluación de la Política de Desarrollo Social (Coneval), *Medición de pobreza en México,* 2008-2018.

1) Libertad de tránsito: constituye un derecho fundamental dotado de una generosa regulación en el artículo 11 CPEUM. Entre otras restricciones constitucionalmente previstas, su ejercicio aparece subordinado a las limitaciones administrativas por razones de "salubridad general". En consecuencia, la protección de la salud constituye un límite inherente a la libertad de tránsito, tal y como está prevista en la Constitución. Con todo, su restricción ha sido de carácter opcional.
2) Libertades de reunión y asociación: por Decreto de medidas extraordinarias se prohibieron concentraciones de más de 50 personas. La restricción se formuló en términos imperativos. Sin embargo, algunas Comunidades indígenas —por ejemplo, en Venustiano Carranza (Chiapas)— decidieron en Asamblea no seguir las instrucciones sanitarias, y continuar con sus festividades religiosas de Semana Santa—pese a que supusieran fuertes aglomeraciones—, por considerar que si no se celebraban "no caería la lluvia".[15] Obviamente, en este supuesto, junto al derecho de reunión y asociación, están también afectados la libertad religiosa y los derechos de los pueblos indígenas.
3) Derecho al trabajo y libertad de empresa: Se suspendieron actividades laborales consideradas no esenciales —formuladas en forma coercitiva— y, por tanto, susceptibles de control y/o sanción por las autoridades administrativas.
4) Derecho al asilo y refugio: fue considerado como actividad de carácter esencial, lo que permitió que continuase el registro de solicitudes de la condición de refugiado ante la Comisión Mexicana de Ayuda al Refugiado, pese a que se suspendiese temporalmente su tramitación. En un contexto donde múltiples países cancelaban esta posibilidad, su persistencia en México durante la pandemia es una decisión plenamente coherente con el DIDH. Conviene recordar que el asilo y el refugio dotan de protección internacional a las personas cuya vida, libertad y seguridad está en riesgo, constituyendo por ello un derecho fundamental donde el margen de apreciación nacional se reduce considerablemente.
5) Detención migratoria y derechos de las personas migrantes: Pese a la generosa proclamación constitucional de la libertad de tránsito, reconocida a favor de toda persona, en México la

---

[15] Entrevista a Martha Laura Sánchez Flores, Visitadora General Especializada en Atención de Asuntos Indígenas de la Comisión Estatal de Derechos Humanos de Chiapas, sede San Cristóbal de las Casas, 21 de abril de 2020.

medida sistemáticamente aplicada para contener los flujos irregulares que penetran en su mayoría por la Frontera Sur —procedentes fundamentalmente del Triángulo Norte de Centroamérica—, es la detención migratoria. Se trata de una detención de carácter administrativo y en ausencia de un ilícito penal, por lo que debería ser una medida de carácter excepcional, y no la norma general aplicable. En torno al 96% de las personas migrantes retenidas, son devueltas a sus países de origen. Los migrantes presentados en las Estaciones migratorias suelen encontrarse en condiciones de hacinamiento. Ante la emergencia sanitaria, una resolución judicial de amparo emitida en abril por el Juzgado Segundo de Distrito en Materia Administrativa, ordenó la liberación de las personas migrantes que permanecían retenidas en las Estaciones y estancias provisionales. El INM procedió a desalojar las Estaciones Migratorias, retornando al país de origen a muchos de los alojados, y a la apertura de procesos de regularización para los colectivos en situación de mayor vulnerabilidad.

6) La libertad religiosa está expresamente contemplada entre los derechos inderogables —art. 29.2 CPEUM y 27.2 CADH—. Con todo, múltiples disposiciones administrativas —tanto a nivel federal y sobre todo estatal— han afectado algunas facetas externas de la libertad religiosa, la denominada libertad de culto. A modo de ejemplo, algunos Gobiernos estatales —entre ellos Chiapas—,[16] dictaron medidas exigiendo la cremación de los cadáveres en un lapso temporal no superior a cuatro horas tras el fallecimiento y proscribiendo velatorios. Ello ha chocado con costumbres culturales y religiosas profundamente arraigadas, especialmente en el contexto de las comunidades indígenas. Las orientaciones establecidas en esta materia por la OMS,[17] recomiendan respetar las tradiciones culturales y religiosas.

7) La suspensión de los derechos políticos está expresamente prohibida en los Estados de excepción. En algunas entidades federativas — como Coahuila e Hidalgo—, el Instituto Nacional Electoral decretó la suspensión de inminentes procesos electorales. Aunque se trata de una medida que no fue adoptada

---

[16] Secretaría de Salud de Chiapas, *Recomendaciones para el manejo de cadáveres y servicios funerarios por COVID-19*, 13 de abril de 2020.

[17] La Visitadora General se manifestó en el mismo sentido. O.M.S. *Prevención y control de infecciones para la gestión segura de cadáveres en el contexto de la COVID-19*, Orientaciones provisionales, 24 de marzo de 2020.

ni por el Presidente ni por las autoridades sanitarias, constituye en todo caso una cuestión de muy dudosa constitucionalidad, por el carácter erga omnes de los derechos políticos, y también a la luz de las directrices de la Comisión Interamericana (Resolución 1/2020) y de la ONU.[18]

VI. Conclusiones

Desde el punto de vista jurídico, la vía constitucional empleada en México para afrontar la actual pandemia —artículo 73, fracción XVI— habilita una situación de concentración de poderes sobre el ejecutivo, en lo que, de facto, parece ser una situación de estado excepcional en su rango más liviano, sin contener ninguna de las garantías que rodean a tales supuestos en el artículo 29 CPEUM. Es un mecanismo ambiguo y confuso, que no cuenta con ningún control que ponga coto a la arbitrariedad y al abuso de poder propios de tales Estados. Desde múltiples sectores, se ha señalado el "hiper-presidencialismo" que está caracterizando la gestión de la actual pandemia. En esta situación, los derechos fundamentales en México han quedado a expensas únicamente del poder ejecutivo, sin contar con ningún control inter-orgánico que pueda neutralizar tentaciones y derivas autoritarias.

Por ello, la configuración constitucional y legislativa de las emergencias sanitarias no cumple en México con los estándares exigidos por el DIDH ni por la dogmática constitucional para la restricción de derechos en tales supuestos.

Adicionalmente, el DIDI no contempla un específico "derecho procesal de excepción", con garantías judiciales expeditivas. En tanto deben agotarse los recursos nacionales como requisito procesal para acceder a la justicia internacional, esta omisión convierte en inoperantes las garantías judiciales internacionales en tiempos de excepción, dejando el DIDH desprotegidos a los derechos humanos que han sido objeto de restricción o de suspensión por los Estados partes.

Cuando se supere la pandemia, se abre una oportunidad para mejorar el marco constitucional y legal —pero también del DIDH—, para mejorar la protección de los derechos humanos ante las restricciones a su ejercicio en contextos de emergencias constitucionales, como la actual.

---

[18] Oficina del Alto Comisionado de los Derechos Humanos (ONU), *Directrices relativas a la covid-19, Los DDHH en el centro de la respuesta*, 14 de abril de 2020.

ACONTECIMIENTOS COVID-19: VISIÓN PARLAMENTARIA EN EL SALVADOR

Alejandro Arturo Solano Ghiorsi[*]

Sumario: I. *Decretos polémicos por el uso de la fuerza utilizada en su aplicación.* II. *Derechos humanos vulnerados a salvadoreños denominados Varados.* III. *Estado actual de las normas vigentes en El Salvador.*

El 11 de marzo del año 2020, la Organización Mundial de la Salud (OMS) declaró que el Coronavirus COVID-19, pasaba de ser una epidemia a una pandemia, como resultado de la evaluación del brote durante ese tiempo y la preocupación por los niveles alarmantes de propagación y gravedad.

En la República de El Salvador, el 14 de marzo del presente año, se aprobó el Decreto Legislativo n.º 593, publicado en el Diario Oficial n.º 52, Tomo n.º 426, de la misma fecha, mediante el cual se declaró:

> Estado de Emergencia Nacional, Estado de Calamidad Pública y Desastre Natural en todo el territorio de la República, dentro del marco establecido en la Constitución, a raíz de la pandemia por COVID-19, por el plazo de treinta días, como consecuencia del riesgo e inminente afectación por la pandemia por COVID-19, para efectos de los mecanismos previstos en la Ley de Protección Civil, Prevención y Mitigación de Desastres, la Ley de Adquisiciones y Contrataciones de la Administración Pública, demás Leyes, Convenios o Contratos de Cooperación o Préstamo aplicables; a fin de facilitar el abastecimiento adecuado de todos los insumos de la naturaleza que fueren necesarios directamente para hacer frente a la mencionada pandemia.

---

[*] Abogado. Ex letrado de la Asamblea Legislativa de El Salvador (1983-2012). Estudios de Posgrado en la Universidad de Salamanca, OEA. Especialista en derecho laboral y derecho de la empresa. Asesoría Legal Corporativa en gremiales y empresa privada. Autor en varias obras colectivas en la materia. Director propietario del Instituto Salvadoreño de Seguridad Social. Miembro Comité Ejecutivo de la Interamerican Bar Association, Washington DC, Estados Unidos.

En dicho decreto, además de la declaratoria en los términos señalados, se establecieron medidas inmediatas para la atención de la emergencia, como la facultad al Ministerio de Salud, de efectuar la evaluación médica con el personal debidamente capacitado y protegido, de toda persona sospechosa o confirmada como portadora de COVID-19, o que hubiere estado expuesta a su contagio, teniendo la atribución para indicarle cuarentena obligatoria conforme a las reglas sanitarias internacionales, como consecuencia de ello, se determinó el establecimiento de los centros de cuarentena que debían contar con la infraestructura, servicios y condiciones sanitarias adecuadas para garantizar la dignidad y la salud física y mental de las personas sometidas a tal régimen.

Asimismo, se dispuso que la Comisión Nacional de Protección Civil, Prevención y Mitigación de Desastres por medio del titular competente, tendría la facultad con base al artículo 66 de la Constitución, de limitar o restringir la circulación de personas que pudieran ser portadoras del COVID-19, en su ingreso al país y dentro del territorio nacional, a efecto de que recibieran obligatoriamente el tratamiento correspondiente; las suspensión de clases y labores académicas en todo el sistema educativo nacional, público y privado; la estabilidad laboral de todos los trabajadores a nivel nacional; y la habilitación a la administración pública para suspender las labores de los empleados de las instituciones del sector público y municipal.

En lo relativo a los términos y plazos procesales en los procedimientos administrativos y judiciales, estos fueron suspendidos durante la vigencia del decreto, cualquiera que fuera la materia e instancia en que se encontraran; así como la suspensión de los plazos y celebración de audiencias de la jurisdicción penal común y jurisdicciones especializadas en materia penal, aplicándose a las audiencias celebradas en sede administrativa incluidas la aquellas programadas por el Instituto de Acceso a la Información Pública. Se excluyeron de la suspensión de plazos, los previstos por la Constitución de la República para la detención administrativa, el término de inquirir y consecuentemente, las audiencias derivadas del mismo, así como lo relativo a las medidas de protección en materia de violencia intrafamiliar y las facultades previstas en los artículos 35 y 45 de la Ley Penitenciaria. Además se excluyeron los procedimientos, plazos y sanciones previstos en la Ley de Protección al Consumidor, Ley General de Medicamentos, procesos previstos en la Ley de Organización y Funciones del Sector Trabajo y Previsión Social, Ley general de Prevención de Riesgos y los procesos a que se refiere la Ley de Procedimientos Constitucionales promovidos en el marco de la emergencia declarada.

Dentro de las facultades conferidas y que más adelante generaría una serie de confrontaciones entre diferentes sectores, se encuentran las otorgadas al Ministerio de Hacienda, entre las que se pueden mencionar:

1) Gestionar la obtención de recursos financieros de aquellas entidades u organismos multilaterales, cooperantes, países amigos o agencias de cooperación, que hubieren requerido de la citada declaratoria para acceder a los recursos.
2) Velar que el manejo de los recursos que se utilizarán en el contexto del decreto, se focalizaran directamente a la atención de la declaratoria del Estado de Emergencia ocasionado por la pandemia del COVID-19, estableciendo que las transferencias de asignaciones presupuestarias entre distintas instituciones del sector público no financiero, con el propósito de atender oportunamente las necesidades generadas por el Estado de Emergencia Nacional serían conocidas con carácter de urgencia por la Asamblea Legislativa.
3) La aplicación de "Lineamientos Específicos para Compras de Emergencia", que sería emitido por el Ministerio de Hacienda, a través de la Unidad Normativa Adquisiciones y Contrataciones de la Administración Pública (UNAC), dependencia de dicho ministerio, únicamente a efecto de realizar contrataciones o adquisiciones directamente relacionadas a la prevención, tratamiento, contención y atención de la pandemia por COVID-19.

En todo caso se dispuso, que una vez culminada la emergencia declarada, las instituciones que hubieren recibido recursos destinados a cubrir las necesidades de la población, procederían a realizar la correspondiente liquidación de los mismos, anexando la documentación por cada procedimiento de adquisición realizado; ello sin menoscabo de las potestades de revisión de la corte de cuentas de la república y otras autoridades competentes. Señalando además, que debían presentar al Órgano Legislativo un informe cada 30 días, detallando los bienes y servicios adquiridos, incluyendo la información del proveedor y monto erogado. Determinado que al final de la emergencia, tenían que enviar un informe detallado y completo de cada liquidación a la Asamblea Legislativa dentro de un plazo de 30 días, informes que a la fecha no han sido presentados.

De manera posterior a la aprobación del Decreto Legislativo n.º 593—y sobre el cual se ha hecho el esfuerzo de sintetizar su contenido por el impacto y confrontaciones sociales pero fundamentalmente políticas, que generaría durante la crisis sanitaria acaecida en la República de El Salvador—, a la fecha 24 de mayo, se han aprobado 60 decretos relacionados con la declaratoria de Emergencia por COVID-19, cuyo estado se puede clasificar de la siguiente manera: *a)* Decretos publicados en el Diario Oficial: 42; *b)* En proceso de formación de ley: 5; *c)* Observados: 3 (De los cuales, en 3 fueron superadas las observaciones); *d)* Vetados: 10 (De los cuales, en 5 fueron superados el veto).

De conformidad al objeto del presente informe, procederemos a hacer referencia a los decretos que por su naturaleza se encuentran vinculados a la protección de derechos humanos y que sirvieron de base legal para las vulneraciones que han sido denunciadas en los diferentes medios por parte de salvadoreños. Para tal efecto dividiremos los acontecimientos COVID-19 en cuatro grandes temas: (I) Decretos polémicos por el uso de la fuerza utilizada en su aplicación. (II) Derechos Humanos vulnerados al grupo de salvadoreños denominados Varados. (III) Confrontaciones sociales y políticas generadas por la base legal existente. (IV) Estado actual de las normas vigentes en El Salvador.

I. Decretos polémicos por el uso de la fuerza utilizada en su aplicación

Cinco de los decretos que más impacto social generaron y que provocaron alrededor de 2,400 denuncias por graves violaciones a los derechos humanos de los salvadoreños, por parte de la Policía Nacional Civil y Fuerzas Armadas de El Salvador, bajo los lineamientos emanados por el Ministerio de Salud como facultado para emitir los lineamientos para enfrentar la Emergencia por COVID-19 son:

a) El Decreto Legislativo n.º 594, de fecha 14 de marzo de 2020, publicado en el Diario Oficial n.º 53, Tomo n.º 426, de fecha 15 de marzo de 2020, relativo a la "Ley de Restricción Temporal de Derechos Constitucionales Concretos para Atender la Pandemia COVID-19", el cual tenía una duración de 15 días y básicamente restringía la libertad de tránsito, derecho a reunirse pacíficamente y sin armas para cualquier objeto lícito y el derecho a no ser obligado a cambiarse de domicilio.

b) El Decreto Legislativo n.º 611, de fecha 29 de marzo de 2020, publicado en el Diario Oficial n.º 65, Tomo n.º 426, de fecha 29 de marzo de 2020, relativo a una nueva "Ley de Restricción Temporal de Derechos Constitucionales Concretos para

Atender la Pandemia COVID-19", el cual tenía una duración de 15 días, sustituía al decreto 594 y los cambios era el adicionar los principios que de conformidad al Derecho Internacional de Derechos Humanos regían a la ley, y la facultad a la Procuraduría para la Defensa de los Derechos Humanos, de supervisar la actuación de la administración pública frente a las personas, para asegurar el respeto a sus derechos humanos.

c) El Decreto Legislativo n.º 632, de fecha 16 de abril de 2020, que contenía la "Ley Especial para Proteger los Derechos de las Personas durante el Estado de Emergencia decretado por la Pandemia COVID-19", el cual fue vetado por el Presidente de la República, y cuyo Veto fue superado por la Asamblea Legislativa como parte del proceso de formación de ley, y que tenía por objeto garantizar los derechos humanos, con pleno apego a la Constitución de la República, las leyes, tratados internacionales, reglamentos, protocolos, jurisprudencia y resoluciones dictadas por la Sala de lo Constitucional de la Corte Suprema de Justicia.

d) El Decreto Legislativo n.º 639, de fecha 5 de mayo de 2020, publicado en el Diario Oficial n.º 91, Tomo n.º 427, de fecha 07 de mayo de 2020, que contenía la "Ley de Regulación para el Aislamiento, Cuarentena, Observación y Vigilancia por COVID-19", y en la cual se declaraba "todo el territorio nacional como zona epidémica sujeta a control sanitario para combatir el daño y evitar la propagación del COVID-19, manteniendo a través de dicho decreto a toda la población en resguardo domiciliar, determinando en el mismo decreto cuales serían los casos en los que estarían autorizados a salir.

En este decreto se establecían además diferentes definiciones como aislamiento, casos sospechosos, centros de contención y cuarentena; así como los tipos de cuarentena, sujetos de cuarentena y cuarentena, y las sanciones al incumplimiento de cuarenta, otorgando a las autoridades de seguridad pública, facultades para el control del cumplimiento de las medidas sanitarias.

El común denominador de todos los decretos legislativos referidos, ha sido la facultad que le dan al Ministerio de Salud de complementarlos a través de los decretos ejecutivos, los cuales en una clara extralimitación al Principio de Legalidad al que están sometidos los funcionarios, han sobrepasado los derechos humanos de los salvadoreños, al confinarlos sin justa causa, en Centros de Contención que por las circunstancias existentes, se han convertido en Centros de Contagio, no solo por la aglomeración que se ha suscitado dentro de ellos, sino que por la falta de control, sobre las fechas de ingreso de cada persona, y que ha propiciado el reinicio en muchos casos de la cuarenta, habiendo personas que a la fecha llevan más de 50 días confinadas sin que tengan ningún tipo de respuesta a tal situación.

Sin embargo, es a partir de la aprobación del decreto legislativo n.º 639, que se iniciaría con la llamada "cuarenta especial" que es el período durante la pandemia en el que más vulneraciones a derechos humanos se han generado, por las arbitrariedades con las que se ha hecho uso de la fuerza pública y por la falta de criterio para trasladar a las personas a Centros de Contención, por el solo hecho de estar fuera de su casa, sin ningún tipo indicio de ser portador de COVID-19.

Durante esta "cuarenta especial" el Ministerio de Salud mediante la emisión de decretos ejecutivos, estableció diversas restricciones a la libertad de tránsito de las personas y la libertad de propiedad, señalando días específicos para poder salir a abastecerse de alimentos y medicinas, limitando el transporte público, cerrando empresas por estar según criterios subjetivos, operando rubros que no estaban autorizados y secuestrando los vehículos de las personas que fueran detenidas sin tener las autorizaciones que a criterio de la autoridades de seguridad pública, les permitían circular.

a) El Decreto Legislativo n.º 645, de fecha 18 de mayo de 2020, que contiene la "Ley Especial Transitoria para la Atención Integral de la Salud y la Reanudación de Labores en el Marco de la Pandemia por COVID-19", el cual se refería a la reactivación gradual de la economía en el país, el cual fue vetado por inconstitucional hasta el último día hábil.

b) Finalmente se encuentra el Decreto Legislativo n.º 648, de fecha 30 de mayo de 2020, que contiene la "Ley especial transitoria de emergencia por la Pandemia COVID-19, atención integral de la vida, la salud y reapertura de la economía", el cual se refería a la reactivación gradual de la economía en el país y que fue construido con la presencia de representantes del Gobierno Central, pero se anunció que sería vetada hasta el último día hábil para que fuere devuelto a la Asamblea Legislativa.

II. Derechos humanos vulnerados a salvadoreños denominados Varados

El 17 de marzo de 2020, frente al impacto que generó la declaración del COVID-19 como pandemia por la Organización Mundial de la Salud, y la declaratoria de "Estado de Emergencia Nacional, Estado de Calamidad Pública y Desastre Natural en todo el territorio de la República de El Salvador", fue cerrado el Aeropuerto Internacional San Óscar Arnulfo Romero y Galdámez, a vuelos internacionales, habiendo desde el 12 de marzo del mismo año, remitido a los nacionales y extranjeros que lograron arribar a Centros de Contención para que cumplieran una cuarenta de 30 días, que en muchos casos se extendió hasta varios días después, producto de la falta de organización en cuanto a la entrada y salida de los mismo, obligando en muchos casos al reinicio de la cuarentena.

A partir del cierre total del aeropuerto se estima que son alrededor de 4,000 salvadoreños varados en el exterior que no han podido entrar a la República de El Salvador, lo que ha generado cantidades exorbitantes de Amparos cuyas resoluciones han reconocido las vulneraciones a sus derechos, así como el establecimiento por parte de la Sala de lo Constitucional de la Corte Suprema de Justicia de plazos para el que el Gobierno de El Salvador, presentara un Plan de Retorno de los Varados, el cual a la fecha no se ha hecho de conocimiento general.

La Asamblea Legislativa, mediante Decreto Legislativo n.º 621, de fecha 01 de abril de 2020, emitió "Disposiciones Transitorias para Regular el Retorno de los Salvadoreños que al momento de la Declaración de Emergencia por la Pandemia del COVID-19, se encontraban fuera del país", el cual fue Vetado por Inconstitucional como parte del proceso de formación de ley, bajo la justificación que el retorno de los varados, generaría un atentado a la salud de la población en general por no contar con las condiciones para que este grupo de salvadoreños fuera a cuarentena. A la fecha dicho veto no ha sido superado, manteniendo a los varados en un estadio de afectación a sus derechos fundamentales y humanos.

La situación descrita ha provocado, que un número significativo de salvadoreños, haya optado por ingresar de manera terrestre, para ser sometido a las regulaciones sanitarias dictadas y poder reunirse con sus familiares.

1. *Confrontaciones sociales y políticas por la base legal existente*

En la República de El Salvador, se ha tomado la costumbre de anunciar las regulaciones que normaran los derechos de su población a través de la plataforma de *Twitter,* lo cual ha generado inseguridad e incertidumbre jurídica sobre las reglas establecidas, ya que una vez publicados en dicha red y antes de ser publicado en el Diario Oficial, son cambiados en diversas ocasiones, propiciando de esta manera confrontaciones entre ciudadanos, y de estos frente a la administración pública, por las reiteradas violaciones al Principio de Legalidad, Principio de Seguridad y Certidumbre Jurídica, y a la Separación de Poderes, por considerar que en muchos casos, los Decretos Ejecutivos se extralimitan en sus facultades constitucionales.

Lo anterior ha provocado diversos enfrentamientos del Órgano Ejecutivo, con el Órgano Legislativo y el Órgano Judicial, bajo las consideraciones que toda aquella resolución que no se adecúe a los criterios subjetivos de las demandas del primero, atentan contra la salud de la población salvadoreña, llegando a límites incomprensibles como ha sido el desconocimiento anunciado por parte del Gobierno a Organismos Internacionales de Derechos Humanos, Magistrados de la Sala de lo Constitucional, Asociación Nacional de la Empresa Privada y algunos diputados de la Asamblea Legislativa, así como a la autorización que se ha hecho, para que las autoridades de seguridad pública puedan hacer uso de la fuerza letal a quienes incumplan con la cuarentena domiciliar.

2. *Decretos legislativos aprobados durante la pandemia por Covid-19, relacionados con la declaratoria de emergencia*

La Asamblea Legislativa aprobó cincuenta y cinco decretos durante la declaratoria de Emergencia por COVID-19, excluyendo los siete mencionados con anterioridad, los restantes 48 versan sobre las siguientes materias:

a) *Complementarios al Estado de emergencia*: reforma al "Estado de Emergencia Nacional de la Pandemia por COVID-19 para incorporar plazos penales y administrativos (D. L. n.° 599). Simplificación del procedimiento de donación de bienes para empresas reguladas en la ley de Zonas Francas (D. L. n.° 603). Reforma al "Decreto de Emergencia para incluir la Seguridad Alimentaria" (D. L. n.° 619) prórroga del Decreto Legislativo n.° 593 (D. L. n.° 634).

b) *Asistencia al ciudadano y servicios esenciales*: reformas a la Ley del Fondo Social para la Vivienda (D. L. n.º 595). Protección contra la violencia y discriminación de la Mujeres (D. L. n.º 597). Ley Transitoria para Diferir el Pago de Facturas de Servicios de Agua, Energía Eléctrica y Telecomunicaciones (D. L. n.º 601). Reformas a la Ley de Protección al Consumidor (D. L. n.º 602). Ley de Facilitación de Compras en Línea (D. L. n.º 605). Compensación y estabilización de las tarifas del servicio público de transporte colectivo de pasajeros (D. L. n.º 610). Regulación del retorno de Salvadoreños fuera del país (D.L. n.º 621). Medidas al Sector Agropecuario para garantizar la Seguridad Alimentaria (D. L. n.º 642).

c) *Administración general, presupuesto y obligaciones tributarias*: lLy sobre la modalidad de pago del impuesto sobre la renta (D. L. n.º 598). Modificación del Arancel Centroamericano de Importación (D. L. n.º 604). Suspensión temporal de la Ley de Responsabilidad Fiscal (D. L. n.º 607). Autorización al Órgano Ejecutivo para gestionar la obtención de recursos (D. L. n.º 608, D. L. n.º 640). Reforma para exonerar de impuestos todas las donaciones y autorizar lineamientos para compras de emergencia. (D. L. n.º 606). Reformas a la ley de presupuesto (D. L. n.º 615, D. L. n.º 650). Disposiciones Especiales al Ministerio de Agricultura y Ganadería y a particulares, para operaciones de compra. (D. L. n.º 616). Reforma transitoria a la "Ley de Servicios Internacionales" (D. L. n.º 617). Reforma fiscal de aumento impuesto sobre la renta (D. L. n.º 618). Modificación del empleo de recursos presupuestarios (D. L. n.º 623, D. L. n.º 624, D. L. n.º 625). Ratificación de la Carta de intención de financiamiento suscrita ante el Fondo Monetario Internacional (D. L. n.º 626). Reforma a la "Ley de Presupuesto" (D. L. n.º 627, D. L. n.º 628, D. L. n.º 633). Autorización a contraer un préstamo con el BIRF por us$20,000,000.00 (D. L. n.º 629). Ley Especial Transitoria para Facilitar la Presentación y pago de impuesto sobre la renta (D. L. n.º 635). Prórroga de la "Ley especial transitoria para la legalización del dominio de inmuebles a favor del Estado en el ramo de Educación" (D. L. n.º 636). Ley transitoria para facilitar el cumplimiento voluntario de obligaciones tributarias (D. L. n.º 643). Ampliación de plazos judiciales y administrativos (D. L. n.º 644, D. L. n.º 647, D. L. n.º 649).

d) *Materia laboral y sanitaria.* Ley de Regulación del Teletrabajo (D. L. n.º 600). Medidas para garantizar la prestación de servicios de salud del ISSS a trabajadores desempleados (D. L. n.º 612). Disposiciones en beneficio del trabajo de los profesionales de la salud (D. L. n.º 620, D. L. n.º 630). Reforma al Código de Salud para adicionar en el listado de enfermedades de declaración obligatoria para objeto de vigilancia al Virus SARS-CoV -2 (D. L. n.º 637). Ley de Protección al Empleo Salvadoreño (D. L. n.º 641).

III. Estado actual de las normas vigentes en El Salvador

Frente al estadio de inseguridad e incertidumbre jurídica en el que se encuentra la población salvadoreña, de conformidad a la cantidad de decretos ejecutivos y legislativos que se contradicen entre sí y la no existencia de una declaratoria de Emergencia Nacional por la pandemia COVID-19, es decir frente a la crisis jurídica y política que se ha generado y que ha sobrepasado la crisis sanitaria, ciudadanos interpusieron un recurso de inconstitucionalidad al Decreto Ejecutivo n.º 19 que declaraba el "Estado de Emergencia" y "Zona Epidémica sujeta a control sanitario", y que de manera clara invadía facultades legislativas, la Sala de lo Constitucional emitió el pasado viernes 22 de mayo de 2020, resolución en la cual establecía 4 puntos fundamentales:

1) Decretaba la medida cautelar en el sentido que se suspende provisionalmente la vigencia del Decreto Ejecutivo n.º 19, mientras dure la tramitación del proceso.
2) Aclaraba que hasta sentencia de dicha Sala, se pronunciaría sobre la constitucionalidad o no del Decreto Ejecutivo n.º 19.
3) Llamaba a que la Asamblea Legislativa y el Órgano Ejecutivo asumieran con prontitud sus deberes y demás competencias que la Constitución les atribuye, particularmente en relación con la protección de los derechos fundamentales.
4) Aclaraba que a la Sala de lo Constitucional no le corresponde afrontar una pandemia, sino solo, y en el marco de sus competencias controlar que en combate a ella se respete el Estado de Derecho, y a la vez se tutelen o protejan los derechos fundamentales de toda la población.

5) Revive el Decreto Legislativo n.º 593 de fecha 14 de marzo de 2020, publicado en el Diario Oficial n.º 52, Tomo n.º 426, de la misma fecha, por medio de la cual la Asamblea Legislativa decretó el Estado de Emergencia Nacional de la Pandemia por COVID-19. Estableciendo la reviviscencia de dicho decreto, salvo que antes se cuente con una nueva ley, estando vigente hasta el día 29 de mayo de 2020, tiempo durante el cual el Órgano Ejecutivo y la Asamblea Legislativa deben cumplir sus obligaciones constitucionales, procurando los consensos necesarios para la creación de una normativa que garantice los derechos fundamentales de los habitantes en esta pandemia.

Al respecto es importante acotar que, las Sala de lo Constitucional de la República de El Salvador, desde hace décadas, ha establecido diferentes precedentes jurisprudenciales relativas a la "Teoría de Reviviscencia", la cual implica la reincorporación de normas al ordenamiento jurídico que han sido derogadas por otra, que posteriormente es invalidada mediante sentencia de inconstitucionalidad, como ha sido el caso del Decreto Ejecutivo n.º 19 que en aplicación de medida cautelar se han suspendido sus efectos en tanto no se provea de una sentencia.

Bajo esta teoría, al ser la norma derogada adquiere el estatus de invalida, por lo que su fuerza normativa también cesa y en consecuencia su fuerza derogatoria, por lo que la norma anterior —para el caso el Decreto Legislativo n.º 593— sigue desplegando efectos, aunque sin la limitación temporal del momento de entrada en vigor de la norma nueva.

Lo anterior se fundamenta en que la invalidación produce, por lo general, efectos desde el momento mismo en que la norma tuvo su origen, esto significa, que la reviviscencia es una herramienta por medio de la cual jurisprudencialmente se suple una laguna creada con la expulsión de las leyes que se considerarían inconstitucionales.

Como resultado de lo anterior, la reviviscencia no supone una invasión de competencias al Órgano Legislativo o la infracción al principio de legalidad porque, para subsanar la laguna, se acude a una disposición legal sustancial y formalmente válida, creada por el legislador, y sancionada por el Presidente de la República, es decir, que cumplió con todo el proceso de formación de ley, en su momento.

En atención a lo expresado, parte de la comunidad jurídica expone que sobre la base de las razones evidentes de seguridad y certidumbre jurídica para el caso concreto, la medida justificaría el ejercicio de tales poderes extraordinarios de la Sala de lo Constitucional, puesto que de lo contrario, ciertas declaratorias de inconstitucionalidad, a pesar de salvaguardar el principio de supremacía constitucional, pondrían en serio peligro la estabilidad y paz sociales, por la situación acontecida social y políticamente en la República de El Salvador.

Sin embargo, existen voces disonantes, que expresan que si bien existen suficientes antecedentes jurisprudenciales para aplicar la medida, para el caso en concreto, lleva la crisis jurídica al punto de partida, que es la aprobación del Decreto Legislativo n.º 593, que a juicio de gran parte de la población, significa la habilitación para la trasgresión de los derechos fundamentales y humanos de la población salvadoreña, que aunado a la presunta vulneración de principios como el de legalidad, transparencia, rendición de cuentas y separación de poderes, ha provocado que la crisis jurídica supere a la crisis sanitaria.

En lo relativo al llamado que se hacía en la resolución citada, a que la Asamblea Legislativa y el Órgano Ejecutivo asumieran con prontitud sus deberes y demás competencias que la Constitución les atribuye, particularmente en relación con la protección de los derechos fundamentales, se llevó a cabo una extensa jornada que duró seis días, en la cual se logró construir el Decreto Legislativo n.º 648, que contiene la "Ley especial transitoria de emergencia por la Pandemia COVID-19, atención integral de la vida, la salud y reapertura de la economía", aprobada el 30 de mayo de 2020, la cual se anunció sería también vetado por inconstitucional, hasta el último día hábil. Justificando dicha acción, bajo la consideración que no incluía la prórroga de una cuarentena especial de quince días adicionales, además de regular la reanudación escalonada y por fases de la economía, en una fecha que no era la propuesta por el Gobierno Central.

Esto ha significado una nueva confrontación del Órgano Ejecutivo hacia el Órgano Legislativo, que ha llegado a límites tan difíciles, como es la amenaza por parte de diferentes funcionarios hacia las personas que frente a la inexistencia de una ley, se reanuden sus labores frente a la crisis económica que se ha desatado al llevar alrededor de 80 días de cuarentena con la economía prácticamente paralizada. Estas acciones por parte de los funcionarios salvadoreños, propició que la Federación Internacional de Derechos Humanos y Justicia, presentará una demanda de amparo contra las amenazas realizadas hacía la ciudadanía salvadoreña, con la finalidad que la Sala de lo Constitucional, suspenda el cierre de las empresas anunciado. Dicha demanda aún no ha sido resuelta, por lo que panorama de inseguridad e incertidumbre jurídica se mantiene.

Capítulo sexto
ORDENACIÓN DE LAS FUENTES DEL DERECHO EN ESTADOS DE EMERGENCIA SANITARIA

ORDENACIÓN DE LAS FUENTES DEL DERECHO EN ESTADOS DE EMERGENCIA SANITARIA. EL CASO ESPAÑOL

Raúl Canosa Usera[*]

Sumario: I. *Introducción: derecho de excepción y derecho de la normalidad.* II. *Marco internacional del sistema de fuentes nacional.* III. *El caso español.* IV. *Vuelta a la normalidad.*

I. Introducción: derecho de excepción y derecho de la normalidad

Hemos visto que, frente a la pandemia producida por el COVID-19, la medida esencial, adoptada por los Estados para proteger la salud pública, ha sido casi sin excepciones la misma: un confinamiento más o menos severo, además de otras medidas de diversa índole. El confinamiento implica inmediatas restricciones de la libertad personal y como consecuencia también se ven afectados otros muchos derechos fundamentales, como el derecho de reunión, la libertad religiosa, la libertad de empresa, el derecho al trabajo, entre otros.

Sin embargo, el confinamiento no se ha encauzado jurídicamente de la misma manera en todos los países. Las notables diferencias podrían sintetizarse en dos vías: imposición del confinamiento y otras medidas gravosas para los derechos fundamentales mediante la aplicación del Derecho de la normalidad o a través de algún instrumento del Derecho de excepción.

Es sabido que el Derecho de excepción se emplea en un Estado constitucional si los instrumentos del Derecho de la normalidad no son suficientes para preservar esa normalidad y se requiere el empleo de medidas extraordinarias que el Derecho de excepción proporciona. Rasgo cardinal del Derecho de excepción es su temporalidad, en línea

---

[*] Catedrático de Derecho Constitucional en la Facultad de Derecho de la Universidad Complutense de Madrid, donde fue Decano. Trabajo como consultor en la FAO (Naciones Unidas), fue vocal de la Junta Electoral Central y actualmente es miembro del Comité Europeo de Derechos Sociales.

con la vieja y venerable institución romana de la dictadura, en la que la asunción de poderes extraordinarios por el dictador tenía una duración limitada. Cuando el régimen de excepción se prolonga y el Derecho de la normalidad se posterga indefinidamente, lo que emerge es la tiranía en la que la excepcionalidad se convierte en normalidad. El escritor guatemalteco Miguel Ángel Asturias explica esta espeluznante metamorfosis en su célebre novela "El señor Presidente".

Sin ánimo de ser exhaustivos y sólo a modo de ejemplo advertimos que, en Europa, con frecuencia los Estados han reaccionado activando el Derecho de la normalidad que contemplaba la posibilidad de afrontar la crisis sanitaria (el caso de Alemania, Francia e Italia), mientras que otros países, entre ellos España, han optado por la activación de algún mecanismo del Derecho de excepción.

El caso de Italia es peculiar porque su Constitución no prevé Derecho de excepción. Ante tal ausencia se ofrecía la posibilidad de emplear esa herramienta normativa híbrida y peculiar que son los decretos leyes, previstos para casos "de extraordinaria necesidad y de urgencia" (artículo 77 de la Constitución italiana). Aunque hay que recordar que las primeras medidas fueron adoptadas en Italia por entidades locales y regionales, la declaración de la emergencia sanitaria se hizo mediante decreto ley que abrió la puerta al discutible empleo de un instrumento normativo hasta entonces residual, el decreto de la Presidencia del Consejo de Ministros que ha sido clave en el modo italiano de combatir la epidemia. Parece así continuar operando al sistema de fuentes ordinario pero radicalmente transformado, sobre todo debido al uso del mencionado tipo de decreto presidencial que ha suscitado en la doctrina italiana dudas acerca de un posible *ultra vires*.[1] Ha acabado por plantearse la conveniencia de que la Constitución italiana recoja instrumentos del Derecho de excepción.

Los casos de Francia y Alemania son distintos porque, si bien tampoco en estos dos países se ha aplicado el Derecho de excepción, sus respectivas Constituciones sí ofrecen mecanismos de emergencia. En el caso alemán ni el artículo 91 de la Ley fundamental de Bonn (ante peligro para el régimen fundamental de libertad y democracia), ni su artículo 115 (ante situaciones de amenaza y guerra exterior) parecen concebidos para una emergencia sanitaria, pero tampoco se ha optado por aplicar las leyes de emergencia de 1968 (que hubieran supuesto, además de posibles limitaciones de derechos, una clara centralización

---

[1] *Cfr.* el seminario virtual *https://www.radioradicale.it/scheda/604842/le-fonti-normative-nella-gestione-dellemergenza-covid-19.*

en el Gobierno federal) sino la Ley de protección contra las infecciones, de 2001. En este contexto los Länder no han visto disminuidas sus competencias, como sucede generalmente cuando se aplica al Derecho de excepción en un Estado compuesto, sino que han actuado en coordinación con el Gobierno federal. Las medidas de confinamiento que implicaban limitaciones de derechos han sido consideradas proporcionales y la decisión del Tribunal Constitucional, de 17 de abril de 2020, respecto al derecho de manifestación asegurando su ejercicio, ha sido ejemplo de control jurisdiccional en garantía de la libertad.

Por su parte, en Francia, la regulación constitucional del Derecho de excepción (artículo 16 que regula la "dictadura" presidencial) resultaba a todas luces excesivo para abordar la crisis sanitaria. Tampoco se aplicó el estado de urgencia (que habría encajado en la situación prevista de "calamidad pública"), creado por la Ley 58-385, de 13 de abril de 1955, y que en los últimos años se declaró en 2005 (crisis de las *banlieues*) y en 2015, tras los atentados terroristas en París. Se ha preferido una aplicación *sui generis* del Derecho de la normalidad que comenzó con un discutible decreto del Ministerio de la Salud y continuó de manera inmediata con la Ley de urgencia saniataria, una reforma rapidísima del Código de la salud que otorga poderes muy amplios al Gobierno. En otras palabras, se está aplicando en Francia un Derecho de la normalidad modificado, en plena emergencia, con un trámite parlamentario muy rápido.

II. MARCO INTERNACIONAL DEL SISTEMA DE FUENTES NACIONAL

Antes de entrar en el análisis de la ordenación de las fuentes española conviene apuntar cuál es el marco internacional de los derechos humanos que inexorablemente nos concierne y que acaso deba ser empleado por los organismos encargados de su aplicación, en el caso no improbable de que algunas situaciones nacionales lleguen a esas instancias internacionales revisoras. Lógicamente, este marco internacional establece los límites de la capacidad limitadora de los derechos que los Estados pudieran activar en un estado de emergencia. Ello supone delimitar el contenido tanto del Derecho de excepción nacional como del Derecho de la normalidad.

Nos vamos a referir al Pacto de derechos civiles y políticos, de Naciones Unidas de 1966, y al Convenio Europeo de Derechos Humanos (CEDH), de 1950. En ambos encontramos dos categorías de afectaciones de derechos: la de la suspensión o derogación y la de la limitación. La primera enlaza con el Derecho de excepción y la segunda con las limitaciones posibles que pudieran contemplarse en el Derecho de la normalidad.

En efecto, el artículo 4 del Pacto de 1966 establece que, en una situación excepcional que haya sido "proclamada oficialmente" por el Estado y "en la medida estrictamente limitada a las exigencias de la situación", podrán quedar suspendidas las obligaciones derivadas del Pacto. En ningún caso, se añade, podrán verse afectados los derechos proclamados en los artículos 6 (vida), 7 (prohibición de torturas y tratos inhumanos), 8.1 y 2 (prohibición de esclavitud y servidumbre), 11 (prohibición de prisión por deudas), 15 (legalidad y tipificidad penales), 16 (reconocimiento personalidad jurídica) y 18 (libertad de pensamiento, conciencia y religión).

En términos algo distintos, pero en la misma línea, contempla el artículo 15 del Convenio Europeo la posible "derogación en caso de urgencia", concretándose que, en caso de "guerra o de otro peligro público que amenace la vida de la nación", podrán adoptarse medidas "que deroguen las obligaciones previstas" en el Convenio. Se excluyen de la posible derogación los artículos 2 (vida), 3 (tortura y tratos inhumanos), 4.1 (esclavitud y servidumbre) y 7 (legalidad penal). En el caso de ambos tratados, como en el de la Convención americano de Derechos Humanos (artículo 29), se conforma un núcleo de derechos que no pueden ser suspendidos, verdadero *ius cogens* que armonizaría con el Derecho Internacional Humanitario.[2]

Por otro lado, ambos tratados internacionales, en ciertos preceptos que proclaman derechos concretos, consienten que su disfrute sea sometido a "restricciones", "previstas en la ley" y que sean "necesarias" para preservar, entre otros bienes, "la salud pública". El CEDH añade la frase "en una sociedad democrática". Esta autorización a la potencial limitación de los derechos proclamados se refiere tácitamente al Derecho de la normalidad y se condiciona a su previsión legal y a la consecución de un fin legítimo y con medidas proporcionales. Esta cláusula se introduce en los artículos siguientes del Pacto de 1966: artículo 12 (libertad deambulatoria y de residencia), artículo 18 (libertad de manifestar

---

[2] Sobre esto en particular y sobre el artículo 15, en general, incluyendo un análisis de la jurisprudencia del TEDH al respecto, *cfr.* Fernández Sánchez, P., "La suspensión de garantías establecidas en el Convenio Europeo de Derechos Humanos (Art. 15)", en García Roca, J. y Santolaya, P. (coords.), *La Europa de los derechos*, CEPC, Madrid, Tercera edición, 2014, pp. 613 y ss.

religión o creencias), artículo 19 (libertad de opinión), artículo 21 (derecho de reunión) y artículo 22 (derecho de asociación). Y asimismo en los artículos siguientes del Convenio Europeo: artículo 8 (derecho a la vida privada y familiar, a la inviolabilidad del domicilio y al secreto de las comunicaciones), artículo 9 (libertad de pensamiento, convicciones y religión), artículo 10 (libertad de expresión) y artículo 11 (derecho de reunión y asociación).

Parcialmente distinta es la manera en la que uno y otro tratado se ocupan de las posibles limitaciones de la libertad personal (artículo 9 del Pacto de 1966 y artículo 5 del CEDH). Se exige en ambos casos previsión legal y se establecen garantías para los privados de libertad. Pero el artículo 5 del Convenio Europeo es más exhaustivo, porque enumera las situaciones posibles de privación de libertad, entre las que menciona, en el apartado e), la de internamiento "de una persona susceptible de propagar una enfermedad contagiosa". Encontramos aquí una justificación explícita de internamiento y *a fortiori* del confinamiento domiciliario. Ahora bien, el precepto se refiere en singular a una persona susceptible de transmitir a otros una enfermedad, lo que plantea la duda de si el Derecho de la normalidad tendría la cobertura de esta cláusula para ordenar confinamientos masivos o si lo que se autoriza es un internamiento o eventual confinamiento que sólo podría imponerse de manera individualizada. La respuesta tendría que ser la de que consiente el confinamiento masivo, pues de lo contrario, todas las medidas que países como Alemania, Francia e Italia han adoptado sin apelar al Derecho de excepción, quedarían fuera del Convenio.

III. El caso español

Al tomar las medidas que todos los Estados han adoptado, el Estado español y singularmente el Gobierno central tenía dos opciones: optar por el Derecho de excepción[3] o bien aplicar el Derecho de la normali-

---

[3] Sobre el Derecho de excepción español en general *cfr*. Aba Catoira, A., "El estado de alarma en España", en *Teoría y Realidad Constitucional*, núm. 28, 2011, pp. 305-334. Carro Martínez, A., "Artículo 116", en: Alzaga, O. y Fernández Segado, F. (eds.), *Comentarios a la Constitución, Tomo IX*, Cortes Generales-Edersa, Madrid, 1998, pp. 210-262. Cruz Villalón, "El nuevo derecho de excepción", en *Revista Española de Derecho Constitucional*, núm. 2, 1981, pp. 93-130. Cruz Villalón, P., *Estados excepcionales y suspensión de garantías*. Tecnos, Madrid, 1984. Duque Villamediana, Juan Calos, "Artículo 116", en Pérez Tremps, P. y Saiz Arnaíz, A. (dir.), *Comentario a la Constitución española. Libro homenaje*

dad. En cualquiera de las dos opciones podía echar mano de un instrumento normativo híbrido, los decretos leyes que se han convertido, en la vida del sistema de fuentes español, en una herramienta normativa de uso cotidiano, a pesar de reservarse su uso (artículo 86 CE) para casos de "extraordinaria y urgente necesidad".

En el momento de redactar estas páginas, el Derecho de la normalidad es propuesto por algunas fuerzas políticas para que se aplique de inmediato, al considerarlo suficiente para abordar la llamada desescalada, mientras que el Gobierno y otros actores políticos proponen la reforma de esta legislación ordinaria para actualizarla y, mientras esta actualización se produce, seguir aplicando el Derecho de excepción.

El Gobierno español optó por el uso del Derecho de excepción que recoge el artículo 116 en combinación con el artículo 55.1 ambos de la Constitución. Desde la expedición del Real Decreto 463/2020, de 14 de marzo, por el que se declaró el estado de alarma[4] para la gestión de la situación de crisis sanitaria ocasionada por el COVID-19, un frondoso cuerpo normativo ha ido creándose a su sombra, desplazando la legalidad ordinaria.

---

a Luis López Guerra, Tirant lo Blanch, Valencia, 2018, pp. 1645-1655. Fernández Segado F., "La Ley Orgánica de los Estados de Alarma, Excepción y Sitio", en *Revista de Derecho Político*, núm. 11,1981, pp. 83 a 116. Lafuente Balle, J. Mª, "Los estados de alarma, excepción y sitio", en *Revista de Derecho Político*, núms. 30 y 31, 1989 y1990, pp. 25-54 y 25-67. Mateu-Ros Cerezo, R., "Estados de alarma, excepción y sitio", en VV. AA., *Gobierno y Administración en la Constitución*, Instituto de Estudios Fiscales, Madrid, 1988, Vol. I, pp. 165-205. Pascua Mateo, F., "Artículo 116", en Muñoz Machado, S. (ed.), *Comentario mínimo a la Constitución española*, Editorial Planeta, Barcelona, 2018, pp. 447-451. Pérez Sola, N., "Los estados de alarma, excepción y sitio: la primera declaración del estado de alarma en aplicación der las previsiones constitucionales", en *Constitución y Democracia: Ayer y hoy*, vol. II, Universitas, Madrid, 2012, pp. 1539-1555. Serrano Alberca, J. M., "Comentario al art. 116", en Garrido Falla, F. (dir.), *Comentarios a la Constitución*, 3.ª ed., Civitas, Madrid, 2001, pp. 1764-1817.

4   Sobre el estado de alarma en particular, además de la bibliografía general sobre el Derecho de excepción citada, *cfr.* Requejo Rodríguez, P., "Teoría vs. práctica del estado de alarma en España", en VV.AA., *Constitución y democracia: ayer y hoy. Libro homenaje a Antonio Torres del Moral*, Universitas, Madrid, Universitas, Madrid, 2012, vol. 2, pp. 1499 a 1514. Sandoval, J. C., "Presupuestos del estado de alarma y repercusiones penales. A propósito de la crisis de los controladores de tránsito aéreo", *Revista electrónica de Ciencia Penal y Criminológica*, núm. 14, 2012.

1. *Características del derecho de excepción español*

La Ley Orgánica 4/1981 de 1 de junio, de los estados de alarma, excepción y sitio viene a desarrollar el marco constitucional y a conformar un verdadero sistema de fuentes del Derecho de excepción español que, además de compartir con el Derecho de la normalidad la exigencia de publicidad (artículo 2 de la L.O. 4/1981), se caracteriza por lo siguiente:

a) *Gradualidad y proporcionalidad*, en relación fundamentalmente con la afectación más o menos intensa de los derechos fundamentales, los estados de excepción y sitio pueden suponer la suspensión del disfrute de algunos derechos fundamentales en los términos previstos en el artículo 55.1 CE, mientras que el estado de alarma sólo puede implicar ciertas limitaciones previstas en el artículo 11 de la L.O. 4/1981. Al hilo de esto se ha puesto de manifiesto cuán difícil resulta en estos casos distinguir nítidamente entre suspensión y limitación de derechos cuando esta última afecta a la mayor parte de la población como consecuencia de un confinamiento generalizado.

Según las causas que se invoquen para declarar cualquiera de los estados que prevé el artículo 116 constitucional, las medidas que en potencia pueden adoptarse deben ajustarse a la finalidad última de recuperar la normalidad, combatiendo los factores que la impiden para desactivarlos. El marco jurídico del Derecho de excepción ofrece a los actores institucionales habilitados para activarlo (Gobierno central y Congreso de los Diputados) una panoplia de medidas posibles que han de administrar con proporcionalidad (artículo 1.2 de la L.O. 4/1981).

b) *Validez pro tempore* (artículo 1.3 de la L.O. 4/1981). Como subraya la SCT 83/2016, de 28 de abril (F. J. 10), dictada por el Pleno con ocasión de un recurso de amparo interpuesto contra la declaración del estado de alarma que tuvo lugar en el año 2010, una declaración del estado de alarma supone el desplazamiento *pro tempore* de la legalidad ordinaria para aplicar una legalidad de excepción. Es verdad que la regulación española de las fuentes del Derecho de excepción, aunque impone plazos, no siempre lo hace de modo absoluto y sólo el estado de excepción tiene un plazo máximo de 60 días acumulable en dos períodos. Respecto al estado de alarma sólo se limita a 15 días la primera declaración efectuada por el Gobierno, pero sus prórrogas, ya con autorización parlamentaria, podrían dilatarse más. También el estado de sitio podría lógicamente prolongarse. En relación con la vigencia temporal, por razones obvias el Derecho de excepción entra inmediatamente en vigor (artículo 2 de la L.O. 4/1981).

c) *Control parlamentario.* El artículo 116 constitucional prohíbe la disolución del Congreso de los Diputados y además dispone la convocatoria automática de las Cámaras (hay que entender que también del Senado) "si no estuvieran el periodo de sesiones". Y si el Congreso de los Diputados estuviera disuelto, operaría entonces la Diputación Permanente.

La garantía general de continuidad en el funcionamiento de los "poderes constitucionales del Estado" que el artículo 116.5 establece, atañe, como vemos, de modo muy intenso al Congreso de los Diputados, porque es éste el órgano que comparte con el Gobierno la función constitucional de activar la entrada en vigor del Derecho de excepción. Sólo en el caso de la primera declaración del estado de alarma en el Gobierno actúa sólo. En las prórrogas de la alarma y las declaraciones del estado de excepción o de sitio el Congreso es decisorio y la decisión de prorrogar la alarma o la declaración de los otros tipos de estado tiene que imputarse a la voluntad del Congreso, como subraya el ATC 7/2012, de 13 de enero (dictado por el Pleno, a pesar de tratarse de la inadmisión de un recurso de amparo), aunque esta voluntad se exprese a petición del Gobierno.

Cosa distinta es que la declaración de cualquiera de estos estados conlleve un ensanchamiento de las facultades normativas del Gobierno central a despecho de las Cortes Generales o de los poderes normativos de las Comunidades Autónomas.

d) *Principio de responsabilidad del Gobierno.* Así lo establece el apartado 5 del artículo 116 CE y concreta el artículo 3.2 de la L.O. 4/1981. Hay que entender por lo tanto que la irrupción de la legalidad de excepción no altera la efectividad de este principio, aunque obviamente se modifique el parámetro del control de legalidad con los elementos aportados por la legalidad de excepción que desplaza a la ordinaria.

e) *Concentración y centralización normativa y ejecutiva.* El Derecho de excepción por definición implica concentración de poder; éste a la postre se pone manos del Gobierno y en ocasiones, como en el caso de Francia, en las del Presidente de la República (artículo 16 CF). En los Estados compuestos, por añadidura, esa concentración del poder es simultáneamente centralización, es decir, desapoderamiento de los entes territoriales cuyas competencias pasan a ser ejercidas por el Gobierno central. El Congreso de los Diputados participa en este desapoderamiento en la medida en la que lo autoriza. Este desplazamiento no se realiza a través de un despojamiento expreso de competencias, sino en la atribución de competencias nuevas al Gobierno central para que las ejerza mientras dure la emergencia. Automáticamente las

Comunidades Autónomas ven suspendidas las suyas que permanecen latentes y que sólo podrán volver a ser ejercidas cuando se levante el estado de emergencia declarado. Queda en suspenso la vigencia misma de los Estatutos de autonomía. En definitiva se ve alterada la división de poderes, tanto horizontal (reforzamiento del poder ejecutivo) como vertical (centralización).

Precisamente en España, durante la alarma sanitaria, se ha suscitado un intenso debate a este respecto y han sido numerosas las quejas de las Comunidades que reclamaban coordinación entre el Gobierno central y ellas, admitiéndose por lo general la existencia de un mando único, pero exigiendo consulta y cada vez mayores espacios de discrecionalidad para ellas. En el momento de redactar estas páginas y tras la aprobación el día 21 mayo de una nueva prórroga, ésta sólo mantiene como autoridad delegada al Ministerio de Sanidad, cuando en los anteriores períodos de la alarma eran cuatro los Ministerios que habían recibido tal designación y asumido competencias en detrimento de las Comunidades.

2. ¿Cuáles son las normas del derecho de excepción español?

Hay que distinguir entre las normas de producción de normas del Derecho de excepción y las normas que conforme aquéllas se dicten en cada específico período de emergencia. Las primeras se recogen en la Constitución (artículo 116 en combinación con el artículo 55.1) y en la Ley Orgánica 4/1981. Ambas, Constitución y Ley Orgánica, formarían el parámetro de enjuiciamiento del Derecho derivado que se dictase durante la vigencia de cualquiera de los estados, incluyendo su declaración. Estas normas no podrían rebasar el marco creado por el parámetro mencionado y a este respecto cabe preguntarse si la Ley Orgánica 4/1981, al completar lo establecido en la Constitución, se integra o no en el bloque de la constitucionalidad, es decir, en el canon de enjuiciamiento del Tribunal Constitucional. Este, aunque no aclaró esta cuestión específica, parece dar a entender que sí (ATC 7/2012 y STC 83/2016). Se consideraría entonces contraria al artículo 116 constitucional la infracción de algún precepto de la Ley Orgánica 4/1981.

¿Qué ocurre respecto al Derecho de excepción derivado? En él podemos distinguir un primer nivel constituido por las declaraciones de cualquiera de los estados contemplados en la Constitución, así como sus eventuales prórrogas y como fruto de la declaración de uno de estos estados surge una legalidad de excepción que, en el caso de la actual emergencia sanitaria, ha producido en España un sinfín de normas al punto de que puede emplearse la expresión, como hace el BOE, de "Código Covid-19" que ha acabado a la postre desglosándose en seis códigos individualizados para ordenar, además de las declaraciones y sus prórrogas, 13 decretos leyes y más de 200 disposiciones, órdenes y resoluciones de las autoridades delegadas.

El panorama que tenemos es por lo tanto el de un Derecho de excepción extensísimo, por lo general compuesto de normas reglamentarias que, sin embargo, desplazan la aplicación de otras normas en ocasiones con valor de ley. Estas últimas obviamente no son derogadas, ya que mantienen su fuerza pasiva de ley, pero su vigencia viene interrumpida por la aplicación, vigencia de primer grado, de normas sin rango equiparable. Porque lo propio del Derecho de excepción es el empleo de normas administrativas cuya expedición es mucho más rápida, al no requerir el acotamiento del siempre premioso procedimiento legislativo. En definitiva, el principio de legalidad se ve afectado en aquellos ámbitos donde se haya autorizado la producción del Derecho de excepción; éste no puede derogar el Derecho de la normalidad, de rango superior en muchas ocasiones, pero sí puede desplazar su aplicación, con el agravante, en el caso del Estado compuesto como el español, de que las normas del Derecho de excepción dictadas por el Gobierno central desplazan también la aplicación de normas autonómicas.

3. *Naturaleza de la declaración del estado de alarma y de sus prórrogas*

El Gobierno es el órgano constitucional facultado para la declaración de los estados de alarma y excepción, mientras que la declaración del estado de sitio se reserva a la mayoría absoluta del Congreso de los Diputados. Bien es cierto que el Congreso autoriza al Gobierno previamente la declaración de la excepción, mientras que, en relación con la declaración de la alarma, el Congreso sólo interviene de manera directa en las prórrogas.

Con el estado de alarma se produce, pues, una situación única: que el Gobierno puede declararlo sin aprobación del Congreso que sólo tiene reservada la autorización de su prórroga. Como consecuencia de lo anterior, pueden distinguirse dos revestimientos formales de la declaración del estado de alarma: la original declaración gubernamental y las eventuales prórrogas autorizadas por el Congreso. El Tribunal Constitucional tuvo ocasión de pronunciarse sobre esta dualidad que reconoció en la medida en la que la primera es manifestación de la voluntad del Consejo de Ministros, mientras que la prórroga puede imputarse a la voluntad del Congreso (ATC 7/2012). Ambos actos normativos tendrían, a juicio del TC rango o valor de ley porque pueden "afectar aquellas normas legales o asimiladas, esto es, diseccionarlas, suspenderlas o modificar su aplicabilidad legítimamente" y continúa "sin duda esto ocurre con las autorizaciones del Congreso de los Diputados para aprobar el estado de alarma". Tales autorizaciones tienen pues rango y valor de ley a pesar de que estos actos no vengan "revestidos, en consecuencia, de la forma de ley, configuran el régimen jurídico del estado de emergencia en cada caso declarado, repercutiendo en el régimen de aplicabilidad de determinadas normas jurídicas, incluidas las provistas de rango de ley, normas a las que, como ya hemos señalado, pueden, con taxativas condiciones, suspender o desplazar durante el período de vigencia del estado de emergencia de que se trate" (ATC 7/2012, F. J. 3). Así las cosas, el TC concluye en que las autorizaciones parlamentarias no pueden ser atacas por la vía del amparo sino únicamente a través del control de constitucionalidad.[5]

Con esta argumentación el ATC pudo inadmitir el recurso de amparo que un grupo de controladores aéreos había interpuesto, *ex* artículo 42 LOTC contra la prórroga del estado de alarma acordada por el Congreso de los Diputados.

El voto particular a este Auto del magistrado Luis Ortega, al que se adhirieron los magistrados Delgado Barrio y Pérez Tremps (estos tres magistrados ya habían dejado de serlo cuando se dictó por unanimidad la STC 83/2016), sostiene que de la Constitución se infiere que la declaración de la alarma es un acuerdo del Consejo de Ministros carente de valor de ley, y si la "norma sustantiva de afectación de los derechos" no es calificada por la Constitución como norma con rango valor de ley, mucho menos puede predicarse tal condición del acto de la prórroga. Y concluyen en que, según la mayoría, el establecimiento del estado de alarma carecería de rango de ley que, sin embargo, poseería su prórroga.

La STC 83/2016 tuvo ocasión de aclarar este punto, desactivando la diferencia que habían inferido los discrepantes en su voto particular a la ATC 7/2012. El TC sostiene que también la declaración gubernamental tiene rango o valor de ley. Comienza por repasar los elementos del Derecho de excepción y, tras subrayar la ubicación de este precepto entre

---

5   En particular sobre el control de constitucionalidad, *cfr.* Navas Castillo, A., "Los estados excepcionales y su posible control por el Tribunal Constitucional", en *Revista de la Facultad de Derecho de la Universidad Complutense,* núm. 87, 1997, pp. 133-164.

los comprendidos en el Título V, "De las relaciones entre el Gobierno y las Cortes Generales" (F. J. 7), inmediatamente después (F. J. 8) el TC completa la tesis que plasmó en el ATC 7/2012, resaltando que la intervención del Congreso de los Diputados no es pasiva, mera autorización de la prorroga, sino que, de acuerdo con el Reglamento Parlamentario, los grupos pueden presentar enmiendas sobre el alcance y las condiciones de la prórroga y tales propuestas habrán de debatirse y votarse. La prórroga, se dice en el mismo fundamento jurídico, "se configura, en forma de autorización, no sólo como presupuesto para decretar la prórroga del estado de alarma, sino también como elemento determinante del alcance, de las condiciones y de los términos de la misma, bien establecidos directamente por la propia Cámara, bien por expresa aceptación de los propuestos en la solicitud de prórroga, a los que necesariamente ha de estar el decreto que la declara".

Y en el F. J. 9 el TC, con cita profusa del F. J. 3 del ATC 7/2012, aplica a la declaración gubernamental de la alarma el mismo valor normativo, es decir el rango y valor de ley, que el ATC 7/2012 atribuyó a sus prórrogas, "porque las locuciones "valor de ley", "rango de ley" o "fuerza de ley" no quedan exclusivamente circunscritas en nuestro ordenamiento a actos o decisiones de origen parlamentario, pudiendo predicarse también la cualidad de la que son manifestación aquellas locuciones, sin necesidad de entrar ahora en consideraciones más detalladas, de actos, decisiones o disposiciones de procedencia gubernamental" (F. J. 10).

"Y esta legalidad excepcional que contiene la declaración gubernamental desplaza durante el estado de alarma la legalidad ordinaria en vigor, en la medida en que viene a excepcionar, modificar o condicionar durante ese periodo la aplicabilidad de determinadas normas, entre las que pueden resultar afectadas leyes, normas o disposiciones con rango de ley, cuya aplicación puede suspender o desplazar." (F. J. 10). Es decir, la declaración opera como ya el ATC 7/2012 explicó qué operaba la prórroga, y por las mismas razones debe atribuirse a la declaración gubernamental idéntico rango y valor de ley.[6]

---

[6] Sobre la doctrina del TC que se acaba de explicar, *cfr.* Garrido López, C., "Naturaleza jurídica y control jurisdiccional de las decisiones constitucionales de excepción", en *Revista Española de Derecho Constitucional*, núm. 110, 2017, pp. 43-73. Vidal Prado, C. y Delgado Ramos, D., "Algunas consideraciones sobre la declaración del estado de alarma y su prórroga", en *Revista Española de Derecho Constitucional,* núm. 92, 2011, pp. 243-265.

4. *Ultra vires*

Durante la aplicación del orden de fuentes de la legalidad de excepción se ha suscitado también el problema del posible *ultra vires* de ciertas normas, especialmente órdenes ministeriales u otras de rango administrativo, por regular materia que habría debido ser regulada en el decreto de la declaración o en las prórrogas. Bien es verdad que, como el TC señala, en la STC 83/2016, el decreto de declaración "dispone la legalidad aplicable durante su vigencia, constituyendo también fuente de habilitación de disposiciones y actos administrativos. La decisión gubernamental viene así a integrar en cada caso, sumándose a la Constitución y a la Ley Orgánica 4/1981, el sistema de fuentes del Derecho de excepción, al complementar el Derecho de excepción de aplicación en el concreto estado declarado" (F. J. 10).

La afirmación del Tribunal deja claro que el decreto de declaración no sólo opera como norma sustantiva, sino que lo hace asimismo como norma creadora de normas, por cuanto que habilita a determinadas autoridades delegadas para crear un derecho derivado de la declaración que, junto con ella, conforma la legalidad de excepción que desplaza la legalidad ordinaria. Nada que objetar a lo dicho por el Tribunal respecto a esa doble condición normativa de la declaración, sustantiva y predeterminadora del derecho que de aquélla deriva. Sin embargo, lo anterior no permite que el decreto desconozca lo que establecen ni la Constitución ni la Ley Orgánica 4/1981. Estas normas enmarcan la acción de los órganos facultados para declarar alguno de los estados previstos en el artículo 116 constitucional y, en concreto, la Ley Orgánica 4/1981 precisa qué medidas podrían adoptarse. Pero el problema que ha llamado la atención en España radica sobre todo en el alcance que ha de tener la regulación contenida en el mismo decreto de declaración y en su posible vaciamiento en beneficio de las normas administrativas que lo desarrollen. El artículo 7 de la Ley Orgánica 4/1981 establece que, a los efectos del estado de alarma, la autoridad competente es el Gobierno y la declaración de 14 marzo 2020 estableció, en su artículo 4.2, la delegación en cuatro Ministerios para el ejercicio de las funciones asumidas por el Gobierno mediante la declaración. Por su parte, el apartado 3 del mismo artículo habilita a esas autoridades delegadas, a los cuatro Ministerios, "para dictar las órdenes, resoluciones, disposiciones e instrucciones interpretativas que, en la esfera específica de su actuación, sean necesarios para garantizar la prestación de todos los servicios, ordinarios o extraordinarios, en orden a la protección de personas, bienes y lugares, mediante la adopción de cualquiera de las medidas previstas en el artículo once de la Ley Orgánica 4/1981, de 1 de junio".

Surge la duda acerca del alcance de esta atribución de facultades normativas, a la vista de que algunas de las órdenes, disposiciones o resoluciones dictadas implican verdaderas limitaciones de derechos que acaso hubieran tenido que recogerse en la misma declaración. El artículo 4.2 de la Ley Orgánica 4/1981 dispone que la declaración determine "el ámbito territorial, la duración y los efectos del estado de alarma" y por su parte el artículo 11 establece que el decreto de declaración podrá limitar ciertos derechos e imponer ciertas cargas. Tales limitaciones contenidas en la declaración de la alarma se estarían introduciendo en una norma con valor de ley, según la doctrina del TC, y por lo tanto potencialmente sometida a control parlamentario y a control de constitucionalidad.

Sin embargo, si ocurriese que la declaración no agotarse la determinación de las medidas limitadoras de los derechos y fueran después las autoridades delegadas quienes las adoptaran, se habrían infringido, a mi juicio, la Ley Orgánica 4/1981 y por conexión la Constitución. Se habría producido en suma un *ultra vires*. En efecto, de la interpretación sistemática de los artículos 7 y11 de la Ley Orgánica 4/1981 parece desprenderse una suerte de reserva de declaración de la materia limitación de derechos, consentida por el artículo 11, pero reservada a la declaración, norma con rango de ley. La imposición de limitaciones a través de normas de rango administrativo implicaría una suerte de deslegalización que no consiente, a mí parecer, la ley Orgánica. Y aquí podríamos evocar los artículos 53.1 y 81 de la Constitución cuya vigencia podría eventualmente verse afectada por la declaración de los estados previstos en el artículo 116. Este último precepto opera en potencia como una norma de autorruptura de la Constitución. Con todo, parece más aceptable, constitucionalmente hablando, la interpretación de la Ley Orgánica 4/1981 que hemos defendido, pues aún en los casos previstos en el artículo 116 constitucional la limitación de los derechos se efectuaría través de una norma con rango y valor de ley.

5. *Funcionamiento simultáneo de derecho de la normalidad y el acompañamiento de la alarma con decretos leyes*

Es obvio que la continuidad en el funcionamiento de los poderes constitucionales del Estado implica que el Derecho de la normalidad se siga aplicando, en lo que no haya sido desplazado por la legalidad de excepción, y renovando a través de los procedimientos normales de creación del derecho.

Por lo que respecta al empleo de los decretos leyes durante el estado de alarma se han suscitado también algunas dudas. Este tipo de normas ya presenta peculiaridades insólitas, puesto que parece aproximarse al Derecho de excepción, pues se exige, para poder ser dictados, que se den unas circunstancias de extraordinaria y urgente necesidad, pero por otro lado, no participa de uno de los rasgos distintivos del Derecho de excepción: la temporalidad, a pesar de que nazcan como normas provisionales, pueden tramitarse por la vía de urgencia para convertirse en leyes formales y además esta tramitación no es necesaria para que mantengan su vigencia para la que sólo necesitan la convalidación del Congreso de los Diputados, convalidación que los transforma en permanentes.

Al hilo de la crisis sanitaria el Gobierno ha aprobado trece decretos leyes (hasta la fecha, del 6/2010 al 18/2020); en todos ellos ha identificado el supuesto habilitante en la crisis sanitaria. En nueve de ellos se prevé su entrada vigor y nada se dice de su vigencia que, por lo tanto, no se liga a la de la vigencia del estado de alarma. Estamos pues ante una insólita situación: se utiliza un instrumento del Derecho de la normalidad para afrontar una situación que ha exigido la declaración del estado de alarma. Expirada ésta, las normas de estos secretos leyes continuarán en vigor, aunque ya hayan desaparecido las circunstancias que motivaron su aprobación.

Los otros cuatro decretos leyes modulan su vigencia. Así, el decreto ley 7/2020 haciendo mención a que mantendrá su vigencia "mientras el Gobierno determina que persisten las circunstancias extraordinarias que motivaron su aprobación". Por su parte sólo los decretos leyes 8/2020 y 9/2020 ligan su vigencia a la del estado de alarma de forma absoluta, mientras que el decreto ley 13/2020 limita su vigencia hasta el 30 junio, que parece coincidir, más o menos, con el previsto fin de la última prórroga del estado de alarma.

IV. Vuelta a la normalidad

Mientras que las disposiciones, órdenes y resoluciones emitidas por las autoridades delegadas tienen su vigencia vinculada a la del estado de alarma y sus prórrogas, la mayor parte de los decretos leyes, que suponen una transformación notable del orden jurídico, van a quedar vigentes tras el fin de la alarma, a pesar de que fueron dictados frente a las circunstancias extraordinarias que es de suponer hayan desaparecido cuando caduque el estado declarado.

Tal vez fuera conveniente revisar nuestro sistema de fuentes para, a la vista de la experiencia de este tiempo convulso, afinar, por ejemplo, el ámbito de la legislación de excepción derivada, es decir, lo que está no puede regular porque lo ha de regular el decreto de la declaración. A esta aclaración contribuirá sin duda el Tribunal Constitucional cuando resuelva para empezar, si es que no le llegan más casos en forma de amparo, el recurso de inconstitucionalidad presentado contra la declaración de la alarma. A su doctrina anterior tendrá ahora ocasión de añadir nuevas consideraciones. Con todo, ojalá no haya en el futuro necesidad de utilizar la declaración de la alarma porque dispusiéramos de una legislación adaptada para afrontar con el Derecho de la normalidad contingencias como la de la epidemia del COVID-19. En todo caso, este Derecho de la normalidad debería, en la medida en la que contuviera disposiciones limitadoras de derechos fundamentales, venir revestido con el rango de ley orgánica (artículo 81 CE), lo que no sucede, por ejemplo, con la Ley 3/1986, de Medidas especiales en materia de salud pública.

EL SISTEMA DE FUENTES DEL DERECHO EN ARGENTINA POR LA EMERGENCIA SANITARIA

Sergio Díaz Ricci[*]

Los primeros días del mes de marzo llegan a Argentina alarmantes noticias del virus Covid-19: la gran velocidad de propagación de contagios y su alta tasa de morbilidad en adultos mayores. Entonces recién acababa de iniciarse el ciclo escolar anual. Aunque durante la segunda semana del mes de marzo comienzan a adoptarse, con algunas vacilaciones, las primeras medidas de prevención tanto por los estados locales (en Argentina llamamos, *provincias*) como por el gobierno federal, las decisiones más importantes se tomaron a partir del 19 de marzo.

Las recomendaciones médicas coinciden de manera uniforme que, no existiendo una vacuna para la prevención ni medicación probada para su tratamiento, el aislamiento personal se recomienda como única medida preventiva para contrarrestar la rápida expansión y sus consecuencias letales. Esta medida de prevención consistió en el inmediato aislamiento (confinamiento es expresión usada en España, o reclusión en otros) obligatorios de la población en sus lugares de residencia. En Argentina fueron dos razones que llevaron a la adopción de esta decisión extrema: *(a)* evitar los contactos personales para dificultar el contagio y la velocidad de expansión de un virus cuyas características había gran incertidumbre, *(b)* la falta de capacidad del sistema hospitalario para atender el impacto de un aumento inesperado de cuidados intensivos en los establecimientos sanitarios. Téngase en cuenta que en Argentina se brinda atención gratuita en todos los hospitales públicos a cualquier persona que lo requiera sin exclusiones y, también, que todo el sistema público de salud está a cargo de los estados provinciales.

El punto neurálgico de toda esta problemática está dado por el "aislamiento obligatorio" de las personas que conlleva la inmovilización forzosa en sus lugares de residencia. A partir de esta imposición se

---

[*] Presidente del Instituto Iberoamericano de Derecho Parlamentario. Doctor en Derecho Univ. Complutense de Madrid. Catedrático de Der. Constitucional de Univ. Nacional de Tucumán (Argentina). Miembro correspondiente de las Academias Nacional de Ciencias Morales y Políticas de Buenos Aires y Nacional de Derecho de Córdoba. Director del Instituto de Der. Parlamentario y de la Cátedra Libre de Der. Parlamentario UNT. Vicepresidente de la Asociación Argentina de Derecho Constitucional.

generan una serie de consecuencias (suspensión de la actividad laboral, del trasporte, de producción, comercio, transferencias comerciales, etc.) que también deben ser atendidas.

Vamos a exponer las herramientas normativas que aplicó Argentina para llevar adelante la medida restrictiva central: el "aislamiento social preventivo obligatorios" (en adelante, ASPO) y otras medidas concomitantes.

Dos datos constitucionales hemos de tener en cuenta. Primero, la Constitución argentina (en adelante CA) contiene un solo tipo de estado de excepción (el estado de sitio) únicamente en manos del Estado federal (las provincias carecen de una institución análoga pues están impedidas de hacerlo),[1] que en este caso no se aplicó. Segundo, la distribución de competencias federales le asigna a las provincias el poder de policía y gestión en materia de salud pública.

En relación a lo primero, las constituciones más modernas contemplan varias modalidades para regular diversos casos de excepción (España, Perú, Chile), es decir, para encauzar estas situaciones extraordinarias las normas constitucionales establecen un gradiente de potestades especiales a los gobiernos y de correlativas restricciones a los derechos. En Argentina, la Constitución contempla un solo tipo de estado de excepción de antigua data: el estado de sitio, regulado en el art. 23 CA,[2] en manos del gobierno federal: debe ser declarado por ley del Congreso, y, excepcionalmente, por el presidente en caso de receso de aquél. El efecto de esta declaración es la restricción de aquellos derechos constitucionales contrapuestos a la finalidad de orden perseguida porque se faculta al presidente a detener a ciertas personas, siempre que éstas no decidan salir del país (siempre queda habilitado el habeas corpus, o sea, permite un control judicial amplio). Esta figura no fue aplicada en Argentina para esta pandemia. Por un lado, porque no se daban las condiciones establecidas por la Constitución y, por otro, el recuerdo fresco de la dictadura y de gobiernos *de facto* y *de iure* del pasado que hicieron un uso fraudulento del estado de sitio, genera rechazo social.

---

[1] Por ejemplo, la Constitución de Tucumán: *Ningún poder de la Provincia podrá suspender la vigencia de las garantías constitucionales* (art. 6).

[2] Art. 23 CA: "En caso de conmoción interior o de ataque exterior que ponga en peligro el ejercicio de esta Constitución y de las autoridades creadas por ella, se declarará en estado de sitio la provincia o territorio en donde exista la perturbación del orden, quedando suspensas allí las garantías constitucionales" (conc. art. 75 inc. 29 y 99 inc.16) y art. 43 in fine (conc. art. 4 de la ley 23.098/84).

En segundo término, resulta capital para entender el sistema de fuentes en esa materia, tener presente que en Argentina como Estado federal, la salud pública está en manos de las provincias a cuyo cargo está el control del sistema sanitario (matrícula de médicos y otros profesionales de la salud, supervisión de clínicas privadas, consultorios y laboratorios, y toda la gestión de centros sanitarios públicos, etc.) y el sostenimiento de todos establecimientos y hospitales públicos con el presupuesto provincial.[3] La Argentina carece de una legislación federal sobre la salud de tipo general[4] como la Ley General de Salud de México de 1984 o de en cierto modo como Brasil, por tanto, se enfrentó esta pandemia sin herramientas normativas de gestión o de coordinación nacional para esta pandemia. Las medidas sanitarias de prevención por esta pandemia se instrumentaron a través de leyes *ad hoc*.

Pero debemos aclarar que esas leyes *ad hoc* no fueron sancionadas por el Congreso sino Decretos-Ley dictados por el Presidente. Este tipo de leyes-medidas está autorizadas por la Constitución y reciben en Argentina el nombre de Decreto de Necesidad y Urgencia (en adelante DNU). Los DNU (*Maßnahmen*) tienen rango de ley, son normas legales en sentido material dictadas por el Poder Ejecutivo Nacional (en adelante PEN), admitidos por algunas constituciones provinciales.

Para hacer frente al ritmo vertiginoso y apremiante de la propagación del Covid19, el PEN dictó una batería de DNU que fueron replicados a nivel provincial con DNU o Decretos de los gobernadores.

Aquí se encuentra el *quid* para exponer el sistema de fuentes del derecho aplicado en Argentina para la pandemia, regido por el principio

---

[3] En el mismo sentido, son competencia provincial el sistema educativo y la gestión de los establecimientos escolares públicos de educación básica (inicial, primaria y secundaria) y sólo deben adecuarse al patrón común fijado por la ley nacional de bases de la educación (Ley 26.206/06).

[4] Hay muy pocas leyes de alcance (a) general como la Ley N° 22.373/1981 de creación del Consejo Federal de Salud órgano de coordinación integrado por los ministros de salud de todas las provincias coordinado por el Ministro de Salud federal; (b) sectorial como: *a)* en materia alimentaria: DNU 108/2002 de Emergencia Alimentaria Nacional (con sucesivas modificaciones y prórrogas); Ley 25.724/2003: Programa de Nutrición y Alimentación Nacional; Ley 27519/2017 de Emergencia Alimentaria Nacional; Ley 27.519/2019, Prórroga Emergencia Alimentaria Nacional; *b)* Derechos del Paciente Ley 26.529/2009; *c)* Prevención de Pandemia de Influenza. Decreto PEN N° 644/2007 de creación de la Unidad de Coordinación General del Plan Integral (del que se sirvió el DNU 260/20 y su modificatoria DNU 287/20). Excluimos aquí los temas relativos a obras sociales y sus prestaciones.

de distribución competencias. Las medidas de confinamiento sólo se justifican por razones sanitarias, pero resulta que esta competencia es provincial. Sin embargo, las características de la pandemia demandaron una acción rápida y uniforme que abarque todo el territorio nacional, por esta razón hubo consenso político que la iniciativa normativa parta del nivel federal, sea receptada luego por los niveles provinciales. Algunas provincias, en un primer momento, hicieron remisión de atribuciones al nivel federal, defiriendo a la autoridad federal la coordinación unificada inicial —sin perjuicio que las provincias y municipios adopten, además, medidas adicionales— al interno de cada territorio provincial. En un segundo momento, pasados los primeros treinta y cinco días, las provincias fueron recuperando las atribuciones de gestión y control local del aislamiento y la gradualidad y segmentación de la apertura (desescalada, en terminología usada en España) de las diferentes actividades productivas, comerciales, sociales, etc.

Entre el "estado de sitio" de restricción intensa de derechos en casos de extrema anormalidad (art. 23 CA) y el poder de policía ordinario de regulación de derechos en situaciones normalidad (art. 14 y 28 CA) existe un *tertium genus* llamado "estado de emergencia". Se entiende por estados de emergencia aquellas situaciones imprevistas y extraordinarias que establece un *status* excepcional y transitorio dispuesto por ley del Congreso que autoriza una restricción temporal del ejercicio de algunos derechos, generalmente en materia contractual, económico-financiera o laboral. Precisamente, la Constitución quiere que estas situaciones excepcionales encuentren solución dentro del marco normativo constitucional.[5] La Reforma constitucional de 1994 ha contemplado la posibilidad de regular estas situaciones excepcionales a través de una delegación legislativa al poder ejecutivo hecha por ley del Congreso (art. 76 CA). La delegación requiere, entonces, una ley formal de Congreso que, además de formular una declaración expresa de la emergencia indicando el ámbito, materia u objeto en estado en emergencia, debe establecer las bases de la delegación y un plazo razonablemente breve de duración.

También la reforma de 1994 ha posibilitado al Presidente dictar Decretos de Necesidad y Urgencia, emitidos *motu proprio*, para asumir facultades legislativas del Congreso cuando *"circunstancias*

---

5   Véase Kägi, Werner, *La constitución como ordenamiento jurídico fundamental del estado (Investigaciones sobre las tendencias desarrolladas en el moderno Derecho Constitucional)* (trad. J. Reyven - S. Díaz Ricci), Madrid, Ed. Dykinson, 2005, p. 158.

excepcionales hicieren imposible seguir el trámite ordinario... para la sanción de las leyes" debiéndose cumplimentar una serie serie de condiciones materiales y formales.[6] Esta facultad reconocida al PEN no es de uso ordinario ni normal, la Constitución formula un dicterio general y liminar: "El Poder Ejecutivo no podrá en ningún caso bajo pena de nulidad absoluta e insanable, emitir disposiciones de carácter legislativo" (art. 99 inc. 3 CA).[7] Corresponde, entonces, subrayar que el DNU es una herramienta normativa con rango de ley en sentido material en manos del PEN motivado por una razón de una urgencia, como sustituto, por "circunstancias excepcionales", a la ley formal cuando no puede aplicarse el procedimiento normal de sanción bicameral por el Congreso.

Vamos a detenernos en los DNU porque, precisamente, es la fuente normativa principal en la pandemia. La excepcionalidad por urgencia del DNU no se relaciona con un "estado de emergencia" en el sentido arriba señalado,[8] sin embargo, en los DNU Covid-19 confluyeron

---

[6] La Constitución fija ciertas pautas para el ejercicio de sometiéndola a una serie de condiciones establecidas por ley 26.122/06: (A) fáctico-materiales: cuando circunstancias excepcionales hacen imposible seguir los trámites ordinarios para la sanción de las leyes, y no se trate de normas que regulen materia penal, tributaria, electoral o el régimen de los partidos políticos, (B) requisitos formales: (1) acuerdo general de ministros refrendado con el jefe de gabinete de ministros. (2) dentro de los 10 días el DNU pasa a dictamen de una Comisión Bicameral Permanente integrada por 16 miembros (8 senadores y 8 diputados, en la proporción de las representaciones políticas de cada Cámara); (3) pasados 10 días, con o sin despacho de esa comisión, las Cámaras deben abocarse de inmediato al tratamiento del DNU a través de respectivas resoluciones de aceptación o rechazo con el voto de la mayoría absoluta de los miembros presentes de ambas cámaras, mientras esto no ocurra el DNU mantiene plena vigencia. Con la intervención del Parlamento se da cumplimiento con la interpretación de la Corte Interamericana de DDHH, del concepto de ley en la Opinión Consultiva Nº 6/86, precisamente, en materia de restricciones de derechos aludidas en el art. 30 de la Convención Interamericana sobre DDHH.

[7] En cierto que desde que la Reforma de 1994 todos los presidentes hicieron uso y abuso de los DNU, desde entonces dictaron 756 DNU, el mayor número en épocas de crisis (Menem, Duhalde, Kirchner). Véase (Consulta 02.06.20) *http:// www.palabrasdelderecho.com.ar/ articulo.php?id=1454.*

[8] Sirva como ejemplo el reciente el DNU 214/20 (del 04/03/20) que modificó un artículo de la Ley 25.520 de inteligencia nacional, fue dictado por motivos de urgencia, sin razones de emergencia. Véase Perez Hualde, Alejandro: "La urgencia en el marco de las emergencias" en AA.VV. (Dir. Pascual Alferillo), *La crisis del coronavirus y el derecho argentino*, Bs. As., Latam-IJ editores, 2020.

ambas situaciones: razones de urgencia, por un lado, y un "estado de emergencia", por el otro.

Narraremos los hechos que justifican plenamente el dictado de los DNU: La declaración de "pandemia" por la OMS (11 de marzo) y las alarmantes noticias que provenían de Italia y España, sumadas a la aparición de algunos casos en el país[9] (al 18 de marzo: 97 casos de infectados en 11 jurisdicciones y tres muertes), activaron la alarma y llevó al PEN a tomar la iniciativa frente a la fenomenal fuerza de propagación del virus y a dictar el día jueves 19 de marzo[10] a las 21.00 hs. medidas drásticas de inmediato cumplimiento a través del DNU 297/2020 que dispuso a partir de las 24.00 de ese día —es decir, para tres horas después— la prohibición de circulación y aislamiento social preventivo y obligatorio y otras medidas accesorias, que se hicieron efectivas, entonces, desde la 00.00 hs. del día siguiente (viernes 20 de marzo).

Como apreciación fundamental previa: ninguna orden de aislamiento social preventivo puede ser verdaderamente efectiva en todo el territorio del país sin la aceptación voluntaria de las personas, porque cualquier medida coercitiva de este tipo, sea de estado federal o del provincial, sin contar con asentimiento social es imposible de lograrse. No bastarían todas las fuerzas de seguridad y policiales, federales y provinciales, para forzar el acatamiento generalizado de la medida. Por cierto, tampoco se puede ignorar que el miedo a la muerte, ante un virus que no tiene cura, actúa como acicate vital. Este DNU 297/20 —que había tenido un precedente vacilante en el DNU 260/20 del 13/03/20— es novedoso porque por primera vez el PEN por razones de urgencia dicta un DNU que declara el estado de emergencia sanitaria. No había antecedentes de DNU de esta naturaleza. No existe ninguna duda sobre la justificación de esta decisión fundada en el consenso científico[11] que

---

[9] El primer caso fue confirmado el 03 de marzo 2020.

[10] Esta decisión precoz había sido consensuada durante la tarde con todos los gobernadores, sin dar tiempo para la movilización de las personas como ocurrió en otros países donde el gobierno anticipó que el inicio de la medida de confinamiento comenzaría en dos o tres días, lo que provocó una fenomenal circulación durante ese plazo. En Argentina esta situación se hubiera producido con seguridad porque ese fin de semana era largo pues el lunes 24 de marzo era día feriado (memoria del golpe de 1976 que instauró la dictadura).

[11] El Poder Ejecutivo reunió un Comité de expertos en epidemiología (de ocho miembros) para recibir y guiarse por sus opiniones médicas, imitando el ejemplo de Francia (al gobierno alemán los lo aconseja la *Deutsche Akademie der Naturforscher Leopoldina - Nationale Akademie der Wissenschaften*, con

la medida apropiada para contrarrestar la propagación de la epidemia es el aislamiento social. Esta extrema decisión, fundada en razones de naturaleza sanitaria, impacta directamente sobre el derecho de circulación con intensas restricciones que repercuten sobre muchos órdenes de la actividad social y económica. No se aplicó el estado de sitio ni la delegación legislativa de emergencia por ley del Congreso porque, precisamente, ni Senado ni la Cámara de Diputados hubieran tenido tiempo suficiente para sesionar sin riesgos.

El PEN hizo uso del DNU, normas de rango de ley, por legítimas razones de urgencia, para declarar el estado de emergencia sanitaria-epidemiológica, disponiendo medidas adecuadas. En conclusión, se afrontó la pandemia através de leyes en sentido material, es decir, instrumentos legales atribuidos al Poder Ejecutivo, justamente, para ese tipo de ocasiones por la Constitución.

Es un hecho que con ocasión a esta la pandemia el Poder Ejecutivo Nacional asumió un protagonismo central a través del dictado de 28 DNUs, hasta fecha, pero la atención y reproche hay que redirigirlos hacia el Congreso nacional que tardó casi dos meses en sesionar y hacia el Poder Judicial federal que dispuso una feria judicial que dura hasta ahora, cuando más intensamente hace falta su función de control.

Como señalé mas arriba, al comienzo se actuó con cierto desconcierto. El día jueves 12 de marzo el PEN dictó el DNU 260/20, cuyo un primer artículo ampliaba el objeto y el plazo de una ley de emergencia dictada el 21 de diciembre del 2019 por el Congreso (Ley 27.541 sobre emergencia económica, financiera, fiscal, administrativa, previsional, tarifaria, energética, sanitaria y social) y en las siguientes disposiciones se advierte cierta vacilación pues, de hecho, sólo adoptó una medida contundente: la suspensión de vuelos internacionales proveniente de "zonas afectadas" (art. 9) y las demás acciones fueron de carácter netamente precautorio: v.g. el deber de permanecer aislados durante 14 días quienes sean "casos sospechosos" (art. 7). Este DNU 260/20 nos desafía a un discernimiento interpretativo, para lo cual es necesario hacer una discriminación de sus disposiciones: por una parte, el art. 1 sería una extralimitación inválida por carecer competencia el PEN para ampliar una delegación legislativa *vis-à-vis* al art. 76 CA; y, por otra parte, las restantes disposiciones entenderlas como parte de un DNU propiamente dicho, sin objeciones a su validez.[12]

---

la guía de por Christian Drosten, jefe de Virología del hospital berlinés de La Caridad), luego seguido por Italia, Estados Unidos.

12   Llama la atención que este Decreto *sui generis* fue aprobado por la Comisión Bicameral Permanente de Trámite legislativo, sin observaciones, y por el

La semana siguiente, se da a luz la fuente normativa central. El Presidente dicta el DNU 297/20 el jueves del 19 de marzo 2020 que constituye el instrumento jurídico central. Por un lado, porque cumple un efecto convalidatorio[13] y, por el otro, es un desarrollo complementario del DNU 260/20,[14] perfectamente válido por las circunstancias excepcionales generadas por la urgencia que, evidentemente, impedían el trámite normal de sanción legislativa por el Congreso. En el segundo párrafo del art. 1 encontramos la declaración de estado de emergencia sanitaria en el marco de una pandemia por el Coronavirus-Covid 19.

Este DNU 297/20 tiene relevancia superlativa porque perfila la medida sanitaria extrema del "aislamiento social preventivo y obligatorio (en adelante ASPO)[15] desde el 20/03 al 31/03 y, establece 24 excepciones. Esta intensa restricción conforma la matriz central de las restantes limitaciones. No podemos ocuparnos sobre el sentido y extensión de la limitación de un derecho esencial como es la libertad de circulación, porque este asunto es tratado por otros autores.

Ahora bien, el gobierno federal a través de los DNU 260 y DNU 297 tomó la iniciativa de una medida sanitaria extrema de confinamiento

---

Senado en su sesión del 13/05.

[13] Convalidatorio del art. 1 que es objetable porque el PEN no puede ampliar el objeto ni el plazo de una ley de delegación dictada por el Congreso en el marco del art. 76 CA; por añadidura esa ley de delegación en materia sanitaria se circunscribe a temas alimentarios y de medicamentos, ajenos a una situación de pandemia, es decir, se ampliaba indebidamente la más acotada emergencia sanitaria dispuesta como delegación por la Ley 27.541 (Caso *San Luis c/Estado Nacional*, Fallos: 326:417; Caso *Colegio Público de Abogados c/PEN*, Fallos 333:633).

[14] De cualquier modo tanto el *sui generis* DNU 260/20 como el DNU297/20 recibieron dictamen aprobatorio de la Comisión Bicameral de Trámite Parlamentario y la aprobación expresa del Senado en la sesión semi-virtual del 13 de mayo 2020.

[15] En el art. 2 determina las obligaciones del ASPO: "Durante la vigencia del "aislamiento social, preventivo y obligatorio", las personas deberán permanecer en sus residencias habituales o en la residencia en que se encuentren a las 00:00 horas del día 20 de marzo de 2020, momento de inicio de la medida dispuesta. Deberán abstenerse de concurrir a sus lugares de trabajo y no podrán desplazarse por rutas, vías y espacios públicos, todo ello con el fin de prevenir la circulación y el contagio del virus COVID-19 y la consiguiente afectación a la salud pública y los demás derechos subjetivos derivados, tales como la vida y la integridad física de las personas", y la exceptúa "…solo podrán realizar desplazamientos mínimos e indispensables para aprovisionarse de artículos de limpieza, medicamentos y alimentos".

social (ASPO), sin embargo, como lo puntualizamos arriba, la competencia en materia de salud es provincial. Surge, entonces, el interrogante cómo se articularon entre si estas esferas normativas y cómo se logró operatividad para que tales medidas tengan eficacia en todo el territorio argentino.

Estos DNU nos obliga a desentrañar cuáles materias son de competencia federal y cuáles de competencia provincial, en suma, cómo opera en materia sanitaria el principio de división de competencias en el Estado argentino.

Como principio general, la potestad sanitaria es de competencia provincial,[16] lo que guarda perfecta correspondencia con la estructura prestacional del servicio hospitalario tanto público como privado, pues se encuentra bajo la jurisdicción y control administrativo y presupuestario de las provincias.[17]

Ahora bien vamos a analizar cómo tuvo operatividad práctica la ASPO dentro de cada territorio provincial, dado el Estado nacional en esta materia tiene competencia circunscrita a sus órganos y lugares bajo jurisdicción federal (art. 75 inc. 30 CA: organismos federales, poder judicial federal y nacional, etc.).

Desde el sistema de fuentes podemos señalar que el cumplimiento de la medida de confinamiento y sus complementarias fueron posibles porque las provincias dictaron normas locales (leyes, DNU, Decretos) de recepción de la normativa nacional en su derecho interno como un modo de unificar en todo el territorio nacional las pautas de actuación de ASPO, haciéndolas aplicables en sus respectivas provincias. El mismo DNU 297, luego de perfilar el ASPO y las excepciones, en su art. 10 establece que "las provincias, la Ciudad Autónoma de Buenos Aires y los municipios dictarán las medidas necesarias para implementar lo dispuesto en el presente decreto..., sin perjuicio de otras medidas que deban adoptar tanto las provincias, como la Ciudad Autónoma

---

16 Por citar un par de ejemplos: la Constitución de Córdoba: "La Provincia, en función de lo establecido en la Constitución Nacional, conserva y reafirma para sí, la potestad del poder de policía en materia de legislación y administración sobre salud" (art. 59); la Constitución de Tucumán: "La provincia reserva para sí la potestad del poder de policía en materia de legislación y administración de salud" (art. 146).

17 Durante la dictadura, en 1979 se transfirieron todos hospitales públicos nacionales existentes en las provincias a los Estados Provinciales (Decreto-Ley 21.882/78), lo que terminó de completarse en la década del '90 (Ley de reforma del estado 23.696/89).

de Buenos Aires, como los Municipios, en ejercicio de sus competencias propias".

En igual sentido, el DNU tuvo la precaución de no incluir al Poder legislativo y al Poder Judicial nacional (art. 10 in fine: *Invítase al Poder Legislativo Nacional y al Poder Judicial de la Nación, en el* ámbito *de sus competencias, a adherir al presente decreto*), quienes adoptaron sus propias medias de prevención. En el caso del Congreso cada una de las Cámaras dispuso sus propias medidas, en especial, suspendió las sesiones durante casi dos meses.[18] El Poder Judicial de Nación (como también los poderes judiciales provinciales) dispuso una feria judicial para la jurisdicción federal hasta el 7 de junio (Acordada 16/2020 de la Corte Suprema de Justicia argentina del 25/05/2020).

La mecánica normativa consistió en que la mayoría de las provincias emplearon algún instrumento normativo de recepción local de las medidas emanadas por el Poder Ejecutivo federal. Los instrumentos normativos locales que operaron la "recepción" de las medidas preventivas nacionales son esenciales porque, por el principio de distribución de competencias federal, corresponde a las autoridades locales la efectivización y control del cumplimiento de la ASPO por las personas dentro de su jurisdicción. Esto guarda correlación con dos herramientas indispensables para la finalidad perseguida: por un lado, el sistema hospitalario es una responsabilidad provincial y, por otro lado, la vigilancia del cumplimiento de la medida de restricción se encuentra en manos de las fuerzas de seguridad provinciales.

Unas palabras en relación a la inobservancia de la medida de reclusión social: en primer lugar, el incumplimiento de una regla sanitaria sólo podría dar lugar a una sanción de tipo administrativo (multa, excepcionalmente retención temporaria), siempre que tal conducta se encuadre en un régimen normativo preexistente en la jurisdicción provincial, con la adecuada observancia del debido proceso legal y respeto del efectivo acceso a la tutela judicial de las sanciones impuestas. En otras palabras, la violación del aislamiento social dará lugar al ejercicio de la potestad sancionatoria administrativa del Estado provincial y, eventualmente, municipal; siempre y cuando exista una Reglamentación previa sobre conductas y sanciones contra la inobservancia de normas de convivencia social o, como en este caso, medidas de carácter sanitario (v.g. Códigos de Faltas, o de Convivencia ciudadana). Por ello, las asimilación del incumplimiento del aislamiento

---

[18] Celebraron su primera sesión recién el 13 de mayo, casi dos meses después.

como conductas delictuales como lo expresan el DNU 260/20 (art. 9) y el DNU 269/20 (art. 4)[19] son de dudosa constitucionalidad por dos razones: primero, porque un DNU tiene vedada la materia penal y esta forma de calificación de la conducta del inobservante como un delito estaría incriminando anticipada e ilegítimamente y tipificando por ley —pues tal cosa es un DNU— y convirtiendo en ilícito penal tal comportamiento como encuadrado en dos disposiciones penales (art. 205 y 236 CP) lo que, a toda luces, es inconstitucional y, por otro lado, en sí mismos estos dos tipos penales citados son constitucionalmente cuestionables porque, aplicados a tales conductas, generan un tipo penal en blanco (cuyo contenido depende de la voluntad ocasional del legislador o de la administración) o un delito de sospecha, inadmisibles e inconstitucionales por violación del riguroso principio de legalidad penal. También, medidas complementarias de retención de vehículos que circulen en infracción (DNU 297, art. 4) sólo pueden ejecutarse y hacerse efectiva a través de las policías locales.

La mayoría de las provincias receptaron las medidas propiciadas por el gobierno federal.[20] Cuando fue dictado el DNU 297 del PEN la mayoría de las provincias dictaron normas de adhesión (Tucumán por DNU 02/20 del 20/03; aquellas que no confieren al gobernador la facultad de DNU lo hicieron por Decretos del Poder Ejecutivo, como Córdoba por Decreto 201 del 20/03/2020; Santa Fe por Decreto 0270 del 20/03; Corrientes por Decreto 588 del 20/03), otras por decretos de recepción (Mendoza por Decreto 428 del 19/03; Rio Negro por Decreto 298 del 23/03). Finalmente, algunas como Jujuy inicialmente dictaron un régimen propio por DNU 696 del 12/03/2020 (convalidado por ley 6157 de Legislatura provincial) y luego dictó numerosos DNU para articular con otras disposiciones de los DNU federales.

---

[19] *Cfr.* DNU 260 (art. 9) "...los funcionarios o funcionarias, personal de salud, personal a cargo de establecimientos educativos y autoridades en general que tomen conocimiento de tal circunstancia, deberán radicar denuncia penal para investigar la posible comisión de los delitos previstos en los artículos 205, 239 y concordantes del Código Penal" y DNU 297 (art. 4): "...se procederá de inmediato a hacer cesar la conducta infractora y se dará actuación a la autoridad competente, en el marco de los artículos 205, 239 y concordantes del Código Penal".

[20] Algunas, incluso, se anticiparon, dictando sus propias medidas preventivas como la provincia de Salta (DNU 250 del 13/0), Tucumán (DNU 01/20 del 13/03), Córdoba (Decreto 190/20); Rio Negro por Decreto de Naturaleza Legislativa N° 1/20 del 13/03).

La incorporación del ASPO a nivel provincial a través de normativas locales se evidencia en los plazos de duración del aislamiento, inicialmente fijado por el DNU 297 fue sucesivamente prorrogado por lapsos de quince días (DNU 325 del 01 al 12 de Abril; DNU 355 del 12 al 26 de Abril; DNU 408 del 27 al 10 de Mayo; DNU 459 del 11 al 24 de Mayo; DNU493 del 25 al 07 de junio), pero se efectivizaron a nivel provincial por la correspondiente recepción mediante correlativos instrumentos normativos provinciales. Por ejemplo, la provincia de Tucumán, el gobernador fue dictando los correlativos DNU provinciales de prórroga (DNU 02/20; DNU 04/20; DNU 06/20; DNU 08/20; DNU 09/20; DNU 10/20; que, seguidamente, recibieron la pertinente convalidación por la Legislatura provincial).

Estas disposiciones provinciales de adhesión o de réplica de las pautas y esquema institucional de prevención propuestas por el DNU 297/20 y sus prórrogas deben interpretarse como actos de coordinación entre la normativa nacional y, en ciertas materias, de competencia provincial, para dar unidad de decisión y coordinación de la actividad preventiva de manera uniforme en el territorio nacional, porque en un primer momento las características de la pandemia lo hicieron conveniente y necesario.

Este mecanismo normativo de reenvío competencial a la autoridad federal se manifiesta en la trasformación de las funciones conferidas a la "Unidad de Coordinación General del Plan Integral para la Prevención de Eventos de Salud Pública de Importancia Internacional".[21] Inicialmente, el DNU 297, aceptado por las provincias, le confirió al Jefe de Gabinete de Ministros funciones de coordinación de dicha Unidad. Seguidamente, por DNU 355 (11 de abril) se amplió funciones JGM otorgándole la potestad de establecer nuevas excepciones al ASPO a pedido de los gobernadores. A primera vista, sin más datos, parece una extralimitación que algunas actividades que tienen lugar dentro de las provincias deban ser autorizadas por la JGM, a quien las autoridades provinciales deben dirigir los petitorios.[22] Pero resulta que las provin-

---

[21] Esta Unidad operativa se integra por diversas áreas de ministerios y organismos federales. Fue creada por el PEN en el año 2007 por Decreto 644/07 y reactivada por el DNU 260/20 (art. 10), cuya integración está fijada por el Anexo I y II del Dto. 644/07.

[22] En el marco de estas atribuciones el JGM dicto 12 Decisiones Administrativas que amplían a 79 las excepciones. A las 24 excepciones iniciales del DNU 297/20 se agregaron 55 nuevas (29 aplicables a todo el país, y 26 varían según el territorio).

cias, a través del esquema de recepción y coordinación potestativa, se adhirieron y consintieron este procedimiento (v.g. DNU 06/20 de la provincia de Tucumán).

Al poco andar este diseño centralizador se mostró inconveniente. El 26 de abril, en una nueva prórroga, el DNU 408/20 retornó a los Gobernadores de Provincias (art. 3) la facultad de decidir excepciones al cumplimiento del ASPO y a la prohibición a circular. Este criterio de distribución y devolución a las provincias del control territorial fue ampliado por el DNU 459/20 del 24 de mayo.

Esta "Unidad de Coordinación General del Plan Integral" fue una improvisación normativa para viabilizar un cierto federalismo de coordinación en materia sanitaria. Inexplicablemente se marginó al Consejo Federal de Salud (COFESA), creado por ley 22.373/81 integrado por las máximas autoridades en Salud Pública del orden nacional, de cada provincia y de Buenos Aires con la presidencia del Ministro de Salud de la Nación. A este organismo de creación legal le habría correspondido cumplir las funciones absorbidas por la JGM en la coordinación inter-jurisdiccional en cuestiones sanitarias, especialmente para graves circunstancias como esta pandemia.

En una análoga situación a la sanitaria, se encuentra la materia educativa de nivel básico que también es de competencia exclusiva de los estados provinciales (art. 5 CN). Al igual que lo sanitario, todas las escuelas públicas de educación básica son a cargo y costa de los presupuestos provinciales (el sector que absorbe la mayor parte de los recursos presupuestarios provinciales). La nación no tiene a su cargo el sostenimiento ni gestión de ninguna escuela de educación básica. Y tampoco la educación universitaria que goza de autonomía (art. 75, inc 19).[23] Una prueba más clara del modelo de distribución competencial entre la nación y los estados provinciales. El DNU 260/20 dispuso que durante esta emergencia sanitaria "el Ministerio de Educación de la Nación establecerá las condiciones en que se desarrollará la escolaridad respecto de los establecimientos públicos y privados de todos los niveles, en coordinación con las autoridades competentes de las distintas jurisdicciones" (art. 13). Sin embargo, la decisión de suspensión de la actividad escolar de educación básica (inicial, primaria y secundaria) corrió por cuenta de las autoridades provinciales, por ser de su

---

23 Por Constitución, el Estado federal sólo puede dictar leyes de base de educación (ley 26.206/06) y la ley de educación superior y universitaria (Ley 24.521/9%). Las universidades nacionales gozan de autonomía y autarquía, por tanto las medidas sanitarias gestión son competencia propia.

competencia exclusiva. Por ejemplo, en Tucumán la suspensión de clases fue dispuesta por un Decreto del gobernador (Decreto 595 del 15 de marzo),[24] quien antes ya había dispuesto receso de la administración pública por Decreto 550/20 del lunes 13 de marzo.

Algunas medidas como el cierre de museos, centros deportivos, salas de juegos, restaurantes o lugares de acceso público y la prohibición eventos culturales, recreativos, deportivos, religiosos, o de cualquier otra índole que impliquen la concurrencia de personas o la suspensión de la apertura de locales, centros comerciales, establecimientos mayoristas y minoristas, y cualquier otro lugar que requiera la presencia de personas, dispuestas por el DNU 260 (art. 18) y DNU 297 (art. 5) sólo pudieron hacerse efectivas a través de disposiciones legales provinciales (v.g. DNU 01/20 del 13/03 del gobernador de Tucumán) o normativas municipales.

Consecuencias colaterales: así como la materia sanitaria y educativa son de competencia provincial, otras medidas colaterales para mitigar las consecuencias del aislamiento fueron tomadas por el gobierno federal en ejercicio de competencias propias. Los efectos del ASPO fueron varios, imprevistos y numerosos con creciente gravedad a medida que se prolongaba el tiempo del confinamiento obligatorio. El impacto afectó la producción industrial, relaciones laborales, comercio, transporte de personas y mercaderías, contratos de suministros, contratos de alquiler, sistema bancario, cobro de pensiones y jubilaciones, ciertos ejercicios profesionales (artistas, cuentapropistas, etc.). Para dar respuesta a las consecuencias generadas por el confinamiento obligatorio, el gobierno federal dictó 28 DNU para atender diferentes situaciones propias de su competencia. Estas medidas no generaron conflictos con las provincias porque eran dispuestas dentro del marco de competencias conferidas por la Constitución nacional al Gobierno federal, como por ejemplo, asueto al personal de la administración pública nacional (art. 9 del DNU 297/20).

Si dejamos de lado los DNU que articularon el ASPO con las jurisdicciones provinciales, podemos señalar otras medidas complementarias de competencia federal dictadas por el Estado nacional, a través de DNU, que agrupamos por temática: *a*) Medidas restrictivas de la circulación interjurisdiccional: suspensión de vuelos internacionales

---

[24] Sobre esta materia el Ministerio de Educación de la Nación no gestiona, administra ni tiene a su cargo ninguna escuela pública de enseñanza básica, sin embargo dictó la Resolución 108/20 (12/03) disponiendo el cierre por 14 días de los establecimientos que presente algún caso de C19.

por 30 días (art. 9 del DNU 206/20); Prohibición de ingreso al territorio Nacional (DNU 274 del 16/03 y sus prórrogas por DNU 313 del 26/03; DNU 331 del 01/04; DNU 365 del 11/04; y DNU 409 del 26/04); *b)* Prohibición de despido, suspensiones y otras cuestiones laborales (DNU 329 del 31/03 y su prórroga DNU 487 del 18/05; DNU 367 del 13/04 sobre enfermedad profesional por Covid-19); DNU 297 dispuso que durante la vigencia del ASPO, los trabajadores y trabajadoras del sector privado tendrán derecho al goce íntegro de sus ingresos habituales, en los términos que establecerá la reglamentación del Ministerio de Trabajo, Empleo y Seguridad Social (art. 8); *c)* Congelamiento y suspensión de cortes de servicios (DNU 311 del 24/04; DNU 426 del 30/04 para garantizar el servicio de telefonía móvil e internet hasta el 31/05); *d)* Congelamiento hasta el 31/03 de cuotas de créditos hipotecarios y alquileres y suspensión de desalojos (DNU 319 y DNU 320 del 29/03, invocan el DNU 620); *e)* Sobre cuentas bancarias, deudas impositivas-previsionales (DNU 312 del 24/03; DNU 316 del 28/03); *f)* Programa de asistencia de emergencia a la producción y al trabajo (DNU 326 del 31/03 garantías para préstamos bancarios; DNU 332 del 01/04 programa de Asistencia al Trabajo y Producción (ATP) complementado DNU 347 del 05/04 Comité de evaluación y monitoreo del programa anterior; DNU 376 del 19/04 ampliación de programa de asistencia para empleadores y trabajadores a través de ayuda estatal para el pago de salarios, créditos a tasa 0%, diferimientos de contribuciones, etc.; *g)* Deuda pública y diferimientos de pagos (DNU 346 del 05/04); *h)* Modificaciones partidas Presupuesto 2020 (DNU 457 del 10/05); *i)* Aunque no se trata de un DNU sino de un Decreto Autónomo (Decreto 310 del 24/03) del PEN que dispuso la creación del Ingreso Familiar de Emergencia (IFE) que consiste en un aporte monetario a personas desocupadas.

En conclusión, la estructura normativa que afrontó la pandemia en Argentina se hizo a través de leyes en sentido material, Decretos de Necesidad y Urgencia dictados por el gobierno federal. Los DNU sustituyen, por razones de urgencia, el dictado de la ley por el Parlamento, quien interviene con posteridad aprobando o rechazando el DNU. La conformación federal argentina condujo que el confinamiento obligatorio por razones sanitarias haya sido iniciativa del PEN con el fin de uniformar la medida, lo que enseguida receptada por las provincias como titulares de la competencia en materia de salud. En un primer momento algunas provincias coordinaron con el gobierno nacional la dirección y unificación de las modalidades de aislamiento y las restricciones de circulación, pero encargándose de hacer efectivas las medidas dentro de la propia jurisdicción provincial. Pasado un mes del ASPO, la potestad de regular el aislamiento y la desescalada gradual ciertas actividades volvió a manos de las provincias porque ya se tenía un panorama de la ubicación de los focos de contagio en el territorio nacional, mostrando provincias sin ningún caso (Catamarca, Formosa) y otros lugares de persistente presencia (Ciudad de Buenos Aires y Provincia de Buenos Aires), donde se ha concentrado la acción federal. Estos engranajes de coordinación entre el gobierno central y los estados provinciales, permitieron la modulación del impacto a través de una novedosa flexibilidad normativa y la articulación a la diversas realidades del asilamiento sanitario de competencia provinciales: los resultados francamente exitosos en la contención de la propagación del virus debe atribuirse al ajuste y adaptación que realizaron las provincias en el ámbito de su jurisdicción.

La lección final de la pandemia es que, cuando parecía que el anarcoliberalismo estaba ganando la batalla cultural, el Covid-19 vino a poner al Estado en su quicio. Hoy nadie en su sano juicio puede predicar el Estado mínimo o sostener su inutilidad.[25]

---

[25] Agradecimiento: quiero dejar expresado un especial agradecimiento al Prof. Mg. Esteban Nader y al Abog. Daniel Méndez, aspirante a la Docencia, ambos colaboradores en la Cátedra A de Derecho Constitucional de la Facultad de Derecho y Ciencias Sociales, Universidad Nacional de Tucumán, por el valioso aporte, recolección y revisión de datos para este trabajo.

EL SISTEMA DE FUENTES DEL DERECHO EN LOS CASOS DE EMERGENCIA SANITARIA EN MÉXICO

Carla Huerta Ochoa[*]

Sumario: I. *Introducción*. II. *Concepto de fuente del derecho y su función*. III. *El sistema de fuentes en México*. IV. *Las potestades normativas extraordinarias de la autoridad federal en caso de emergencia sanitaria*. V. *La transformación de las fuentes en una situación de emergencia sanitaria*. VI. *Conclusiones*.

I. Introducción

Ante las interrogantes que en materia jurídica ha planteado a los juristas y operadores jurídicos la pandemia ocasionada por el virus SARS-CoV2 (COVID19), conviene reflexionar sobre las potestades normativas de la autoridad y su alcance. A continuación, revisaré el sistema de fuentes mexicano tras el reconocimiento de la emergencia sanitaria,[1] en virtud de que se implementan las reglas excepcionales para la creación normativa previstas en la Constitución.

Las acciones normativas "extraordinarias" para dar respuesta a una situación de emergencia en materia de salubridad general se realizan entre el gobierno federal y las entidades federativas conforme a la Ley General de Salud (LGS)[2] y sus reglamentos, así como las disposiciones emitidas en términos de lo previsto en el Artículo 73, fracción XVI de la Constitución, siendo la autoridad federal la que coordina y dirige

---

[*] Doctora en Derecho por la Universidad Autónoma de Madrid es investigadora titular de tiempo completo del Instituto de Investigaciones Jurídicas de la UNAM, y profesora por asignatura en la Unidad de Postgrado de la UNAM. Miembro del Sistema Nacional de Investigadores Nivel 3.

[1] Acuerdo por el que el Consejo de Salubridad General reconoce la epidemia de enfermedad por el virus SARS-CoV2 (COVID-19) en México, como una enfermedad grave de atención prioritaria, así como se establecen las actividades de preparación y respuesta ante dicha epidemia. Publicado en Diario Oficial de la Federación (DOF) el 23 de marzo de 2020.

[2] Publicada en el DOF el 7 de febrero de 1984.

la acción de emergencia. Según la LGS, la acción extraordinaria en materia de salubridad general procede ante la posibilidad de situaciones de emergencia, como en el caso de una epidemia, y con mayor razón, en el de una pandemia. Las medidas pertinentes para afrontar la emergencia deben ser tomadas por la Secretaría de Salud (SSa), aunque éstas deben ser convalidadas posteriormente por el Presidente de la República.

II. Concepto de fuente del derecho y su función

El propósito de explicar las fuentes de un sistema jurídico específico es conocer la organización de sus normas y las relaciones que se producen entre ellas para proveer una mayor certeza en su aplicación, así como para determinar su prelación en caso de conflicto entre normas. La determinación del rango y fuerza de las normas de un sistema jurídico es más compleja de lo que a primera vista parece, por lo que antes de abordar la cuestión específica que nos ocupa, se precisan de manera breve algunos aspectos conceptuales y técnicos.

En un sistema jurídico específico el sistema de fuentes se organiza según lo previsto en su Constitución conforme a los criterios que determine a partir de las facultades normativas que se atribuyan a la autoridad.[3] De tal forma que, la Constitución como primera norma en la que se realiza la atribución de competencias normativas es el fundamento de la validez de las normas, y límite del ejercicio de la potestad normativa. Si un sistema jurídico se organiza jerárquicamente, las normas se subordinan a la norma que establece su proceso de creación, y todas en última instancia se deben conformar a la Constitución.[4] La Constitución crea un sistema de fuentes, por lo que se puede considerar como fuente de fuentes.

Aunque el concepto de fuente es metafórico y ambiguo, en general se entiende que hace referencia al origen de las normas, esto es, a los

---

[3] Siguiendo a Kelsen, la Constitución como norma fundamental ocupa el rango más alto porque regula los procedimientos de creación y organiza de manera jerárquica las normas generales del sistema jurídico, y éste es el sentido material de la Constitución. Kelsen, Hans, *Teoría General del Derecho y del Estado*, trad. de Eduardo García Máynez, UNAM, México, 1988, pp. 146 y 147.

[4] Sobre el criterio de jerarquía, *vid. Teoría Pura del Derecho. Introducción a la*, Instituto de Investigaciones Jurídicas, UNAM, México, 2003, p. 73.

métodos de producción y a las normas que los regulan.[5] Si bien el término "fuente" es propio de la doctrina, es de uso común y frecuente, incluso en la jurisprudencia. Como fuentes se pueden entender tanto los distintos tipos de normas, como los órganos facultados o los procedimientos de creación de normas generales. En consecuencia, el sistema de fuentes se puede explicar a partir de los órganos, sus facultades y los procedimientos de creación normativa, o bien, de los distintos tipos de normas, en otras palabras, como el proceso de creación, o como los productos resultantes. En adelante, el término "fuente" se utiliza para hacer referencia exclusivamente a la norma general productora de derechos y obligaciones.[6]

La literatura estudia como fuentes a la doctrina, la costumbre, los principios generales del derecho, la ley, los tratados internacionales, los reglamentos y la jurisprudencia, por ejemplo. Esta lista no es exhaustiva, y no implica en sí misma ningún tipo de prelación o relación de dependencia. El orden y posición en un sistema jurídico depende de lo que determine su Constitución.

Los sistemas jurídicos identifican y ordenan las fuentes para determinar la relación que se produce entre sus normas generales, de esta manera se fija el rango y fuerza derogatoria[7] de una norma. La relevancia de entender el sistema de fuentes y sus relaciones radica en la determinación que hace de la validez de los actos que se sustentan en las normas, misma que depende de la competencia de la autoridad.

En general, las fuentes se ordenan conforme a los criterios de jerarquía y de distribución de materias, de los que resultan ámbitos de competencia excluyentes o coincidentes, ya sea por territorio o materia, para los diversos órganos productores de normas.

---

5   Hans Kelsen, *Teoría pura del derecho*, trad. de Roberto J. Vernengo, UNAM, México, 2000, p. 242.

6   Según De Otto al hablar de fuentes se hace referencia a la facultad de creación normativa, no a los órganos o el procedimiento. *Derecho constitucional. Sistema de fuentes*, segunda edición, Ariel, Barcelona, 1989, p. 70.

7   Esta fuerza es según de Otto activa o pasiva dependiendo de la capacidad de una norma para invalidar o resistir respectivamente, a otra norma en caso de conflicto. De Otto, *ibidem,* pp. 88-91.

III. El sistema de fuentes en México

La Constitución establece el rango de las fuentes del sistema jurídico mexicano en su artículo 133 que prevé: "Esta Constitución, las leyes del Congreso de la Unión que emanen de ella y todos los tratados que estén de acuerdo con la misma, celebrados y que se celebren por el Presidente de la República, con aprobación del Senado, serán la Ley Suprema de toda la Unión".

De una primera lectura resulta que el sistema jurídico mexicano se encuentra organizado jerárquicamente a partir de la Constitución como norma suprema que regula los procedimientos de creación.[8] A pesar de que esta disposición ha sido interpretada de diversas formas, se entiende que las leyes y los tratados internacionales se subordinan a la Constitución,[9] configurando así el parámetro de legalidad al que debe sujetarse el ejercicio de la facultad reglamentaria.

En un Estado federal como el mexicano la organización jerárquica de las fuentes se complementa con el criterio de distribución competencial que se conforma por lo previsto en el artículo 124 que se puede entender como una reserva,[10] ya que las facultades no atribuidas expresamente a la Federación corresponden a las entidades federativas.[11] Esta primera distribución se completa con las diversas potestades normativas atribuidas a los pueblos y las comunidades indígenas (artículo 2º), los municipios (artículo 115) y la Ciudad de México (artículo 122). Como resultado de múltiples reformas, el modelo dual original de

---

[8] Hans Kelsen, *op. cit.*, nota 5, p. 232.

[9] Salvedad hecha de las disposiciones sobre derechos humanos previstas en los tratados internacionales que forman parte del sistema jurídico mexicano, pues tienen rango constitucional como dispone el artículo 1º de la Constitución. Reforma publicada en el DOF el 10 de junio de 2011.

[10] Aunque están limitados constitucionalmente por las competencias exclusivas atribuidas al poder legislativo federal, así como las prohibiciones expresas a las entidades federativas (artículo 117), las relativas que están condicionadas a la aprobación del Congreso de la Unión (artículo 118), así como lo previsto sobre las relaciones entre las entidades federativas y la Federación en ciertas materias específicas (artículo 119).

[11] Además de las facultades conferidas expresamente al Poder Legislativo Federal en la Constitución, se han de considerar las denominadas facultades implícitas previstas en la fracción XXXI del artículo 73, "para expedir todas las leyes que sean necesarias, a objeto de hacer efectivas las facultades anteriores, y todas las otras concedidas por esta Constitución a los Poderes de la Unión".

distribución de competencias se ha ido transformado paulatinamente en un sistema de cooperación en el ejercicio de las funciones. En consecuencia, las fuentes se ordenan de manera jerárquica y territorialmente diferenciada, además de que lo previsto en el artículo 2º que produce otra distinción al crear un ámbito de validez personal de sus sistemas normativos.

La distribución de competencias normativas mencionada dificulta la representación del sistema de fuentes por los distintos niveles de descentralización que resultan de las competencias exclusivas que ejercen con autonomía las distintas autoridades en cada ámbito territorial. Distinguir claramente los espacios separados por materia, persona o territorio se hace aún más complicado por las competencias que se ejercen de manera concurrente.

La concurrencia es una técnica legislativa que en México permite al Congreso de la Unión establecer los lineamientos del ejercicio de las potestades de la autoridad en los distintos ámbitos del Estado cuando así se prevea en la Constitución.[12] La ley que regula la concurrencia es federal por el órgano que la expide, su función es hacer la distribución de competencias entre los niveles de gobierno que considere oportunos y en la manera que determine. La materia no necesariamente es, ni deviene federal, este carácter depende de la distribución de la competencia normativa que la propia ley de concurrencia haga, aunque en general si produce una centralización de funciones. En consecuencia, la regulación de la concurrencia crea relaciones particulares, ya que puede producir distintas formas de subordinación de la autoridad local y municipal a la federal, como en materia de salubridad general, por ejemplo.

A partir de la interpretación hecha del artículo 133 es posible afirmar que el orden jerárquico de las fuentes en el sistema jurídico mexicano es el siguiente: 1. La Constitución, 2. Las leyes y los tratados internacionales, 3. Los reglamentos de las leyes secundarias, y 4. Los demás tipos de disposiciones que resultan del ejercicio de la facultad

---

[12] En la Controversia Constitucional 29/2000 la Suprema Corte de Justicia de la Nación señaló que las facultades concurrentes implican que la Federación, las entidades federativas y los municipios puedan actuar respecto de una misma materia, pero su participación depende de los términos que el Congreso de la Unión determine en una "ley general". Facultades concurrentes en el sistema jurídico mexicano. sus características generales. Tesis P./J. 142/2001, Semanario Judicial de la Federación y su Gaceta, Novena Época, Tomo XV, Enero de 2002, p. 1042. *https://sjf.scjn.gob.mx/sjfsist/paginas/DetalleGeneralV2.aspx?id=187982 &ClaseDetalleTesisBL.*

reglamentaria, como son decretos, acuerdos o normas oficiales mexicanas (NOM),[13] por ejemplo. A continuación, se comentan solamente las fuentes que se relacionarán con la acción sanitaria de emergencia.

La ley como fuente se encuentra limitada en sus contenidos por la Constitución y por sus características es general, abstracta, impersonal y obligatoria; en sentido formal es la que emana del Poder Legislativo (sea federal o local).[14] En sentido material, en cambio, se considera como ley la fuente que por disposición constitucional cuenta con ese rango y fuerza, como es el caso de los tratados internacionales que al entrar en vigor en el sistema jurídico mexicano adquieren rango y fuerza de ley.[15]

La potestad normativa del Poder Ejecutivo en México deriva en primer lugar de la interpretación del artículo 89, fracción I de la Constitución, conocida como facultad reglamentaria, y es el fundamento jurídico de diversas fuentes del derecho como son los reglamentos, decretos, acuerdos y órdenes[16] que expide. Las normas expedidas con fundamento en este precepto son resultado del ejercicio de la potestad normativa ordinaria del Poder Ejecutivo, por lo que su ejercicio se encuentra subordinado a las disposiciones de la Constitución y las leyes.

Los reglamentos son normas generales a diferencia de los otros actos emitidos en ejercicio de la facultad reglamentaria que regulan situaciones concretas. Un reglamento desarrolla la ley, y no pueden ir más allá de lo previsto en ella, de lo contrario el reglamento es además de ilegal, inconstitucional. Según la jurisprudencia, este tipo de fuentes son "por definición constitucional, normas subordinadas a las disposiciones legales que reglamentan y no son leyes, sino actos administrativos generales cuyos alcances se encuentran acotados por la misma

---

[13] Este tipo de normas tiene por objeto regular cuestiones técnicas, establecer especificaciones con un alto grado de precisión para dar cumplimiento a las obligaciones establecidas en los reglamentos o en la ley, vid Huerta, Carla, "Las Normas Oficiales Mexicanas en el ordenamiento jurídico mexicano", *Boletín Mexicano de Derecho Comparado*, nº 92, Instituto de Investigaciones Jurídicas, UNAM, México 1998, pp. 367-398.

[14] Aquí no se sigue exactamente la propuesta de Laband, ya que con el criterio formal se alude a los órganos y procedimientos de creación, pero el material no refiere la materia o contenido de la norma. Laband, Paul, *Das Staatsrecht des deutschen Reiches*, Tübingen, Mohr, 1914, cap. 6, vol. 2, p. 62.

[15] Excepto en materia de derechos humanos como ya se mencionó, véase nota 9.

[16] Son los tipos de normas que menciona el artículo 92 constitucional al regular las disposiciones del Presidente que requieren de refrendo.

Ley".[17] Los reglamentos expedidos por el Ejecutivo tiene por objeto según lo previsto en la Constitución, "proveer" en la esfera administrativa a la exacta observancia de las leyes, por lo que el ejercicio de la facultad reglamentaria, independientemente del tipo de fuente de que se trate, debe sujetarse a las leyes de la materia que aborda por ser disposiciones de orden administrativo.

De modo que el ejercicio de la facultad reglamentaria se encuentra sujeto al principio de legalidad y, por ende, al de primacía de la ley, por lo que ninguna disposición de ley puede ser modificada por un acto normativo del Poder Ejecutivo, salvo en los casos de una "reserva reglamentaria" o excepciones constitucionales expresas. En consecuencia, las potestades normativas del Ejecutivo se encuentran limitadas por la Constitución y las leyes que los reglamentos pormenorizan.[18]

Los decretos, a su vez, como resultado del ejercicio ordinario de la facultad reglamentaria, tienen un carácter formalmente administrativo y deben conformarse a las leyes de la materia de la que se ocupan. Un decreto regula un caso particular y crea situaciones jurídicas concretas, por lo que se considera como un acto normativo particular.[19] Como dice Korkunov, "la validez del decreto depende de su conformidad con la ley", y en un estado constitucional, "un decreto no puede ni abrogar ni modificar una ley. Consecuentemente, todas las materias que ya han sido tocadas por las leyes siguen siendo competencia exclusiva del poder legislativo".[20] Lo anterior se debe a que un decreto es una fuente subordinada, por lo que su contenido debe conformarse a lo previsto en las leyes y la Constitución.

---

17 Facultad reglamentaria del Poder Ejecutivo Federal. Sus principios y limitaciones, Tesis P./J. 79/2009, *Semanario Judicial de la Federación* y su Gaceta, Novena Época, Tomo XXX, Agosto de 2009, p. 1067. *https://sjf.scjn.gob.mx/SJFSist/Paginas/DetalleGeneralV2.aspx?ID=166 655&Clase=DetalleTesisBL&Semanario=0*.

18 La jurisprudencia señala que: "El ejercicio de la facultad reglamentaria está sujeta al "principio de legalidad, del cual derivan, según los precedentes, dos principios subordinados: el de reserva de ley y el de subordinación jerárquica a la misma", *idem*.

19 *Diccionario jurídico mexicano*, t. III, D, UNAM, México, 1983, p. 35. *https://archivos.juridicas.unam.mx/www/bjv/libros/3/1170/3.pdf*.

20 Korkunov, N. M., *Lecciones de teoría general del derecho*, Tirant lo Blanch, Valencia, 2019, p. 413.

IV. Las potestades normativas extraordinarias de la autoridad federal en caso de emergencia sanitaria

En términos de lo previsto en la Constitución, el ejercicio de la función normativa se puede distinguir en ordinario y extraordinario, lo que da lugar a un doble esquema de organización del sistema de fuentes en México. Uno general, operativo en tiempos ordinarios, y otro excepcional que resulta de las excepciones que prevé la propia Constitución que modifican el rango y alcance de algunas fuentes por un tiempo delimitado.

Como se indicó previamente, en el marco del ejercicio ordinario de las potestades normativas, el sistema de fuentes se organiza a partir de las competencias excluyentes atribuidas por la Constitución, lo que da lugar a distintos ámbitos de validez de las normas producidas por la autoridad competente. Sin embargo, desde la perspectiva del ejercicio de la facultad normativa, estos ámbitos de competencia independientes se complementan en las materias concurrentes.

La Suprema Corte de Justicia de la Nación ha señalado que existen 3 tipos de concurrencia[21] de cuya distribución competencial se ocupa una ley general, y que junto con lo previsto en la Constitución regulan la actuación de todas las instancias legislativas y ejecutivas del país. Estas son la normativa, la operativa que se refiere a la realización, prestación u operación de servicios por parte de las entidades federativas, y la de planeación que hace posible la elaboración de planes o programas a otros ámbitos de gobierno en términos de las leyes federales o locales que correspondan.

La regulación de la concurrencia prevista en la LGS dio lugar a dos ámbitos diferenciados de potestades normativas, el de la salubridad general que es competencia exclusiva de la Federación, aunque la operación se realice de manera concurrente con las entidades federativas, y el de la salubridad local cuya regulación e implementación corresponde a las entidades federativas, aunque debe ajustarse a los parámetros de la LGS. La facultad para expedir NOMs, las disposiciones técnicas en materia de salubridad, sin embargo, es exclusiva de la

---

[21] Sentencia dictada por el Tribunal Pleno de la Suprema Corte de Justicia de la Nación en la Acción de Inconstitucionalidad 15/2017 y sus Acumuladas 16/2017, 18/2017 y 19/2017, Publicada DOF 25 de abril de 2019, párr. 209.

Federación,[22] las disposiciones que atañen a las epidemias están previstas en la NOM-017-SSA2-2012, para la vigilancia epidemiológica.[23]

La distribución de competencias normativas que determina el sistema de fuentes en el Estado federal mexicano al prever facultades exclusivas y concurrentes da lugar a un complejo modelo complementario de potestades.[24] La estructura del sistema de fuentes comentada previamente en principio no implica subordinación, sino ámbitos separados y coordinados, a menos que se trate de una situación de excepción prevista en la propia Constitución federal, como son los casos de la restricción o suspensión de derechos fundamentales prevista en el artículo 29, o de emergencia sanitaria en el artículo 73, fracción XVI.

En el caso del artículo 29, así como en el previsto en el artículo 131, segundo párrafo,[25] se autoriza la modificación del principio de separación de poderes previsto en el artículo 49, que establece como facultades extraordinarias para legislar únicamente la restricción o suspensión de garantías mencionada, y la determinación de cuotas de las tarifas de exportación e importación respectivamente. Esto significa que el supuesto previsto en el artículo 73, fracción XVI es distinto a los mencionados, y no da lugar a una modificación del rango y fuerza de las fuentes que regula, por lo que no pueden ser equiparadas a la ley.

Así, el artículo 49 proporciona un primer criterio, formal, a aplicar en las situaciones de emergencia sanitaria en relación con las fuentes del derecho, por lo que ni los decretos del Presidente, ni los acuerdos de CSG tienen rango ni fuerza de ley. Si se hubiesen concedido facultades legislativas extraordinarias en sentido estricto, esta excepción a la prohibición de reunir dos poderes en una sola persona o que se deposite el legislativo en un individuo estaría prevista en ese precepto.

---

[22] Según lo previsto en el artículo 13, fracción I de la LGS.

[23] NOM-017-SSA2-2012, para la vigilancia epidemiológica, publicada en el DOF el 19 de febrero de 2013.

[24] Sobre el sistema federal y las atribuciones de los estados en situaciones de emergencia ver Carla Huerta, "Emergencia sanitaria y la distribución de competencias en la federación mexicana" en *Emergencia sanitaria por COVID-19. Federalismo*, González Martín (coord.), UNAM, México, 2020, pp. 9-14. https://www.juridicas.unam.mx/publicaciones/detalle-publicacion/153.

[25] El artículo 131 constitucional prevé una excepción al ejercicio la facultad legislativa correspondiente al Congreso de la Unión, y lo faculta a delegarla en el Presidente de la República si así lo considera pertinente. Este caso, sin embargo, no está condicionado a que se trate de una situación de emergencia, aunque si constituye una excepción al principio de división de poderes.

Se puede decir que, por analogía, al tratarse de una situación de emergencia que puede afectar diversos derechos fundamentales, el criterio rector del alcance material de las potestades normativas extraordinarias en casos de emergencia sanitaria que se fundamentan en el artículo 73, fracción XVI es el artículo 29, que establece las pautas para restringir derechos en casos de emergencias.

El ejercicio de la función normativa es como se mencionaba, complementario y coordinado, especialmente en materias concurrentes, no subordinado como se ha llegado a interpretar de lo previsto en el artículo 133, salvo en los casos excepcionales previstos en la propia Constitución federal. En el caso de epidemias de carácter grave de conformidad con lo previsto en el artículo 73, fracción XVI se hacen obligatorios en todo el país los decretos del Presidente, y los acuerdos y medidas que establezca la SSa son obligatorios para todas las autoridades administrativas por lo que la autoridad sanitaria local queda subordinada a la federal.

Se pueden diferenciar así dos tipos de fuentes con distinto alcance. Por una parte, los actos normativos del Presidente, los decretos que está facultado a emitir en virtud de la LGS cuyo ámbito de validez espacial es total, pues puede producir efectos en todo el país, y pueden dirigirse a diversas autoridades tanto federales como locales, mientras que las disposiciones emitidas por la SSa, aunque también pueden abarcar todo el territorio nacional, solamente se pueden dirigir a la autoridad administrativa.

V. La transformación de las fuentes en una situación de emergencia sanitaria

El CSG es autoridad en materia de salubridad general y de conformidad con la base 1ª del artículo 73, fracción XVI depende directamente del Presidente, y sus disposiciones generales son obligatorias en todo el país. Esto se encuentra previsto en la misma disposición que regula la facultad del Congreso de la Unión para expedir leyes en materia de salubridad general de la República, para conferirle a este tipo de fuente de carácter administrativo de manera excepcional un alcance especial.

La base 2ª, regula la primera fase, la de respuesta inmediata en caso de epidemias de carácter grave, y establece la competencia de la

SSa para regular de manera inmediata por vía de acuerdo[26] las medidas preventivas indispensables. Éstas, sin embargo, deben ser sancionadas posteriormente por el Presidente. Aquí vemos, como se modifica el alcance de una norma administrativa de rango inferior a la ley, para ampliar temporalmente su alcance y efectos. La base 3ª establece el alcance territorial de las disposiciones de la autoridad sanitaria,[27] las cuales deben ser obedecidas por las autoridades administrativas de todo el país. Las decisiones del CSG, por lo tanto, tienen efectos en todo el territorio cubierto por la declaratoria de epidemia y todas las autoridades, del nivel de gobierno que sea, quedan sujetos a las medidas que tomen. El CSG está regulado en la LGS y se rige por su reglamento interior.[28] De conformidad con lo previsto en los artículos 13, apartado A, fracción V y 184 de la LGS compete a la Federación ejercer la acción extraordinaria en materia de salubridad general a través de la SSa.

De modo que, en casos de emergencia sanitaria, corresponde de manera exclusiva a la autoridad federal competente la regulación e instrucción de la salubridad general con la operación concurrente de las entidades federativas y los municipios, siguiendo las instrucciones y decisiones tomadas por los órganos y autoridades especialmente facultados para ello en términos de la LGS. Todas las medidas que se dicten, sin embargo, deben ser conformes a la ley y la Constitución.

Una vez reconocida una "epidemia de carácter grave" por el CSG, conforme al artículo 181 de la LGS, la SSa debe dictar "inmediatamente", las medidas indispensables para prevenir y combatir los daños a la salud, las cuales deben ser después sancionadas por el Presidente. En este caso, sancionar se debe entender como confirmación o en su caso, modificación de las medidas tomadas. Es una forma de convalidación necesaria por haberse previsto en una fuente que emana de una autoridad administrativa. Esta sanción ha de ser considerada como elemento de validez del acto normativo y las acciones que se realicen de conformidad con el mismo. En el caso de la presente pandemia, la

---

[26] La SSa expidió para tal efecto el Acuerdo por el que se establecen las medidas preventivas que se deberán implementar para la mitigación y control de los riesgos para la salud que implica la enfermedad por el virus SARS-CoV2 (COVID-19). Publicado en el DOF el 24 de marzo de 2020.

[27] De conformidad con el artículo 4º de la LGS la autoridad sanitaria es el Presidente de la República, el CSG, la SSa y los gobiernos de las entidades federativas.

[28] Artículo 15 y 16 de la LGS.

sanción fue hecha por el CSG,[29] quizá porque dicho órgano considera que como "depende del Presidente", a pesar de que éste no forme parte del mismo, puede actuar en su nombre y cumplir con sus obligaciones,[30] aunque desde el punto de vista formal, esto no daría cumplimiento al requisito constitucional mencionado.

En la segunda fase, el Presidente debe expedir un decreto con la declaración de emergencia,[31] en el que se especifique "la región o regiones amenazadas que quedan sujetas, durante el tiempo necesario, a la acción extraordinaria en materia de salubridad general".[32] Esta misma disposición prevé que se requiere de otro decreto, pues solamente el mismo tipo de norma puede declarar terminada la acción una vez que las causas que originaron la declaración desaparecen. En consecuencia, para concluir la situación de emergencia, el Presidente debe expedir un decreto que declare terminada la acción, ya que de conformidad con el principio de autoridad formal de la ley sólo un acto normativo con el mismo rango y fuerza puede modificar, derogar o dejar sin efectos otro igual. En otras palabras, no puede darse por concluida la pandemia por vía de acuerdo del CSG o de la SSa. El decreto que expide el Presidente es un acto formalmente administrativo, y es un tipo de fuente que crea situaciones jurídicas concretas e individuales.

VI. Conclusiones

Las disposiciones previstas en el artículo 73 fracción XVI de la Constitución no modifican el rango, sino la eficacia de las normas que se expiden, ya que tanto los decretos que expide el Presidente, como los acuerdos del CSG y la SSa, tienen su fundamento en la competencia que les atribuye una ley secundaria. Sin embargo, se puede decir que se produce una alteración del sistema de fuentes, en la medida en que

---

[29] Véase artículo 2º del Acuerdo por el que se declara como emergencia sanitaria por causa de fuerza mayor, a la epidemia de enfermedad generada por el virus SARS-CoV2 (COVID-19). Publicado en el DOF el 30 de marzo de 2020.

[30] Reglamento Interior del Consejo de Salubridad General publicado en el DOF el 11 de diciembre de 2009.

[31] Decreto por el que se declaran acciones extraordinarias en las regiones afectadas de todo el territorio nacional en materia de salubridad general para combatir la enfermedad grave de atención prioritaria generada por el virus SARS-CoV2 (COVID-19). DOF 27 de marzo 2020.

[32] Artículo 183 de la LGS.

se confiere un alcance especial a los acuerdos emitidos por la autoridad sanitaria, que son disposiciones de carácter concreto.

La competencia normativa en materia de salubridad general es exclusiva de la Federación, aunque su operación sea concurrente, por lo que la función normativa en esta materia se realiza conforme a la LGS que establece la subordinación normativa de las entidades federativas. Esta subordinación se acentúa en una situación de emergencia sanitaria, ya que la toma de decisiones se centraliza conforme a lo previsto en la Constitución, por lo que la acción de las entidades federativas debe subordinarse a las directivas de la autoridad federal.

Las reglas extraordinarias en caso de emergencia sanitaria se justifican en el riesgo que para la salud representa una epidemia, lo que hace necesaria una pronta respuesta por parte de la autoridad, y la reacción de la autoridad administrativa se considera como más pronta que la del poder Legislativo, por lo que excepcionalmente se modifica la fuerza de las normas que emiten la SSa y el CSG. Esto no exime, sin embargo, de la responsabilidad que deriva del uso de las facultades extraordinarias.

Así, aunque el federalismo implica que el ejercicio de la competencia normativa de las autoridades federales debe respetar el ámbito de las potestades de las entidades federativas, debido a la emergencia y por disposición de la Constitución, éstas deben someterse a las disposiciones federales en los términos previstos en la LSG. En consecuencia, cualquier acto normativo que expida la autoridad local una vez declarada la emergencia sanitaria debe ajustarse a las directivas de la autoridad federal, incluso en el ámbito que ordinariamente podría considerarse como parte de la salubridad local.

Capítulo séptimo

¿ELECCIONES EN ESTADOS DE EMERGENCIA SANITARIA?

LA VOTACIÓN EN LOS TIEMPOS DEL VIRUS

Héctor Pérez Bourbon[*]

Sumario: I. *Introducción*. II. *Qué está sucediendo en el mundo*. III. *La situación en Argentina: pasado, presente y eventual futuro*. IV. *Algunas ideas a modo de conclusión*.

I. Introducción

Sin duda la epidemia de coronavirus o COVID-19 ha revolucionado y sigue revolucionando la totalidad de las actividades humanas. Afecta la economía, la educación, la medicina, el deporte, la cultura, el turismo e inclusive —y basta para ello ver lo que sucede, por ejemplo, en el Vaticano— la religión. La política no podía quedar fuera de la vorágine en que nos envuelve esta desgraciada cuanto inesperada pandemia.

Vemos así cómo desde los poderes ejecutivos se hacen mucho más frecuentes las reuniones de conciliación de los intereses a veces opuestos que administran las diferentes áreas de gobierno. En la crisis, el equilibrio entre la economía y la salud, entre la producción y la acción social, entre la seguridad y la libertad se torna más difícil; hay que manejarse con una motricidad fina de la que usualmente puede prescindirse en tiempos de normalidad pero que en estas circunstancias no permiten ningún margen para el error. Los poderes judiciales han debido adecuarse a este nuevo escenario y dejar de lado, en buena medida, esa cultura del papel escrito que suele reinar en el ambiente tribunalicio y que requiere, por su misma naturaleza, la concurrencia personal de letrados y empleados.

No le han ido en zaga los parlamentos —congresos nacionales, legislaturas locales y concejos deliberantes o municipales— y con

---

[*] Abogado (UBA). Se desempeña en el ámbito público desde hace más de treinta años, tanto en cuerpos legislativos como en el Poder Ejecutivo. Docente de Derecho Constitucional, Derecho Parlamentario y Administración Pública. Autor de libros y artículos sobre esta temática Socio Fundador del Instituto Ciencia y Técnica Legislativa. Socio fundador de la Asociación Argentina de Derecho Parlamentario. Integrante del Subcomité de Calidad Legislativa del Instituto Argentino de Normalización y Certificación (IRAM).

más presteza que lo que podía suponerse se zambulleron en la tecnología a efectos de lograr sustituir las sesiones formales de los recintos por reuniones virtuales a través de modernos medios de computación y de comunicación en general.

Se ha dicho que la política es el arte y la ciencia de gobernar un Estado o sea ejercer el gobierno. Pero ello implica, en las democracias, que alguien haya definido previamente quién o quiénes serán los que se sentarían en los sillones de los gobernantes. Esta definición de quiénes serán los que gobiernan no es estrictamente política sino pre-política pero si la política se ve afectada, fácil es suponer que también lo estará la "pre-política", o sea, el sistema electoral.

En este trabajo me propongo aportar algunas reflexiones jurídicas a este dilema: qué hacer con los procesos electorales en tiempos de pandemia.

II. Qué está sucediendo en el mundo

Los primeros casos de coronavirus o COVID-19 se detectaron en China a fines de 2019 pero la enfermedad avanzó tan rápidamente que a los tres meses, el 11 de marzo de 2020, la Organización Mundial de la Salud la declaró pandemia. Hace seis meses, en consecuencia, que el planeta se halla sumergido en esta amenaza.

En ese semestre muchos países han debido decidir qué hacían en relación con la posibilidad de llevar a cabo o no las elecciones que sus respetivos sistemas jurídicos requerirían. El comportamiento fue —y es— bastante dispar.

Qué es lo que efectivamente sucede en los distintos países no es sencillo de determinar por cuanto la dinámica de la enfermedad produce que las decisiones acerca de realizar las elecciones o no realizarlas vayan variando día a día con lo que resulta casi imposible saber con certeza qué es lo que está ocurriendo en cada caso. Con esta aclaración trataré de reseñar algunas situaciones que pueden observarse al respecto aunque es casi seguro que al momento en que esto se lea algunas cosas habrán cambiado.

1. *En Europa*

Los cinco países más castigados por la pandemia en cuanto a contagios son Gran Bretaña, España, Italia, Alemania y Francia. Me referiré sólo a los cuatro últimos ya que Gran Bretaña tuvo elecciones generales el pasado 12 de diciembre, con la pandemia aún muy lejana, y las elecciones municipales previstas para el 7 de mayo fueron postergadas hasta el año próximo.

A. *España*

En España estaban previstas elecciones autonómicas en Galicia y en el País Vasco para el 5 de abril ppdo. El Real Decreto 463/2020, de fecha 14 de marzo de 2020 estableció el estado de alarma en todo el territorio del país. Cabe mencionar que ese "estado de alarma" no es una mera declaración sino una medida de excepción que suspende derechos constitucionales, puntillosamente regulada en la "Ley Orgánica 4/1981, de 1 de junio, de los estados de alarma, excepción y sitio". Este Real Decreto, entonces, en su artículo 7 restringió la libertad de circulación de las personas lo que hacía imposible llevar a cabo esos comicios los que quedaron suspendidos sin fecha prevista de realización. En ambas comunidades las principales fuerzas políticas estaban de acuerdo en la inconveniencia de llevar adelante el proceso electoral sin "las debidas garantías, tanto para la salud pública como para el ejercicio del derecho de sufragio". Por ese motivo ese Decreto Real se acató, al principio, sin demasiados conflictos.

Ese estado de alarma, establecido originalmente por quince días, fue sucesivamente prorrogado. Pero hace pocos días la situación jurídica sufrió un giro al darse a conocer la Resolución del 6 de mayo de 2020, del Congreso de los Diputados, que autoriza la prórroga del estado de alarma hasta el 24 de mayo y luego el Real Decreto 514/2020, del 8 de mayo que efectiviza esa prórroga pero, además, introduce una modificación importante. Por un lado se aclara que "La vigencia del estado de alarma no supondrá obstáculo alguno al desenvolvimiento y realización de las actuaciones electorales precisas para el desarrollo de elecciones convocadas a Parlamentos de comunidades autónomas". Y además agrega que "El Gobierno, durante la vigencia del estado de alarma, dispondrá lo oportuno para que el servicio público de correos, los fedatarios públicos y demás servicios de su responsabilidad coadyuven al mejor desenvolvimiento y realización de elecciones convocadas a Parlamentos de Comunidades Autónomas".

Al momento en que esto se escribe es imposible saber qué es lo que sucederá con esas elecciones.

B. *Italia*

Italia tenía previsto un referéndum para la reforma constitucional que debía celebrarse el 29 de marzo ppdo. El 5 de marzo el Consejo de Ministros decidió posponerlo; el Primer Ministro, Giuseppe Conte, anunció esa postergación al tiempo que agregó: "No tenemos por ahora una nueva fecha. Se trata de un aplazamiento 'sine die'". No obstante se decidió que sí se harían las elecciones suplementarias al Senado en la región de Umbria el 8 de ese mes; estas elecciones tuvieron una gran deserción por parte de las autoridades de mesa, causada por el temor al contagio, a pesar de que se había previsto un estricto protocolo de seguridad en tal sentido: adecuación del local electoral asegurando distancia mínima de un metro entre los miembros de la mesa y fiscales; ventilación del local de diez minutos cada hora; distribución de líquidos desinfectantes para higiene de las manos de autoridades y ciudadanos; control de entrada y permanencia de electores en el local y desinfección de los locales al finalizar la jornada electoral según recomendaciones de la Organización Mundial de la Salud (OMS).

C. *Francia*

En Francia se desarrollaron las elecciones municipales, primera vuelta, el domingo 15 de marzo. Dos semanas antes en Francia había 100 contagiados y dos muertos, a la semana habían aumentado considerablemente y el día de las elecciones la cifra de contagiados era de 4.500 y los fallecidos sumaban cerca de 100. Esta repentina escalada de la epidemia produjo mucho temor en la población y fue así que la abstención fue del 55%: más de la mitad de la gente no quiso concurrir a votar. Ante esto el presidente Emmanuel Macron decidió suspender la segunda vuelta electoral prevista para el domingo siguiente, 22 de marzo. El Primer Ministro, Édouard Philippe, hizo una propuesta de realizarla el 21 de junio pero no hay nada resuelto aún por cuanto las normas legales vigentes establecen que la segunda vuelta debe tener lugar una semana después de la primera, por lo que hay juristas que sostienen que esa postergación haría caer la validez de la primera vuelta y debería retomarse el procedimiento completo.

D. *Alemania*

Cuando el 23 de febrero de este año tuvieron lugar las elecciones locales en Hamburgo no había en ese país una preocupación declarada por el COVID ya que recién tres semanas después se registraron 3 muertos por esa causa.

Tomaré entonces como objeto de análisis las elecciones desarrolladas en Baviera: el 15 de marzo la primera vuelta y el 29 de marzo la segunda. Las elecciones que se realizaron en esas fechas fueron elecciones locales en las que se eligió una considerable cantidad de cargos: más de 40.000.

En la primera vuelta, aunque se aceptó el voto por correo, la elección se llevó a cabo en forma preponderantemente presencial por lo que se instó mucho a la población a concurrir al comicio. Así, por ejemplo, el alcalde de Múnich, el socialdemócrata Dieter Reiter, publicó en su cuenta de Facebook: "Por favor, vaya a votar a pesar de la situación actual. En el colegio electoral hay a disposición lavamanos y jabón. Los voluntarios tienen la posibilidad de desinfectarse las manos. Naturalmente puede traer usted su propio bolígrafo. No tenga miedo, haga uso de su derecho a voto". La segunda vuelta, se realizó exclusivamente por correo, con lo que aumentó la participación ciudadana.

2. *En América del Norte*

Los países vistos hasta ahora tienen sistemas de gobierno parlamentaristas en los cuales los plazos de los mandatos suelen ser más flexibles.

En América, en cambio, priman los sistemas presidencialistas, usualmente con plazos más rígidos en la duración de los mandatos. A modo de ejemplo, la Constitución argentina establece que: "El Presidente de la Nación cesa en el poder el mismo día en que expira su período de cuatro años; sin que evento alguno que lo haya interrumpido, pueda ser motivo de que se le complete más tarde".

Aún así la decisión del aplazamiento o no de las elecciones previstas para esta época de pandemia no ha tenido características uniformes. Veamos

A. *Estados Unidos*

Estados Unidos —el país más castigado por la enfermedad, con casi un tercio del total mundial de infectados y más de un cuarto de los fallecimientos— debe elegir su presidente este año: la constitución norteamericana establece expresamente que el mandato del presidente y el del vicepresidente finalizan al mediodía del 20 de enero. Los comicios están previstos para el 3 de noviembre. No olvidemos que, además, la población de Estados Unidos equivale a la suma de los cinco países más arriba mencionados.

Es en este contexto, entonces, en el que tendrá lugar esa elección presidencial que está precedida de una serie de elecciones primarias, en distintos estados, donde los simpatizantes de cada partido van votando para seleccionar al candidato que propondrá ese partido para la contienda presidencial. La cultura política y electoral de Estados Unidos le asigna una gran importancia a estas elecciones primarias, las que suelen plantearse en un cronograma muy escalonado. El del partido demócrata, por ejemplo, comenzó el 3 de febrero en el estado de Iowa y se extendería hasta el 27 de junio con la primaria de Kentucky. Por su parte, el Comité Nacional Republicano, en febrero de 2019, decidió su incondicional apoyo al presidente Trump; ante ello los comités estatales de Kansas, Carolina del Sur, Arizona y Alaska decidieron en septiembre cancelar sus primarias. Estas primarias más reducidas, entonces, comenzaron también el 3 de febrero en Iowa pero ante los contundente triunfos que va logrando Trump en las primarias que se han realizado hasta ahora habrá que ver cuántos estados deciden continuar con estas elecciones en la fecha prevista, postergarlas o directamente suprimirlas; de hecho Connecticut, Kentucky, Georgia, Maryland, Louisiana y Ohio ya las pospusieron hasta junio.

En algunos casos hubo idas y vueltas como en Ohio, por ejemplo, donde el gobernador (republicano) Mike DeWine buscó el apoyo judicial para postergar las elecciones a lo que el juez Richard Frye se negó, argumentando el decidir sobre la cuestión "establecería un precedente terrible"; no obstante, pocas horas antes de que comenzaran los comicios el gobernador decidió posponerlos.

En el estado de Nueva York, en cambio, la junta electoral, por los riesgos que el COVID podía entrañar en las votaciones, canceló las elecciones primarias demócratas para la presidencia, previstas para el 23 de junio, considerándolas innecesarias tras la retirada de la carrera presidencial de Bernie Sanders. Pero la Corte Federal de Manhattan dictaminó que ello era inconstitucional y ordenó restaurar los comicios para esa fecha, 23 de junio. Pero más allá de estas elecciones ambos partidos toman la definición final en asambleas o convenciones (en este caso previstas ambas para agosto) a las que concurren los delegados elegidos en las primarias (casi 4.000 para el partido demócrata y más de 2.500 para el republicano) y, además, una gran cantidad de simpatizantes, del orden de 50.000 asistentes. En época de pandemias estas aglomeraciones inusitadas de gente no son cuestiones sencillas de manejar.

El futuro próximo, como vemos, se avecina considerablemente complejo. Si bien en el renombrado "supermartes" del 3 de marzo concurrieron a votar varios miles de ciudadanos de 14 o 15 estados, ello fue antes de la declaración de pandemia por parte de la OMS y cuando Estados Unidos llevaba sólo nueve fallecidos. Pero un mes más tarde, cuando se realizaron en Wisconsin las primarias el 7 de abril, el país ya llevaba 12.000 infectados; luego del comicio se supo que la cantidad de infectados había aumentado sensiblemente y, aunque es imposible saber si el contagio se debió a las elecciones o no, aumentó sensiblemente el temor de la población que cada vez con más fuerza clama por elecciones que sean exclusivamente por correo; es ésta una modalidad ya instalada en Estados Unidos por lo que tal vez no le sea demasiado complicado imponerla como única modalidad de votación. Han decidido o están decidiendo esa variante, entre otros, el estado de Maryland.

Habrá que ver si esta forma de votación puede aplicarse o no en la elección presidencial del próximo 3 de noviembre. Se calcula que este cambio en la modalidad de votación llevaría implícito, además del tiempo de preparación, un gasto del orden de los 500 millones de dólares.

B. *México*

Para el corriente año sólo tenían previsto elecciones locales el estado de Hidalgo y el de Coahuila de Zaragoza. Pero el 1° de abril de 2020 el Consejo General del Instituto Nacional Electoral resolvió posponerlas estableciendo que "una vez restablecidas las condiciones de seguridad sanitaria y en atención a la información que proporcione la Secretaría de Salud y a las medidas que determine el Consejo de Salubridad General, este Consejo General determinará la fecha para celebrar la Jornada Electoral". Habrá entonces que esperar.

3. *En el Cono Sur de América*

En el extremo sur del continente la situación se presenta bastante distinta.

Frente a los 25 fallecidos por cada 100.000 habitantes en Estados Unidos o los 39 para el promedio del grupo de Europa Central podría pensarse que el índice de 4,5 en el Cono Sur Americano influiría poco en lo vinculado a la posibilidad de realizar las elecciones pero ello no fue ni es así. La prudencia por parte de las autoridades y el temor por parte de la población se unieron dando como resultado que todos esos países sufrieran modificaciones en sus respectivos calendarios electorales.

A. *Bolivia*

El país está en un estado de transición institucional por la acefalía en que se encontró a causa de la revuelta popular apoyada por sectores de las fuerzas armadas que culminaron con el alejamiento del presidente Evo Morales y la asunción como presidente interina de la senadora Jeanine Áñez. El 10 de noviembre de 2019 Morales, pocas horas antes de abandonar el gobierno, convocó a elecciones generales que debían celebrarse el 3 de mayo de 2020, lo que fue ratificado casi de inmediato por la presidente interina.

Por causa de la pandemia el Tribunal Superior Electoral (TSE) las aplazó para el domingo 17 de mayo pero luego, nuevamente como una medida para salvaguardar la salud de la población, propuso una nueva fecha tentativa entre el 7 de junio y el 6 de septiembre.

No se sabe realmente qué irá a pasar con los comicios porque a las cuestiones debidas al COVID se suman los desencuentros y enfrentamientos entre los distintos sectores políticos.

B. *Brasil*

La situación de Brasil en lo referente a la epidemia de coronavirus es realmente preocupante: luego del primer caso de contagio detectado el 25 de febrero pasó a tener a los treinta días casi 3.000 y un mes después los contagios superaban los 60.000 casos. A este momento las cifras superan los 240.000 contagiados y los 15.000 muertos.

Esta fulminante expansión de la pandemia produjo una crisis política que se entremezcla con las elecciones municipales originalmente previstas para el 4 de octubre —con una eventual segunda vuelta para el 25— en las que 150 millones de electores definirían las autoridades de los más de 5.000 municipios del país.

El domingo 22 de marzo durante una videoconferencia con alcaldes, en Brasilia, promovida por el Frente Nacional de Alcaldes el ministro de Sanidad, Luiz Henrique Mandetta, sostuvo la conveniencia del aplazamiento de las elecciones: "Hay que prorrogar provisionalmente el mandato de alcaldes y concejales. La elección será una tragedia porque todos van a querer hacer campaña política. Sé lo que digo porque soy político", dijo. Sin embargo, el presidente de la Cámara de los Diputados, Rodrigo Maia, manifestó su desacuerdo con el ministro.

No había transcurrido un mes cuando el mismo ministro, firme defensor de la cuarentena, anunció que el presidente lo había destituido del cargo.

Como vemos el COVID-19 ha desbordado lo específicamente sanitario y ha alcanzado a los tironeos políticos de las distintas líneas ideológicas sin haberse resuelto aún, en definitiva, la postergación o no de las elecciones.

C. *Chile*

Las críticas a la constitución chilena aprobada en 1980 durante la dictadura de Augusto Pinochet comenzaron de inmediato y continuaron durante cuarenta años a pesar de la reforma que tuvo lugar en 2005. Estas críticas, tanto a su contenido cuanto a su legitimidad, eclosionaron en la revuelta popular de octubre de 2019. En este contexto el presidente Sebastián Piñera dejó de lado cierta reticencia que había mostrado desde su asunción a la presidencia en lo relativo a la reforma constitucional y aprobó, a principios de noviembre, comenzar el proceso que desembocaría en la reforma de la constitución a través de un mecanismo que incluye un plebiscito el que se celebraría el 26 de abril.

A causa de la pandemia el Congreso resolvió posponer la fecha el plebiscito para el domingo 25 de octubre, las primarias de alcaldes y gobernadores para el 29 de noviembre; las elecciones de alcaldes, concejales, gobernadores regionales y convencionales constituyentes para el 11 de abril de 2021 y la eventual segunda vuelta de gobernadores para el 2 de mayo de ese año.

No es fácil aventurar que sucederá finalmente por cuanto aunque Chile ha logrado mantener un índice muy bajo de fallecidos en relación con los contagiados éstos ya suman 40.000 al momento en que esto se escribe. La cifra, aunque puede parecer alta, está relacionada con la cantidad de testeos, casi 350.000, que se han realizado a la fecha, siendo el país con más testeos por cada millón de habitantes en toda América Latina.

D. *Paraguay*

El calendario electoral de Paraguay para el corriente año preveía la realización de las internas partidarias para el 12 de julio y las elecciones municipales generales, para el 8 de noviembre de este año.

Aunque con rígidas medidas preventivas el país logró mantener cifras de contagio y de fallecidos sensiblemente bajas —respectivamente, menos de 750 y 11 para sus 7 millones de habitantes— el

Tribunal Superior de Justicia Electoral modificó el calendario trasladando al 2 de agosto las internas y al 28 del mismo mes las generales. Esta postergación se consideró insuficiente pero para una ampliación mayor del plazo se requería modificar el código electoral ya que si bien es atribución del TSJE la fijación del calendario electoral debe hacerlo dentro de los plazos que el Código establece.

Por tal motivo se propició una ley que permitiera llevar las fechas de elecciones hasta un año más adelante de lo originalmente previsto. El proyecto, que prevé también la prórroga por un año de los actuales mandatos para evitar una generalizada acefalía, fue aprobado en el Senado pero la sanción de la Cámara de Diputados incorporó que los mandatos de las autoridades que surjan de esas elecciones postergadas en un año, se acortarán también en un año por lo que el proyecto volvió al Senado.

Todo hace pensar que la ley terminará aprobándose en lo relativo a la prórroga de mandatos actuales y la postergación de las elecciones por un año ya que el consenso en ese aspecto es total. Sólo habrá que ver cuánto durarán esas nuevas futuras autoridades pero esa cuestión es ajena a nuestro análisis.

Como interesante nota de color merece destacarse que los recursos presupuestarios asignados a la Justicia Electoral para la organización y realización de las elecciones fueron reprogramados a otras instituciones públicas para la atención de la emergencia sanitaria. Esto, de por sí e independientemente de cualquier consideración de orden jurídico, constituye una imposibilidad de hecho para la realización de cualquier tipo de sufragio de carácter nacional.

E. *Uruguay*

En Uruguay debían celebrarse elecciones departamentales y municipales el domingo 10 de mayo de este año. En cada uno de los 19 departamentos se elegiría al intendente y 31 ediles y en cada municipio un alcalde y 4 concejales: 19 intendentes, 589 ediles, 112 alcaldes y 448 concejales en total.

Pero casi inmediatamente después de que se detectara el primer caso de contagio, el 16 de marzo de 2020, la Corte Electoral comunicó a los partidos políticos que "no puede asegurar el normal desarrollo del proceso y la jornada electoral del 10 de mayo de 2020".

Ante esto, y con total acuerdo de los sectores políticos, se sancionó y promulgó la ley N° 19.875 que por su artículo 2° faculta la Corte Electoral "a prorrogar en este caso y por única vez la fecha de las elecciones departamentales y municipales, no más allá del domingo 4 de octubre de 2020".

Sobre esta base la Corte Electoral, mediante la Circular N° 10.853, del 17 de abril, resolvió postergar las elecciones para el 27 de setiembre.

III. La situación en Argentina: pasado, presente y eventual futuro

En mi país, Argentina, hubo en el pasado otras epidemias: fiebre amarilla, con distintos brotes en la segunda mitad del siglo XIX; cólera, originalmente traída por los soldados que volvían de la (en mi opinión, vergonzosa) guerra del Paraguay y que entre sus víctimas se cobró la vida del vicepresidente en ejercicio de la presidencia, Marcos Paz, en 1862; la gripe española, luego de la primera guerra mundial, aunque devastadora en otras partes del mundo de escasa relevancia en Argentina; y a mediados del siglo XX la epidemia de poliomielitis o parálisis infantil, en el primer semestre de 1956, que produjo, entre otras cosas, que el comienzo de las clases primarias y secundarias se postergara dos, tres o cuatro meses, dependiendo de la zona.

Sin embargo, ninguno de estos casos nos facilita precedentes en el tema en estudio por lo siguiente: *a)* en Argentina hasta la ley 8.871 (Ley Sáenz Peña), de 1912 las elecciones no eran obligatorias; *b)* la epidemia de gripe española no parece haber traído problemas en las elecciones legislativas de 1918 y 1920 dado que el número de votantes se mantuvo en los mismos parámetros que las elecciones presidenciales de 1916; *c)* la epidemia de poliomielitis se produjo durante la dictadura de Pedro E. Aramburu e Isaac F. Rojas, sin elecciones e inclusive con muchas restricciones a la libertad ambulatoria.

Tampoco interfiere la actual pandemia con las elecciones por cuanto el año pasado se definieron el país todos los cargos electivos a nivel nacional, provincial y municipal, tanto de los ejecutivos cuanto de los legislativos... con la "excepción que confirma la regla", la ciudad de Río Cuarto.

Río Cuarto con alrededor de 160.000 es la segunda ciudad en importancia en la Provincia de Córdoba. En 1999 se aprobó la ordenanza 1202/99 por la que, mediante el sistema de enmiendas, se modificó la Carta Orgánica en lo referente a las fechas de elecciones locales a fin de que "las elecciones para cargos electivos municipales sean totalmente separadas de otro tipo de elecciones". Esta enmienda, aprobada en el plebiscito del 28 de noviembre de ese año, estableció que "Los mandatos del Intendente Municipal, de los Concejales y de los Miembros del Tribunal de Cuentas que asuman en sus cargos en el mes de diciembre de 1999 se extinguirán el primer día hábil del mes de julio del año 2004". Con los sucesivos períodos de cuatro años los mandatos de las autoridades actuales finalizan el 1 de julio del corriente año.

Por las restricciones impuestas por la pandemia el intendente Juan Manuel Llamosas decidió suspender las elecciones municipales que se tenían previstas para el 29 de marzo e informó a la población que probablemente "la fecha sería el próximo 27 de septiembre, una vez finalizado el periodo invernal".

Pero el problema se presenta por cuanto el artículo 55 de la Carta Orgánica establece que los mandatos de cuatro años de intendente y concejales "cesan el mismo día en que expira ese plazo". En consecuencia el gobierno municipal quedaría acéfalo lo que daría lugar a la aplicación del artículo 193 de la constitución provincial que establece que "En caso de acefalía total de los Municipios, la Legislatura, con los dos tercios de sus votos, declara la intervención, por un plazo no mayor de noventa días, y autoriza al Poder Ejecutivo Provincial a designar un comisionado para que convoque a nuevas elecciones para completar el período. El Comisionado sólo tiene facultades para garantizar el funcionamiento de los servicios públicos". Esta posible intervención provincial es resistida por un sector del arco político por cuanto se aduce que "en medio de la crisis sanitaria más grave del último siglo, Río Cuarto tendría una autoridad elegida a dedo y con facultades mínimas para ejercer el cargo". Habrá que ver cómo se resuelve.

Aun cuando, como vemos, la situación actual, no sea comprometida en mi país, salvo lo referido a Río Cuarto, entiendo que sería bueno reflexionar sobre escenarios que, aunque desagradables, la realidad muestra que son posibles y ver cómo deberíamos "abrir el paraguas" si, Dios no lo permita, llegara a suceder nuevamente.

En Argentina hay una gran cantidad de actos electorales ya que además de las primarias obligatorias a nivel nacional y en algunas de las veinticuatro provincias que componen el país en algunos casos el sistema exige una eventual segunda vuelta. A veces, además, se desdoblan las elecciones nacionales de las provinciales por lo que en algunas ocasiones hemos debido concurrir a las urnas hasta cinco o seis veces en el mismo año. Por si ello fuera poco desde el fondo de nuestra historia nos viene la costumbre de que las elecciones se realicen en un sólo día; la reglamentación establecida por el Segundo Triunvirato el 24 de octubre de 1812 para la elección de representantes a la Asamblea General Constituyente prescribía que las elecciones se harían "en el mismo día, y si es posible en una misma hora en todos los cuarteles".

En estas condiciones la acumulación de personas en los lugares de votación es no sólo de relativa magnitud sino también frecuente.

Por otro lado si repasamos la secuencia de acciones en un sistema de votación con ensobrado de boletas e introducción del sobre en una urna podemos distinguir los siguiente posibles puntos de contagio: 1. Acomodación de mesas y sillas y adecuación del cuarto oscuro; 2. Manipuleo y traslado de padrones, sellos, lapiceras, boletas, urnas, etc.; 3. Autoridades de mesa y fiscales tomando contacto con ese material; 4. Colocación de los padrones en lugares visibles para su exhibición; 5. Identificación de los fiscales de mesa: *a)* Necesidad de quitarse el barbijo y *b)* Entrega y recepción del documento y constancia de su condición de fiscal; 6. Acumulación de personas en el local; 7. Identificación del votante en la mesa: *a)* Necesidad de quitarse el barbijo y *b)* Entrega y recepción del documento; 8. Firma del sobre por la autoridad de mesa y los fiscales; 9. Entrega del sobre al votante; 10. Manipuleo, por parte del votante, del sobre y las boletas de votación; 11. Introducción del sobre en la urna donde entra en contacto con otros sobres; 12. Entrega al votante de la constancia de voto y devolución del documento; 13. Verificación y eventual reemplazo de boletas por parte de los fiscales; 14. Apertura de urna por las autoridades de mesa al fin del comicio; 15. Apertura de los sobres y manipuleo de las boletas; 16. Confección del acta o las actas por parte de la autoridad de mesa; 17. Firma del acta por autoridades y fiscales; 18. Introducción de boletas, sobres, actas, etc. en la urna; 19. Faja de seguridad a la urna, firmada por las autoridades y los fiscales; 20. Preparación del sobre especial, lacrado y firmado; 21. Entrega de la urna y el sobre al empleado del correo; 22. Recepción de la constancia de entrega; 23. Confección y firma del telegrama en formulario especial; 24. Entrega del telegrama al empleado de correo; 25. Remisión del telegrama a la Dirección Nacional Electoral.

En este punteo me he circunscripto a lo que sucede en la mesa de votación sin tener en cuenta las acciones previas de preparación y traslado del material y de las urnas como las posteriores de traslado de urnas con votos y eventual revisión y recuento de todas o algunas de ellas. Si consideramos todo ello la cantidad de puntos posibles de contagio subiría sensiblemente.

Frente a este panorama, ¿qué puede hacerse?, ¿cómo prepararse? En mi opinión habría dos modos de aprestarse para estar en condiciones de sortear estos contratiempos imprevistos; dos modos que, en rigor, no son alternativos sino complementarios.

Por un lado tomar medidas que minimicen los riesgos de puntos de contagio ya descriptos, en el caso de que se pudiera igualmente hacer elecciones. No trataré este tema por cuanto se trata de cuestiones de instrumentación.

Sí me detendré en otro aspecto: cómo elaborar un andamiaje jurídico-institucional que posibilite la continuidad del gobierno en caso de que la realización de elecciones fuera totalmente desaconsejable o aún imposible de llevar adelante.

IV. Algunas ideas a modo de conclusión

En Argentina la acefalía presidencial se rige actualmente por la ley 20.972, modificada por la ley 25.716 que establece que la línea sucesoria por acefalía corresponde al presidente provisorio del Senado, luego al presidente de la Cámara de Diputados y luego al presidente de la Corte Suprema de Justicia hasta tanto el Congreso reunido en Asamblea, haga la designación de quien habrá de desempeñar la presidencia, "hasta que haya cesado la causa de la inhabilidad o un nuevo presidente sea electo". Esa designación requiere el voto de la mayoría absoluta de los presentes y debe recaer en un senador nacional, un diputado nacional o un gobernador de provincia. Pero las hipótesis de acefalía previstas en la Constitución son sólo destitución, muerte, dimisión o inhabilidad; no supone otras posibilidades.

La ley actual reemplazó a la ley 252 dictada "de apuro" por causa de la ya mencionada muerte del vicepresidente en ejercicio de la presidencia en 1862; las hipótesis de acefalía y la línea sucesoria eran las mismas que en la actual.

Sin embargo se aplicó en 1962 aunque la causa de la acefalía no era una de las previstas sino un golpe militar que ocasionó la destitución de facto y la reclusión en la isla Martín García del presidente constitucional, Arturo Frondizi, quien nunca renunció; este virtual secuestro del presidente y la consecuente imposibilidad de gobernar se consideró motivo suficiente para aplicar la ley. Como el vicepresidente había renunciado tiempo atrás asumió la presidencia el presidente provisorio del Senado, José María Guido.

La hipótesis de vencimiento del mandato, entonces, también podría considerarse incluida entre las causas de aplicación de la ley de acefalía.

No obstante, surge otro problema y es que en muchos casos también caducan los mandatos de legisladores que son quienes deben designar al nuevo presidente.

El problema no parece insoluble por cuanto en el Congreso Nacional de Argentina los mandatos son escalonados con lo que al finalizar el plazo continúan aún vigentes los mandatos de la mitad de la Cámara de Diputados y dos tercios del Senado. La Asamblea Legislativa, entonces, conserva el quórum necesario para tomar decisiones.

Y más allá de eso también existen antecedentes en la historia política del país de prórrogas de mandatos legislativos. Así, la ley 11.594 en 1932, estableció que el mandato de los legisladores que habían asumido el 20 de enero quedaría prorrogado para hacer coincidir la finalización del período con la fecha de renovación habitual de las cámaras el 1º de mayo. Algo semejante sucedió en 1854, gobierno de Urquiza, y en 1963, gobierno de Illia, pero en ambos casos los mandatos no se prorrogaron sino que se acortaron.

Por último, también existen antecedentes de prórroga del mandato presidencial más allá de los cuatro años: la disposición transitoria décima de la Constitución Nacional que estableció que el mandato del presidente que asumiera el 8 de julio de 1995 se extinguiría el 10 de diciembre de 1999; también se consideró que el período de presidencia de Néstor Kirchner desde el 25 de mayo hasta el 10 de diciembre de 2003 era complementario del período anterior y los cuatro años se computaron a partir de esta fecha.

En consecuencia, plantear una prórroga excepcional de mandatos sustentada en una situación también excepcional no parece un dislate jurídico.

Sí considero que sería conveniente que este tipo de soluciones extraordinarias sólo pudieran tomarse con acuerdos políticos muy amplios. Si bien la máxima representación del pueblo está en el Congreso no debe olvidarse el carácter federal del país. Tal vez podría incluirse, entonces, la aprobación de las provincias para lograr salir del atolladero.

En resumen, podría plantearse un esquema como el siguiente:

1) Declaración del estado de emergencia institucional —que implica la suspensión de los comicios y la prórroga de los mandatos de los legisladores— decidida por el Congreso con una mayoría de tres cuartas partes del total de cada cámara.
2) Ratificación de esa declaración por un mínimo de dieciséis provincias dentro de los quince días de aprobada.
3) Designación por parte del Congreso reunido en Asamblea de la persona que ejercerá el cargo de presidente. La designación debe recaer en un legislador nacional o un gobernador de provincia en ejercicio o en el mismo presidente cuyo mandato vencería.

4) Esta designación se efectúa por mayoría simple de la Asamblea; si se designa al presidente en ejercicio se requiere dos tercios de los votos.
5) La declaración de emergencia institucional debe fijar un plazo, transcurrido el cual, si persistiera la imposibilidad de realizar las elecciones, deberá reiterarse el procedimiento.

Son, como dije, sólo ideas que deberían pulirse en forma detallada. Pero considero que podría ser una primera puntada para buscar una solución a un problema que, como se ha visto, ha sacudido y está sacudiendo las estructuras institucionales y políticas de buena parte de los países del orbe.**

** Quiero dejar sentado mi agradecimiento a Rolando Magno Duarte Mussi y a Ma rio Navarro quienes me brindaron información valiosa sobre los casos de Paraguay y Río Cuarto, respectivamente. También quiero agradecer a mi amigo, el Ingeniero Nicolás Rona, Gerente de Calidad de la Comisión Nacional de Energía Atómica, quien me explicó con gran claridad que alguna idea que tenía yo acerca de la posibilidad de desinfectar las urnas de votación era de una realización casi imposible por lo que opté por desecharla.

EMERGENCIA SANITARIA Y SUSPENSIÓN DE ELECCIONES

Ángel J. Sánchez Navarro[*]

Sumario: I. *Introducción: elecciones y situaciones de emergencia.* II. *Elecciones en caso de emergencia sanitaria: efectos electorales de la COVID-19.* III. *Retraso o suspensión electoral: supuestos y régimen jurídico aplicable.* IV. *La suspensión de las elecciones en España.* V. *Consideraciones finales.*

I. Introducción: elecciones y situaciones de emergencia

Es casi un lugar común afirmar que las elecciones constituyen la principal liturgia democrática. Y como toda liturgia, su existencia sólo tiene sentido en el ámbito de lo público.[1] En efecto, en el momento electoral *"se reproduce periódicamente la constitución política de la sociedad"*; o, dicho en otros términos, "la sociedad se constituye políticamente... crea[ndo] una auténtica voluntad que sólo puede ser una voluntad política".[2]

---

[*] Catedrático y Director del Departamento de Derecho Constitucional de la Universidad Complutense, y miembro del Comité Científico de la Fondation Robert Schuman (París). Profesor Visitante en las Universidades de París-2 y Grenoble-Alpes; miembro suplente de la Comisión de Venecia del Consejo de Europa y ex-Subdirector General del Centro de Estudios Políticos y Constitucionales.

[1] De hecho, como recoge el *Diccionario de la Real Academia Española,* el término "liturgia" procede del término griego *"leitourgía"*, que desde Atenas designaba algún tipo de "servicio público" ("cumplir deberes públicos, servir al Estado": *A Greek-English Lexicon,* Oxford University Press, 1983, 9ª ed., reimp., p. 1.036). De ahí que, aunque su uso más habitual aluda al culto religioso, la voz conserve su (segunda) acepción, más fiel a sus orígenes, de "ritual de ceremonias o actos solemnes no religiosos".

[2] Pérez Royo, Javier, *Curso de Derecho Constitucional*, Madrid, Marcial Pons, 2002 (8ª ed.), pp. 673-674 (cursivas en el original).

De esta manera, las elecciones democráticas desarrollan una función que "no es sólo... declarativa de una voluntad política preexistente, sino... auténticamente constitutiva de dicha voluntad política". Se configura así un sujeto político que, parafraseando una conocida expresión nacida con el pensamiento constitucional europeo, podría denominarse como "el pueblo en urnas".[3]

Obviamente, este sujeto y este momento se ven afectados cuando concurren circunstancias tan excepcionales que obligan a declarar alguno de los "estados de emergencia", entendidos —en un sentido genérico— como "situaciones que implican tanto una derogación de los estándares normales en materia de derechos humanos como alteraciones en la distribución de funciones y poderes entre los diferentes órganos del Estado".[4] Tales situaciones están previstas en los principales instrumentos internacionales de derechos humanos, que contienen una "cláusula derogatoria" aplicable en casos de emergencia: así, el Convenio Europeo de Derechos Humanos y Libertades Públicas permite tal derogación "en caso de guerra o de otro peligro público que amenace la vida de la nación" (artículo 15); el Pacto Internacional de Derechos Civiles y Políticos, "en situaciones excepcionales que pongan en peligro la vida de la nación" (art. 4); y la Convención Americana sobre Derechos Humanos, "en caso de guerra, de peligro público o de otra emergencia que amenace la independencia o seguridad del Estado".[5]

La Comisión de Venecia del Consejo de Europa recuerda que "no existe en el Derecho internacional ninguna regla formal que impida a los Estados celebrar elecciones o referéndums" en tales circunstancias, si bien diversas Constituciones prevén (permiten, y en algún caso imponen) un retraso de dichos procesos. Ello revela una lógica preocupación ante la posibilidad de que durante estos períodos los Estados no

---

[3] Sánchez Navarro, Ángel J., "Sistema electoral y nuevas tecnologías: oportunidades y riesgos para la legitimación democrática del poder", *Nuevas políticas públicas. Anuario multidisciplinar para la modernización de las Administraciones Públicas*, núm. 1, 2005, pp. 86 y 89.

[4] *Compilation of Venice Commission Opinions and Reports on States of Emergency* (en adelante, *Compilation:* CDL-PI(2020)003, en *https://www.venice.coe.int/webforms/documents/default.aspx-?pdffile=CDL-PI* (2020)003-e, p. 5). Véase Castellà Andreu, Josep Mª, "Compilación de la Comisión de Venecia de opiniones e informes sobre estados de emergencia", *Revista General de Derecho Constitucional*, número 32, 2020, p. 1.

[5] *Compilation...*, *op. cit.* (las citas literales han sido traducidas del texto inglés por el autor).

puedan garantizar el cumplimiento de los estándares internacionales y constitucionales en materia electoral, de modo que las limitaciones de los derechos civiles y políticos pongan en riesgo la naturaleza democrática misma de los comicios.[6]

En todo caso, y más allá de las previsiones genéricas sobre estados de emergencia, su específica incidencia electoral no parece haber suscitado excesiva atención: según la reiterada *Compilation*, "sólo unos pocos Estados miembros de la Comisión prevén en sus Constituciones o en su legislación la posibilidad de posponer elecciones en caso de un estado de emergencia; y otros pocos, en caso de desastres naturales u otras circunstancias extraordinarias". Previsiones que, añade, se han llevado a la práctica "ocasionalmente".[7]

II. Elecciones en caso de emergencia sanitaria: efectos electorales de la COVID-19

Como puede apreciarse en los textos internacionales anteriormente mencionados, entre las previsiones genéricas que abren la puerta a la declaración de estados de emergencia es usual encontrar la referencia a enfrentamientos bélicos. No lo es, sin embargo, la mención expresa de situaciones como la que actualmente afrontamos: una pandemia, frente la que no existe otro remedio —al menos, de momento— que el aislamiento personal y el mantenimiento de lo que ha venido a llamarse la "distancia social". Ello no obstante, y a la vista de la experiencia, cabría decir que pocas circunstancias son tan capaces como ésta de quebrar los cimientos democráticos hasta llegar a justificar la suspensión de esa "liturgia electoral". Porque, como la propia expresión apunta, ese a*isla*miento rehúye el ámbito de lo público y colectivo para buscar refugio en lo personal e individual, ocultando temporalmente a ese pueblo que sólo puede existir y actuar colectivamente y, por tanto, disolviendo el *demos* como sujeto político.

Por otra parte, tal vez no sea ocioso recordar que el mundo ha presenciado múltiples supuestos de elecciones desarrolladas en condiciones muy difíciles; sin embargo, la pandemia provocada por la Covid 19 ha puesto de manifiesto la práctica imposibilidad de desarrollar un proceso electoral mínimamente respetuoso con los estándares internacionales

---

6   *Ibidem*, pp. 27 y ss.

7   *Ibidem*, p. 31.

en la materia. De hecho, son decenas las elecciones pospuestas por esta causa: solo en Europa, el Consejo de Europa menciona las presidenciales polacas, dos legislativas y cinco locales o regionales (además de cuatro referéndums). Con una perspectiva más amplia la Fundación Internacional para los Sistemas Electorales (IFES, por sus siglas en inglés) enumera 60 países que han debido retrasar una o varias elecciones, normalmente con carácter indefinido.[8]

En este sentido, cabe recordar la distinción que hace el reiterado documento de la Comisión de Venecia al afirmar que "el legítimo propósito de mantener el orden constitucional puede justificar el retraso [*postponement*] de elecciones en situaciones excepcionales, tales como guerras o catástrofes naturales"; ahora bien, "en condiciones *muy* excepcionales, las autoridades pueden verse *obligadas* a posponer las elecciones".[9] Pues bien: los datos, que muestran la práctica desaparición de las elecciones en todo el mundo durante la pandemia, parecen dejar claro que ésta es indiscutiblemente una de esas situaciones "*muy* excepcionales", que no han dado lugar a ninguna opción, *obligando* a retrasar o suspender procesos electorales.

III. Retraso o suspensión electoral: supuestos y régimen jurídico aplicable

Hasta aquí hemos hablado genéricamente de los principales efectos (retraso o suspensión) de una circunstancia tan excepcional como la pandemia sobre las elecciones o referéndums. Ahora bien, a partir de esas reflexiones generales es preciso admitir que dichos efectos pueden proyectarse sobre situaciones distintas que, pese a presentar multitud de elementos comunes (incluyendo gran parte de su régimen jurídico) pueden dar lugar a respuestas jurídicamente diversas, y con diferente calado político y constitucional.

A) Así, en primer lugar, y atendiendo a la *naturaleza del proceso* afectado, hay que subrayar las diferencias que existen entre *referéndum y elecciones*. En particular, y en lo que aquí más

---

8 Véanse *https://www.coe.int/en/web/electoral-assistance/covid-19-response*; e IFES, *Elections Postponed Due to COVID-19 As of May 27, 2020;* disponible en *https://www.ifes.org/sites/default/files/elections_postponed_due_to_covid-19.pdf*.

9 *Compilation…, op. cit.*, p. 29; las cursivas han sido añadidas.

importa, el referéndum no es un mecanismo periódico, por lo que el momento de su realización es un elemento que *en principio* podría considerarse secundario o accidental.[10] A nuestros efectos, ello viene a suponer que retrasar o suspender un referéndum durante un cierto tiempo (siempre *en principio*) no parece afectar a sus requisitos esenciales ni implica un problema estructural que pueda repercutir sobre los fundamentos del régimen constitucional.[11] Dicho en otros términos, su suspensión o retraso es relativamente fácil e "indoloro" para el sistema.

B) Las elecciones, pues, sí están sujetas a un marco temporal prefijado, por lo que un eventual retraso puede alterar uno de sus elementos esenciales. Ello no obstante, tampoco todas las elecciones son iguales en cuanto a *la naturaleza de su objeto*, de modo que *en principio* parece menos grave retrasar unas elecciones fundamentalmente administrativas (como suelen ser las locales, básicamente reguladas por el legislador) que otras esencialmente políticas (presidenciales o legislativas, ya sean estatales o subestatales, cuyos elementos básicos suelen venir dados en normas de rango constitucional). Por decirlo de otro modo, cuanto "más políticas" sean las elecciones, mayores son los riesgos estructurales que podrían derivarse de un eventual retraso o suspensión.

C) Cabe añadir un tercer criterio de distinción, que parece mucho más relevante en la práctica que en la teoría: el relativo al *momento en que las elecciones se ven afectadas*. Desde este punto de vista, la decisión de posponer unas elecciones que aún no hayan sido formalmente convocadas (aunque tengan

---

[10] De ahí que el conocido *Code of Good Practice in Electoral Matters* de la Comisión de Venecia (CDL-AD(2002)023rev2-cor) se abra afirmando que "los cinco principios subyacentes al patrimonio electoral europeo son el sufragio universal, igual, libre, secreto y directo. *Además, las elecciones deben celebrarse a intervalos regulares*" (punto I; cursivas añadidas). Por el contrario, el *Code of Good Practice on Referendums* de 2006 (CDL-AD(2007)008rev-cor) sólo contempla el sufragio universal, igual, libre y secreto (apartado I, puntos 1 a 4).

[11] Dicho sea, naturalmente, con todas las cautelas: es perfectamente posible concebir un referéndum cuya fecha parezca inamovible (por estar, por ejemplo, vinculado a un proceso sometido a plazos, como una reforma constitucional). En todo caso, la falta de periodicidad hace mucho más fácil una eventual modificación en su fecha de celebración, sin mayores consecuencias jurídicas… aunque sus efectos políticos puedan ser muy importantes.

una fecha prefijada por decisión del órgano competente, por venir establecida *ex lege*, o por simple agotamiento del mandato del órgano electivo anterior), parece tener implicaciones distintas —y menores— que la de retrasar —o suspender, en sentido lato— unas elecciones que ya han sido *convocadas*, y respecto de las cuales por tanto el proceso electoral se halla en pleno desarrollo.

En este sentido, y en el contexto de un trabajo como éste, parece posible distinguir entre *retraso* y *suspensión*: ambos términos comparten una base semántica común, con un significado de aplazamiento temporal (y no definitivo: hasta la desaparición de la emergencia). Sin embargo, la suspensión incorpora una connotación diferenciada, por cuanto se inscribe en un proceso (el que conduce a las elecciones) ya iniciado en mayor o menor grado. En definitiva, suspender exige un hacer ("cesar" una actividad), sin que baste meramente con no hacer (no iniciar la actividad).[12] De este modo, denominaremos *retraso* a la decisión de posponer un proceso electoral que aún no está formalmente en marcha, y utilizaremos el término *suspensión* para aludir a la paralización de un proceso electoral ya en marcha.

De cuanto se ha expuesto en este epígrafe cabría deducir una cierta ordenación de supuestos, en función de que sean más o menos compatibles con las reglas ordinarias y, por lo tanto, más o menos fáciles de asumir por un determinado ordenamiento: aquellas situaciones más compatibles con (o más fácilmente asumibles por) un concreto sistema constitucional, serán lógicamente menos problemáticas para el mismo. Y así, hablando siempre *en principio* (esto es, haciendo abstracción de otras circunstancias que puedan concurrir en cada caso concreto), cabe sugerir que ante una situación excepcional sobrevenida como la presente:

A) Es más fácil (y puede provocar menos problemas) retrasar un referéndum que unas elecciones locales, de naturaleza en gran medida administrativa; pero aún más difícil (o más problemático) resulta retrasar unas elecciones "políticas" (presidenciales o legislativas) que expresan la voluntad del pueblo soberano en su conjunto.

---

[12] Así, el *Diccionario del español jurídico* de la Real Academia española habla de "cesación temporal" para definir la suspensión.

B) En todo caso, es más difícil "suspender" un proceso electoral ya iniciado que retrasarlo antes de que se inicie. Ello es especialmente así en aquellos casos en que el inicio del proceso electoral comporta la pérdida de poderes de los órganos que han de ser renovados (es decir, cuando no opera la institución de la *prorogatio*).[13] En este sentido, y otras consideraciones al margen, el retraso o suspensión de unas elecciones presidenciales no suele comportar un "vacío de poder"… que sí es más probable cuando la convocatoria de elecciones parlamentarias o legislativas exige la disolución de las Cámaras "salientes", como veremos que ocurre en España.

En ese sentido, y aun siendo pocos, los ordenamientos que prevén el retraso de las elecciones son más que los que contemplan su suspensión. Así parece desprenderse *a contrario* de la citada *Compilation* de la Comisión de Venecia, según la cual diversas Constituciones prevén un retraso electoral ante una situación de emergencia "por ejemplo, prolongando el mandato del Parlamento" o, directamente, prohibiendo su disolución.[14] Supuestos ambos (pero especialmente este último) que suelen implicar que el proceso electoral no se inicie.

Entre los casos recogidos por la Comisión se encuentra, precisamente, el de España, cuya Constitución (en adelante, CE) dispone expresamente que "no podrá procederse a la disolución del Congreso mientras estén declarados algunos de los estados… [de emergencia], quedando automáticamente convocadas las Cámaras si no estuvieren en periodo de sesiones. Su funcionamiento… no podrá interrumpirse durante la vigencia de estos estados" (artículo 116.5).

Esta previsión impone, en los términos que aquí venimos utilizando, el *retraso* de unas elecciones… pero nada dice sobre su eventual *suspensión*. Que es, cabalmente, lo que se ha planteado durante el estado de alarma declarado con motivo de la actual pandemia, según pasamos a analizar en el siguiente epígrafe.

---

[13] Sobre esta figura pueden verse las reflexiones de Santamaría Pastor, Juan Alfonso, "La *prorogatio* de los órganos constitucionales. Apuntes mínimos sobre un tema que no lo es", *Revista Española de Derecho Constitucional*, Madrid, número 84, 2008, pp. 11-26.

[14] *Compilation…*, citada en nota número 5, p. 27.

IV. La suspensión de las elecciones en España[15]

1. *La teoría: el régimen vigente*

La diferenciación que hemos establecido entre retraso y suspensión electoral adquiere especial relevancia en el ordenamiento español. En efecto (y a diferencia, por ejemplo, de lo que ocurre en Italia), la *normativa estatal* española trata de evitar el "vacío de poder" antes mencionado vinculando la convocatoria de las elecciones parlamentarias con la disolución de las Cámaras "salientes". De este modo, la propia Constitución liga inseparablemente tres actos: la disolución, la elección, y la constitución del nuevo Parlamento (Cortes Generales):

a) En cuanto a su formalización jurídica, "corresponde al Rey... Convocar y *disolver las Cortes Generales y convocar elecciones* en los términos previstos en la Constitución". Por su parte, "el Presidente del Gobierno... bajo su exclusiva responsabilidad, podrá proponer la disolución" de una o ambas Cámaras, "que será decretada por el Rey. *El decreto de disolución fijará la fecha de las elecciones*".[16]

b) En cuanto al tiempo, el Congreso y el Senado son elegidos por cuatro años (arts. 68.4 y 69.6 CE); y "las *elecciones* tendrán lugar entre los treinta... y sesenta días desde la terminación del mandato. El Congreso electo deberá ser *convocado dentro de los veinticinco días siguientes* a la celebración de las elecciones" (68.6; véase, en términos muy similares, el 61 de la Constitución italiana).

Como se ve, la Constitución no deja un margen temporal excesivo... que se estrecha aún más en sus normas de desarrollo: así, la Ley Orgánica reguladora del Régimen Electoral General (en adelante, LOREG) dispone que "los decretos de convocatoria señalan la fecha de las elecciones que habrán de celebrarse el día quincuagésimo cuarto posterior

---

[15] Algunas partes de este punto se desarrollan más ampliamente en Sánchez Navarro, Ángel J., "Un supuesto más que excepcional: la suspensión de elecciones", en la plataforma *Ideas for Democracy*: https://www.minsait.com/ideasfordemocracy/es/la-suspensi%C3%B3n-de-elecciones-un-supuesto-m%C3%A1s-que-excepcional.

[16] Artículos 62.b y 115 CE (cursivas añadidas).

a la convocatoria" (arts. 42.1 y .2); y los Reglamentos parlamentarios prescriben que, tras las elecciones, las Cámaras se reunirán "en sesión constitutiva el día y hora señalados en el Real Decreto de convocatoria" (arts. 1.1 y 2.1 de los Reglamentos del Congreso y Senado).

Así pues, en el ámbito estatal el Real Decreto de convocatoria es un instrumento único que formaliza una triple decisión: disuelve las Cortes Generales, fija la fecha de las elecciones y determina también el día y la hora en que se constituyen las Cámaras entrantes. Todo ello en un plazo máximo de 79 días (54 desde la convocatoria a las elecciones, y un máximo de 25 hasta la sesión constitutiva)... durante el cual las Cámaras salientes han sido disueltas, y sólo la Diputación Permanente vela por sus poderes hasta la constitución de las entrantes.

En definitiva, la Constitución española permite prorrogar el mandato del Congreso cuando esté declarado alguno de los estados excepcionales, retrasando su disolución y por tanto la consiguiente convocatoria de elecciones (artículo 116 CE). Pero una vez iniciado el proceso electoral, y disueltas por tanto las Cortes Generales, las normas electorales —constitucionales o legales— no prevén interrumpirlo, limitando así el reiterado "vacío (relativo) de poder" parlamentario. Por tanto, la "suspensión" o "aplazamiento" de las elecciones una vez convocadas es imposible... en principio.

Este mismo marco normativo es de aplicación a aquellas elecciones autonómicas en que la Presidencia del Ejecutivo autonómico tenga "expresamente prevista en el ordenamiento jurídico" la "facultad de disolución anticipada" de la Asamblea regional (art. 42.1 y .2 LOREG). Por el contrario, en las elecciones locales y cuando los Presidentes autonómicos "no tengan expresamente atribuida" dicha facultad, el "vacío de poder" no existe, porque la convocatoria de elecciones no comporta la disolución de las Asambleas autonómicas o Corporaciones locales salientes, cuyos "mandatos, de cuatro años, terminan en todo caso el día anterior al de la celebración de las siguientes elecciones" (42.3).[17]

---

[17] Este artículo 42 es aplicable también a las elecciones autonómicas conforme a la Disposición Adicional Segunda. De este modo en el ámbito de las Comunidades Autónomas del 42.3 y en el local, una eventual "suspensión" de las elecciones ya convocadas no comportaría vacío de poder, prorrogándose el mandato de los órganos salientes.

2. La práctica: la suspensión de las elecciones autonómicas vascas y gallegas

Pues bien: el régimen jurídico anteriormente expuesto se vio superado por los acontecimientos derivados de la actual pandemia. En efecto, sendos Decretos de los Presidentes de las Comunidades Autónomas del País Vasco y de Galicia, dictados el 10 de febrero y publicados al día siguiente en los Boletines Oficiales respectivos, convocaron elecciones el domingo, 5 de abril de 2020, para renovar los Parlamentos de ambas Comunidades.[18] Pocas semanas después, el 18 de marzo, los mismos Boletines publicaban otros Decretos de ambos Presidentes por los que "se deja[ba] sin efecto la celebración" de dichas elecciones.[19]

Como se ha dicho, tal posibilidad no está prevista en el régimen electoral español, por lo demás muy minucioso; y ello ha suscitado, evidentemente, una cuestión principal: ¿cómo puede articularse ese supuesto en nuestro ordenamiento?

La respuesta a estas cuestiones ha de partir de un dato: existe un vacío legal en la materia. Otra cosa es que ello deba explicarse como (o achacarse a) una imprevisión del legislador electoral, en sentido estricto. Simplemente, porque *las elecciones no se suspenden*. O tal vez sea mejor decirlo de otra manera: porque la suspensión de las elecciones no es algo que se pueda plantear *dentro* del proceso electoral, ya que lo trasciende.

Efectivamente, las normas electorales no prevén la interrupción de un proceso electoral ya iniciado. Pero también es cierto que la Constitución sí contempla expresamente supuestos de alteración del orden constitucional ordinario: conforme a la Ley Orgánica 4/1981, a la que se remite el citado artículo 116, los estados de alarma, excepción o

---

[18] Decretos 2/2020, del Lehendakari, y 12/2020, de la Presidencia de la Xunta de Galicia: *http://www.euskadi.eus/bopv2/datos/2020/02/2000692a.pdf* y *https://www.xunta.gal/dog/Publicados/2020/20200211/AnuncioC3B0-100220-1_es.html*.

[19] Decretos 7/2020, del Lehendakari; y 45/2020, de la Presidencia de la Xunta de Galicia. Disponibles en *https://www.euskadi.eus/y22-bopv/es/bopv2/datos/2020/03/2001627a.pdf*; *https://www.xunta.gal/dog/Publicados/excepcional/2020/20200318/2259/Indice54-Bis_es.pdf*.

Casi al mismo tiempo, en Francia, un Decreto del Consejo de Ministros (nº 2020-267, de 17 de marzo), aplazaba la segunda vuelta de las elecciones municipales, prevista para el domingo siguiente, tras la primera votación, celebrada el 15 de ese mes conforme al Decreto de convocatoria (nº 2019-928, de 4 de septiembre de 2019).

sitio son la respuesta del sistema político ante "circunstancias extraordinarias" que "hiciesen imposible el mantenimiento de la normalidad mediante los poderes ordinarios de las Autoridades competentes" (art. 1). Se trata de una respuesta, pues, que afecta al sistema político y constitucional en su conjunto, trascendiendo así al proceso electoral; pero que puede implicar la limitación o suspensión de diversos derechos constitucionales en múltiples ámbitos, incluyendo el electoral. De ahí la necesidad de "una interpretación sistemática, finalista, integradora y con dimensión constitucional del marco normativo derivado de la declaración del estado de alarma", pues "el silencio de la ley no excluye la necesidad de una regla de conducta para casos no previstos en ella, atendiendo a los principios generales contenidos en la propia legislación electoral".[20]

En ese marco, los decretos subrayan que la crisis sanitaria creada por la expansión epidémica —o pandémica— del coronavirus, y la consiguiente declaración del estado de alarma por el Real Decreto 463/2020, de 14 de marzo, implicaron (en los términos utilizados por el Decreto gallego 45/2020) la adopción de medidas "necesarias para la protección de la salud pública" pero que conllevan "serias restricciones de la movilidad y del ejercicio de actividades" y "resultan… incompatibles con el normal desarrollo de un proceso electoral y, por tanto, del libre y normal ejercicio del derecho de sufragio".

De este modo, la crisis sanitaria y la consiguiente declaración del estado de alarma han servido como presupuesto de hecho justificador de la suspensión del proceso electoral. Ahora bien, la falta de regulación expresa obliga a plantearse, en primer lugar, cómo se articula formalmente esta suspensión. Y a continuación, y muy particularmente, cómo se respetan en esa situación los diversos intereses en juego y los equilibrios institucionales necesarios para la legitimidad de un proceso electoral.

Pues bien: desde el punto de vista formal, y ciñéndonos a los supuestos españoles, parece lógico que el tipo normativo utilizado para "dejar sin efecto la celebración de las elecciones" haya sido el mismo empleado para convocarlas: los mencionados Decretos de los Presidentes de las Comunidades Autónomas afectadas. Unos Decretos que, además, subrayan la elemental competencia de ambas Comunidades para la

---

[20] Las citas proceden de las exposiciones de motivos de los decretos autonómicos antes citados.

"organización de sus instituciones de autogobierno",[21] superponiéndose así al acto del Gobierno de la Nación —el Decreto de declaración del estado de alarma— que, eso sí, sirve de "presupuesto de hecho habilitante".

Otros equilibrios interinstitucionales se revelan en las (lógicas) cautelas ante una eventual actuación unilateral del ejecutivo. Algo aparentemente inconcebible en un régimen democrático, pero que nunca cabe excluir del todo como revela la evolución "iliberal" de ciertos sistemas políticos. Tanto más cuanto, como se ha apuntado, en algunos modelos parlamentarios españoles (central y autonómicos) esta suspensión electoral implica prorrogar la situación de "falta de Parlamento", sólo parcialmente sustituido por las respectivas Diputaciones Permanentes.

De ahí que, por una parte, los Decretos presidenciales autonómicos se dicten "previa deliberación" de los respectivos Consejos de Gobierno; y tras oír a "los partidos con representación parlamentaria" (País Vasco) o a "los grupos políticos más representativos de Galicia"; así como a las respectivas Juntas Electorales autonómicas. Y, por otra, que ambos prescriban, en términos casi idénticos, que *la convocatoria de elecciones... se activará* una vez levantada la declaración de emergencia sanitaria. Se realizará de forma inmediata, oídos los partidos políticos".

En suma, la suspensión del proceso electoral aparece íntimamente ligada a la situación excepcional, cuyo fin determinará la reactivación de aquel; mientras se garantiza la participación de los principales actores políticos en las decisiones futuras: primero, como es obvio, en la fijación de una nueva fecha para las elecciones; y después, en el alcance concreto de dicha "reactivación".

En cuanto al primer punto, otros Decretos de los Presidentes de las Comunidades Autónomas vasca y gallega, de 18 de mayo, convocaron nuevamente las elecciones de sus respectivos Parlamentos, esta vez para el 12 de julio del año en curso.[22] Ello merece una primera observación, puesto que los Decretos de marzo señalaban que la convocatoria se (re-)activaría "una vez levantada la declaración de emergencia

---

21 Arts. 148.1.1ª CE, 10.2 del Estatuto de Autonomía del País Vasco y 27.1 del de Galicia.

22 Decretos 11/2020, del Lehendakari, y 72/2020, de la Presidencia de la Xunta de Galicia; publicados ambos el 19 de mayo: *http://www.euskadi.eus/bopv2/datos/2020/05/2001986a.pdf*; *https://www.xunta.gal/dog/Publicados/2020/20200519/AnuncioC3B0-180520-1_es.html*.

sanitaria…" algo que en el momento de esta segunda convocatoria no había ocurrido, ya que seguía vigente el estado de alarma.[23]

Ello fue posible gracias a que el Gobierno de la Nación, en el contexto de lo que se ha dado en llamar el proceso de "desescalada" y con la expresa "finalidad de hacer posible la celebración de elecciones autonómicas", dispuso que "la vigencia del estado de alarma no" impedirá las "elecciones convocadas a Parlamentos de Comunidades Autónomas".[24]

En ese nuevo marco normativo, ambos Decretos de convocatoria señalan que la convocatoria se decidió "oídos los partidos políticos" o "los grupos políticos más representativos", si bien en ninguno de los casos se logró un acuerdo unánime.[25]

En cuanto al desarrollo del procedimiento, podrían plantearse varias cuestiones. En particular, y dado que el proceso ya se había iniciado más de un mes antes cabría preguntarse si, conforme a principios de eficacia y de conservación de los actos, habrían de tenerse por válidos (al menos, algunos de) los actos realizados tras la primera convocatoria frustrada, o habría de reiniciarse *ex novo* todo el proceso.

Obviamente, la cuestión no es menor: téngase en cuenta que la LOREG había sido reformada en 2016, por considerarse "factible recurrir a trámites ya utilizados en el proceso electoral inmediatamente anterior, así como simplificar y reducir determinados plazos del procedimiento" en aquellos procesos electorales provocados por la incapacidad

---

[23] En este sentido, el Preámbulo vasco afirma que "con fecha 14 de mayo, el Viceconsejero de Salud ha dictado Resolución, estableciendo que, según los actuales indicadores sanitarios, se ha superado la situación epidemiológica que… aconsejaba adoptar medidas extraordinarias y urgentes", por lo que "se da por superada la fase de emergencia sanitaria". Mientras que el Preámbulo gallego se explaya mucho más (dedicando ¡nueve páginas! del Diario Oficial) para argumentar que, pese a la vigencia del estado de alarma, la "variación de las circunstancias y del marco normativo" exige recurrir, de nuevo, a una "interpretación sistemática, finalista, integradora y con dimensión constitucional" de la situación para "determinar la posible realización, en el nuevo contexto, de un proceso electoral con todas las garantías".

[24] Real Decreto 514/2020, de 8 de mayo, que prorroga el estado de alarma reformando el ya citado Real Decreto 463/2020, que lo declaró inicialmente (Disposición Final 1ª).

[25] El Preámbulo gallego registra qué partidos (PP, En Marea y Ciudadanos) apoyaron la convocatoria y cuáles (PSdG-PSOE, GeC y BNG) se mostraron contrarios". En el caso vasco, es la prensa la que deja constancia de la oposición de algunas formaciones (EH Bildu y Podemos: *https://www.diariovasco.com/politica/elecciones-vascas-12-julio-20200518095347-nt.htm*).

del Congreso resultante de unas elecciones para configurar una mayoría de gobierno, conforme al art. 99.5 CE.[26]

En todo caso, los Decretos de convocatoria nada dicen sobre ese extremo, de modo que ha de entenderse que conforme al régimen ordinario, el procedimiento ha de iniciarse *ex novo*. Algo, por otra parte, lógico, si se tiene en cuenta que, aunque el tiempo transcurrido entre ambas fechas sea escaso (poco más de tres meses), el censo electoral ha variado y, con él, no sólo los votantes, sino los posibles candidatos, los ciudadanos elegidos para integrar las mesas, etc. Pero, además, que una situación como la vivida puede alterar sustancialmente las opiniones de los ciudadanos y de las fuerzas políticas, impulsando cambios de coaliciones, de candidaturas, etc. Algo que, dicho sea de paso, ya se ha constatado, por cuanto alguna formación relevante que había decidido no concurrir en abril ahora ha rectificado, optando por presentar candidaturas.[27]

V. Consideraciones finales

Pocos ordenamientos prevén expresamente la posibilidad de suspender un proceso electoral ya iniciado en caso de una emergencia. De hecho, esta cuestión apenas suscitaba hasta ahora ninguna atención en los estudios electorales.[28] Sin embargo, ante una crisis sanitaria como la provocada por la COVID 19 tal suspensión se ha impuesto con carácter general. Ello puede explicarse porque la pandemia ha obligado en

---

[26] Preámbulo de la Ley Orgánica 2/2016, de 31 de octubre, de modificación de la LOREG "para el supuesto de convocatoria automática de elecciones en virtud de lo dispuesto en el apartado 5 del artículo 99 de la Constitución". En tales casos, los plazos constitucionales y legales imponen que las elecciones se repitan transcurridos unos 5-6 meses. Mientras que en los procesos vasco y gallego ya se habían cumplido los plazos para actos tan relevantes como registrar coaliciones electorales, presentar las candidaturas, designar a los miembros de las Juntas electorales territoriales, sortear los integrantes de las mesas electorales...

[27] Véase *https://www.elconfidencial.com/espana/2020-05-26/en-marea-elecciones-gallegas-diluyealternativa-feijoo_2609919/*.

[28] Valga, como muestra, la falta de referencias a este asunto en los principales documentos de la Comisión de Venecia sobre Derecho electoral, como el *Code of Good Practice...* (*cit. supra*, nota n. 10) o el *Report on electoral law and electoral administration in Europe – Synthesis study on recurrent challenges and problematic issues* (CDL-AD(2006)018).

todas partes a amputar radicalmente la sociabilidad que ya Aristóteles considerara característica esencial del ser humano, impidiendo la actuación necesariamente colectiva de un sujeto político, el pueblo, al disolverlo en sus componentes, individuos obligados al aislamiento y la distancia social.

Dicho eso, tal vez esta circunstancia podría haber servido como estímulo para adaptar la normativa y los procedimientos electorales, como ha ocurrido en muchos otros campos. Ciertamente, ha habido algunos intentos de adaptación (por ejemplo, tratando de generalizar la opción del voto por correo con distinto éxito: Polonia, Baviera). Pero, por el contrario, esta peculiar y terrible "ventana de oportunidad" no parece haber sido aprovechada —al menos, inmediatamente— para poner en práctica otras posibilidades, y en particular la digitalización de los procesos que tanto se ha generalizado, sin ir más lejos, en el ámbito educativo.[29]

Muy recientemente, Sergio Díaz Ricci mostraba que el clásico aforismo ciceroniano *Salus populi suprema lex esto* "no fue enunciado… para situaciones de excepción", sino "como pauta de actuación para los magistrados" o "regla suprema de gestión del Bien Común en el marco de un Estado de Derecho".[30] Ello no obstante, los efectos electorales de la COVID-19 permiten recurrir al mismo para afirmar (aunque su utilización sea impropia y contradiga su sentido originario) que, frente a la pandemia, la salud pública ha sido la ley suprema que se ha impuesto a cualquier otra, paralizando procesos electorales en todo el mundo.

---

[29] Así, para el Consejo de Europa « el voto electrónico o una versión híbrida del mismo, combinando diferentes tipos de soportes, podría suponer una salida muy creíble" (*https:// www.coe.int/en/web/electoral-assistance/elections-and-covid-19*, que cita una Recomendación de 2017 sobre estándares en materia de voto electrónico, estudiada por Fernández Riveira, Rosa Mª, "El Consejo de Europa persevera…", en *https://www.minsait.com/ideasfordemocracy/ es/el-consejo-de-europa-persevera-la-nueva-recomendaci%C3%B3n-de-2017-sobre-e-voting-un-soft-lawcon-un-0*).

[30] Díaz-Ricci, Sergio, "Ollis salus populi suprema lex esto en Cicerón", en González Martín, Nuria y Valadés, Diego (coords.), *Emergencia sanitaria por COVID-19: Derecho constitucional comparado*, México, UNAM, 2020, pp. 190-191.

Os papéis utilizados neste livro, certificados por instituições ambientais competentes, são recicláveis, provenientes de fontes renováveis e, portanto, um meio responsável e natural de informação e conhecimento.

FSC
www.fsc.org
MISTO
Papel produzido
a partir de
fontes responsáveis
FSC® C103535

Impressão:
Novembro/2020